汽车电工从入门到精通系列

汽车电子控制系统结构与控制原理

主　编　麻友良　杨　帆

U0348557

机械工业出版社

本书系统地介绍了汽车电子控制系统的基本组成与控制原理,主要部件的结构类型与工作原理,基本控制电路的工作原理,电子控制系统典型电路的结构特点、工作原理及故障诊断方法,并对主要部件的故障检修也作出较为详细的介绍。

本书图文并茂,可帮助读者学习和提高汽车电工所必备的基础知识、掌握汽车电路分析与故障诊断技能。本书适用于从事或准备从事汽车维修工作,特别是想成为汽车电工的广大读者,同时也可作为大专院校、职业技术学校学生学习汽车电器与电子控制技术等专业课程的参考用书。

图书在版编目(CIP)数据

汽车电子控制系统结构与控制原理 / 麻友良,杨帆主编 . — 北京:机械工业出版社,2022.5
(汽车电工从入门到精通系列)
ISBN 978-7-111-70434-8

Ⅰ.①汽… Ⅱ.①麻…②杨… Ⅲ.①汽车 – 电子控制 – 控制系统 – 系统结构
Ⅳ.① U472.41

中国版本图书馆 CIP 数据核字(2022)第 058407 号

机械工业出版社(北京市百万庄大街 22 号 邮政编码 100037)
策划编辑:谢 元 责任编辑:谢 元 刘 煊
责任校对:郑 婕 贾立萍 封面设计:马精明
责任印制:单爱军
北京虎彩文化传播有限公司印刷
2022 年 7 月第 1 版第 1 次印刷
184mm×260mm・20.25 印张・515 千字
标准书号:ISBN 978-7-111-70434-8
定价:79.90 元

电话服务 网络服务
客服电话:010-88361066 机 工 官 网:www.cmpbook.com
    010-88379833 机 工 官 博:weibo.com/cmp1952
    010-68326294 金 书 网:www.golden-book.com
封底无防伪标均为盗版 机工教育服务网:www.cmpedu.com

汽车电子控制技术在汽车上的应用飞速发展,在汽车发动机、底盘和车身上都有大量的应用。汽车电子控制装置的使用,使得汽车在节能、环保、安全、舒适等方面都得到了极大改善。可以说,汽车电子控制技术为汽车性能的提高起到了无可替代的作用。因此,汽车电气系统和汽车电子控制装置已经成为汽车上最复杂、最庞大的系统,而作为主要从事汽车电气设备与电子控制系统维修的汽车电工来说,必须要熟悉汽车电子控制系统的组成与工作原理、掌握汽车电子控制系统电路的故障分析方法和部件的故障检修方法。

全书分 13 章,分别介绍了发动机电子控制系统、底盘电子控制系统和车身电子控制系统的基本组成、控制原理、电路原理及典型电路的故障诊断与主要部件的故障检修。通过本书的学习,可使读者对汽车电子控制系统有全面、深入的了解。

本书由麻友良和杨帆任主编,参加编写的有游彩霞、孟芳、张威、罗晨晖、吴贺利、吴满、袁青。本书在编写过程中参考了大量的书籍资料,在此,向相关作者表示感谢。由于编者水平有限,书中难免有疏漏之处,恳请广大读者批评指正。

编 者

目录

第一章
汽车电子控制技术基础

第一节　汽车电子控制技术概述

一、汽车电子控制技术发展的必然性与应用现状

1.汽车电子控制技术发展的必然性

汽车在现代社会的生产与生活中是不可或缺的运输与交通工具，但汽车在对现代文明作出巨大贡献的同时，也给人类带来了严重的负面影响，使人类面临着环境污染、石油资源短缺、道路交通事故等方面的严峻挑战。

在新能源全面替代石油之前，节能是人们对汽车最为迫切的要求，这离不开汽车电子技术的广泛应用。例如，电喷发动机的燃油喷射技术和电子点火控制技术，使得发动机中燃油的燃烧更加及时、充分；发动机配气相位可变控制技术、进气谐波增压控制技术等，使发动机充气效率更高，发动机功率更大。

汽车运行时排放的废气和噪声会对环境造成严重污染，而电子控制技术在解决汽车排放污染问题方面同样起到了至关重要的作用。实际上，发动机燃油喷射技术、点火控制技术及怠速控制技术等，在提高汽车经济性的同时，也有效地降低了汽车的排放。

提高汽车的安全性是人类迫切需要解决的另一项重大问题。汽车的安全性除了在车身、轮胎等方面采用一些改进措施外，相关电子控制技术的运用也起到了不可替代的作用。例如，汽车紧急制动时因为车轮抱死而造成侧滑和甩尾的制动安全问题，只有采用了防抱死电子控制技术才能得到解决；再如，汽车防滑转控制技术在增大牵引力的同时，也很好地提高了汽车的操纵稳定性。

现代汽车已不仅仅是简单的交通运输工具，人们还追求汽车驾驶和乘坐时的舒适性。对汽车舒适性的要求同样离不开电子控制技术的应用。例如，电子控制悬架装置可根据需要改变悬架的刚度和阻尼，在提升操纵稳定性的同时，提高了汽车乘坐舒适性；再如，汽车动力转向电子控制系统可根据车速的快慢控制转向助力的大小，同时满足了转向轻便和良好路感的需要，使驾驶操作轻便灵活。

阅读提示

> 　　人类对汽车的要求是节能、低排放、安全、舒适，而要使汽车的这些性能全面提高，汽车电子控制技术的应用必不可少。电子技术的发展恰好给汽车电子技术的应用提供了可靠的技术保障。因此，汽车电子技术得到迅速发展是必然的结果。

2. 汽车电子控制技术应用现状

　　汽车电子控制技术的应用在提高汽车动力性、经济性、安全性、舒适性等方面起到了不可替代的作用，因而在汽车上已得到了广泛的应用。

　　（1）应用于汽车发动机的电子控制技术

　　发动机电子控制技术主要有燃油喷射控制、点火控制、发动机怠速控制、燃油蒸发排放控制、废气再循环控制、配气相位可变控制、进气谐波增压控制等（表1-1）。这些电子控制技术的应用，使得汽车发动机的动力性和经济性有了明显的提高，而排气污染则有明显降低。在现代汽车上，燃油喷射控制系统、点火控制系统、发动机怠速控制装置、燃油蒸发排放控制装置等电子控制技术已基本普及，其他电子控制技术在一些汽车上也逐步得到推广应用。

表 1-1　应用于汽车发动机的电子控制技术

控制项目	主要的控制目标	达到的控制效果
燃油喷射控制技术	在发动机各种工况下均保持最佳的空燃比	提高了发动机的功率，降低了油耗和排气污染
点火控制技术	在发动机各种工况下均处于最佳的点火时间状态	提高了发动机的功率，降低了油耗和排气污染
发动机怠速控制技术	使发动机在各种工况下均为最适宜的怠速	提高了发动机怠速稳定性，降低了汽车的油耗和排气污染
废气再循环控制技术	在发动机各种工况下均保持最适宜的废气循环流量	在确保发动机正常工作的同时，达到最佳的氮氧化物（NO_x）净化效果
燃油蒸发排放控制技术	使炭罐在发动机各种工况下均有最适宜的通气量	在确保发动机正常工作的同时，及时驱走炭罐中的汽油蒸气，使炭罐能持续发挥作用，以降低汽车 HC 的排放
配气相位可变控制技术	在发动机转速变化时，及时调整进气门的早开晚关角，使发动机保持最佳的配气相位	使发动机在高速时有较高的充气效率，提高了发动机的功率，降低了油耗
进气谐波增压控制技术	在发动机转速变化时，调整进气流的脉动频率，便发动机保持理想的进气增压	使发动机在高速时有理想的进气增压效果，提高了发动机的功率，降低了油耗

　　注：燃油蒸发排放控制也叫炭罐通气量控制。

　　（2）应用于汽车底盘的电子控制技术

　　底盘电子控制技术主要有防抱死制动系统、防滑转控制系统、动力转向电子控制系统、自动变速器电子控制系统、电子控制悬架系统等（表1-2）。这些电子控制技术的应用，使汽车行驶的安全性和乘坐舒适性都有很大的提高。

表 1-2　应用于汽车底盘的电子控制技术

控制项目	主要的控制目标	达到的控制效果
防抱死制动控制技术	在汽车紧急制动时，自动控制制动器制动压力的大小，使车轮不被抱死，滑移率在30%左右	提高了汽车轮胎与地面的附着力，避免了汽车紧急制动时的侧滑和甩尾，提高了汽车制动安全
防滑转控制技术	在汽车起步、加速和滑溜路面行驶时，自动控制发动机输出功率，或对滑转车轮施加制动，以控制车轮的滑转率在20%~30%	提高了汽车轮胎与地面的附着力，提高了汽车的牵引力和操纵稳定性
动力转向电子控制技术	根据车速的变化，自动控制转向放大分辨率，使转向助力随车速的上升而减小	确保了汽车低速时转向的轻便和高速时转向操纵的良好路感
自动变速器电子控制技术	在不同的车速和节气门开度下控制换档机构及时换档	实现了动力模式和经济模式下的最佳换档控制，提高了汽车的通过性、平稳性和动力性
电子控制悬架技术	在不同的车速、各种行驶工况、不同的行驶路面下，自动控制各悬架的刚度和减振器的阻尼，使车身的高度处于最佳状态	使汽车在各种行驶工况下车身的姿态变化最小，车胎与地面有良好的接触，以确保汽车有良好的操纵稳定性和乘坐舒适性

（3）应用于汽车车身的电子控制技术

车身电子控制技术主要有汽车巡航控制系统、安全气囊装置、汽车自动空调、电子仪表系统、电子防盗系统及自适应前照灯等（表1-3）。这些电子控制技术的应用，对汽车安全性和舒适性的提高同样也起到至关重要的作用。

表 1-3　应用于汽车车身的电子控制技术

控制项目	主要的控制目标	达到的控制效果
汽车巡航控制系统	自动控制汽车在设定的车速下稳定行驶	减轻了驾驶人的劳动强度，提高了汽车行驶的平稳性和安全性，且使发动机在理想状态下稳定运转
安全气囊装置	当汽车发生严重碰撞时，迅速引爆气囊	当汽车发生严重碰撞时，减小车内乘员的受伤程度
汽车自动空调装置	在不同的车内外温度下，自动控制空调压缩机、鼓风机及各电动风门的工作，将车内温度调节在设定的范围	实现了汽车空调全季节、全方位的空气调节，使车内保持温度适宜的良好空间环境
电子仪表系统	监测并显示各被测量量，且显示通过计算的间接参量	使汽车仪表不仅能显示直接测量参数，还可显示计算得到的间接参数，使驾驶人掌握更多汽车行驶过程中的相关信息
电子防盗系统	监控停放状态的车辆，被盗时控制报警装置发出报警信号，并启用锁止装置，使发动机不能发动，车辆无法行驶	提升了汽车防盗的性能，降低了汽车被盗的可能性

3. 汽车电子控制技术未来的发展

阅读提示

人类已离不开汽车，对汽车动力性、经济性、安全性、舒适性的要求也会越来越高。未来汽车上电子控制技术的应用将更加广泛，并向着信息化、智能化的方向发展。

（1）机械装置的电动化和电控化

汽车上的机械装置的电动化和电控化仍将是汽车电子控制技术发展的一个方向。例如：电子节气门、电动水泵、线控动力转向系统、磁感应式制动系统等。其中，电子节气门、电动水泵已经开始在汽车上使用。这些电动及电控技术的应用，使汽车的动力性、经济性、制动安全性、操纵稳定性等会有进一步提高。

（2）各电子控制系统实现集中控制

由于汽车上的电子控制技术应用越来越多，各电子控制系统实现集中控制是汽车电子控制技术发展的一个必然趋势。用一个控制器实现多项控制功能（各系统集中控制）的优点，是可使控制系统相关的信息资源共享，各系统的协调控制也会更容易，控制的精度也更高。

现代汽车各电子控制系统的集中已经有较为广泛的应用，例如：发动机集中控制实现了对发动机各个电子控制系统的集中协调控制；汽车动力控制实现了发动机与自动变速器的集中协调控制；车距自动控制系统实现了发动机控制、防滑转控制、防抱死制动控制等的集中协调控制。未来汽车的发展，将实现整车各电子控制系统的集中协调控制。

（3）向着信息化和智能化的方向发展

计算机网络技术、无线通信技术、全球定位系统以及电子仪表等，将更加广泛地应用于汽车，使得汽车不仅是机电一体化的高科技产品，更是高度信息化的交通工具，汽车的使用价值将会更高，公路交通也会更加通畅。具有自动驾驶功能的智能型汽车已经成为当今世界汽车业研究与开发的热点，具有自动驾驶功能且网联化的智能型汽车现在已处于开发和试运行状态，必将是未来汽车发展的方向。

二、汽车电子控制系统的基本组成

1. 汽车电子控制系统的组成框图

现代汽车上有多个电子控制系统，这些电子控制系统均由相关的传感器、电子控制器和相应的执行器组成。发动机电子控制系统工作流程如图 1-1 所示。

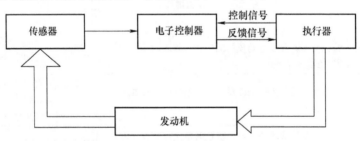

图 1-1　发动机电子控制系统工作流程

2. 汽车电子控制系统各组成部分的作用

如果将汽车电子控制系统比喻为一个人，在电子控制系统中，各传感器好比是人的"感觉器官"，电子控制器就像人的"大脑"，而执行器则是人的"行动器官"。

传感器：在汽车电子控制系统中，各个传感器用来"感知"汽车的行驶工况与状态、发动机的运行工况与状态等，感知过程是将反映工况与状态的物理参量（例如：车速、加/减速度、发动机转速、进气流量、发动机温度、节气门开度等）转变为相应的电信号，并通过信号线路输送给电子控制器，以使控制器能准确判断被控对象当前的工况与状态。

电子控制器：汽车在电子控制系统中，电子控制器的作用是"分析判断"，通过对传感器输入的电信号进行分析与综合处理，并输出控制信号，控制执行器工作，将被控对象控制在设定的工作状态。电子控制器由相应的硬件和软件组成，它是电子控制系统的核心部件。

执行器：在汽车电子控制系统中，执行器的作用是"完成行为动作"，根据控制器输出的控制信号迅速响应，将被控对象的控制参量迅速调整到设定值，使发动机在设定的状态下工作。

第二节 传 感 器

一、发动机转速与曲轴位置传感器

阅读提示

发动机转速与曲轴位置传感器用于反映发动机转速和曲轴位置两个参数，将其合并介绍的原因是：是因为传感器产生反映发动机转速和曲轴位置这两个参数的电信号有两个电压脉冲和一个电压脉冲两种方式；传感器的结构形式上也有一体式和分装式两种形式。

1. 发动机转速与曲轴位置传感器概述

（1）发动机转速与曲轴位置传感器的作用

发动机转速与曲轴位置传感器用于产生代表发动机转速和曲轴位置的两个或一个电压脉冲信号。在燃油喷射和点火控制系统中，发动机转速与曲轴位置传感器信号是电子控制器确定喷油量、控制点火时间、识别气缸的重要信号，而其中的发动机转速信号还有更多的应用。在发动机怠速控制、废气再循环控制、燃油蒸发排放控制、配气相位可变控制、进气谐波增压控制、电子节气门等各项控制功能中，发动机转速信号是必不可少的。此外，防滑转控制、自动变速器控制等系统也需要发动机转速信号。

（2）发动机转速与曲轴位置传感器的类型

按传感器的组成结构与工作原理的不同分类，发动机转速与曲轴位置传感器有磁感应式、光电式、霍尔效应式三种类型，其基本原理在本丛书的《电路与电子技术基础》一书中已进行了介绍。

按传感器的安装位置与信号触发方式分类，发动机转速与曲轴位置传感器又有导磁转子触发式和齿圈触发式等。

2. 磁感应式发动机转速与曲轴位置传感器

磁感应式发动机转速与曲轴位置传感器的基本组成与工作原理，可参阅本丛书的《汽车电气系统原理与电路分析》一书。

（1）导磁转子触发式

有分电器的发动机电子控制系统，其发动机转速与曲轴位置传感器通常安装于分电器内，传感器的导磁转子由分电器轴驱动。典型的导磁转子触发式发动机转速与曲轴位置传感器如图1-2所示。

用于触发产生转速信号的导磁转子 Ne 和触发产生曲轴位置信号的导磁转子 G 上下布置，

均由分电器轴驱动，分别触发 Ne、G_1 及 G_2 线圈产生交变的感应电压信号。导磁转子 G 有 1 个凸齿，分电器轴转一圈，触发 G_1 和 G_2 这两个线圈各产生 1 个电压脉冲；N 导磁转子有 24 个齿，分电器轴转 1 圈，触发 N 感应线圈产生 24 个电压脉冲。电子控制器根据 G_1 和 G_2 脉冲电压信号确定发动机曲轴位置，根据 Ne 脉冲电压信号确定发动机的转速，并产生点火和喷油控制脉冲。

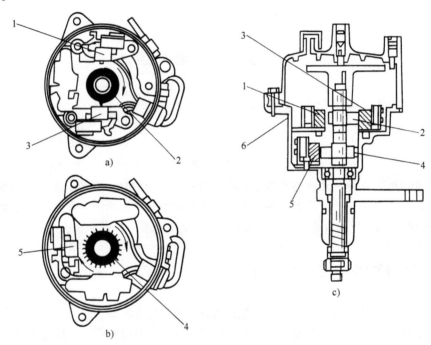

图 1-2 导磁转子触发的磁感应式传感器

a）G 传感器 b）Ne 传感器 c）传感器轴向布置

1—G_1 感应线圈 2—G 转子 3—G_2 感应线圈 4—Ne 转子 5—Ne 感应线圈 6—分电器壳

现代汽车上已很少采用分电器了，对于无分电器的发动机电子控制系统，通常设有专门的发动机转速与曲轴位置传感器装置，由凸轮轴或曲轴通过传感器轴来驱动导磁转子 Ne 和 G。

（2）齿圈触发式

安装于飞轮壳体上的磁感应式发动机转速与曲轴位置传感器，利用飞轮的齿圈和飞轮上的正时记号触发产生感应电压。这种形式的传感器结构如图 1-3 所示。

当发动机转动而使飞轮的轮齿和飞轮上的正时记号通过相应的传感器铁心时，使传感器内部磁路的磁阻发生变化，穿过感应线圈的磁通量也发生变化，从而使传感器的两个感应线圈各自产生相应的电压脉冲信号。这两个脉冲信号的频率及相位与发动机的转速与曲轴的位置相对应。

齿圈触发的磁感应式传感器的另一种形式如图 1-4 所示，这种传感器只有一个感应线圈，用专用的信号触发齿圈触发。信号触发齿圈在某个位置缺齿，缺齿位置与曲轴的位置有确定的对应关系。比如，富康系列轿车上使用的发动机转速与曲轴位置传感器信号触发齿圈有（60－2）个齿。安装后，缺齿位置与 1 缸、4 缸上止点前 114° 的曲轴位置相对应。飞轮转动时传感器产生的信号电压波形如图 1-4b 所示，电子控制器根据此脉冲信号计算发动机转速，并确定曲轴位置。

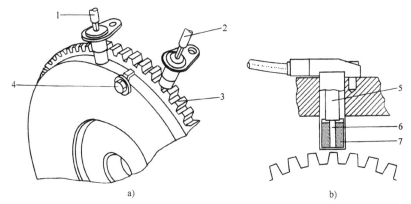

图 1-3 飞轮齿圈触发的磁感应式发动机转速与曲轴位置传感器

a）安装位置 b）内部结构

1—曲轴位置传感器 2—转速传感器 3—飞轮齿圈 4—曲轴位置标记 5—永久磁铁 6—铁心 7—感应线圈

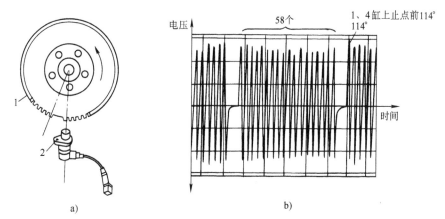

图 1-4 专用齿圈触发的磁感应式传感器

a）传感器原理 b）传感器信号电压波形

1—齿圈（58个齿） 2—传感器

3. 光电式发动机转速与曲轴位置传感器

光电式发动机转速与曲轴位置传感器的主要部件是发光元件、光电元件及遮光转子。它的基本组成与工作原理可参阅本丛书的《汽车电气系统原理与电路分析》一书。安装在分电器内的光电式发动机转速与曲轴位置传感器，如图1-5所示。

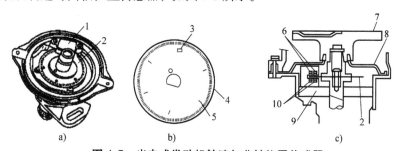

图 1-5 光电式发动机转速与曲轴位置传感器

a）分电器内的光电式传感器 b）遮光盘 c）结构简图

1—光电耦合器 2—遮光盘 3—第一缸 120° 信号缺口 4—1° 信号缝隙 5—120° 信号缺口 6—发光管 7—分火头
8—密封盖 9—整形电路 10—光电管

传感器遮光转子有两组缺口，其外圈均布有360道缝隙，内圈有与发动机缸数相同的缺口。这两组缺口分别与两组发光二极管与光电二极管（光电耦合器）对应。发动机工作时，一组光电耦合器通过转子外圈缝隙的透光，每转一圈产生360个脉冲信号；另一组光电耦合器则是通过内圈缺口的透光，每转一圈产生与气缸数相同的脉冲信号。两个光电二极管产生的脉冲信号经整形电路整形后输入电子控制器，用以确定发动机的转速和曲轴的位置。

光电式发动机转速与曲轴位置传感器的发光二极管和光电二极管沾灰或沾有油污就会影响其正常工作，其抗"污"能力较差，因而在现代汽车上的应用较少。

4. 霍尔效应式发动机转速与曲轴位置传感器

霍尔效应式发动机转速与曲轴位置传感器的基本组成与工作原理，可参阅本丛书的《汽车电气系统原理与电路分析》一书，霍尔效应式传感器的基本组成如图1-6所示。与磁感应式传感器一样，它也有不同的结构形式与安装方式。

（1）导磁转子触发式

安装在分电器内的霍尔效应式发动机转速与曲轴位置传感器有两个导磁转子，两个叶片数不同的导磁转子上下布置，分别对应一个信号触发开关。当发动机运转时，分电器轴转动，两个导磁转子分别触发对应的信号触发开关，产生两个电压脉冲信号。

无分电器的发动机电子控制系统，其霍尔效应式传感器的结构形式大致分为三种：①传感器轴上两个导磁转子上下布置；②两个导磁转子内外布置，在内外导磁转子的侧面各设置一个信号触发开关（图1-7）；③两个导磁转子和相应的触发开关分别安装于两个传感器上，由各自的传感器轴通过曲轴和凸轮轴驱动导磁转子。

（2）专用齿槽触发式

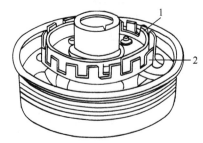

图1-6 霍尔效应式传感器的基本组成

1—导磁转子 2—带导磁板的永久磁铁
3—霍尔元件及集成电路 4—信号触发开关

图1-7 导磁转子内外布置的霍尔效应式传感器

1—内侧导磁转子 2—外侧导磁转子

这种霍尔效应式发动机转速与曲轴位置传感器也是安装在飞轮壳处，在飞轮齿圈与驱动盘的边缘有对称的两组（6缸发动机为3组）槽，每组槽均布有4个槽，如图1-8所示。当槽对准信号触发开关下方时，传感器输出高电平（5V），而当无槽面对准信号触发开关下方时，传感器输出低电平（0.3V）。发动机运转时，传感器产生如图1-8b所示的电压波形，电子控制器根据此脉冲信号即可判别曲轴的位置，并计算发动机转速。

二、空气流量传感器

1. 空气流量传感器概述

（1）空气流量传感器的作用

空气流量传感器用于将发动机的进气流量转变为相应的电信号，用于间接地反映发动机负荷的大小，是电子控制器计算基本喷油量、确定最佳点火提前角的重要参数之一。此外，在废气再循环控制和燃油蒸发排放控制中，空气流量传感器的信号也是确定废气再循环流量和炭罐清污通气量的重要依据。

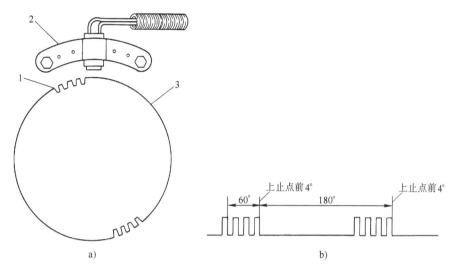

图 1-8　专用齿槽触发的霍尔效应式发动机转速与曲轴位置传感器

a）传感器组成原理　b）传感器信号电压波形

1—齿槽　2—信号触发开关　3—飞轮

（2）空气流量传感器的类型

在汽车发动机上应用的空气流量传感器根据其结构与工作原理的不同，可分为量板式、热式、卡门涡旋式等形式。

量板式空气流量传感器也称为翼片式或叶片式；热式空气流量传感器根据结构形式的不同又有热丝主流式、热丝旁通式和热膜式等形式；卡门涡旋式也有反光镜式和超声波式之分。

2. 量板式空气流量传感器

（1）测量原理

量板式空气流量传感器的测量原理如图 1-9 所示。当发动机运转时，进气流推动量板克服回位弹簧的弹簧力而绕轴心转动，使固定在同一轴上的电位计滑片也随之转动，使电位计有相应的电压输出。进气流量大，流量计量板转动的角度也大，与量板联动的电位计滑片同步转动，输出与空气流量相对应的电压信号。

（2）结构特点

量板式空气流量传感器由流量传感器和电位计组成，其结构如图 1-10 所示。流量传感器放置在进气通道中，量板与电位计滑片均与转轴固定，可随进气流量的大小转动相应的角度。

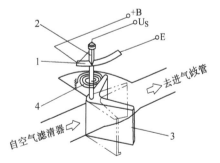

图 1-9　量板式空气流量传感器的测量原理

1—回位弹簧　2—电位计电阻　3—电位计滑片
4—流量计量板

量板式空气流量传感器的流量传感器设有怠速旁通道、阻尼板和缓冲室（图 1-11）。怠速旁通道用于改善发动机怠速和小负荷时的空燃比，因为通过旁通道的空气未经流量计量板计量，会使喷油量有所减少，以适应怠速和小负荷工况空燃比的实际需要。通过怠速 CO 调整螺钉可改变急速旁通道的截面积，用以调整发动机急速时的混合气浓度。阻尼板和缓冲室用于稳定传感器的输出电压，当量板转动时，与之连为一体的阻尼板在缓冲室转动进而形成阻尼，可减缓进气出现冲击气流时量板的振动，以减小传感器信号电压波动。

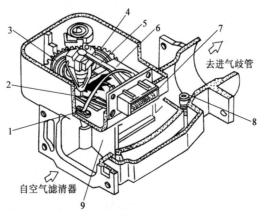

图 1-10 量板式空气流量传感器的结构

1—进气温度传感器 2—燃油泵触点 3—回位弹簧 4—调节齿轮 5—电位计滑片 6—印制电路板
7—插接器 8—急速 CO 调整螺钉 9—流量计量板

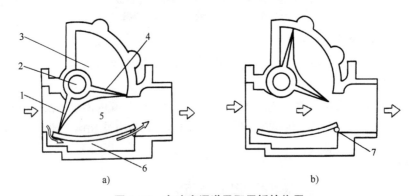

图 1-11 急速旁通道及阻尼板的作用

a）急速时空气经旁通道 b）大负荷时空气经主通道
1—量板 2—转轴 3—缓冲室 4—阻尼板 5—进气主通道 6—急速旁通道 7—急速 CO 调整螺钉

专家提醒：

量板式空气流量传感器上的急速 CO 调整螺钉是用于调整发动机急速运转时的混合气浓度，用以控制发动机急速时的 CO 排放。

注意：此调整螺钉不是用来调整急速的！

（3）测量电路

量板式空气流量传感器采用相对电压检测方式，即用 U_S/U_B 表示进气量信号，用以解决电源电压波动对信号测量精度的影响。大众车系量板式空气流量传感器测量电路如图 1-12 所示。

在电源电压波动时，电位计的输出绝对电压 U_S 会随之变化而影响测量精度。用相对电压 U_S/U_B 表示空气流量，在电源电压波动时，U_S、U_B 同时成比例地变化，其比值仍然保持不变，从而减小了电源电压波动对传感器测量精度的影响。

（4）进气温度传感器的作用

由于量板式空气流量传感器测得的是体积流量，当进气温度变化时，空气的密度也会随之而变，这会导致传感器信号产生误差。因此，在空气流量传感器中需要设置进气温度传感器，用以向电子控制器提供进气温度电信号，使电子控制器能对进气流量信号进行温度修正。

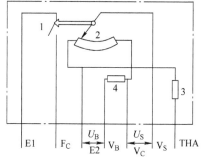

图 1-12　量板式空气流量传感器测量电路
1—燃油泵开关　2—电位计
3—进气温度传感器　4—串联电阻

（5）燃油泵开关的作用

空气流量传感器中的燃油泵开关串联在燃油泵电路中，用于在无进气（发动机不工作）时，断开燃油泵电路，使燃油泵在发动机停机时，即使点火开关未关，发动机也会立刻停止工作。

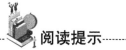　阅读提示

量板式空气流量传感器带燃油泵开关的汽车现已不多见，无燃油泵开关的量板式空气流量传感器、涡旋式空气测量传感器及热式空气流量传感器等，均是由电子控制器内部的燃油泵驱动电路来实现燃油泵开关控制功能的。

3. 涡旋式空气流量传感器

（1）涡旋式空气流量传感器的测量原理

涡旋式空气流量传感器的测量原理如图 1-13 所示。在进气通道中设置一锥形涡旋发生器，当空气通过时，涡旋发生器的后面便会产生两列并排的涡旋，此涡旋也叫卡门涡旋。卡门涡旋的频率 f 与空气流速 v 有如下关系：

$$f = S_t \frac{v}{d}$$

式中　d——涡流发生器外径；

S_t——斯特罗巴尔数。

合理地设计进气通道截面积和涡旋发生器的尺寸，使发动机进气流速范围内的 S_t 为一常数。这样，卡门涡旋的频率 f 与空气的流速 v 成正比关系。因此，只要测出 f，就可以知道 v，空气的流速 v 乘以空气通道的截面积便可获得进气体积流量。

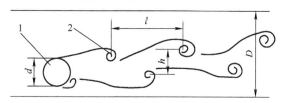

图 1-13　涡旋式空气流量传感器的测量原理
1—涡旋发生器　2—卡门涡旋

（2）涡旋式空气流量传感器的结构形式

涡旋式空气流量传感器是利用涡旋发生器产生空气涡旋，并通过测得与空气流速成正比的空气涡旋数来检测进气管的空气流量。根据检测涡旋频率的方式不同，涡旋式空气流量传感器可分为反光镜式和超声波式两种结构形式。

1）反光镜检测式。反光镜检测式空气流量传感器的结构特点如图1-14所示。这种检测方式是利用空气流经涡旋发生器产生涡旋时，其两侧压力会发生变化这一特点，通过导压孔时将产生涡旋，涡旋发生器的压力振动引向用薄金属制成的反光镜，使反光镜产生振动。反

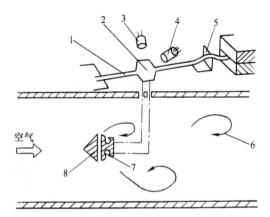

图1-14　反光镜检测式卡门涡旋空气流量传感器
1—支撑片　2—镜片　3—发光二极管　4—光电二极管
5—板簧　6—卡门涡旋　7—导压孔　8—涡旋发生器

光镜将发光二极管投射来的光反射给光电二极管，当涡旋产生时，反光镜的振动会使反射光也振动，光电二极管便会产生与反光镜振动相对应的电压脉冲，该电压脉冲的频率与空气涡旋频率相对应。

2）超声波检测式。超声波检测式空气流量传感器的组成部件如图1-15所示。此检测方式利用涡旋会引起空气疏密变化的特点，用超声波发生器发出超声波，并通过发射器向涡旋的垂直方向发射超声波。另一侧的超声波接收器接收到随空气的疏密变化而变化的超声波，此波经接收电路信号处理后，便成为与涡旋频率相对应的矩形脉冲信号。

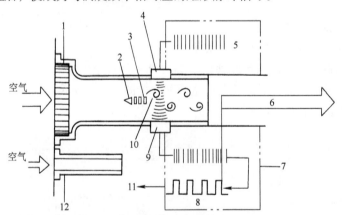

图1-15　超声波检测式卡门涡旋空气流量传感器
1—整流器　2—涡旋发生器　3—涡流稳定板　4—信号发生器　5—超声波发生器　6—送往进气管的空气
7—超声波接收电路　8—整形后矩形波　9—接收器　10—卡门涡旋　11—接电子控制器　12—空气旁通管路

涡旋式空气流量传感器输出以脉冲个数计量空气流量的数字式信号，所以输入到电子控制器后无需进行模/数转换。此外，由于涡旋式空气流量传感器无运动部件，信号反应灵敏，测量精度也比较高。因此，涡旋式空气流量传感器在汽车上有较多应用。

4. 热式空气流量传感器

（1）热式空气流量传感器的测量原理

在进气的通道中放置一电热体（图1-16），当空气通过时，空气将会带走热量而使电热体

的温度下降，引起电热体的电阻下降，流过电热体的电流就会增加。通过电热体的空气流量越大，带走的热量就越多，流经电热体的电流也就越大。这个与空气流量相对应的电流信号，再由测量电路转换为相对应的电压信号。

可见，热式空气流量传感器是利用进气通道中空气流量与电热体电流之间这样一种对应关系，来获得反映空气流量的电压信号。

（2）热式空气流量传感器的结构形式

1）热丝主流式。传感器的组成部件和结构特点如图1-17所示。电热体由铂丝制成，热丝的工作温度一般在100~120℃。为防止进气的气流冲击和发动机回火对热丝造成损坏，在其两端都有金属网加以保护。

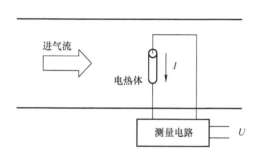

图1-16　热式空气流量传感器测量原理

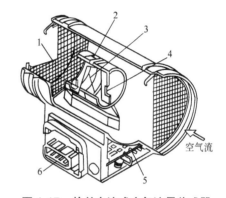

图1-17　热丝主流式空气流量传感器

1—金属网　2—取样管　3—热丝　4—温度传感器
5—控制电路　6—接线端子

 阅读提示

> 由于热丝上有任何沉积物都会影响其传热，进而对传感器的测量精度造成很大的影响，因此，热丝式空气流量传感器通常配有自洁功能。这个自洁功能就是在每次发动机熄火后约5s，控制器输出一个自洁控制信号，使热丝通过较大的控制电流（持续约1s），将热丝迅速加热到1000℃左右的高温，用以烧掉热丝上的沉积物。

2）热丝旁通式。热丝旁通式空气流量传感器的组成部件与结构特点如图1-18所示。冷丝（用作空气温度补偿电阻）和热丝均绕在螺线管上，安装在旁空气通道内，热丝的工作温度一般在200℃左右。这种旁通的结构形式可以降低主空气通道的进气阻力。

3）热膜式：热膜式空气流量传感器的电热体由一铂片固定在树脂薄膜上组成（图1-19）。这种结构形式可使铂片免受空气气流的直接冲击，提高了传感器的可靠性和使用寿命。

（3）测量电路

热式空气流量传感器的测量电路原理如图1-20所示。

置于进气通道中的电热体电阻 R_H 和空气温度补偿电阻 R_K 与测量电路中的常值高精度电阻 R_A、R_B 共同组成惠斯通电桥。接通电源后，控制电路使电热体通电。发动机工作时，随着进气管空气流量的增大，电热体的冷却作用加剧而使其电阻减小，通过 R_H 的电流 I_H 增大，使电阻

R_A 输出反映空气流量的电压信号增大。

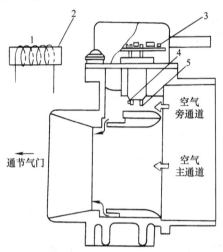

图 1-18 热丝旁通式空气流量传感器

1—冷丝或热丝 2—陶瓷螺线管 3—控制回路 4—冷丝（温度补偿） 5—热丝

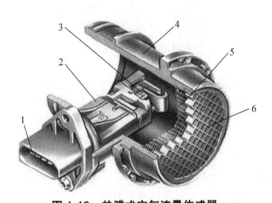

图 1-19 热膜式空气流量传感器

1—插头 2—混合电路盒 3—金属热膜元件
4—壳体 5—滤网 6—导流格栅

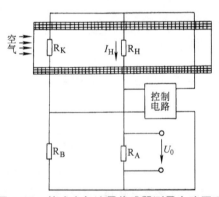

图 1-20 热式空气流量传感器测量电路原理

R_K—温度补偿电阻 R_H—电热体电阻
R_A、R_B—常值高精度电阻 U_0—输出信号

进气温度变化时，会使电热体电阻 R_H 随之而变，使信号电压也随之发生变化，这会导致传感器产生测量误差。测量电路中设置了空气温度补偿电阻 R_K，并将其连接在相邻的电桥臂上，在进气度变化时，R_K 会有与 R_H 相同的电阻变化，而对信号电压的影响则正好相反，这样就抵消了 R_H 随进气温度变化对信号电压的影响，起到温度补偿的作用。

热式空气流量传感器的测量范围大、反应灵敏、体积小，由于信号与空气质量流量相对应，因此一般无需对大气压力和进气温度的变化进行修正。热式空气流量传感器的缺点是电热体受污染后，对测量精度影响较大。

三、进气压力传感器

1. 进气压力传感器概述

（1）进气压力传感器的作用

进气压力传感器是将发动机进气管的压力转变为相应的电信号，其作用如同空气流量传感器。因此，在发动机电子控制系统中，如果使用了进气压力传感器，就不用空气流量传感器了。进气压力传感器如图 1-21 所示。

（2）进气压力传感器的类型

压力传感器有多种类型，根据其信号产生的原理可分为压电式、半导体压敏电阻式、电容式、差动变压器式（真空膜盒传动）和表面弹性波式等。用于检测发动机进气管压力的传感器主要有半导体压敏电阻式和电容式两种，其中半导体压敏电阻式应用广泛，电容式应用相对较少。

图 1-21　进气压力传感器

知识回顾

半导体压敏电阻式传感器利用了半导体的压阻效应将被测的压力参数转换为电压信号。压阻效应是指半导体晶体材料受拉或受压时，其晶体点阵的排列规律会发生变化，从而使半导体晶体中的电子和空穴（称载流子）数量发生变化及迁移，导致其电阻率变化的物理效应。利用半导体的这一特性，可将其制成受力变形后，电阻会随之相应改变的应变片。

2. 半导体压敏电阻式进气压力传感器

（1）测量原理

半导体压敏电阻式进气压力传感器的敏感元件是半导体应变片，其应变片的贴片位置和测量电路如图 1-22 所示。

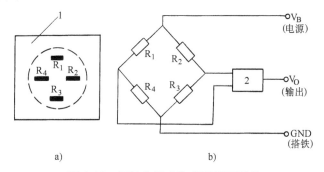

图 1-22　压敏电阻式传感器测量原理

a）半导体应变片贴片位置　b）传感器测量电路
1—硅膜片　2—集成放大电路　R_1、R_2、R_3、R_4—半导体应变片

半导体应变片受拉/压时，其电阻会随受力的大小有相应的改变。将应变片按一定的布置方式贴在硅膜片上，并把它们连接成惠斯通电桥。当硅膜片受力变形时，各应变片受拉或受压，因而其电阻发生相应的变化，通过电桥可转换为相应的电压信号。

由于电桥输出的电压很低，通常需要经集成放大电路进行电压放大后，再输送给电子控制器。

（2）结构特点

半导体压敏电阻式进气管压力传感器的组成与结构如图 1-23 所示。

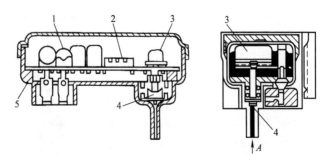

图 1-23　半导体压敏电阻式进气管压力传感器的组成与结构

1—滤波器　2—混合集成放大电路　3—压力转换元件　4—滤清器　5—外壳　A—进气管压力

　　传感器的压力转换元件中有贴有半导体应变片的硅膜片，硅膜片的一面是真空，另一面通过一根真空管导入进气管的压力。当进气管压力变化时，硅膜片的变形量就会随之改变，硅膜片上应变片的电阻就会有相应变化，电桥会产生相应的电压信号。进气管压力越大，硅膜片的变形量也越大，传感器的输出电压也就越高。

　　半导体压敏电阻式进气管压力传感器的线性度好，且结构尺寸小、精度高、响应特性好。因此，汽车电子控制系统大都使用这种类型的进气压力传感器。

　　3. 电容式进气压力传感器

　　（1）电容式进气压力传感器测量原理

　　电容式压力传感器利用膜片构成一个电容值可变的压力敏感元件，当膜片受到压力的作用而变形时，电容会相应改变。然后，通过相应的测量电路将电容的变化转换为相应的电信号。典型的电容式压力传感器测量原理如图 1-24 所示。

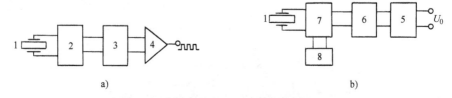

a)　　　　　　　　　　　　　　　　　　　b)

图 1-24　电容式进气压力传感器测量原理

a）频率检测式　b）电压检测式

1—电容式压力敏感元件　2—振荡电路　3—整流电路　4—放大器　5—滤波电路

6—检波电路　7—载波与交流放大电路　8—振荡器

　　1）频率检测式。在频率检测式测量电路（图 1-24a）中，振荡电路的振荡频率随压力敏感元件电容值的大小变化而改变，经整流、放大后，输出频率与压力相对应的脉冲信号。

　　2）电压检测式。在电压检测式测量电路（图 1-24b）中，将压力敏感元件电容值的大小变化转变为电路中微弱的电压变化，经载波与交流放大电路的调制、检波电路的解调、滤波电路的滤波后，输出与压力变化相对应的电压信号。

　　（2）结构特点

　　电容式进气压力传感器的结构示意图如图 1-25 所示，氧化铝膜片与中空的绝缘介质构成一个内部为真空的电容式压力敏感元件，并与混合集成电路（传感器测量电路）连接。传感器通过真空管导入进气管的压力后，氧化铝膜片在进气压力的作用下产生变形，使电容发生改变，经混合集成电路处理后，输出与进气压力变化相对应的电信号。

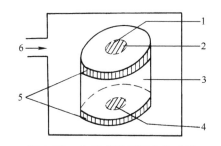

图 1-25　电容式进气压力传感器

1、4—电极引线　2—厚膜电极　3—绝缘介质
5—氧化铝膜片　6—进气管压力

> 🔥**专家解读:**
>
> 　　相比于起相同作用的空气流量传感器，进气压力传感器只需要在进气管壁上设置一个小孔，而在进气管道中无进气压力传感器的任何部件，因而对进气不会有任何干扰；利用真空管的引导，可将进气压力传感器安装在远离进气歧管的地方，甚至可安装在电子控制器盒内。由于进气压力传感器对进气无阻碍作用，且安装位置灵活，因而在现代汽车电子控制系统中，其应用也越来越多。

四、温度传感器

1. 温度传感器概述

（1）温度传感器的作用

温度传感器的作用是将被测对象温度的变化转换为相应的电信号，使控制器能进行温度修正或进行与温度相关的自动控制。

图 1-26 所示是用于检测发动机温度的传感器，它可将发动机当前工作状态下的温度转变为电信号。在发动机的燃油喷射控制、点火控制、怠速控制、废气再循环控制、炭罐通气量控制等控制系统中，均需要发动机温度传感器所提供的发动机温度信号。

图 1-26　发动机温度传感器

在汽车电子控制系统中，用于检测温度参数的温度传感器还有进气温度传感器、排气温度传感器、燃油箱温度传感器、变速器油温传感器、蒸发器温度传感器、车内温度传感器、车外温度传感器、加热器温度传感器等，分别用于相关控制系统的温度修正控制或与温度相关的自动控制。

（2）温度传感器的类型

温度传感器按其结构与工作原理可分为热敏电阻式、双金属式、热电耦式、热敏磁性式等多种形式。在汽车发动机电子控制系统中使用的温度传感器基本上都是采用半导体热敏电阻式温度传感器。

半导体热敏电阻式温度传感器按其不同的温度特性可分为三种类型,如图 1-27 所示。

1)正温度系数的热敏电阻（PTC）：此类温度传感器其半导体敏感元件的电阻随温度上升而增大,PTC 在汽车上的应用并不多见,PTC 通常被用作温度补偿或恒温式加热元件。

2)负温度系数的热敏电阻（NTC）：半导体的电阻随温度的上升而减小,此类半导体热敏电阻式温度传感器在汽车上应用最为广泛。

3)在某一临界温度下电阻跃变（CTR）：半导体的电阻只是在某临界温度下才会有跃变,此类半导体通常用作热敏开关。

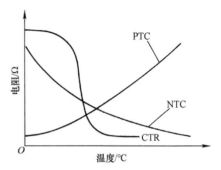

图 1-27　半导体热敏电阻的温度特性

2. 热敏电阻式温度传感器结构原理

（1）测量原理

热敏电阻式温度传感器通过其敏感元件的电阻值随温度变化而变这一特性,将被测对象温度的变化转换为电阻的变化,再通过相应的测量电路将电阻的变化转换为相应的电压或电流信号。热敏电阻式温度传感器的测量电路主要有串联式和串并联式两种形式,如图 1-28 所示。

当热敏电阻式温度传感器的电阻随被测温度的变化而改变时,热敏电阻上的电压降就会随之改变,从 A 点输出一个与温度相对应的电压信号。

（2）结构形式

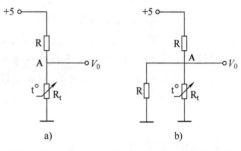

图 1-28　热敏电阻式温度传感器的测量电路

a）串联式测量电路　b）串并联测量电路

R—常值电阻　R_t—传感器热敏电阻

在汽车上使用的热敏电阻式温度传感器敏感元件均为半导体,其基本结构形式如图 1-29 所示。工作时,通过热交换（经传热套筒传热）,使传感器热敏电阻与被测对象的温度趋于一致,热敏电阻的电阻值与温度相对应,并通过测量电路转换相应的电压信号,电压信号通过内部引线和接线端子输入控制器。

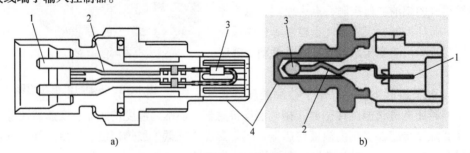

图 1-29　半导体热敏电阻式温度传感器

a）双引线　b）单引线

1—接线端子　2—引线　3—热敏电阻　4—传热套筒

需要说明的是,汽车电子控制系统中所用的各温度传感器的工作温度是不同的,发动机冷却液温度传感器的工作温度为 −20 ~ 130℃,而排气温度传感器的工作温度则高达 600 ~ 1000℃。为使不同用途的温度传感器能在不同的温度范围内正常工作，在制备温度传感器热敏元件时，通过选择不同的氧化物、控制掺入氧化物的比例和烧结温度等，以使半导体材料能有相应的温度特性（在某一温度范围有很好的线性度）。将这些适用于不同工作温度的半导体热敏电阻制成温度传感器，就可用于各种不同的温度测量。

（3）性能特点

半导体热敏电阻式温度传感器具有灵敏度高、响应特性好、电阻值和温度测量范围大等优点，因而在汽车电子控制系统中被广泛使用。

五、节气门位置传感器

1. 节气门位置传感器概述

（1）节气门位置传感器的作用

节气门位置传感器用于将节气门的开度转变为电信号，电子控制器从中可获得节气门开度与开启速度、怠速状态等信息。在发动机各个电子控制系统中，节气门位置传感器是不可或缺的；在自动变速器电子控制系统中，节气门位置传感器所提供的节气门开度信号则是自动换档控制的重要参数之一；在防滑转控制系统和巡航控制系统中，也需要节气门位置传感器提供节气门开度信号。

（2）节气门位置传感器的类型

根据结构与提供的信号形式的不同，节气门位置传感器主要有线性式和开关式两种类型。

线性式节气门位置传感器可提供节气门从关闭到全开所有位置的信息，而开关式节气门位置传感器只提供节气门关闭和全开两个位置信息。在现代汽车发动机电子控制系统中，普遍采用线性节气门位置传感器。

2. 线性式节气门位置传感器

（1）线性式节气门位置传感器的结构

线性式节气门位置传感器相当于一个加设了怠速触点的滑片式电位器，其结构与内部电路如图1-30所示。

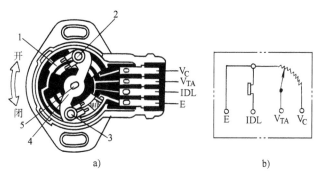

a)   b)

图1-30 线性式节气门位置传感器

a）结构简图 b）内部电路

1—滑片电阻 2—节气门位置滑片 3—节气门全关滑片 4—滑片摆臂 5—传感器轴 V$_C$—电源
V$_{TA}$—节气门位置信号 IDL—怠速信号 E—接地

线性式节气门位置传感器的传感器轴与节气门联动，通过滑片摆臂可带动两端的节气门位置滑片和节气门全关滑片转动。

（2）线性节气门位置传感器的工作原理

当节气门开度变化时，传感器轴随节气门的转动而转动，带动滑片摆臂转动，使节气门位置滑片在电阻体上作相应的滑动，电位器输出相应的节气门位置信号 V_{TA}。

在节气门关闭时，滑片摆臂带动节气门关闭滑片正好处于怠速触点处，将怠速触点接通，因而从 IDL 端子输出怠速信号。

3. 开关式节气门位置传感器

（1）开关式节气门位置传感器的结构

开关式节气门位置传感器的结构如图 1-31 所示。传感器内部有节气门全开和全闭两对触点，由随节气门轴一起旋转的导向凸轮控制其张开或闭合。

（2）开关式节气门位置传感器的工作原理

当发动机处于怠速工况时，节气门关闭，节气门轴带动导向凸轮转动的位置使节气门全闭（怠速）触点接通，传感器输出节气门关闭信号。

当发动机处于高速或大负荷（节气门开度大于50°）工况时，节气门轴带动导向凸轮转动的位置使全开触点接通，传感器输出发动机大负荷信号。

开关式节气门位置传感器无节气门中间开度信号输出，其检测性较差，在现代汽车电子控制系统中已较少见。

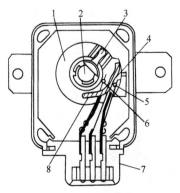

图 1-31　开关式节气门位置传感器

1—导向凸轮　2—节气门轴　3—控制杆
4—移动触点　5—怠速触点
6—节气门全开触点　7—线路连接器
8—导向槽

六、氧传感器

1. 氧传感器概述

（1）氧传感器的作用

汽油机为获得高排气净化率，降低排气中一氧化碳（CO）、碳氢化合物（HC）和氮氧化物（NO_x）的数量，在排气管处都装有三元催化转化器。从图 1-32 的三元催化转化器的废气净化特性可以看出，只有在混合气浓度在理论空燃比（理论上混合气充分燃烧的空气与燃料的比例）时，三元催化转化器对 HC、CO、NO_x 净化效果才能同时达到最佳的效果。

氧传感器的作用是检测发动机废气中氧的含量，据此向电子控制器提供混合气空燃比（混合气过浓或过稀）反馈信号，使电子控制器能及时地修正喷油量，

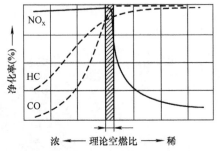

图 1-32　三元催化转化器的废气净化特性曲线

将混合气浓度控制在理论空燃比附近，以使排气管中三元催化转化器对废气中 HC、CO、NO_x 的净化达到最佳效果。

（2）氧传感器的类型

当混合气过浓或过稀时，氧传感器向控制器提供一个能识别混合气过浓或过稀的电压信号。目前在发动机电子控制系统中使用的氧传感器有氧化锆型和氧化钛型两种，如图 1-33 所示。

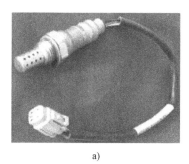 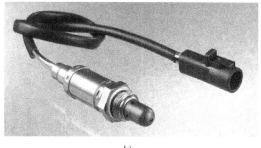

a)   b)

图 1-33　氧传感器

a）氧化锆型氧传感器　b）氧化钛型氧传感器

2. 氧化锆型氧传感器

（1）测量原理

氧化锆（ZrO_2）具有这样一个特性：在 400℃ 左右，如果其两侧气体的氧含量有较大差异，氧离子就会从氧含量高的一侧向氧含量低的一侧扩散，使两侧电极间产生电位差 E（图 1-34）。E 的大小可由下式表示：

$$E = \frac{RT}{4F}\ln(P_1 - P_2)$$

式中　R——气体常数（J/mol·K）；

　　　T——绝对温度（K）；

　　　F——法拉第常数（c/mol）；

P_1、P_2——两侧气体氧气分压（Pa）。

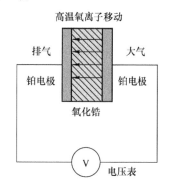

图 1-34　氧化锆的特性

氧化锆型氧传感器就是利用了氧化锆的这一特性，将氧敏感元件（ZrO_2）制成试管状（图 1-35），使其内侧通大气（氧含量高），外侧通过发动机的排气（氧含量低）。混合气偏浓时，排出的废气中的氧含量极少，氧化锆内外侧氧的浓度差大，因而产生一个较高的电压；混合气偏稀时，排出的废气中含有较多的氧，氧化锆内外侧的氧浓度差较小，产生的电压较低。电子控制器根据此电压的大小来判断发动机混合气的空燃比。

（2）结构特点

氧化锆型氧传感器的结构如图 1-36 所示。

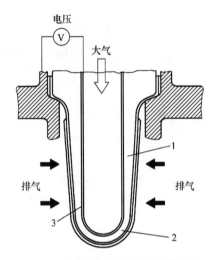

图 1-35　氧化锆型氧传感器测量原理

1—氧化锆　2—铂（废气侧）　3—铂（大气侧）

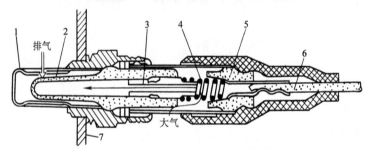

图 1-36　氧化锆型氧传感器的结构

1—导入排气孔罩　2—锆管　3—电极　4—弹簧　5—绝缘支架　6—接线端子　7—排气管壁

氧化锆的内外表面都涂有铂，铂的外表面有一层陶瓷，起保护铂电极的作用。氧化锆表面涂铂的作用是催化废气中的 O_2 与 CO 反应，使混合气偏浓时废气中的氧含量几乎为零，而对混合气偏稀时因废气中的氧气较多而对氧含量影响不大，这样就显著提高了氧传感器的灵敏度（图 1-37）。

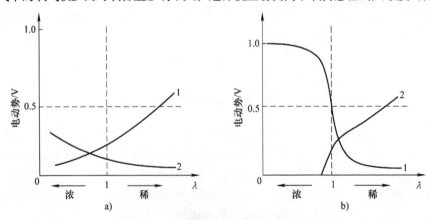

图 1-37　氧化锆型氧传感器输出特性

a）无铂催化作用　b）有铂催化作用

1—氧传感器输出的电动势　2—通过氧传感器废气中 O_2 的浓度　λ—过量空气系数

（3）氧传感器加热器的作用

氧化锆型氧传感器中一般设有加热器，其作用是在发动机冷起动后，排气管温度尚未达到氧传感器正常工作温度（400℃以上）时，控制器控制加热器通电发热，以加热氧传感器，使氧传感器能迅速达到正常工作温度。

3. 氧化钛型氧传感器

（1）测量原理

二氧化钛（TiO_2）在室温下具有高电阻性，但当其周围气体氧含量少时，TiO_2中的氧分子将逃逸而使其晶格出现缺陷，电阻随之下降。二氧化钛电阻 R 的变化可由下式表示：

$$R = Ae^{-\frac{E}{KT}}p_{O_2}^{1/m}$$

式中　A——常数；

　　　E——活化能；

　　　K——玻尔兹曼常数（1.380649×10^{-23}J/K）；

　　　T——热力学温度（K）；

　　p_{O_2}——氧分压（Pa）；

　　$1/m$——取决于晶格缺陷性质的指数。

氧化钛型氧传感器就是利用二氧化钛的电阻特性，将二氧化钛敏感元件置于排气管中，当混合气偏稀时，排出的废气中氧含量较高，传感器的电阻较大；当混合气偏浓时，排出的废气中氧含量很低，传感器的电阻相应减小。这一电阻的变化通过测量电路转变成相应的电压信号。电子控制器根据此电压信号来判断发动机的空燃比。

（2）结构特点

氧化钛型氧传感器的结构和电路连接如图 1-38 所示。

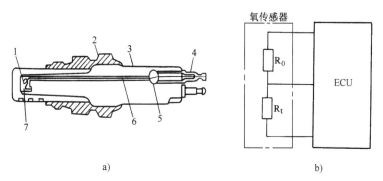

a)　　　　　　　　　　　　　　　b)

图 1-38　氧化钛型氧传感器的结构和电路连接

a）结构　b）电路连接

1—二氧化钛元件（R_0）　2—金属壳　3—瓷体　4—接线端子　5—陶瓷黏结剂　6—引线　7—热敏元件（R_t）

二氧化钛为电阻型传感器，温度变化时，其电阻也会改变。为此，传感器中除了有一个具有多孔性的二氧化钛敏感元件（用来检测废气氧含量）外，还有一个温度系数与之相同的实心二氧化钛元件（用作温度补偿），并将其连接成图 1-38b 所示的电路中，以消除温度变化对测量精度的影响。

七、爆燃传感器

爆燃是指发动机气缸内产生了爆炸式的燃烧。发动机气缸内正常的燃烧是通过火焰核心向周围混合气的迅速传播，最终使气缸内的混合气先后全部燃烧起来。爆燃则是火焰核心通过热辐射使火焰周围的混合气温度升高，并在达到自燃点后自行燃烧起来。由于气缸内的混合气几乎是同时燃烧起来，其燃烧的过程就如同爆炸。

1. 爆燃传感器概述

（1）爆燃传感器的作用

爆燃传感器用于监测发动机是否爆燃，当发动机出现爆燃时，传感器便产生相应的电信号，并输送给电子控制器，电子控制器通过推迟点火的方式使发动机爆燃迅速消失。

爆燃传感器可使发动机点火控制系统实现闭环控制，使点火时间的控制更接近于最佳状态。

（2）爆燃传感器的类型

发动机爆燃时，气缸内的压力会陡然上升，而缸体会产生高频振荡，伴随着缸体的振动，活塞与缸壁之间会发生碰撞而产生尖锐的金属敲击声。在发动机电子控制系统中，爆燃传感器是根据发动机缸体的振动产生相应的电信号，获取发动机的爆燃信息。

根据发动机爆燃传感器结构与工作原理不同分，有压电式和磁电式两种类型；爆燃传感器根据其工作特性分，又有共振型和非共振型两种。压电式爆燃传感器具有测试频率高、灵敏度高等特点，在现代汽车中应用较为广泛。

爆燃传感器按其安装形式的不同，大体上又可分为螺纹旋入式和螺栓紧固式两种，如图1-39所示。

a) b)

图1-39 爆燃传感器

a）螺纹旋入式 b）螺栓紧固式

2. 压电式爆燃传感器

（1）测量原理

由石英晶体、钛酸钠晶体等制成的压电元件在受力变形时，因内部产生极化现象，而在其两个表面分别产生正负电荷，当力消失时，元件变形恢复，电荷也立即消失。此种现象称之为压电效应，晶体表面产生的电荷 q 与所受的力 F 成正比：

$$q = DF$$

式中　D——电压元件的压电常数。

从压电元件的正、负电荷表面可引出电压信号，电压的大小与所受的力也成正比。压电式爆燃传感器是利用压电元件所具有的压电效应，将缸体的振动转变为相应的电压脉冲，向控制器提供发动机爆燃信号。

压电式传感器内有一个振子，当传感器随被测物体振动时，就会使振子随之振动，给压电元件施加一个振动的力，从而使压电元件产生与被测物体振动相对应的电压脉冲。被测物体振动越大，传感器振子的振动和压电元件的受力也越大，产生的信号电压幅值也就越大。

（2）结构形式

压电式爆燃传感器的结构如图1-40所示。

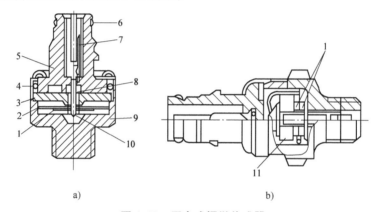

图 1-40　压电式爆燃传感器

a）共振型　b）非共振型

1—压电元件　2—振荡片　3—基座　4、6—O形环　5—连接器　7—接线端子
8—密封剂　9—外壳　10—引线　11—配重

1）共振型压电式爆燃传感器。传感器内振荡片的自振频率在发动机爆燃的特征频带内，因此，当发动机产生爆燃时，传感器内的振荡片会产生共振，使紧贴的压电元件变形加剧，产生的电压信号比非爆燃时要大许多倍，这就提高了信噪比，检测电路对爆燃信号的识别和处理也就比较容易。

2）非共振型压电式爆燃传感器。传感器也是由振子随发动机的振动而对压电元件施加压力，使压电元件产生振荡电压脉冲。但是，非共振型传感器振子在发动机爆燃时不会产生共振，因而压电晶体产生的电压并无明显增大，因而这种类型的爆燃传感器检测的是缸体的振动频率，需要匹配专门的滤波器来判断发动机是否爆燃。

3. 磁电式爆燃传感器

（1）测量原理

磁电式传感器根据感应线圈产生感应电压的方式，分为变磁路磁阻式、移动铁心式、移动（或转动）线圈式三种。磁电式爆燃传感器均采用移动铁心式。移动铁心式传感器测量振动的核心部件是永久磁铁和绕有感应线圈的铁心，铁心通过两端的弹簧定位，当铁心在外部振动的激励下振动时，感应线圈就会因磁通量发生变化而产生感应电动势，感应电动势的频率和幅值与被测对象的振动情况相对应。

（2）结构与工作特性

磁电式爆燃传感器由铁心、外壳、感应线圈和永久磁铁组成，如图1-41所示。

安装在发动机缸体上的磁电式爆燃传感器在发动机缸体振动时，其铁心随发动机的振动而移动，使感应线圈产生感应电动势，发动机的振动幅度大，铁心移动的幅度就大，感应线圈产生的感应电动势也大。

磁电式爆燃传感器的固有频率与发动机爆燃特征频率一致，当发动机爆燃时，传感器内的铁心会

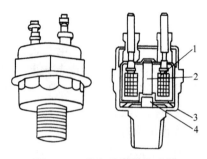

图1-41　磁电式爆燃传感器
1—感应线圈　2—铁心　3—外壳　4—永久磁铁

产生共振，使传感器感应线圈产生的感应电动势显著增大，因此，电子控制器通过判断传感器输出的信号电压是否达到设定值，就可识别发动机是否爆燃。

八、车速传感器和车轮转速传感器

1. 车速传感器和车轮转速传感器概述

 阅读提示

车速传感器和车轮转速传感器、发动机转速与曲轴位置传感器一样，也是以脉冲信号来表示被测量的。不同的是，发动机转速与曲轴位置传感器是将曲轴或凸轮轴的转动转变为脉冲电压，车速传感器是将变速器输出轴或主减速器输入轴的转动转变为脉冲电压，而车轮转速传感器则是将车轮的转动转变为脉冲电压。同类型的这三种传感器，其检测的对象和作用不同，但其基本组成与工作原理均相同。

（1）车速传感器和车轮转速传感器的作用

车速传感器是将变速器输出轴转速转变为相应的脉冲电压，电子控制器根据此信号获得汽车行驶速度参数。车速传感器在汽车电子控制系统中的应用很广，所提供的转速信号在汽车发动机电子控制系统中用作辅助信号；在底盘电子控制系统中，车速信号则是一些控制功能的主要参数。例如：自动变速器控制系统、动力转向控制系统、巡航控制系统、悬架电子控制系统等，均需要车速传感器传感器所提供的车速信号，车速是实现上述控制功能的重要控制参数。

车轮转速传感器则是将车轮的转速转变为相应的电信号，电子控制器根据此信号计算汽车行驶速度、车轮的滑移/转率、车轮的角减速度等参数。车轮转速传感器主要应用于防抱死/防滑转电子控制系统中，用作提供车速参数时，其汽车电子控制系统的应用与车速传感器一样十分广泛。

（2）车速传感器和车轮转速传感器的类型

车速传感器有磁感应式、光电式、霍尔效应式、舌簧开关式、磁阻式等类型；车轮转速传感器有磁感应式、光电式、霍尔效应式等类型。

磁感应式、光电式、霍尔效应式车速传感器和车轮转速传感器的基本组成及工作原理，与同类型的发动机转速与曲轴位置传感器相同。不同的是，车速传感器信号触发转子由变速器输

出轴驱动，车轮转速传感器由车轮同步转动的齿圈触发。这三种类型的车速传感器和车轮转速传感器，其组成原理均参见前述同类型的发动机转速与曲轴位置传感器。

2. 舌簧开关式车速传感器

（1）测量原理

舌簧开关的两触点臂被转动的磁极磁化而产生开、合动作。当舌簧开关处于 N、S 极之间时，开关两触点臂被磁化为异性磁极而闭合（图 1-42a）；当舌簧开关面对单个磁极作用时，开关两触点臂被磁化为同性磁极而断开（图 1-42b）。磁极随变速器输出轴转动，舌簧开关就会在磁极磁力的作用下开闭，产生与车速相对应的脉冲信号。

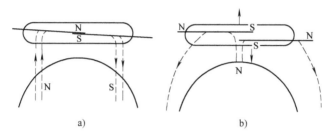

图 1-42 舌簧开关式车速传感器测量原理

a）开关吸合状态 b）开关断开状态

（2）结构与工作原理

舌簧开关式车速传感器一般装在里程表内，由软轴驱动的转子上的 N、S 极相间分布，舌簧开关布置在转子的一边，如图 1-43 所示。

当相间布置有四个磁极的转子在软轴的驱动下转动时，磁铁对舌簧开关臂的磁化呈周期性变化，使舌簧开关周期性地开闭。转子每转一周，舌簧开关开闭四次，通过测量电路输出 4 个脉冲信号，控制器根据此脉冲信号的频率计算得到车速。

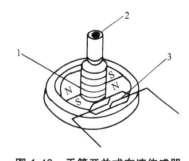

图 1-43 舌簧开关式车速传感器

1—磁铁转子 2—接转速表 3—舌簧开关

3. 磁阻式车速传感器

（1）测量原理

磁阻元件具有这样的特性，当通过元件的磁场强度改变时，元件的电阻会随之改变。将磁阻元件置于转动的多极磁环附近（图 1-44），在转动磁极交变磁场的影响下，磁阻元件的电阻呈周期性变化，通过测量电路转换为脉冲电压信号。

（2）结构与工作原理

磁阻式车速传感器如图 1-45 所示。磁阻元件成为测量电路中电桥的一个桥臂，当多极磁环随变速器轴转动时，磁阻元件上的磁通量呈周期性变化，引发磁

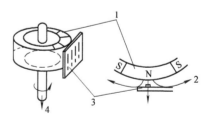

图 1-44 磁阻式车速传感器测量原理

1—多极磁环 2—磁力线
3—磁阻元件 4—接变速器

阻元件电阻的变化，由电桥、比较器、放大电路组成的测量电路，将这一电阻变化转换为脉冲电压输出。

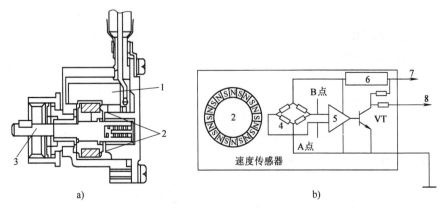

图 1-45 磁阻式车速传感器

a）结构简图 b）电路原理

1—混合集成电路 2—多极磁环 3—传感器轴 4—磁阻元件 5—比较器
6—稳压电路 7—接点火开关 8—信号输出

4. 磁感应式车轮转速传感器

（1）结构形式

磁感应式车轮转速传感器在汽车上使用较为普遍，其基本组成与工作原理与磁感应式发动机转速与曲轴位置传感器完全相同，结构如图 1-46 所示。

（2）安装形式

磁感应式车轮转速传感器的信号触发齿轮或齿圈一般安装在轮毂内，随车轮一起转动；传感器信号探头安装在附近不转动的部件上。磁感应式车轮转速传感器的安装形式如图 1-47 所示。

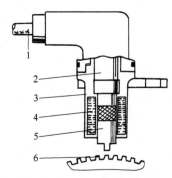

图 1-46 磁感应式车轮转速传感器的结构

1—导线 2—永久磁铁 3—传感器外壳
4—感应线圈 5—铁心 6—齿圈

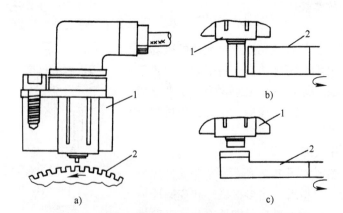

图 1-47 磁感应式车轮转速传感器的安装形式

a）凿式端头，径向安装 b）菱形端头，轴向安装 c）柱式端头，轴向安装

1—传感器信号探头 2—齿圈

九、车身位移传感器

1. 车身位移传感器概述

（1）车身位移传感器的作用

车身位移传感器也称为车身高度传感器，用于监测车身相对于车桥的位移，电子控制器根据车身位移传感器输入的信号可计算得到车身的位移和振动参数、确定车身的高度。车身位移传感器主要应用于悬架电子控制系统中。

（2）车身位移传感器的类型

车身位移传感器有电位计式、电容式、电感式和光电式等类型。由于光电式车身位移传感器具有结构简单、定位准确等优点，因此在汽车上使用广泛。

2. 光电式位移传感器

（1）测量原理

光电式车身位移传感器的测量原理如图 1-48 所示，遮光转子有特制的透光槽，遮光转子两边布置的四个发光二极管和光电晶体管组成了四对光电耦合器。当遮光转子在某一位置时，四个光电耦合器中通过透光槽有光线通过的光电晶体管受光而输出通路（ON）信号，不透过光线的光电晶体管则输出不通路（OFF）信号。遮光转子透光槽的长度和位置分布使得遮光转子在每一个规定的转角范围内，都有与之对应的一组"ON""OFF"光电信号输出。

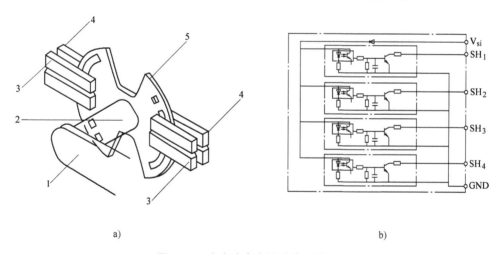

a)   b)

图 1-48　光电式车身位移传感器原理

a）传感器光电组件　b）传感器电路

1—连接杆　2—传感器轴　3—发光元件　4—光电元件　5—遮光盘

通过连接杆，将车身的高度变化转变为遮光转子的转动位置，使车身在每一个高度位置时均对应一组"ON""OFF"光电信号。

🔥 **专家提醒：**

采用 4 个光电耦合器可使车身位移传感器的输出信号有 4 位，用以提高传感器高度检测的分辨率。单个光电耦合器输出的信号只有 1 位，只有"ON""OFF"两种不同的信号输出，只能分辨出车身"高"和"低"；如果采用两个光电耦合器，有"OFF OFF""OFF ON""ON OFF""ON ON"4种不同的信号输出，可分辨的高度区间有4个；4个光电耦合器可有16种不同的信号输出，可分辨的高度区间达16个，满足了汽车悬架电子控制系统对车身高度分辨率的要求。

（2）车身高度与振动参数的获取

通常是将车身高度变化范围划分为16个高度区间，每个高度区间用一组（4位）光电信号与之对应（表1-4），电子控制器根据传感器输入的一组信号就可获得实时的车身高度变化信息。

电子控制器根据采样时间内（一般为1ms）车身高度在某一区间的频度来判断车身的高度；根据车身高度变化的幅度和变化的频率，可判断车身的振动情况。

表1-4　传感器信号与车身高度区间对应关系

车身高度	传感器信号				车身高度区间
	SH1	SH2	SH3	SH4	
高 ↕ 低	OFF	OFF	ON	OFF	15
	OFF	OFF	ON	ON	14
	ON	OFF	ON	ON	13
	ON	OFF	ON	OFF	12
	ON	OFF	OFF	OFF	11
	ON	OFF	OFF	ON	10
	ON	ON	OFF	OFF	9
	ON	ON	OFF	OFF	8
	ON	ON	ON	OFF	7
	ON	ON	ON	ON	6
	OFF	ON	ON	ON	5
	OFF	ON	ON	OFF	4
	OFF	ON	OFF	OFF	3
	OFF	ON	OFF	ON	2
	OFF	OFF	OFF	ON	1
	OFF	OFF	OFF	OFF	0

（3）光电式车身位移传感器的组成结构

光电式车身位移传感器如图1-49所示，其内部结构与安装位置如图1-50所示。

图1-49　光电式车身位移传感器

1—连接杆　2—插座　3—传感器

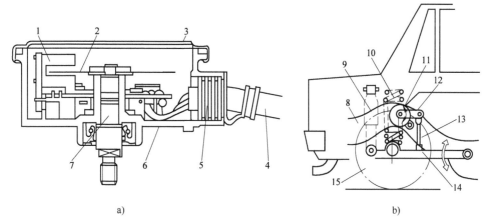

图 1-50　光电式车身位移传感器内部结构与安装位置

a）传感器的结构　b）传感器的安装位置

1—光电耦合器　2—遮光盘　3—传感器盖　4—导线　5—金属油封　6—传感器壳　7—传感器轴　8—车架
9—减振器　10—螺旋弹簧　11—传感器　12—连杆　13—拉杆　14—后悬架臂　15—车轮

传感器被固定在车身上，传感器连杆通过拉杆与悬架臂（或车桥）连接。当车身高度发生变化而带动传感器随车身移动时，拉杆就会推拉连杆摆动，带动传感器轴和遮光转子转动，从而使传感器输出与车身高度变化相对应的信号。

十、方向盘转角传感器

1. 方向盘转角传感器概述

（1）方向盘转角传感器的作用

方向盘转角传感器将方向盘转动的角度和转动方向转换为相应的电信号，电子控制器根据方向盘转角传感器的输入信号，判断汽车的转向情况（方向盘转动角度的大小及转动的方向），并根据当前的车速计算车身可能出现的侧倾程度。方向盘转角传感器主要在悬架电子控制系统中应用。

（2）方向盘转角传感器的类型

检测角位移的传感器较多，适用于方向盘转角测量的传感器有光电式、磁电式、霍尔效应式等类型，由于光电式方向盘转角传感器定位准确，结构也比较简单，因而在现代汽车上使用最为广泛。

2. 光电式方向盘转角传感器

（1）组成与测量原理

如图 1-51 所示，传感器的遮光盘上有尺寸相同且均布的透光槽，当驾驶人转动方向盘时，通过转向轴带动遮光盘转动，触发光电耦合器产生相应的电压脉冲。电子控制器根据传感器输出的电压脉冲个数就可计算方向盘转过的角度。

（2）方向盘转动方向的判断原理

为了能辨别转动方向，方向盘转角传感器采用两个光电耦合器，传感器可同时产生两个电压脉冲信号。电子控制器根据传感器的信号判断转动方向的原理，如图 1-52 所示。A、B 两个光电耦合器产生的信号脉冲其脉宽相同，但相位相差 90°，电子控制器以 A 信号从高电平转为低电平（下降沿）时，B信号是高电平还是低电平来判断转向。如果A信号在下降沿时，B信号是高电平，则为右转向；如果A信号在下降沿时，B信号为低电平，则为左转向。

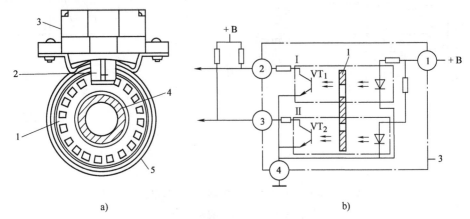

a)   b)

图 1-51　光电式方向盘转角传感器

a）结构简图　b）电路原理

1—遮光盘　2—光电耦合元件　3—方向盘转角传感器　4—转向器轴　5—转向柱

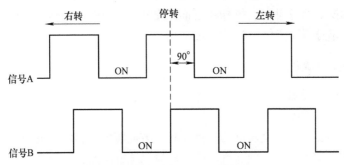

图 1-52　方向盘转动方向判断原理

 阅读提示

　　当汽车右转向时，方向盘顺时针转动，传感器信号脉冲从左到右逐个输出，A信号脉冲的下降沿在右边，此时B信号脉冲是高电压平；当汽车左转向时，方向盘是逆时针转动，传感器信号脉冲从右到左逐个输出，A信号的左侧是下降沿，此时B信号脉冲是低电平。

十一、方向盘转矩传感器

1. 方向盘转矩传感器概述

（1）方向盘转矩传感器的作用

　　方向盘转矩传感器是将驾驶人作用在方向盘上的转动力矩大小转换为相应的电信号。在电动式动力转向系统中，电子控制器通过方向盘转矩传感器的信号来判断方向盘转矩的大小，用以及时调整电动助力的大小。

（2）方向盘转矩传感器的类型

汽车电子控制系统中所采用的方向盘转矩传感器主要有电感式和电位计式两种，其中电感式传感器传感器的应用较为广泛。

2. 电感式方向盘转矩传感器

（1）测量原理

电感式方向盘转矩传感器通过一个扭力杆将方向盘上的作用力转换为其相应的扭转角度，然后通过传感器传感元件将扭力杆的扭转变形量转变为相应的传感器电感量变化。传感器中的4个电感线圈连接成电感电桥，并以双差动工作方式（电桥中接成相邻臂的2对电感线圈，它们的电感变化为一增一减）工作，将驾驶人转向时作用在方向盘上的转矩转换为相关的电压信号。

（2）组成结构

电感式方向盘转矩传感器的结构与工作原理如图1-53所示。

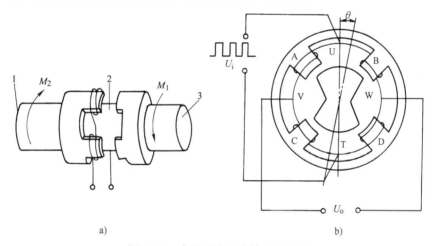

a)   b)

图 1-53　电感式方向盘转矩传感器

a）结构简图　b）工作原理

1—输出轴　2—扭力杆　3—输入轴

传感器的输入轴端连接方向盘，输出轴连接转向器，输入轴与输出轴之间用扭力杆连接，在输出轴的4个极靴上各绕有相同的线圈，并连接成电感式电桥。无转向力矩时，输出轴（定子）与输入轴（转子）的相对转角为0°，每个极靴上的磁通量均相等，电桥处于平衡状态，V、W两端的电位差 U_o 为0V。转向时，驾驶人作用于方向盘的力矩使扭力杆扭转变形，定子与转子之间产生角位移 θ。这时，极靴A、D间的磁阻增大，B、C间的磁阻减小，各极靴的磁通量产生了差别，电桥失去平衡而输出电压 U_o。U_o 与 θ 成正比（$U_o = k\theta U_i$，k 为比例系数），而 θ 与作用于扭力杆的转矩又成比例关系，因此，U_o 值就反映了方向盘的转矩大小。

3. 电位计式方向盘转矩传感器

（1）测量原理

电位计式转矩传感器同样也是通过一个扭力杆将方向盘上的作用力转换为其相应的扭转角度，但检测扭力杆扭转变形量的是一个电位计。电位计的环形电阻与方向盘轴一起转动，电位计滑片不动，在扭力杆有扭转变形时，电位计的滑片和电阻就会有对应的相对滑转量，并从电位计信号输出端子输出相应的电压信号。

（2）组成结构

电位计式方向盘转矩传感器如图1-54所示。

汽车转向时，扭力杆的扭转变形使电位计滑片与电阻有相对的转动，电位计的电阻相应改变，通过集电环输出相应的电压信号。

十二、减速度传感器

1.减速度传感器概述

（1）减速度传感器的作用

减速度传感器用于将汽车制动时的减速度的高低转变为相应的电信号。防抱死制动系统电子控制系统中，电子控制器根据减速度传感器所提供的车辆减速度电信号判断路面情况，并选择适当的制动力控制方案。

（2）减速度传感器的类型

测量减速度的传感器有多种类型，但应用于汽车电子控制防抱死制动系统的减速度传感器（也被称之为G传感器）主要有差动变压器式、水银式这两种形式。

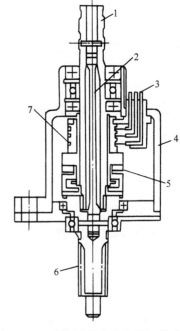

图1-54　电位计式方向盘转矩传感器

1—转向轴　2—扭力杆　3—输出轴　4—外壳

5—电位计　6—转向器主动小齿轮　7—集电环

2.差动变压器式减速度传感器

差动变压器式减速度传感器主要由铁心可移动的变压器和相应的信号处理电路组成，其结构与工作原理如图1-55所示。

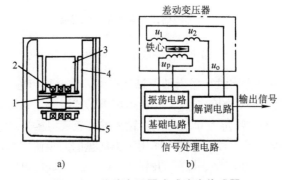

图1-55　差动变压器式减速度传感器

a）结构简图　b）工作原理

1—铁心　2—变压器绕组　3—印制电路　4—弹簧　5—变速器油

平时，变压器铁心由两端弹簧将其保持在中间位置，变压器初级绕组输入电压u_p后，一次侧绕组产生大小相同、相位相反的电压u_1和u_2，变压器输出u_0为0。当汽车制动时，在惯性力的作用下，差动变压器铁心移动，使变压器二次侧绕组产生的u_1、u_2一个增大，一个减小，变压器就会有电压u_0输出。u_0经信号处理电路处理后向控制器输出一个与汽车减速度相对应的电压信号。

阅读提示

　　差动变压器式减速度传感器信号处理电路实际上是一个调制解调器，其作用就是将缓慢变化的微弱信号进行放大。差动变压器将汽车制动时的减速度转换为相应的电压，此电压微弱且变化缓慢，经信号处理电路的调制、交流放大、解调（相敏检波和滤波）后，输出一个被放大的电压信号。

3. 水银式减速度传感器

　　水银式减速度传感器为开关式传感器，其主要部件是带常开触点的玻璃管和可在玻璃管内移动的水银，水银式减速度传感器如图 1-56 所示。

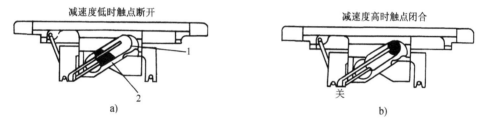

减速度低时触点断开　　　　　　　　　　减速度高时触点闭合

1

2

关

a)　　　　　　　　　　　　　　b)

图 1-56　水银式减速度传感器
a）减速度较低时　b）减速度较高时
1—玻璃管　2—水银

　　汽车在低附着系数路面上紧急制动时，由于减速度较小，玻璃管内水银的惯性力较小其移动够不到触点处，触点仍处于断开状态（图 1-56a）；当在高附着系数路面制动时，由于减速度较大，玻璃管内的水银在较大惯性力的作用下移动至触点处，使触点处于接通状态（图 1-56b）。防抱死制动系统控制器根据传感器输入的信号通断就可判断路面情况。

🔥 **专家提示：**

　　由于水银式减速度传感器通过其内部的触点通断情况输出相应的信号，这种开关式信号只是提供了汽车减速小于设定值和达到或大于设定值这两个信息，并不能表达汽车减速度的大小。但是，汽车防抱死制动电子控制系统的基本控制策略通常只设置高附着系数路面、低附着系数路面两种，而这种开关式的传感器信号已满足对路面判断的需要。因此，这种结构简单、信号稳定可靠的开关式减速度传感器在汽车上的应用十分广泛。

十三、碰撞传感器

1. 碰撞传感器概述

（1）碰撞传感器的作用

　　碰撞传感器也叫安全气囊传感器，用于检测汽车发生碰撞时的汽车减速度，安全气囊控制器根据此传感器的信号，判断汽车是否发生了碰撞和汽车碰撞的强度。开关式碰撞传感器也被用作安全传感器，串联在气囊点火器电源电路中，只是在汽车发生严重碰撞时才接通气囊点火器的电源电路，以避免汽车在使用与维修时产生气囊误爆。

（2）碰撞传感器的类型

碰撞传感器可分为机械触点式和电子式两大类。机械触点式碰撞传感器有偏心锤式、滚球式、滚柱式、水银开关式等形式，传感器内部的触点平时断开，当汽车发生碰撞时，传感器内部机械装置在惯性力的作用下使触点闭合，发出汽车碰撞信号或接通气囊点火器电源电路；电子式碰撞传感器主要有压电式和压敏电阻式，传感器可将汽车的减速度参数转换为相应的电信号。

2. 偏心锤式碰撞传感器

偏心锤式碰撞传感器是一种开关式减速度传感器，其结构如图 1-57 所示。

扭力弹簧力使重块、转盘动触点臂等停留在触点断开的位置。当汽车发生碰撞时，重块在惯性力作用下克服弹簧的扭力而移动，并通过转盘带动活动触点臂转动而使触点闭合，向安全气囊控制器发出汽车碰撞电信号，或将气囊点火器的电源电路接通（用作安全开关时）。

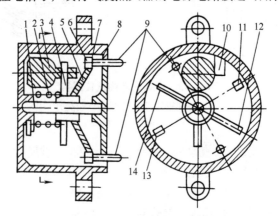

图 1-57　偏心锤式碰撞传感器

1—心轴　2—扭力弹簧　3—重块　4—转盘　5—触桥　6、12、14—活动触点　7、11、13—固定触点
8—外壳　9—插头　10—止位块

3. 滚球式碰撞传感器

滚球式碰撞传感器也是一种开关式减速度传感器，如图 1-58 所示。

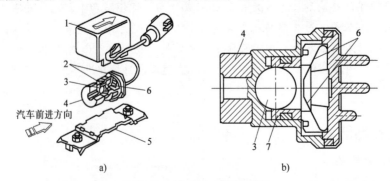

a)　　　　　　　　　　　　　　　　b)

图 1-58　滚球式碰撞传感器

1—传感器壳　2—O 形密封圈　3—钢球　4—永久磁铁　5—固定板　6—触点　7—滚筒

汽车正常行驶时，钢球被永久磁铁吸引，触点处于断开状态。当汽车发生碰撞时，钢球在惯性力的作用下，摆脱磁铁的吸引力滚向触点端，将触点接通，向安全气囊控制器发出汽车碰撞电信号，或将气囊点火器的电源电路接通。

4. 压敏电阻式碰撞传感器

压敏电阻式碰撞传感器的结构和测量原理如图 1-59 所示。

传感器的敏感元件在受力变形后，其电阻会相应改变的电阻应变片，被固定在传感器测量悬臂端部。当汽车发生碰撞时，测量悬臂受减速惯性力的作用而使其端部变形，使布置在测量悬臂端部的电阻应变片产生形变，其电阻相应改变，通过测量电路产生相应的电压信号（U_S）。

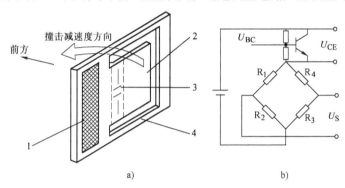

图 1-59　压敏电阻式碰撞传感器
a）结构　b）测量电路
1—集成电路　2—测量悬臂　3—电阻应变片　4—悬臂架

十四、光照度传感器

1. 光照度传感器概述

（1）光照度传感器的作用

光照度传感器用于将光照强度转变为相应的电信号，传感器可在日光或灯光的照射下产生与光照度相对应的电信号。光照度传感器在空调自动控制系统中用于制冷量的自动控制；光照度传感器在前照灯自动变光控制电路和自适应前照灯中，则分别用于自动变光控制和前照灯自动亮起/熄灭控制。

在汽车空调中用于检测阳光光照强度的光照度传感器也被称为日光传感器或阳光传感器。

（2）光照度传感器的类型

在汽车上应用的光照度传感器主要有光电池式和光敏电阻式两种类型。光敏电阻式光照度传感器根据其结构形式与工作原理的不同，可分为半导体光敏电阻式、光电二极管式和光电晶体管式等不同的类型。

光电池式光照度传感器根据光照强度，直接产生与光照强度相对应的电压信号；光电电阻式光照度传感器则是将光照强度转换为相应的导电率（电阻）变化，再通过测量电路转换为相应的电压信号。在汽车上，光敏电阻式光照度传感器应用更多。

2. 半导体光敏电阻式光照度传感器

半导体光敏电阻式光照度传感器的敏感元件为半导体元件，硫化镉半导体光敏电阻式光照度传感器一例如图 1-60 所示。

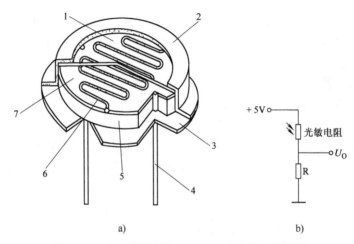

a)   b)

图1-60　硫化镉半导体光敏电阻式光照度传感器

a）传感器结构　b）测量电路

1—玻璃罩　2—金属盖　3—金属底板　4—电极引线　5—陶瓷基片　6—硫化镉半导体材料　7—电极

硫化镉半导体材料的电阻率随光照度增强而下降，将其连接到图1-61b所示的测量电路中，硫化镉在灯光照射下其电阻改变时，就会从输出端输出相应的电压信号 U_O，控制电路或电子控制器根据 U_O 判断光照度，进行相关的自动控制。

3. 二极管光敏电阻式光照度传感器

二极管光敏电阻式光照度传感器以二极管为敏感元件，此类光照度传感器一例如图1-61所示。光电二极管的PN结与普通二极管一样，具有单向导电性，但在阳光照射下，其反向电阻会明显减小。阳光越强，光电二极管的反向电阻就越小，将其连接到图1-61b所示的测量电路中，当光敏二极管受到阳光照射而其反向电阻下降时，测量电路就会有与日光量相对应的电流产生，并可从输出端输出相应的电压信号 U_O。空调控制器可根据光照度传感器输出的 U_O 判断车外阳光的照射强度，并进行相应的控制。

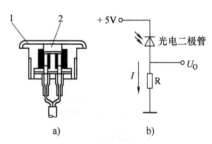

a)   b)

图1-61　二极管光敏电阻式光照度传感器

a）传感器结构　b）测量电路

1—滤波器　2—光电二极管

十五、角速度传感器

1. 角速度传感器概述

（1）角速度传感器的作用

角速度传感器是将汽车转弯时车身旋转角速度转换为相应的电信号。角速度传感器应用在汽车行驶稳定系统中，角速度传感器所提供的汽车旋转速度信号，是ECU实施汽车行驶稳定性控制的重要依据。

（2）角速度传感器的类型

汽车电子控制系统所用的角速度传感器按其结构与工作原理的不同分，主要有振动式和音叉式等类型。

2. 振动型角速度传感器

振动型角速度传感器的工作原理如图 1-62 所示。在作为振子的四方体的相邻两面上，粘贴有兼起驱动和检测作用的压电元件，当对压电元件施加交流电压时，就会在负压电效应的作用下，使振子振动。当振动着的振子又旋转时，就会产生一个与旋转速度相对应的哥氏力。

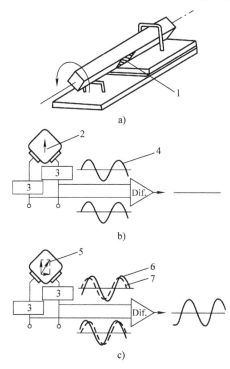

图 1-62　振动型角速度传感器的工作原理

a）结构　b）无旋转时　c）旋转时

1—压电元件　2—振子振动成分　3—电流检测　4—振动信号　5—哥氏成分　6—输入信号　7—哥氏力信号

哥氏力是指旋转坐标内具有速度的物体所受到的力，力的方向既与旋转轴垂直，也与物体的速度方向垂直，而力的大小与物体的速度与系统的转速成正比。

当车辆旋转时，传感器振子随之转动。这时，测出的压电元件电流包括振动和哥氏力两部分。传感器内部信号处理电路是相邻两压电元件输出信号的相减，这样，就消除了振动部分同频又同相两个信号（图 1-62b），只剩下反映哥氏力的信号（图 1-62c）。将电流信号转换为电压信号，就可得到与旋转角速度呈一一对应关系的输出信号。

3. 音叉式角速度传感器

音叉式角速度传感器的结构如图 1-63 所示。传感器的本体为音叉形，振子由振动（激振）和检测两部分组成，两者互成 90°。音叉上粘贴有压电陶瓷片（PTZ）。

音叉式角速度传感器的工作原理如图 1-64 所示。当交流电压加于激振 PTZ 时，检测 PTZ 也总是在左右方向（V 方向）振动。当车辆转弯（ω 方向）时，哥氏力作用于检测 PTZ，在与激振方向垂直的 F 方向的力，使检测 PTZ 产生交流电压信号。此信号包含激振 PTZ 产生的振荡波，经放大后进入检波电路，检波后输出反映旋转方向和旋转速度的信号，再经整形电路整形后，输出与车辆旋转角速度呈线性关系的电压信号。

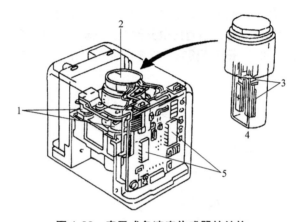

图 1-63 音叉式角速度传感器的结构

1—缓冲器 2、4—传感器本体 3—电压元件 5—专用集成电路

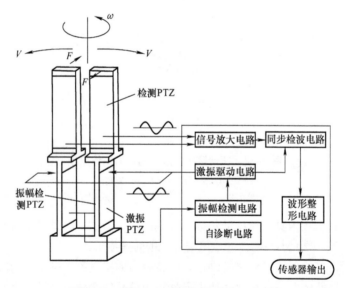

图 1-64 音叉式角速度传感器的工作原理

音叉式角速度传感器的优点是：两个振子是反向运动的，其产生的哥氏力的方向也相反，因此，车辆前后、左右方向加速度所形成的挠曲变形可以互相抵消，从而提高了测量精度。

第三节 电子控制器

汽车电子控制系统中的电子控制器（Electric Control Unit，ECU），其作用是对各传感器及开关的输入信号进行预处理、分析、判断，并按信号处理的结果输出控制信号并控制执行器工作，将被控制对象调整到设定的状态。ECU 由微处理器、输入电路、输出电路等组成，如图 1-65 所示。

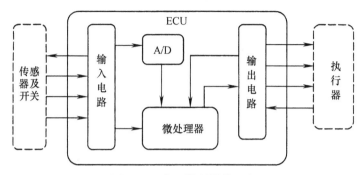

图 1-65　电子控制器的组成

一、输入电路

电子控制器内的输入电路包括信号处理电路和传感器电源，其作用是：将各传感器及开关输入的数字信号、模拟信号及开关信号进行预处理，转换为计算机可接受的数字信号；向传感器提供电压稳定的电源，确保各传感器正常工作。

1. 数字信号预处理电路

阅读提示

> 汽车传感器所输出的"数字信号"是指各种波形的脉冲信号，通常是以信号脉冲的个数或疏密来反映被测量。在汽车电子控制系统中，各种转速传感器、涡旋式空气流量传感器等输出的是以脉冲数或脉冲的疏密为计量被测参数的脉冲信号，碰撞传感器、档位开关等输出的是高低电平跃变的阶跃信号，这些"数字信号"计算机均不能识别。

（1）数字信号输入电路的作用

数字信号输入电路的作用就是将这些数字信号和开关信号进行预处理，转变成能被微处理器接收的数字信号。

（2）数字信号处理方法

对于可能包含有杂波的脉冲信号，需经过输入电路的滤波、整形和电平转换等预处理（图 1-66）。磁感应式转速传感器信号电压随转速而变，输入电路还包括信号放大和稳压电路。

对于已由传感器内部测量电路预处理的矩形波信号和开关信号，输入电路通常只需对其进行电平转换。

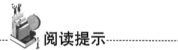

图 1-66　数字信号输入电路工作过程

2. 模拟信号预处理电路

（1）模拟信号处理电路的作用

模拟信号是一个连续变化的电量，以电信号的幅值来表示信息的量值。在汽车电子控制系统中，输出模拟信号的传感器有冷却液温度传感器、节气门位置传感器、量板式和热式空气流量传感器等。模拟信号预处理电路的作用是对模拟信号进行模/数（A/D）转换，将其转换为能被微处理器接受的数字信号。

（2）模拟信号处理的方法

A/D 转换主要包括采样、量化及编码等过程，如图 1-67 所示。采样过程是 A/D 转换器以一固定的时间间隔对模拟信号进行扫描，取得一系列离散的采样幅值。量化过程是对采样所获得的离散数据通过求其平均值或取中间值的方法求得一个具体的数值，再通过舍入或去尾的方法将其变为一个有限有效数字的数。编码就是将这些代表各采样幅值的有效数字变为二进制数。比如，模拟输入信号的某一个采样幅值量化后的数为 5，A/D 便会输出"0101"这个微处理器可接受的二进制代码。

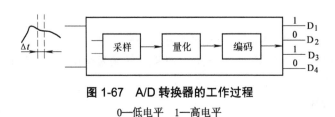

图 1-67　A/D 转换器的工作过程

0—低电平　1—高电平

🔥 **专家提醒：**

输入 ECU 的传感器信号或执行器的反馈信号，无论是模拟信号还是脉冲式的数字信号或开关信号，都必须转换为微处理器能够接受的数字信号，即以高电平代表 1，低电平代表 0 的 8 位或 16 位二进制数。

3. 传感器电源电路

除了可通过自身发电产生电信号的磁感应式传感器、氧化锆型传感器等发电型传感器外，其他传感器均需要有一个电压稳定的电源。电子控制器由内部稳压电路产生 5V 稳压电源，通过输入电路输送给各传感器，使各传感器能正常工作。

传感器电源除向传感器提供产生电信号所需的电能、向传感器测量电路提供工作电流外，对于诸如热敏电阻式传感器（发动机温度传感器、进气温度传感器等）、电位计式传感器（节气门位置传感器、量板式空气流量传感器等），传感器电源电压还是信号的基准电压，传感器电源电路如图 1-68 所示。

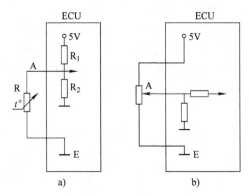

图 1-68　传感器电源电路

a）热敏电阻式传感器电源电路　b）电位计式传感器电源电路

二、微处理器

1. 微处理器的作用与基本组成

（1）微处理器的作用

微处理器是 ECU 的核心，它接受输入电路送来的各传感器及开关电信号，再根据存储器中的控制程序和标准数据进行运算、分析与判断后，输出控制指令，通过输出电路控制执行器工作。

（2）微处理器的基本组成

微处理器主要由中央微处理器（Central Processing Unit，CPU）、存储器、输入/输出接口（I/O）等组成，各组成部件用总线连接，如图 1-69 所示。

2. 组成部件的作用原理

（1）中央微处理器

中央微处理器包含运算器、控制器、寄存器等部件，这些部件也是通过总线连接，如图 1-70 所示。

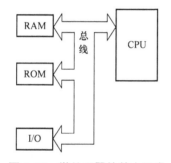

图 1-69　微处理器的基本组成

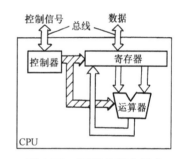

图 1-70　CPU 的基本组成

运算器：主要由算术逻辑运算部件、累加器、暂存器、程序状态字寄存器、通用寄存器及相应的逻辑电路等组成，用于对数据的算术运算和逻辑运算。

控制器：主要由指令译码器、指令寄存器 IP、控制矩阵（逻辑电路）等组成，其作用是将控制程序中的指令，按时钟节拍转换为相应的控制脉冲，以控制计算机系统的各部件自动协调地工作。

寄存器：除了配合运算器和控制器工作的专用寄存器外，CPU 中还有其他的专用寄存器。例如：程序计数器、缓冲寄存器、地址指针寄存器及程序地址寄存器等，用于程序地址和运算数据的存储和缓冲。

CPU 在其控制器控制脉冲的控制下，按控制器时钟脉冲的频率（节拍），自动、协调地进行数据的运算、寄存、传送等操作。

（2）存储器

存储器包含只读存储器和随机存储器，用于存储数据和程序。

1）只读存储器。只读存储器（Read Only Memory，ROM）用于存储计算机的控制程序、实施各项控制所需的标准参数等一些固定信息，因此，也叫程序存储器。ROM 中所存储的信息（控制程序和标准参数等）在制造芯片时写入，这些信息不能更改，工作时只供读取，电源切断时其存储的信息也不会消失。

随着计算机存储技术的发展，汽车电子控制系统中所用的程序存储器也了经历从 ROM 到 PROM、EPROM、EEPROM 这样一个逐步发展过程，充分满足了汽车电子控制技术的使用、研究与开发的要求。

相比于 ROM，PROM、EPROM、EEPROM 的特点如下：

PROM：可编程只读存储器（Programable ROM），这种只读存储器可由用户根据需要自行编程，一次写入。PROM 给用户根据需要写入不同的信息资料，以使微处理器适用于不同车型、不同控制项目提供了方便。

EPROM：可擦除可编程只读存储器（Erasable Programable ROM），与 PROM 不同的是存储的信息可通过芯片顶部窗口用紫外线照射的方法全部清除，然后通过编程器写入新的信息。EPROM 是可反复擦写和使用的只读存储器。

EEPROM：电可擦只读存储器（Electrically Erasable Programable ROM），可在通电的情况下改写部分信息，使微处理器的使用更为方便灵活。在电子控制器中使用 EEPROM 后，可通过专用的汽车故障诊断仪器对 EEPROM 中的程序和数据进行修改，从而实现了汽车电子控制系统的就车技术升级。EEPROM 在现代汽车上已经得到了广泛的应用。

2）随机存储器。随机存储器（Read Access Memory，RAM）在控制器工作时，随时对 RAM 进行信息的存入或读取。因此，RAM 也被称之为数据存储器。RAM 中所存储的信息在电源切断后会随即消失。

阅读提示

> 汽车电子控制系统的故障信息（故障代码）和自适应学习修正参数均用 RAM 储存，这些信息需要在发动机熄火后仍然保留。为此，ECU 需要有一个不经点火开关控制的常接电源，以确保 RAM 中的有用信息不会因为点火开关的关闭而丢失。

（3）输入/输出接口

输入/输出接口（Input/Output，I/O），它是 CPU 与外部设备进行数据传送的通道。从输入电路送来的传感器、开关信号及某些执行器的反馈信号，经输入接口送入 CPU；CPU 的控制指令则通过输出接口传送到输出电路。I/O 在 CPU 与外围设备之间起着缓冲数据、匹配电平和时序等作用。

三、输出电路

电子控制器输出电路的作用是按照微处理器输出的控制信号进行工作，进而控制执行器按照微处理器的指令动作。

1. 输出电路的组成

微处理器经输出接口输出的控制信号是以 8 位或 16 位二进制数表示的控制代码，不能直接控制执行器，需由信号处理电路将微处理器的控制指令转换为相应的控制脉冲，再经驱动电路控制执行器工作。输出电路由信号处理电路和驱动电路组成，如图 1-71 所示。

2. 驱动电路的类型

输出电路驱动执行器的方式大致有两种（图 1-72），一种是执行器直接连接车载电源，由控制器驱动电路提供接地通路而使执行器通电工作，喷油器、点火线圈、怠速控制电磁阀等以车载电源电压为工作电压的执行器均采用这种驱动方式。另一种是执行器本身接地，由控制器内部电源向执行器提供电流，这种驱动方式通常应用于发光二极管、晶体管等工作电压较低的执行器。

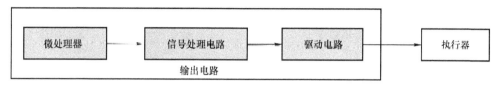

图 1-71　输出电路的组成

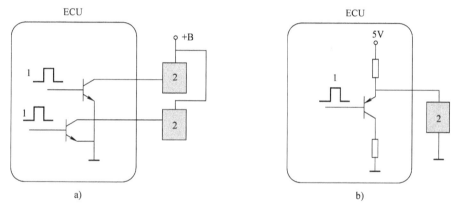

图 1-72　控制器的输出电路
a）向执行器提供接地通路　b）向执行器提供电压脉冲
1—控制脉冲　2—执行器

第四节　执　行　器

　　执行器在控制器输出电路的控制下工作，将控制参量迅速调整到设定的值，以使控制对象工作在设定的状态。汽车电子控制系统执行器按照执行机构动作所用驱动装置的结构原理不同，主要分为电动机类和电磁阀类两种。还有一类执行器不产生动作，例如：点火线圈、加热器、显示器、各种指示/警告灯等。

一、电动机类执行器

　　电动机类执行器有普通直流电动机和步进电动机两种（图 1-73），其作用是按 ECU 输出的控制信号迅速、准确动作，将控制参量迅速调整到目标范围之内。

1. 普通直流电动机

　　普通直流电动机通电后产生持续的旋转运动，通过机械传动装置带动执行机构工作。在汽车电子控制系统中，采用普通直流电动机作为驱动装置动力的执行器较多，例如：燃油喷射电子控制系统中的燃油泵、电子节气门驱动装置、巡航控制系统驱动装置、电子控制悬架系统空气压缩机驱动电动机、电控悬架刚度/阻尼调节驱动器等。

a)

b)

图 1-73 汽车电子控制系统用电动机

a）直流电动机 b）步进电动机

　　直流电动机的基本组成及工作原理与起动机的直流电动机相同，需要正反转控制的电动机，其控制方式与电动车门、电动车窗、电动后视镜等的电动机一样，也是通过控制通电的励磁绕组（双励磁绕组的直流电动机）或电枢电流的方向（永磁式直流电动机），实现电动机转动方向控制的。

　　相比于励磁式直流电动机，永磁式电动机结构尺寸小，工作可靠性好，因而在汽车电子控制系统中应用较多。励磁式直流电动机磁极绕组通常采用并联方式，其电路原理如图 1-74 所示。

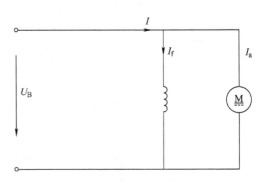

图 1-74 励磁式直流电动机电路原理

阅读提示

　　在汽车上使用的励磁式直流电动机还有串励和复励两种。串励式直流电动机其励磁绕组与电枢串联，起动机使用的就是直流串励电动机；复励式电动机有分别与电枢串联和并联的两个励磁绕组，刮水器中的励磁式电动机在低速档工作时，就是复励式电动机。

2. 步进电动机

　　步进电动机按"步"转动，可控制其转动的角度和转向，通过机械传动实现控制参量的调节作用和定位控制。一些汽车发动机的怠速控制阀采用步进电动机驱动。

阅读提示

　　与普通直流电动机相比，步进电动机的结构与工作原理均有较大的差别。

　　普通直流电动机：其磁极产生磁场，通电的电枢绕组在磁场中受到**安培力**的作用而产生电磁转矩，电枢在电磁转矩的作用下转动起来。

步进电动机：其磁极是多个N、S极相间排列的永久磁铁，两个定子各有两个绕组，各有一个线圈通电时也将铁心磁化成N、S极相间排列。通过步进电动机驱动脉冲，使定子上所有N、S极逐步移动，对转子的N、S极产生磁力作用，使转子随定子磁极逐步转动。

（1）步进电动机的组成与结构特点

步进电动机主要由永久磁铁的转子和绕有两个绕组的定子组成，其组成部件及内部电路如图1-75所示。

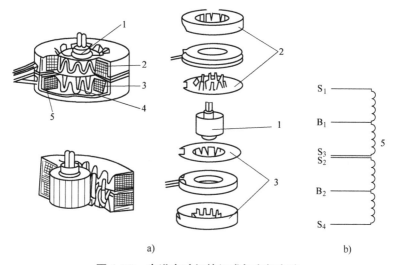

a)   b)

图1-75 步进电动机的组成与内部电路

a）转子与定子 b）内部电路

1—转子 2—定子A 3—定子B 4—爪极 5—定子绕组 B₁、B₂—电源端子 S₁、S₂、S₃、S₄—控制端子

步进电动机的转子为永久磁铁，有8对磁极，其N极和S极相间排列。定子有A、B两个，每个定子的铁心有8对爪极；每个定子有两个绕向相同，但工作时电流方向相反的绕组。当A、B两个定子各有一个绕组通电时，两定子的铁心均被磁化为8对磁极，A、B两个磁极就形成了16对（32个）磁极（图1-76）。当A定子或B定子中的两个绕组交换通断电状态时，由于换成了电流方向相反的绕组通电，定子的铁心磁化极

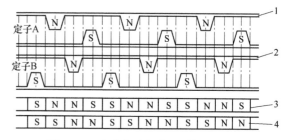

图1-76 步进电动机定子磁极的形成

1—定子A 2—定子B 3—S₁、S₂通电定子磁极排列
4—S₂、S₃通电定子磁极排列

性反向，使定子32个磁极的排列发生变化，就像是定子磁极整体向一个方向移动了一步（1/32圈）。例如，A定子交换通电的绕组，铁心磁化极性反向，上面的爪极为N极，下面的爪极为S极，定子32个磁极整体向右移动了1/32圈（图1-76中的4）。

（2）步进电动机按步转动过程

当定子绕组按S₁、S₂、S₃、S₄输入转动控制脉冲（图1-77）时，每个转动位置A、B两定

子均有一个绕组通电，两定子形成 32 个磁极。设转子转动一步前 S_1 与 S_4 两绕组通电，定子磁极的排列与转子的位置如图 1-78a 所示；当 S_2 通电脉冲输入时，就变成了 S_2 与 S_4 两绕组通电，定子 32 个磁极的极性排列发生改变（1-78b），形成与转子磁极同性相斥、异性相吸的磁力作用，使转子转动至其 N、S 极又与定子的异性磁极相对应的位置（1-78c），电动机完成一步转动。

定子的 4 个绕组按 S_1、S_2、S_3、S_4 的顺序输入通电脉冲，就可使电动机逐步（1/32 圈）转动。

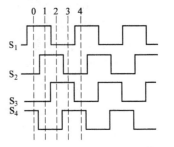

图 1-77　步进电动机转动控制脉冲

0—转动前　1—转动一步　2—转动二步
3—转动三步　4—转动四步

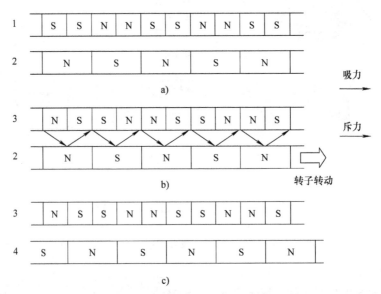

图 1-78　步进电动机的工作原理

a）转动一步前　b）开始转动　c）转动一步后

1—转动前定子磁极排列　2—转动前转子磁极位置　3—转动一步定子磁极排列　4—转动后转子磁极位置

二、电磁阀类执行器

在发动机电子控制系统中，电磁阀应用较多。根据电磁阀动作方式的不同分，可将电磁阀分为直动式电磁阀和转动电磁阀两大类。

1. 直动式电磁阀

直动式电磁阀其线圈通电后，其阀体产生直线运动。喷油器、直动式怠速控制阀、废气再循环电磁阀、炭罐通气电磁阀等均为此类电磁阀。

直动式电磁阀主要由线圈、铁心和弹簧等组成，如图 1-79 所示。当线圈通电时，线圈产生电磁力，铁心就会在电磁力的作用下克服弹簧力而轴向移动，通过与铁心连接的阀杆带动阀芯或滑阀做出相应的控制动作。

直动式电磁类执行机构按其工作方式分，有开关式、定位式和脉动式等。

（1）开关工作方式

执行机构电磁线圈只有通电和不通电两个工作状态，控制脉冲如图1-80a所示。执行机构由弹簧力保持初始状态，由电磁线圈通电产生的电磁力克服弹簧力产生控制动作，并通过电磁线圈持续通电保持动作后的状态。

（2）定位工作方式

执行机构电磁线圈电流大小由控制器控制，电磁线圈在不同的电流下产生大小不同的电磁力，与弹簧力平衡后实现不同程度的动作。定位工作方式的电磁线圈电流大小控制有两种方式，一种是控制持续的稳定电流大小，另一种是通过占空比脉冲（图1-80b）控制平均电流的大小。

持续电流控制方式下，控制器通过驱动电路控制电磁阀线圈的电流大小，其控制的驱动电路较为复杂，而用占空比信号控制电磁线圈的平均电流，控制器输出一个的通断脉冲信号，驱动电路就是一个晶体管开关电路，比较简单。

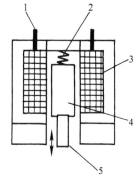

图1-79　直动电磁阀的基本组成

1—接线端子　2—弹簧　3—线圈
4—铁心　5—阀杆

🔥 **专家提醒：**

占空比信号脉冲是一种脉冲频率固定，脉冲宽度可变的控制信号，占空比就是信号脉宽与周期的比。控制器通过输出占空比信号来控制电磁阀线圈的通断电比率，以控制其平均电流，或控制电磁阀开与关的比率，实现对执行器的相关控制。

（3）脉动工作方式

执行机构电磁线圈也只有通电和不通电两个工作状态，但电流以占空比脉冲的方式流经电磁线圈，通过执行机构动作前后比率来实现对目标参量的控制。

a)　　　　　　　　　　　　b)

图1-80　直动式电磁阀的控制方式

a）开关控制方式　b）占空比控制方式

2. 旋转式电磁阀

旋转式电磁阀通电工作时，其阀体做相应的转动。一些发动机怠速控制阀采用了旋转式电磁阀。

（1）旋转式电磁阀的组成与结构特点

旋转电磁阀的主要部件是带动阀转动的转子和定子，其组成与电路原理如图1-81所示。

汽车电子控制系统结构与控制原理

图 1-81 所示的旋转电磁阀其转子为永久磁铁，定子绕有两个匝数相同且对称布置的电磁线圈，通电后两电磁线圈所产生的电磁力对转子的作用力方向相反。

（2）旋转式电磁阀的工作原理

ECU 输出占空比脉冲信号，此控制信号通过 VT_1、VT_2 组成的驱动电路控制电磁阀线圈 L_1、L_2 的通断电。由于控制信号到 VT_1 基极经反相器反相，因此，从晶体管 VT_1、VT_2 集电极输出的是相位相反的控制脉冲。

当控制信号占空比为 50% 时，一个脉冲周期 VT_1、VT_2 的导通相位相反，但导通时间相同。L_1、L_2 的通电时间各占一半，两线圈的平均电流相同，产生相同大小的电磁力，对转子的作用力互相抵消，所以这时的转子在原来的位置保持不动。

当控制信号占空比大于 50% 时，L_2 通电时间大于 L_1，通过 L_2 的平均电流大于 L_1，两线圈产生的磁场合力使转子沿一个方向转动一个角度。

当控制信号占空比小于 50% 时，L_1 的通电时间大于 L_2，通过 L_1 的平均电流大于 L_2，两线圈产生的磁场合力则使转子按相反的方向转动一个角度。

占空比与 50% 的差距越大，转子转动（正转或反转）的角度也越大。控制器就是通过输出占空比不同的脉冲信号，实现对转动电磁阀的旋转角度及转动方向的控制。

图 1-82 所示是转动电磁阀另一种结构形式，这种电磁阀的定子是永久磁铁，转子绕有两个匝数相同且对称布置的电磁线圈，线圈电流通过电刷和滑片引入。这种转动电磁阀的工作原理与转子是永久磁铁、定子有电磁线圈的转动电磁阀完全相同。

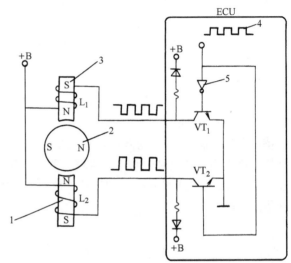

图 1-81　旋转式电磁阀电路原理
1、3—定子　2—转子（永久磁铁）　4—控制信号（占空比信号）
5—反相器

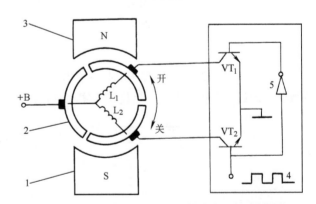

图 1-82　定子为永久磁铁的旋转式电磁阀电路原理
1、3—定子（永久磁铁）　2—转子　4—控制信号（占空比信号）
5—反相器

第二章
燃油喷射电子控制系统

第一节　燃油喷射电子控制系统概述

一、燃油喷射电子控制系统的工作方式及特点分析

1.燃油喷射式发动机的工作方式

（1）混合气的形成方式

燃油喷射控制系统是将具有一定压力的燃油直接喷射到进气歧管或气缸内（图 2-1），与进入的空气混合而形成适当浓度的可燃混合气。

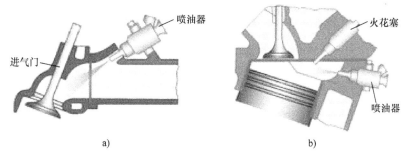

a)　　　　　　　　　　　　　b)

图 2-1　可燃混合气形成方式

a）进气歧管喷射　b）缸内喷射

（2）空燃比的控制方式

燃油喷射控制系统由电子控制器根据发动机当前的工况与状态确定最佳的喷油量，并通过控制喷油器的喷油时间，精确地控制喷油量。这种空燃比（空气与燃油的比例）控制方式，可使发动机在任何工况、状态下均有一个最佳的混合气浓度。

> 🔥 **专家提醒：**
>
> 燃油喷射系统通过一个相对压力调节器来调节燃油压力，使喷油器喷口内外的压差保持稳定，而喷油器喷口的截面积是一定的，因此，控制器可通过控制喷油器的持续喷油时间准确控制喷油量，实现最佳空燃比的控制。

2. 燃油喷射式发动机特点分析

（1）化油器发动机混合气形成方式

化油器发动机混合气的形成方式如图 2-2 所示。

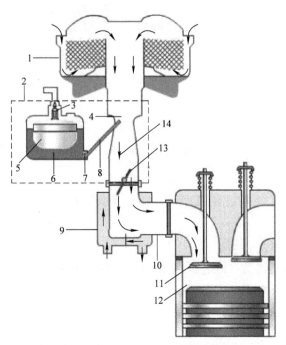

图 2-2　化油器发动机混合气的形成方式

1—空气滤清器　2—化油器　3—进油针阀　4—喉管　5—浮子　6—浮子室　7—主量孔　8—主喷管　9—进气预热套
10—进气歧管　11—进气门　12—气缸　13—节气门　14—油气混合室

化油器喉管处通道的截面积减小，可以提高空气的流速、降低空气的压力，以便于通过主喷管将浮子室中的汽油吸出，并与空气混合，形成可燃混合气。主量孔的作用是根据进气量来调节空燃比，以使混合气的浓度能适应发动机转速与负荷变化的需要。化油器的这种混合气的形成与调节方式的主要问题是：由于喉管处截面积减小，进气阻力增大，使发动机的充气效率低，动力性下降；主喷管喷口与浮子室之间的压差小，汽油从主喷管喷口喷出的雾化效果差；主量孔对混合气空燃比的调节只能粗略地满足发动机转速与负荷变化的需要。

总之，化油器使发动机的动力性、经济性及排放指标均不能适应现代汽车的要求，早已被电喷技术全面取代。

（2）燃油喷射式发动机的特点

1）进气阻力小。与化油器相比，进气管中没有了喉管的节流作用，使发动机的充气效率得以提高，从而有效地提高了发动机的动力性。

2）汽油雾化良好。一定压力的汽油从喷油器喷射而出，汽油的雾化效果良好，有助于形成空燃比适当、各缸均匀的混合气，可使发动机各缸均有良好的燃烧效果，充分发挥汽油的效能，降低油耗和排气污染。此外，由于汽油喷射可使汽油在发动机低温、低速时仍有良好的雾化性，因而也改善了冷起动性能和爬坡性能。

3）供油滞后性小。由于汽油是以一定的压力直接喷射在进气门处，供油的滞后性小，因而对节气门（加速踏板）的响应快，发动机的加速性能好。

4）空燃比控制精度高。电子控制燃油喷射技术可实现非线性的空燃比控制，在发动机的各种工况下均有最佳的基本供油量控制，还可根据发动机的温度、废气中的氧含量等情况对供油量作出修正控制，可使发动机在各种工况下始终处于最佳的空燃比。

5）可实现汽车减速断油控制。电子控制燃油喷射系统很容易实现在汽车减速时断油，从而降低汽车减速时燃油的消耗和排放污染。

6）可实现与其他电子控制系统的协调性控制。汽车各个电子控制系统的协调控制，可使汽车的安全性、舒适性、动力性及经济性进一步提高。

3. 燃油喷射技术发展概况

燃油喷射技术最早是用在航空发动机上，最初的燃油喷射技术采用机械控制的缸内喷射方式。在 20 世纪 50 年代，这种燃油喷射技术开始应用于赛车的二冲程汽油发动机；1954 年，德国奔驰公司在其生产的 300BL 四冲程汽油发动机上也使用了燃油喷射技术，并在 1958 年推出了缸内喷射的 220SE 发动机。这种机械控制式缸内喷射式燃油喷射技术与柴油机的喷射系统相似，由发动机驱动的喷射泵来实现汽油喷射，其最大的缺点是安装性差、性能提高有限、成本高。

1972 年，博世公司又推出了 L-Jetronic 电控燃油喷射装置和 K-Jetronic 机械控制燃油喷射装置。1980 年，美国通用公司和福特公司又推出了单点喷射式电子控制汽油装置（SPI）。这些电子控制和机械控制的燃油喷射技术均为缸外喷射，成本较低，使发动机的动力性和经济性有了较大的提高，并有效控制了排放污染。

20 世纪 90 年代，国外一些汽车公司已经开始研究与开发性能更好、技术要求也更高的缸内喷射式电子控制燃油喷射技术。如今，这种缸内喷射式电子控制燃油喷射技术已经在汽车上得到了广泛应用。

二、燃油喷射电子控制系统结构类型

燃油喷射装置有多种形式，下面按不同的分类方法予以归类。

1. 按喷油和供油量的控制方式不同分

（1）机械控制方式

机械控制方式通过油路中的压力油顶开喷油器实现喷油，由空气流量传感器的信号，根据进气管空气流量的大小做出相对应的动作，通过柱塞式比例阀的联动来控制喷油量。这种机械控制方式在工作过程中喷油器连续喷油，通过控制喷射流量来调节供油量（空燃比）。

（2）机电混合控制方式

机电混合控制方式是机械控制方式的改进型，在机械控制方式的基础上增设了一个由电子控制器控制的电液流量调节器，使其适应性和控制功能得以提高。

（3）电子控制方式

电子控制方式的组成与原理如图 2-3 所示。电子控制器根据发动机各传感器输入的信号产生喷油控制脉冲，控制电磁阀式喷油器喷出适量的燃油。电子控制方式的喷油器为间歇喷油，控制器通过控制喷油器的喷油时间（喷油控制脉冲的宽度）来控制喷油量。

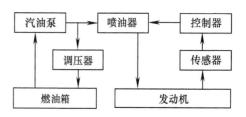

图 2-3　电子控制燃油喷射原理框图

2.按喷油器的位置不同分

（1）缸内喷射式

喷油器安装在发动机气缸盖上，燃油直接喷射到气缸内（图 2-1b）。这种喷射方式喷油压力高，喷射时间控制也很严格，且喷油器要承受缸内的高温、高压，因而其技术要求较高。一汽 - 大众迈腾等汽车发动机上采用的是缸内喷射式电子控制燃油喷射装置，这种燃油喷射方式可使发动机的动力性、经济性和排放控制水平都得到提高。

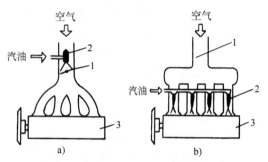

图 2-4　单点喷射与多点喷射示意图

a）SPI　b）MPI

1—节气门　2—喷油器　3—发动机

（2）缸外喷射式

缸外喷射式又分单点喷射（SPI）和多点喷射（MPI）两种形式，如图 2-4 所示。

1）单点喷射（SPI）。汽油喷射装置有一个或两个喷油器，安装在节气门体处，因此也被称之为节气门体式燃油喷射装置。SPI 的控制精度稍低于 MPI，但执行机构简单、成本较低、工作可靠性相对较高。在 20 世纪 80 年代，SPI 在一些汽车上得到了应用。

2）多点喷射（MPI）。燃油喷射装置的喷油器与发动机气缸数相等，安装在进气门处的进气歧管上。这种喷射方式燃油的控制精度、喷油变化灵敏度等均优于单点喷射，得到了广泛用。多点喷射又有同时喷射、分组喷射和单独喷射等控制方式（图 2-5）。

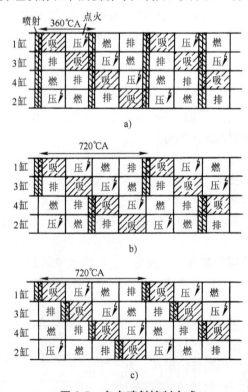

图 2-5　多点喷射控制方式

a）同时喷射　b）分组喷射　c）单独喷射

同时喷射：按发动机转动节拍各缸喷油器同一时刻喷油，各喷油器共用一个驱动电路驱动。控制器的驱动电路结构简单，但空燃比的控制精度相对较低。

分组喷射：将喷油器分成两组（四缸发动机）或三组（六缸发动机），按发动机转动节拍，各组交替同时喷油。控制精度有所提高，但相比同时喷射方式控制器增加了一倍数量的喷油器驱动电路，且需要分组气缸识别信号，控制电路也相对复杂一些。

独立喷射：各缸的喷油器按照发动机气缸的工作顺序单独喷油，这种喷射方式可针对各缸每次燃烧所需的喷油量各自设定一个最佳的喷射时刻。因此，顺序单独喷油可以展宽稀薄空燃比界限，进一步降低油耗。独立喷射方式需要气缸识别信号及与气缸数相等的喷油器驱动电路，因此其控制电路的结构最复杂。

第二节　燃油喷射电子控制系统的结构与控制原理

一、燃油喷射电子控制系统的控制原理

电喷发动机通过喷油器将一定压力的燃油喷射到进气管或气缸内，与空气混合形成可燃混合气，而最佳空燃比是由燃油喷射电子控制系统的电子控制器（ECU），通过控制喷油器的喷油时间来实现。ECU 根据各传感器输入的电信号判断发动机的工况和状态，并确定最佳的喷油量。燃油喷射电子控制系统的基本组成与控制原理如图 2-6 所示。

阅读提示

燃油喷射电子控制系统中，电子控制器根据各传感器信号确定各工况下基本喷油量和各种状态下的喷油量修正，并输出相应的喷油器控制脉冲，控制喷油器的喷油时间，实现最佳空燃比控制。

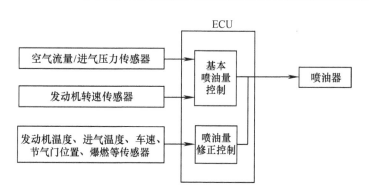

图 2-6　燃油喷射电子控制系统的基本组成与控制原理

1.基本喷油量控制

基本喷油量控制是为了保证发动机在正常的工作温度下运行时有最佳的空燃比。电子控制器根据发动机转速传感器、进气压力传感器（压力型）或空气流量传感器（流量型）的信号，确定基本喷油量，并通过喷油器驱动电路控制喷油器每个工作循环的喷油（通电）时间。基本喷油时间的确定方式有公式计算法和查寻法两种。

（1）公式计算法确定基本喷油时间

在电子控制器的 ROM 中，存储有基本喷油时间计算公式（控制模型）。工作时，控制器根据当前的发动机转速和空气流量（或进气压力）参数，调用计算模型来确定基本喷油时间 T_p。典型的计算模型如下：

$$T_p = \frac{120G_a}{CZn}$$

式中　G_a——空气流量（g/s）；

　　　C——与喷油器结构和理论空燃比有关的常数；

　　　Z——发动机气缸数；

　　　n——发动机转速（r/min）。

公式计算法确定基本喷油时间的问题是：确定适用于该型发动机的基本喷油量计算公式难度很大，所确定的计算模型也不可能实现该型发动机所有工况的最佳喷油时间控制。

（2）查寻法确定基本喷油时间

在电子控制器中的 ROM 内存储有各种特定工况下的最佳喷油时间标准参数（三维图，如图 2-7 所示）。发动机各特定工况下的最佳喷油时间是通过试验取得的。工作时，电子控制器根据当时的发动机转速和空气流量（或进气压力），从 ROM 中查寻得到基本喷油时间。如果发动机工作在非特定工况，ECU 中的 CPU 可根据该工况周围的 4 个特定工况点的基本喷油时间，通过插值法计算得到该工况下的喷油时间。

🔥 **专家提醒：**

特定工况也称其为试验工况，以发动机转速为横坐标，以发动机进气流量（或进气压力）为纵坐标（图 2-8）。在发动机的转速变化范围内划分若干小区间，发动机的进气流量（或进气压力）变化范围内也划分若干小区，划分线所形成的交叉点设定为特定工况（试验工况）。在这些特定工况下进行试验，测得最佳的喷油时间，并作为标准参数存入 ROM 中。

用查寻法求得最佳的基本喷油时间，可实现非线性控制，使燃油喷射的控制精度更高，因此，燃油喷射控制系统多采用查寻法求得基本喷油时间。

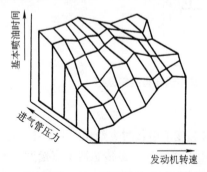

图 2-7　最佳基本喷油时间标准参数（三维图）

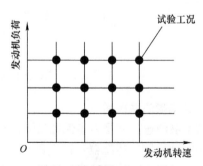

图 2-8　发动机试验工况

2. 喷油量修正控制

喷油量修正控制是为了使发动机在各种情况下都有最适当的空燃比，使发动机始终工作在最佳状态。燃油喷射电子控制系统一般有以下几条喷油量修正控制。

（1）进气温度修正

1）进气温度修正的作用。进气温度不同时，空气的密度也不同，会使混合气的空燃比发生变化。进气温度修正是为了消除进气温度改变对空燃比的影响。

2）进气温度修正方法。电子控制器根据进气温度传感器的信号对喷油时间做出适当修正，进气温度修正特性示例如图 2-9 所示。

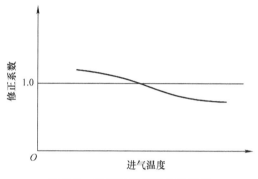

图 2-9　进气温度修正特性示例

（2）起动喷油量修正

1）起动喷油量修正的作用。发动机在起动时转速很低，基本喷油量很少，需要通过适当增加喷油量（起动喷油修正）来提高其起动性能。

2）起动喷油量修正方法。电子控制器根据点火开关信号（起动档）做出起动时喷油量修正控制；另外，根据冷却液温度传感器的信号确定喷油修正量，发动机冷却液温度越低，起动补充喷油量也越多。一些燃油喷射控制系统则是通过在正常喷油脉冲之间增加一个喷油脉冲，来增加起动喷油量的。

　小知识

早期的电喷发动机通过增设一个冷起动喷油器来提高发动机冷起动性能。冷起动喷油器通常安装在节气门后的进气管处，由热时间开关或 ECU 控制。在低温下发动机冷起动时，由热时间开关或 ECU 控制冷起动喷油器打开喷油，以加浓混合气，使发动机顺利起动。起动后或起动时间过长，冷起动喷油器都会被关闭。

（3）起动后的喷油量修正

1）起动后喷油量修正的作用。发动机起动后，起动喷油量修正立刻停止，而这时发动机的温度较低，燃油雾化不良，此时如果立刻转入基本喷油量控制，就容易导致发动机运转不平稳甚至熄火。电子控制器进行起动后的喷油量修正，在基本喷油量的基础上增加起动后补充喷油量，以保证发动机在温度较低，燃油雾化不良的情况下能稳定运转。

2）起动后喷油量修正方法。控制器根据点火开关从"起动"档到"点火"档的变化，快速做出起动后喷油修正控制；根据冷却液温度传感器的信号确定起动后喷油修正量，根据发动机转速传感器的信号脉冲递减喷油修正量。起动后喷油量修正特性如图 2-10 所示。

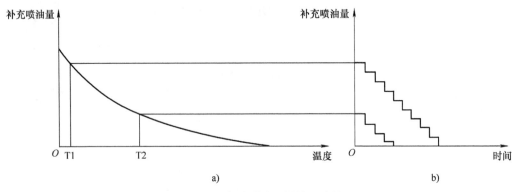

图 2-10　起动后喷油量修正特性

a）起动后喷油补充量初始值　b）起动后喷油补充量随转速信号递减过程

（4）怠速暖机喷油量修正

1）怠速暖机喷油量修正的作用。发动机冷起动后，保证发动机起动后能稳定运行的起动后补充喷油量很快就会消失，如果这时发动机的温度仍较低，就会还需要较浓的混合气。这时需要用到时间相对较长的怠速暖机修正控制，以保证发动机运转平稳。

2）怠速暖机喷油量修正方法。电子控制器根据节气门位置传感器（怠速开关）信号做出怠速暖机喷油量修正控制；根据冷却液温度传感器的信号确定修正量。典型的怠速暖机喷油量修正特性如图 2-11 所示，根据冷却液温度传感器信号对喷油修正量进行适当调整。

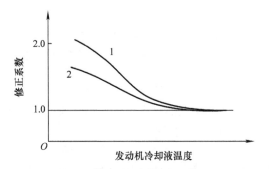

图 2-11　怠速暖机喷油量修正特性

1—起始温度低修正特性曲线
2—起始温度高修正特性曲线

（5）加速时的喷油量修正

1）加速时的喷油量修正的作用。汽车加速时，需要在基本喷油量的基础上增加适当的喷油量，以避免加速时混合气过稀，确保发动机有良好的加速性能。

2）加速时的喷油量修正方法。电子控制器根据节气门位置传感器信号作出加速时喷油量修正控制；根据空气流量传感器或进气压力传感器、发动机转速传感器及冷却液温度传感器的信号，确定加速喷油修正量。典型的加速时喷油量修正特性如图 2-12 所示。

上述加速时的喷油量修正为同步加速修正，有的燃油喷射系统采用异步修正，即在正常喷油脉冲之间额外地输出一个喷油脉冲信号，通过喷油器多喷一次油的方式增加加速时的喷油量。

（6）减速时的喷油量修正

1）减速时的喷油量修正的作用。减速时如果仍按基本喷油量控制会使混合气过浓，通过减速时的喷油量修正，适当地减小喷油量，可达到降低汽车燃油消耗和排放污染之目的。

2）减速时的喷油量修正方法。电子控制器根据节气门位置传感器、空气流量传感器或进气压力传感器、发动机转速传感器及冷却液温度传感器的信号进行减速喷油量修正，适当减少喷油器的喷油时间，以降低汽车减速时的燃油消耗和排气污染。

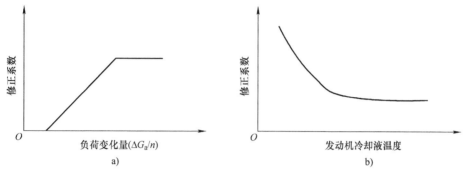

图 2-12　加速时喷油量修正特性

a）负荷变化量修正特性　b）冷却液温度变化修正特性

（7）大负荷喷油量修正

1）大负荷喷油量修正的作用。在发动机大负荷时需适当加浓混合气，以保证发动机在大负荷工况下，仍能保持在最佳的状态下工作。

2）大负荷喷油量修正方法。电子控制器根据节气门位置传感器的信号作出大负荷喷油量修正控制。当节气门开度大于某设定值时，电子控制器根据节气门位置传感器的信号作出发动机大负荷判断，并开始进行大负荷喷油量修正；当节气门开度小于设定值时，大负荷修正就立即停止。

（8）燃油高温喷油量修正

1）燃油高温喷油量修正的作用。当燃油温度过高时，喷油器内的燃油会汽化，含有蒸气的燃油会导致喷油量减少而使混合气过稀。因此，在汽车热车起动时，如果燃油的温度过高，就需要适当增加喷油时间，以弥补因燃油汽化所引起的混合气过稀。

2）燃油高温喷油量修正方法。电子控制器根据点火开关（起动档）信号和冷却液温度传感器的信号，做出热起动喷油量修正控制；根据冷却液温度传感器确定燃油高温喷油量修正量，其修正特性如图 2-13 所示。

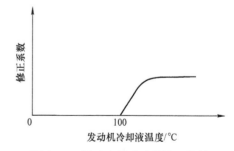

图 2-13　燃油高温喷油量修正特性

有的燃油喷射系统在燃油箱上设置了燃油温度传感器，直接采用燃油温度传感器的信号作为燃油高温喷油量修正控制的依据。

（9）燃油关断控制

1）燃油关断控制的作用。燃油关断控制有两种情况，一是在汽车减速时停止喷油，以达到节油和降低排放污染之目的；二是在发动机转速太高时停止供油，以防止发动机因超速而损坏。

2）燃油关断控制方法。电子控制器根据节气门位置传感器信号判断是否是减速工况（节气门开度突然减小至关闭），再参考发动机转速传感器和冷却液温度传感器的信号确定是否停止喷油。在发动机转速降至较低的范围、发动机冷却液温度较低时，电子控制器则不作出停止喷油控制，或在停止喷油状态下立即恢复喷油，以避免发动机熄火。

电子控制器根据发动机转速传感器信号作出高转速停止喷油控制。当发动机转速超过设定的极限转速时，电子控制器作出立即停止喷油控制，以避免发动机转速过高。

（10）蓄电池电压变化喷油量修正

1）蓄电池电压变化喷油量修正的作用。喷油器的电源是发电机和蓄电池，其电源电压会随蓄电池的充电状态有较大的变化（起动时电压最低，蓄电池充足电时最高）。当蓄电池的电压变化时，由于喷油器电磁线圈电流的上升速率和最高稳定电流值也会随之改变，使喷油器阀的开启速率发生变化。喷油器阀的开启速率改变，将导致同样的喷油时间喷油量不一样，从而使ECU的空燃比控制受喷油器电源电压波动的影响。蓄电池电压变化喷油量修正控制就是在蓄电池电压变化时，通过修正喷油器的喷油时间，使喷油量不受蓄电池电压波动的影响。

2）蓄电池电压变化喷油量修正方法。电子控制器根据主电源端子（连接发电机和蓄电池）取得蓄电池电压信号，根据蓄电池电压的变化对喷油器通电时间进行修正，以消除蓄电池电压波动对喷油量的影响，其修正特性如图 2-14 所示。

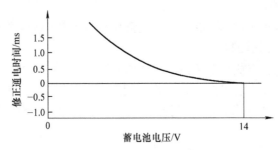

图 2-14　蓄电池电压变化喷油量修正特性

（11）混合气浓度反馈喷油修正

1）混合气浓度反馈喷油修正的作用。安装在发动机排气管处的三元催化转化器用于对废气中的 NO_X、HC 和 CO 进行净化，且在混合气的浓度在理论空燃比附近时，其净化效果均可达到最佳。混合气浓度反馈喷油修正控制的作用，就是在发动机混合气的浓度过浓或过稀时，通过修正喷油器的喷油时间，将混合气的浓度控制在理论空燃比附近，以保证三元催化转化器有良好的排气净化效果。

2）混合气浓度反馈喷油修正方法。混合气浓度反馈喷油修正是通过氧传感器反馈的混合气浓度信号对喷油量进行修正。氧传感器通过监测发动机排出废气中的氧含量来反映混合的浓度，并产生相应的电信号。当氧传感器的输入信号电压为 0.8V 左右（混合气过浓）时，电子控制器将会适当减少喷油时间；当氧传感器的电压为 0.1V 左右（混合气过稀）时，电子控制器则会适当增加喷油时间。通过这样的反馈修正，使得发动机的空燃比始终保持在理论空燃比附近，确保三元催化转化器良好的排气净化效果。

为确保发动机正常起动性和运行，在下列情况电子控制器将停止混合气浓度反馈修正。

1）发动机温度在 60℃以下。

2）起动时及起动后加浓期间。

3）大负荷加浓期间。

4）减速断油期间。

🔥 **专家解读：**

在上述 4 种情况下，电子控制器修正控制的结果是使混合气偏浓或偏稀，如果 ECU 不停止混合气浓度反馈喷油修正控制，就会与这 4 种修正控制发生互扰，从而影响发动机的正常工作。

（12）自适应修正

1）自适应修正的作用。自适应修正也称学习修正，用于进一步提高空燃比控制精度。在汽车使用过程中，发动机的供油系统、进气系统及汽油喷射电子控制系统的一些部件的性能会发生变化，使得实际空燃比中心值与理论空燃比的偏差逐渐加大，导致电子控制系统不能进行正常的控制。自适应修正的作用是当燃油喷射控制出现偏差时，通过适当的修正，使发动机保持正常的工作。

2）自适应修正方法。自适应修正就是计算出实际空燃比中心值与理论空燃比的偏离量，并求出空燃比偏离量的修正系数，然后将修正系数存入点火开关断开不断电的 RAM 存储器中，并在以后的工作中使用这一修正系数修正喷油时间，使空燃比的控制精度得以提高。

可见，燃油喷射控制系统 ECU 根据相关传感器信号及设定的控制程序，进行基本喷油量控制和喷油量修正控制，使发动机在任何工况状态下的混合气均为最佳的空燃比。

二、燃油喷射电子控制系统的基本组成

燃油喷射电子控制系统由空气供给系统、燃油供油系统和电子控制系统三部分组成，组成框图如图 2-15 所示。

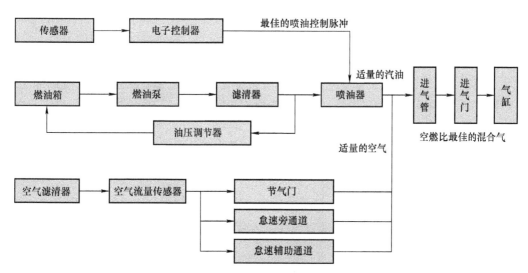

图 2-15　燃油喷射电子控制系统组成框图

1. 空气供给系统

空气供给系统主要由空气滤清器、进气管与进气歧管、节气门、怠速调节装置等组成。空

气供给系统的作用是使适量的空气进入气缸。空气供给系统的进气通道有三个：由节气门控制的主进气通道、怠速旁通道及怠速辅助通道。

注意：空气流量传感器设置在进气通道中，但它是电子控制系统的部件，不属于空气供给系统部件。

1）进气主通道。由驾驶人通过操纵加速踏板来改变节气门的位置，以控制进气主通道的进气量，实现发动机转速与功率的控制。

2）怠速旁通道。在节气门关闭时，通过怠速旁通道通气，其通道的截面积可由安装在怠速旁通道上的怠速调整螺钉来调节，用以调节发动机的怠速。

3）怠速辅助通道。其通气量由怠速控制阀控制，发动机电子控制器通过控制怠速控制阀来实现发动机怠速的自动控制。

专家提醒：

旋动安装在怠速旁通道上的怠速调整螺钉，可改变怠速旁通道的通气截面积，即改变了发动机怠速时的进气量。该调整螺钉用来调整怠速的高低，而量板式空气流量传感器怠速旁通道上的调整螺钉是用于调整怠速时的混合气浓度。

2. 燃油供给系统

燃油供给系统主要由燃油箱、燃油泵、燃油滤清器、燃油压力调节器和喷油器等组成，其作用是提供源源不断的燃油，并使喷油器内的燃油压力保持稳定。喷油器是燃油供给系统喷出一定压力燃油的部件，它也是电子控制系统的执行器。

电动燃油泵在电子控制器和燃油泵控制电路的控制下工作，将燃油箱内的燃油泵入喷油器，并通过油压调节器使喷油器内的燃油压力保持稳定。

3. 电子控制系统

电子控制系统主要由相关的传感器、电子控制器（ECU）和执行器（喷油器）组成，其作用是识别发动机的工况与状态，输出一个最佳的喷油控制脉冲，使喷油器喷出适量的燃油。

电子控制系统的控制器根据各传感器所提供的发动机工况与状态信息输出控制信号，控制喷油器间歇喷油，将适量的燃油喷出，与适量的空气混合，形成空燃比适宜的混合气，并经进气门进入气缸。

三、燃油喷射电子控制系统组成部件结构原理

典型的燃油喷射电子控制系统如图2-16所示。

1. 燃油泵

燃油泵的作用是将汽油增压并源源不断地泵入供油管路。燃油泵主要由直流电动机和油泵组成，根据结构与原理不同，燃油泵可分为滚柱式、叶片式（涡轮式）、齿轮式等类型。

（1）滚柱式燃油泵

滚柱式燃油泵由直流电动机、油泵、单向阀和安全阀等组成，如图2-17所示。

滚柱式油泵的工作原理如图2-18所示。泵转子与泵壳内腔不同轴，泵转子在电动机的带动下转动时，转子槽内的滚柱在离心力的作用下向外侧移动至与泵套壁接触后，两相邻滚柱之间

形成封闭的油腔。泵转子在转动过程中，左侧油腔会逐渐增大，将燃油箱内的汽油吸入；右侧油腔则逐渐减小，将汽油压进供油管路。

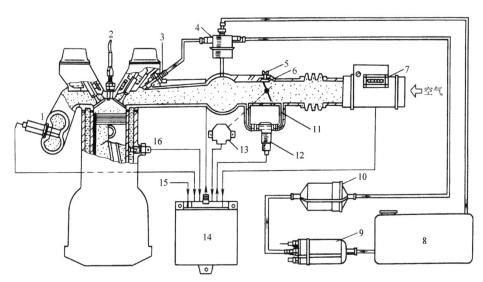

图2-16 典型的燃油喷射电子控制系统

1—氧传感器 2—火花塞 3—喷油器 4—燃油压力调节器 5—怠速调整螺钉 6—怠速旁通道 7—空气流量传感器（热丝式） 8—燃油箱 9—燃油泵 10—燃油滤清器 11—怠速辅助空气通道 12—怠速调节电磁阀 13—节气门位置传感器 14—电子控制器 15—接点火开关 16—冷却液温度传感器

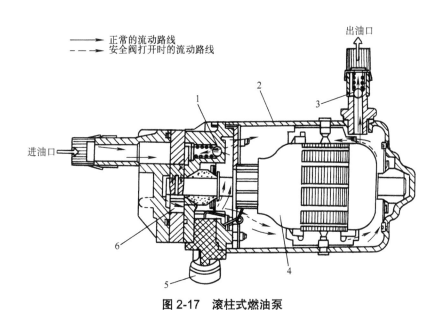

图2-17 滚柱式燃油泵

1—安全阀 2—泵壳 3—单向阀 4—电动机 5—燃油泵电动机插接器 6—滚柱式油泵

安全阀的作用是防止供油管路中的油压过高，而单向阀的作用是在燃油泵停止工作时，使供油管路中保持一定的油压，以便在发动机下次起动时能及时供油进而使发动机易于起动。

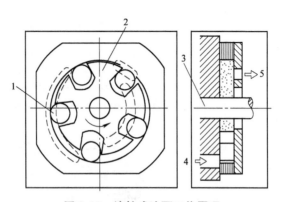

图 2-18　滚柱式油泵工作原理

1—滚柱　2—泵套　3—泵转子　4—汽油吸入　5—汽油泵出

（2）叶片式燃油泵

叶片式燃油泵采用叶片式油泵，其基本组成与工作原理如图 2-19 所示。

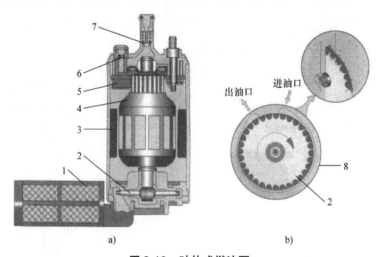

图 2-19　叶片式燃油泵

a）结构　b）工作原理

1—滤网　2—叶轮　3—磁极　4—电枢　5—电刷　6—安全阀　7—单向阀　8—泵体

当电动机带动油泵叶轮高速运转时，叶轮的小槽与泵体的进油口之间产生真空，真空吸力将燃油箱内的汽油吸入泵体内，并被叶轮带向油泵出油口处。当叶轮小槽转到出油口处时，汽油在离心力和泵内存油压力的共同作用下，从出口流出，并通过单向阀进入供油管路。

（3）燃油泵的安装位置

燃油泵有油箱内、外两种安装形式，滚柱式燃油泵的自吸能力较强，因此，安装在汽油箱内外均可。自吸能力较差的燃油泵（比如叶片泵）一般都安装在油箱的内部。

🔥 专家提示：

　　滚柱式燃油泵输出的汽油压力脉动较大，而控制器是通过控制喷油器的喷油时间来控制喷油量的。如果汽油的压力脉动较大，就会影响控制器喷油量的控制精度。为此，一些汽车在安装喷油器的燃油分配管上，还安装有燃油脉动缓冲器，用于减小汽油压力的脉动。

2. 燃油压力调节器

燃油压力调节器的作用是使喷油器的喷油压力稳定，以确保 ECU 通过控制喷油器的喷油时间即可准确控制空燃比。燃油压力调节器有绝对压力调节和相对压力调节两种形式。

（1）绝对压力调节器

绝对压力调节器的结构如图 2-20 所示。当汽油压力超过设定的高限值时，汽油压力就会推动膜片上移而使出油阀开启，部分汽油便经出油阀、回油管流回汽油箱，使油压降低。当汽油压力低于调设定的低限压力值时，弹簧力使膜片下移而关闭出油阀，汽油压力又会回升。

绝对压力调节器的膜片根据汽油压力变化振动，使阀开启或关闭，将汽油压力稳定在一个恒定值。通过调节螺钉改变弹簧的张力即可调整汽油压力。

绝对压力调节器的不足是当进气管的压力发生变化时，喷油器内部的油压与喷口（进气管）的压力差就会随之改变，从而导致喷油量发生变化。因此，采用绝对压力调节器的燃油喷射控制系统，其电子控制器需根据进气管压力的变化对喷油器的喷油时间做适当修正。

（2）相对压力调节器

相对压力调节器的结构原理如图 2-21 所示。它与绝对压力调节器的主要区别在于膜片的弹簧侧通过一真空管与进气歧管相通，使得进气歧管压力可作用于弹簧侧的膜片上。当进气歧管的压力变化时，由于作用于弹簧侧膜片的真空吸力也改变了，使调节器调定的汽油绝对压力随之改变。这种相对压力调节方式使得喷油器的喷油压力与进气歧管的压力差保持恒定，因此，进气歧管压力变化时不会对喷油器的喷油量造成影响。

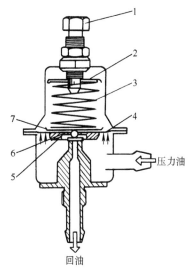

图 2-20　绝对压力调节器

1—调节螺钉　2、7—弹簧座　3—弹簧　4—膜片　5—阀托盘　6—阀体

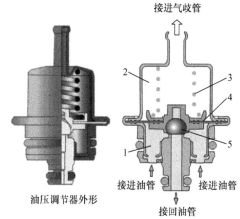

图 2-21　相对压力调节器

1—燃油室　2—真空室　3—弹簧　4—膜片　5—阀

🔥 **专家提示：**

由于绝对压力调节器稳定的是喷油器内汽油的绝对压力，汽油喷射控制系统需要监

测进气管内的压力变化，并根据进气管压力的波动对喷油器喷油时间进行修正，这增加了控制的复杂性，因而在现代汽车发动机上已较为少见。相对压力调节器稳定的是喷油器内外两侧的压差，无论进气管内的压力如何变化，控制器都不需要对喷油器的喷油时间做任何修正，因此，现代汽车发动机上普遍采用相对压力调节器。

3. 喷油器

喷油器的作用是根据电子控制器的喷油脉冲信号将适量的汽油喷射到进气歧管中。

（1）喷油器的结构类型

喷油器的结构类型较多，按适用性分，有单点喷射的喷油器、多点喷射的喷油器和冷起动喷油器等三种。按喷油器阀的结构分，则有针阀式、球阀式、片阀式等几种。按喷油器喷孔数量分，又有单喷口喷油器、双喷口喷油器和多喷口喷油器等。按喷油器电磁线圈的电阻大小分，又可分低电阻（2~3Ω）型喷油器和高电阻（13~17Ω）型喷油器两种类型。

（2）喷油器的结构原理

不同类型的喷油器，其基本组成与工作原理相同，其核心部件均为电磁线圈和连接阀体的铁心。图2-22所示的是适用于多点喷射的针阀式喷油器，其工作原理如下。

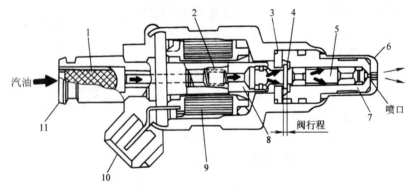

图2-22　针阀式喷油器的结构

1—滤网　2—弹簧　3—调整垫片　4—凸缘部　5—针阀　6—壳体　7—阀体　8—阀行程
9—铁心　10—电磁线圈　11—接线端子

具有恒定压力的汽油经滤网进入喷油器内部，当电磁线圈通电时，其电磁力使铁心克服弹簧力而上移，带动与之连为一体的阀体一起上移，阀被打开，具有一定压力的汽油便从喷口喷出。当电磁线圈断电时，其电磁力消失，铁心在弹簧力作用下迅速回位，阀体落座，喷油器立刻停止喷油。

4. 无回油管燃油供给系统

燃油压力调节器的两油管接口连接着燃油分配管（喷油器）和回油管，燃油压力调节器工作时，通过回油管将燃油压力调节器多余的汽油引回油箱。由于回油管必须安装在发动机的附近，使得流回燃油箱的汽油有较多的时间和空间吸收发动机散发的热量，其温度较高，流入燃油箱后，会使油箱内油温升高，因而会带来如下问题：

1）加速了油箱内汽油蒸发速度，使得油箱内蒸气压力升高，增加了燃油蒸发排放控制（EVAP）系统的工作负荷。

2）热机起动时，由于泵入供油管路的汽油温度较高，部分汽油处于汽化状态，这会使实际的喷油量减少，从而导致发动机的热机起动性能下降。

3）由于回油经供油管路、燃油分配管后再经回油管路流回燃油箱，燃油泵运行损耗功率较大。

一些汽车采用了无回油管的燃油供给系统，这种供油系统将电动燃油泵、燃油滤清器、油压调节器及相应的油管等集成在一起，安装在燃油箱内（图2-23）。无回油管燃油供给系统在燃油箱外无回油管，工作时，在燃油箱内进行燃油压力的调节，多余的汽油在油箱内就完成了回流，通过供油管向连接各喷油器的燃油分配管提供恒定压力的汽油。

无回油管燃油供给系统避免了温度较高的回油进入油箱而导致油温升高，减小了油箱内汽油蒸发速度，降低了蒸发排放控制（EVAP）系统的工作负荷，并可提高热机起动性能。此外，无回油供油系统油箱外的连接件少，便于安装，并降低了燃油泄漏的可能性。

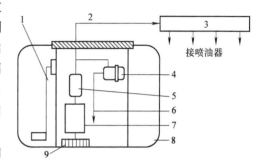

图 2-23　无回管油燃油供给系统

1—油位传感器　2—供油管　3—燃油分配管
4—燃油压力调节器　5—汽油滤清器
6—油箱内回油管　7—燃油泵
8—燃油箱　9—滤网

无回油管燃油供给系统的主要缺点是减少了燃油箱的燃油存储容量，燃油滤清器不能单独更换。

四、燃油喷射电子控制系统电路

1. 电子控制系统的组成

燃油喷射电子控制系统的基本组成如表2-1所示。

表 2-1　燃油喷射电子控制系统的基本组成

部件名称		在控制系统中的作用
传感器与开关	发动机转速与曲轴位置传感器	向 ECU 提供发动机转速与曲轴位置信息，用于确定基本喷油量及喷油量修正（起动后、怠速暖机、喷油关断等）控制
	空气流量传感器 *	向 ECU 提供进气流量信息，用于确定基本喷油量
	进气压力传感器 *	向 ECU 提供进气管压力信息，用于确定基本喷油量
	进气温度传感器 *	向 ECU 提供进气温度信息，用于进气温度喷油量修正控制
	发动机冷却液温度传感器	向 ECU 提供发动机温度信息，用于喷油量修正（起动、起动后、怠速暖机、加速、高温、喷油关断等）控制
	节气门位置传感器	向 ECU 提供发动机怠速和节气门位置信息，用于喷油量修正（怠速暖机、加速、大负荷、减速等）控制
	大气压力传感器 *	向 ECU 提供大气压力信息，用于进气密度喷油量修正控制
	汽油温度传感器 *	向 ECU 提供油箱汽油温度信息，用于燃油高温喷油量修正控制
	氧传感器	向 ECU 反馈空燃比信息，用于空燃比反馈喷油量修正控制
	点火开关	向 ECU 提供发动机起动、点火信息，用于起动、起动后喷油量修正控制
	蓄电池电压	用于蓄电池电压变化喷油量修正控制

（续）

部件名称		在控制系统中的作用
电子控制器（ECU）		对输入的传感器与开关电信号进行综合处理，并输出控制信号，控制执行器工作，使控制对象在目标状态下运行。
执行器	喷油器	受 ECU 输出的喷油控制脉冲控制，将适量的汽油喷入进气管
	燃油泵继电器	受点火开关、ECU 控制，用于控制燃油泵的工作

* 表示仅在部分燃油喷射电子控制系统中装用

2. 电子控制器的电源电路

电子控制系统电源控制电路的常见形式有两种，如图 2-24 所示。

（1）点火开关直接控制的电源电路

由点火开关直接控制的电源控制电路如图 2-24a 所示。点火开关通过主继电器控制电子控制器的电源。ECU 另有一个直接连接蓄电池的电源，以便在点火开关关断（OFF）时，使储存故障信息和学习修正参数的随机存储器（RAM）继续保持通电。

（2）具有延时关断功能的电源电路

由点火开关和 ECU 协调控制的具有延时关断功能的电源控制电路如图 2-24b 所示。当接通点火开关（ON）时，ECU 的 IGSW 端子通电，ECU 内部的主继电器控制电路通电后，使 ECU 的 MREL 端子输出高电位，主继电器线圈便通电产生磁力，吸引触点闭合而接通 ECU 主电源。

在点火开关关断（OFF）时，ECU 内部的主继电器控制电路可使 MREL 端子继续通电约 2s 左右，使 ECU 的主电源端子延迟 2s 左右断电。ECU 可利用这 2s 的时间完成急速控制阀初始状态的设定（步进电机式急速控制阀）、热丝的清洁（热丝式空气流量传感器）等工作。

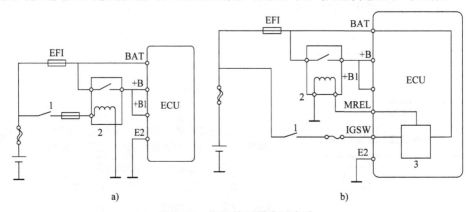

a）　　　　　　　　　　　　b）

图 2-24　电子控制器电源电路

a）点火开关直接控制　b）控制器内控制电路控制

1—点火开关　2—主继电器　3—主继电器控制电路

🔥 **专家解读：**

使用热丝式空气流量传感器，在点火开关 OFF 时，ECU 需要输出自洁信号来完成热丝的清洁；对于步进电动机式急速控制阀，在点火开关 OFF 时，ECU 需要输出控制脉冲，控制步进电动机转动，将怠速空气阀转至阀全开位置。因此，这些 ECU 电源电路必须设置延时断电功能。

（3）电路故障检测

1）点火开关直接控制的 ECU 电源电路。其检测要点如下：

① 发动机 ECU 的 BAT 端子：该端子失去电压将导致 ECU 不能储存故障信息及学习修正信息等。可用直流电压表检测 BAT 端子与搭铁之间的电压，应为蓄电池电压。如果无电压，需检查线路连接和熔断器 FU。

② 发动机 ECU 的 +B 端子：该端子失去电压将使 ECU 不工作，发动机无法起动。接通点火开关（ON），测量 +B 端子与搭铁之间的电压，应为蓄电池电压。如果无电压，需检查熔断器、主继电器及其连接线路。

2）具有延时功能的 ECU 电源电路，其检测要点如下：

① 发动机 ECU 的 BAT 端子：该端子失去电压将导致 ECU 不能储存故障信息及学习修正信息等。可用直流电压表检测 BAT 端子与搭铁之间的电压，应为蓄电池电压。如果无电压，需检查线路连接和熔断器 FU。

② 发动机 ECU 的 +B 端子：接通点火开关（ON）后，检测 +B 端子与搭铁之间的电压，应为蓄电池电压。如果电压为 0V，则再检测 MREL 端子、IGSW 端子与搭铁之间的电压，有如下几种情况：

a. IGSW 端子无电压，则需检查点火开关及连接线路、熔断器等。

b. IGSW 端子电压正常，MREL 端子无电压，检查 ECU 的 E2 端子其搭铁是否良好，若 E2 端子搭铁正常，则 ECU 内部有故障；若 E2 搭铁不良，则检查 ECU 插接器相关端子和线路。

c. IGSW 端子、MREL 端子电压均正常，则需要检查主继电器及其连接线路。

3. 燃油泵控制电路

燃油喷射系统设有燃油泵控制电路，其基本控制功能是：在起动发动机、发动机正常运转时，使燃油泵稳定可靠地工作；发动机一旦熄火，使燃油泵立即停止工作；发动机不工作时，即使接通点火开关（ON），燃油泵也不会工作，以防止汽车发生交通事故时，由于点火开关没有关断而使燃油不断地从破裂的供油管路溢出而造成安全隐患。

燃油泵控制电路有多种形式，控制电路通常设有燃油泵继电器，该继电器为常开触点，有两个线圈，其中一个线圈通电就可使触点闭合。

（1）燃油泵开关控制的燃油泵控制电路

较早的汽油喷射式发动机利用量板式空气流量传感器中的燃油泵开关来控制燃油泵工作，其控制电路如图 2-25 所示。

燃油泵开关串联在燃油泵继电器的 L_1 线圈电路中，只要有空气流动，燃油泵开关就闭合。起动发动机时，由点火开关中的起动触点接通燃油泵继电器线圈 L_2 而使触点 K_2 闭合，燃油泵通电工作；发动机起动后，点火开关退至点火档，起动触点断开，但此时空气流量传感器内的燃油泵开关已处于闭合状态，将 L_1 接通，其电磁力使 K_2 保持闭合，燃油泵继续通电而正常工作。发动机熄火时，空气流量传感器内的燃油泵开关随即断开，燃油泵继电器 L_1 线圈断电，触点 K_2 断开，燃油泵立即停止工作。

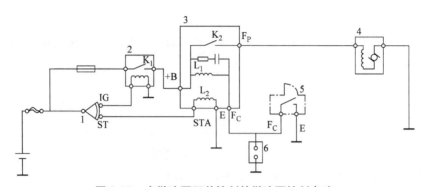

图 2-25　由燃油泵开关控制的燃油泵控制电路

1—点火开关　2—主继电器　3—燃油泵继电器　4—燃油泵
5—空气流量传感器中的燃油泵开关　6—燃油泵检查插座

这种采用机械式燃油泵开关来控制燃油泵工作的燃油泵控制电路，在现代汽车上已很少见。

（2）ECU 控制的燃油泵控制电路

由 ECU 控制的燃油泵控制电路如图 2-26 所示。在发动机工作时，ECU 接收到发动机转速传感器的信号，并通过内部的控制电路使 VT 导通，L_1 通电而使 K_2 保持闭合，燃油泵正常通电工作；当发动机熄火时，ECU 接收不到发动机转速传感器信号，ECU 内部 VT 截止而立即使 L_1 断电，K_2 断开，燃油泵立即停止工作。

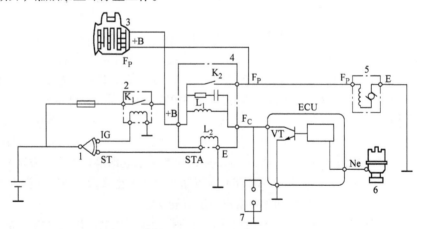

图 2-26　大众车系由 ECU 控制的燃油泵控制电路

1—点火开关　2—主继电器　3—故障检查插座　4—燃油泵继电器　5—燃油泵
6—发动机转速传感器　7—燃油泵检查插座

（3）具有燃油泵转速控制功能的燃油泵控制电路

一些汽车上，还设置了燃油泵转速控制功能，使燃油泵的转速随发动机转速的上升而增加，以便在满足发动机供油量需求前提下，尽可能减小燃油泵的磨损，并使回油管的汽油回流量减少，以减轻 EVAP 炭罐的工作负担。

典型的具有燃油泵转速控制功能的燃油泵控制电路如图 2-27 所示。

1）燃油泵继电器控制的燃油泵控制电路原理。如图 2-27a 所示，其电路的特点是：

① 主继电器控制 ECU 主电源电路，同时也连接开路继电器电源接柱 +B。

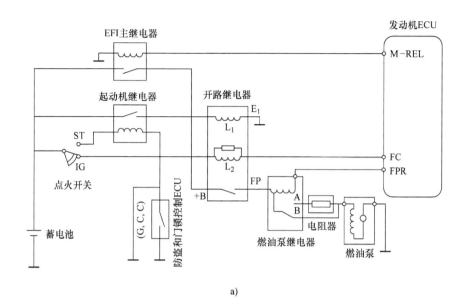

a)

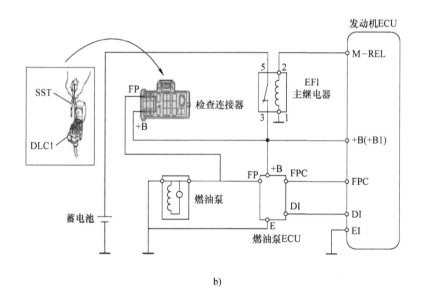

b)

图 2-27　燃油泵控制电路

a）燃油泵继电器控制　b）燃油泵 ECU 控制

　　② 开路继电器为常开触点，控制燃油泵的通断电；开路继电器有两个线圈，其中 L_1 是在点火开关拨至起动档，起动继电器触点闭合时通电；L_2 由 ECU 内部的燃油泵控制电路（PC 端子）控制其通断电。L_1、L_2 中有一个线圈通电时，就可吸合开路继电器的触点，使燃油泵通电工作。

　　③ 燃油泵继电器常闭触点 B 连接燃油泵，常开触点 A 通过电阻器连接燃油泵。

　　在主继电器接通电源后，燃油泵控制电路开始工作。具体工作过程如下：

　　① 起动时，点火开关拨至起动档，起动继电器线圈通电，其触点闭合，开路继电器触点因

71

汽车电子控制系统结构与控制原理

线圈 L₁ 通电而闭合，通过燃油泵继电器的常闭接通了燃油泵，其电流通路为：蓄电池 + →主继电器触点→开路继电器的触点→燃油泵继电器的常闭触点→燃油泵→搭铁→蓄电池 −，燃油泵通电工作。

② 起动后，起动开关断开，L₁ 断电，但发动机已正常运转，ECU 接收到发动机转速传感器的电信号，ECU 内部的燃油控制电路通过 ECU 的 F_C 端子使线圈 L₂ 通电，开路继电器触点保持闭合，燃油泵正常通电工作。

③ 当发动机熄火时，发动机转速传感器无转速脉冲信号产生，ECU 接收不到发动机转速信号，内部控制电路通过 ECU 的 F_C 端子使 L₁ 迅速断电，开路继电器的 L₁ 和 L₂ 均不通电，其触点断开，燃油泵立刻停止工作。

④ 当发动机处于怠速工况时，发动机 ECU 通过 FPR 端子控制燃油泵继电器线圈通电，使燃油泵继电器的常闭触点断开，常开触点闭合，这时，燃油泵的电流通路为：蓄电池 + →主继电器触点→开路继电器触点→燃油泵继电器常开触点→电阻器→燃油泵→搭铁→蓄电池 −，燃油泵电路因串联了电阻器，其电流减小而低速运转。

2）燃油泵 ECU 控制的燃油泵控制电路原理。如图 2-27b 所示，其电路的特点是：增设了燃油泵 ECU；主继电器控制 ECU 主电源电路，同时也连接燃油泵 ECU 的电源端子 +B；燃油泵 ECU 通过其 FP 端子直接控制燃油泵。

在主继电器接通电源后，燃油泵控制电路开始工作，其工作原理如下：

① 发动机 ECU 通过其 FPC 端子输出控制信号，控制燃油泵 ECU 工作，由燃油泵 ECU 的 FP 端子控制燃油泵在起动时、发动机运转时通电工作；在发动机熄火时，无论点火开关是打开或关闭，燃油泵立刻停止工作。

② 在发动机处于起动、高转速或大负荷工况时，发动机 ECU 通过 FPC 端子向燃油泵 ECU 的 FPC 端子输出一个高电位信号，使燃油泵 ECU 的 FR 端子输出一个较高的电压（约为蓄电池电压），使燃油泵高速运转。

③ 当发动机处于怠速工况时，发动机 ECU 通过 FPC 端子向燃油泵 ECU 的 FPC 端子输出一个低电位信号，使燃油泵 ECU 的 FR 端子输出一个较低的电压（约为 9V），使燃油泵低速运转。

（4）电路故障检测

1）燃油泵继电器控制的燃油泵控制电路。ECU 电源电路正常，燃油泵不工作的检测要点如下：

接通点火开关（ON），将开路继电器的 +B 端子与燃油泵的 FC 端子直接连接，看燃油泵是否运转。如果燃油泵不转，则为燃油泵故障；如果燃油泵正常运转，则需检查燃油泵继电器和开路继电器。

2）燃油泵 ECU 控制的燃油泵控制电路。ECU 电源电路正常，燃油泵不工作的检测要点如下：

将燃油泵检查插座上的 +B 和 FC 端子短接，再接通点火开关（ON），看燃油泵是否运转。如果燃油泵不转，说明燃油泵故障；如果燃油泵正常运转，则需检查燃油泵 ECU 及其连接线路。

4. 喷油器控制电路

喷油器控制电路的作用是按 ECU 的喷油控制脉冲，使喷油器准确、及时地通断电，以使其从喷口喷出适量的汽油。喷油器实际上是一个直动式开关电磁阀，其驱动方式有电压驱动和电流驱动两种形式。

（1）电压驱动方式喷油器控制电路

　　电压驱动方式喷油器控制电路如图 2-28 所示，喷油器有低电阻型和高电阻型两种，低电阻型喷油器在其控制电路中需串联一个电阻，用于减小喷油器电磁线圈的工作电流，以避免其过热烧坏。

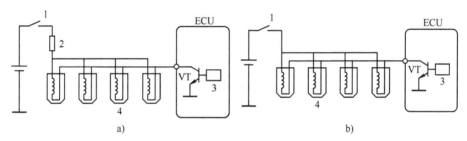

图 2-28　电压驱动方式的喷油器控制电路

a）低电阻型喷油器　b）高电阻型喷油器

1—点火开关　2—附加电阻　3—喷油器驱动电路　4—喷油器

　　当微处理器输出喷油指令时，驱动电路中的晶体管 VT 导通，喷油器线圈通电。在喷油器喷油的时间内，加在喷油器线圈上的电压保持不变。这种驱动方式由于喷油器线圈自感电动势的阻碍作用，使喷油器阀打开的速率较低，喷油器完全开启的滞后时间较长。

阅读提示

　　采用低电阻型的喷油器，其电磁线圈的匝数相对较少，线圈的电感较小，可提高线圈电流的上升速率，使喷油器的打开速率提高。但是，线圈匝数减少后，线圈的直流电阻也减小了，这会使喷油器线圈的工作电流过大而容易过热损坏。因此，电压驱动方式若采用低电阻型喷油器，需要在其驱动电路中串联附加电阻，用以降低喷油器工作电流。

（2）电流驱动方式喷油器控制电路

　　电流驱动方式喷油器控制电路如图 2-29 所示，ECU 外部的喷油器控制电路与电压驱动方式的相似，但 ECU 内部的喷油器驱动电路较为复杂。

　　电流驱动方式 ECU 内部驱动电路的工作电压与电流波形如图 2-30 所示。当 ECU 输出喷油指令时，驱动电路中的晶体管 VT2 迅速饱和导通，使喷油器电磁线圈电流迅速上升至 8A 左右，喷油器可迅速全开。此后，驱动电路输出一个电压较低的脉冲电压，使喷油器电磁线圈电流减小至仅能维持喷油器阀处在打开状态，以防止电磁线圈过热。

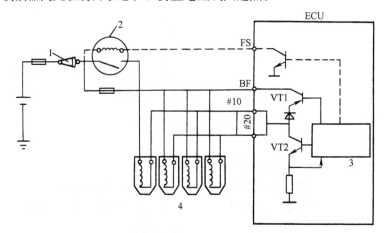

图 2-29　电流驱动方式喷油器控制电路

1—点火开关　2—安全主继电器　3—喷油器控制电路　4—喷油器

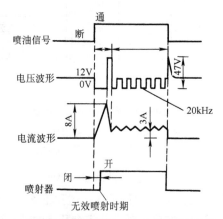

图 2-30　电流驱动方式喷油器工作时有关的电压与电流波形

　　电流驱动方式虽然其驱动控制电路较为复杂，但采用低电阻型喷油器，喷油器开启时的电流上升快且较大，故而电磁阀开启的速率高，因而应用比较广泛。各种喷油器驱动电路的工作特性如表 2-2 所示。

表 2-2　喷油器驱动方式分类及特性

驱动类型	喷油器电阻	驱动电路串联电阻	喷油器动态响应	驱动控制电路
电压驱动方式	高	无	较差	简单
	低	有	较好	简单
电流驱动方式	低	无	好	复杂

（3）电路故障检测

　　电路的检测要点是检测喷油器电源端子。拨出喷油器插接器的插头，接通点火开关（ON）后，检测插头的电源端子对搭铁的电压，应为蓄电池电压。如果电压正常，需要检查喷油器及其与 ECU 之间的连接线路；如果电压为 0V，则检查喷油器的电源连接线路。

第三章
电子点火控制系统

第一节 概 述

一、电子点火控制技术的特点

1.机械式点火提前调节特性

此前的电子点火系统中，点火提前角是通过分电器中的真空/离心式点火提前装置来调节的（图 3-1）。在发动机负荷改变时，由真空式点火提前调节器起作用，其点火提前调节特性如图 3-1a 所示；在发动机转速变化时，由离心式点火提前调节器起作用，其点火提前调节特性如图 3-1b 所示。

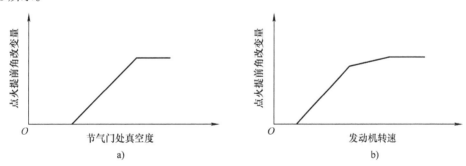

图 3-1 真空/离心式点火提前调节器点火提前调节特性

a）真空式点火提前调节器工作特性 b）离心式点火提前调节器工作特性

从真空/离心式点火提前调节器点火提前调节特性可知，在发动机负荷和转速变化时，点火提前角随之改变，相互间呈线性关系。

2.发动机的最佳点火提前角

理论和实践证明，发动机的最佳点火时间应能够使发动机的燃烧临近爆燃（但不产生爆燃），因此，发动机的最佳点火提前角随发动机转速和负荷的变化是一个不规则的曲面（图 3-2）。

此外，在发动机的温度、进气的温度、混合气的浓度改变时，以及在发动机起动、怠速等特殊工况下，其点火提前角也需要进行适当调节，以使混合气能充分、完全地燃烧，以确保发动机正常、高效工作。

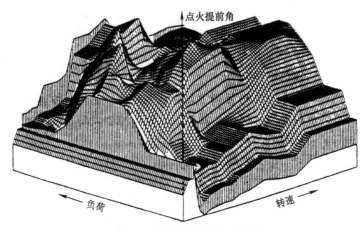

图 3-2　最佳点火提前角曲面

机械式点火提前角调节方式，在一定程度上满足了发动机转速和负荷变化对点火提前角的不同要求，但离最理想的点火提前角调节还相差甚远。

3. 机械式点火提前角调节不足分析

（1）线性调节特性与非线性要求不相适应

从图 3-2 所示的最佳点火提前角曲面可知，最佳点火提前角随发动机转速和负荷的变化是呈非线性变化的，因而真空、离心点火提前调节器的线性调节不可能在发动机转速、负荷变化的范围内将点火提前角都调节到最佳值。以某一负荷下的转速变化对点火提前角的调节要求为例，点火正时所调节的初始点火提前角，必须以发动机转速变化范围内不产生爆燃为前提（图 3-3）。这样，就只能使发动机在某些转速下接近于最佳点火，而在其他转速下实际上是点火过迟了。

由于真空/离心式点火提前调节装置使发动机在许多工况下偏离最佳点火时刻（点火偏晚），使得发动机的功率不能充分发挥，油耗和排放较高。

（2）对温度等其他影响燃烧的因素不能起调节作用

真空/离心式点火提前调节器只是在发动机转速和负荷改变时起调节作用，当发动机的温度、进气的温度、混合气的浓度改变时，或发动机处于起动或怠速工况时，真空/离心式点火提前调节器均不可能做出反应，从而使得发动机在许多工况下都处于点火提前角不适当的工作状态。

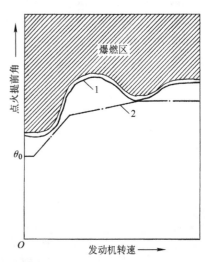

图 3-3　某一负荷下的最佳点火提前角曲线
1—最佳点火时刻曲线　2—离心点火提前调整曲线
θ_0—初始点火提前角

4. 电子点火控制系统的特点分析

（1）电子点火控制系统的控制方式

电子控制点火系统的控制核心是由微处理器及输入/输出电路组成的电子控制器。电子控制器根据各有关传感器的信号确定最佳的点火时间，并对当前的点火时间进行实时调整，这种点火提前角控制方式，综合考虑了发动机工况与状态的变化对点火提前角的实际需要。

（2）电子点火控制系统的优点

1）可实现最佳点火时间控制。电子控制点火系统可根据发动机转速与负荷的变化，实现点火提前角的非线性控制，使发动机在各种工况下都能处于最佳的点火工作状态。

2）可针对各种影响因素修正点火时间。电子控制点火系统的控制器可根据发动机温度、进气压力、混合气浓度等传感器的信号，识别发动机的工作状态，并及时修正点火提前角，使发动机在各种状态下都有一个最适宜的点火提前角。

3）可与其他电子控制系统实现协调控制。电子点火控制系统可与防滑电子控制、自动变速器控制系统等其他电子控制系统进行信息交流，可根据相关的信号迅速改变点火提前角，以使发动机的运转和汽车的运行都处于设定的最佳状态。

对于无分电器的电子点火控制系统，由于采用了电子高压配电方式，还具有如下的优点。

1）点火能量损失小。传统的高压配电方式工作时，配电器分火头与旁电极之间的跳火，以及具有较高电阻的高压导线流过次级电流，均会损失部分点火能量。电子高压配电点火系统无分电器（配电器），有的还没有高压导线，因而可避免这些能量损失，从而提高了有效点火能量。

2）点火系统的故障率较低。电子点火系统的点火电压较高，使得需要承受高压的分电器盖、分火头及高压导线等容易出现绝缘老化、漏电、烧损等故障。对于采用电子高压配电的电子点火系统，由于无分电器和高压导线，这就避免或减少了点火系统高压回路器件和线路故障的可能性，从而提高了点火系统工作的可靠性。

3）点火能量与次级电压更加稳定。由于增加了点火线圈（或初级绕组）的数量，每个点火线圈初级绕组的可通电时间增加了 2~6 倍。因此，即使发动机在高转速下，点火线圈初级绕组也有充足的通电时间，从而使发动机在高速时仍有足够高的点火能量和次级电压。

二、点火控制技术发展概况

早期的电子点火控制系统仍然采用分电器盖和分火头组成的配电器进行高压点火分配，这种传统的高压配电方式存在着点火能量损失大、点火系统高压回路故障率高等缺点。随后又出现了采用电子高压配电方式的电子点火控制系统，这种全电子点火控制装置取消了分电器，有的发动机还取消了高压导线。全电子点火控制系统使发动机的点火性能得到了进一步提高，已在汽车上得到了广泛应用。

三、电子点火控制系统分类

电子点火控制系统有多种结构形式，下面以不同的分类方法予以归类。

1.按高压配电方式不同分类

（1）机械高压配电方式

电子点火控制系统仍采用传统的配电器高压分配方式，由配电器将点火线圈产生的高压分配至各缸火花塞。这种电子点火控制系统仍有分电器，但分电器只起配电作用，无点火提前调节功能。机械高压配电方式在现代汽车上的使用已很少。

（2）电子高压配电方式

电子高压配电方式无需分电器，由电子控制器通过相应的逻辑电路进行高压分配，这种全

电子点火控制系统又分同时点火方式和单独点火方式两种形式，其结构形式如图 3-4 所示。

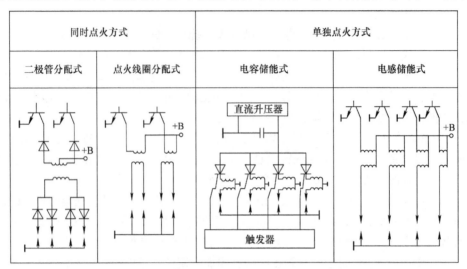

同时点火方式		单独点火方式	
二极管分配式	点火线圈分配式	电容储能式	电感储能式

图 3-4　电子高压配电方式

1）分组同时点火方式。这种高压配电方式是将各缸火花塞两两分组，每次点火都是同组的两缸火花塞同时进行。其中一缸是有效点火，成对的另一缸为排气行程，是无效点火。由于排气行程缸内的温度高、压力低，因而其跳火电压很低，能量损失很小。

2）单独点火方式。采用单独点火高压配电方式的点火系统，每缸火花塞都单独配有一个点火线圈，通常是将点火线圈直接安装在火花塞的上方，因而这种点火系统无需高压导线。由于无分电器又无高压导线的点火控制系统具有较多的优点，其应用已很广泛。

2.按是否有发动机爆燃情况反馈控制分类

（1）开环控制方式

电子点火控制系统中无爆燃传感器，控制器只是根据各相关传感器的电信号对点火提前角进行控制。这种控制方式为避免发动机产生爆燃，点火提前角控制需适当偏小一些，因而不能充分地发挥发动机的动力性能。

（2）闭环控制方式

电子点火控制系统中设有发动机爆燃传感器，电子控制器可根据发动机爆燃传感器反馈的发动机爆燃情况做出点火提前角修正控制。这种闭环控制方式可使点火提前角控制更接近爆燃区，因而可更有效地发挥发动机的动力性能。目前的电子点火控制系统大都采用闭环控制方式。

第二节　电子点火控制系统的结构与控制原理

一、电子点火控制原理

1.电子点火控制系统的基本组成与控制功能

（1）电子点火控制系统的基本组成

电子点火控制系统由相关的传感器、电子控制器和执行器组成，如图 3-5 所示。

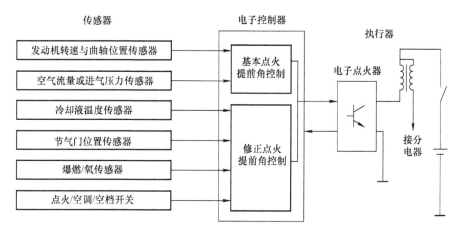

图 3-5　电子点火控制系统的基本组成与控制原理

电子点火器（或称点火控制模块）在电子控制器的控制下工作，适时地通断点火线圈的初级回路，因而电子点火器实际上是电子点火控制系统的间接执行器。一些汽车的电子点火控制系统没有电子点火器，而是在发动机 ECU 内部设有电子点火器的功能电路，电子点火器成了 ECU 内部的驱动电路，ECU 直接控制点火线圈工作。

（2）基本点火提前角控制

发动机在正常工作温度下运转时，发动机控制模块根据空气流量（或进气压力）传感器和发动机转速传感器的信号进行基本点火时间的控制，通过输出点火定时控制脉冲使电子点火器工作，控制点火线圈初级绕组适时地通断电，使次级绕组产生高电压，以确保发动机在各工况下均处于最佳的点火工作状态。

（3）点火提前角修正控制

在发动机起动、怠速、低温等各种状态下，控制器根据相关传感器的信号做出点火时间的修正控制，以确保发动机在各种状态下均有最适宜的点火时间。

2. 点火提前角的控制方式

（1）最佳点火提前角确定

由于点火提前角的影响因素很多，且关系复杂，用控制模型计算法来确定最佳点火提前角很困难。因此，通常是用试验的方法来确定发动机各特定工况（也称试验工况）和各种状态下的最佳点火时间，并将试验所获得的各特定工况下的最佳点火时间，作为最佳点火提前角控制标准参数存入只读存储器 ROM 中，非特殊工况点的最佳点火时间则是在工作中，由微处理器找到周围四个特殊工况的最佳点火时间参数，通过插值计算的方式得到（图 3-6）的。在 ROM 中，还储存有根据试验确定的各种修正参数和控制程序，用于在发动机温度变化、起动工况、出现爆燃等情况下的点火提前角修正控制。

（2）点火时间控制过程

电子点火控制系统的点火时间控制过程如图 3-7 所示。发动机的转速、空气流量（或进气管压力）、温度及其他传感器电信号输入 ECU，ECU 内微处理器经查找（试验工况点火参数）、计算（插值计算、修正计算）后，得到当前工况和状态下的最佳点火提前角 $\theta_{最佳}$，并与当前所处的点火提前角 $\theta_{当前}$ 进行比较，根据比较结果输出点火提前角的调整信号，以实现最佳点火提前角控制。

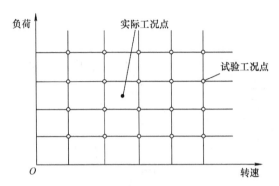

图 3-6　最佳基本点火提前角查寻插值计算法示意图

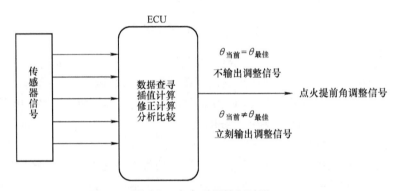

图 3-7　点火时间控制过程

　　（3）点火定时脉冲的产生方式

　　点火定时脉冲是指控制器用来控制点火线圈初级通断，使次级产生高压的点火控制信号。发动机的曲轴位置与发动机转速传感器的结构形式不同，其产生点火控制脉冲的方式也不同。较为典型的点火定时脉冲信号产生方式如图 3-8 所示。

　　方式Ⅰ，曲轴位置传感器信号触发转子有与气缸数相同的齿，使感应线圈产生 180° 曲轴转角信号（四缸）或 120° 曲轴转角信号（六缸），作为点火基准信号。微处理器根据预定程序的通电时间和点火提前角进行计算，求出开始通电和断电时刻，并输出点火定时信号 IG$_t$。这种方式的控制系统结构比较简单，但由于发动机处于过渡工况时，气缸工作间隔每时都在变化，因此其控制精度较低，现已较少采用。

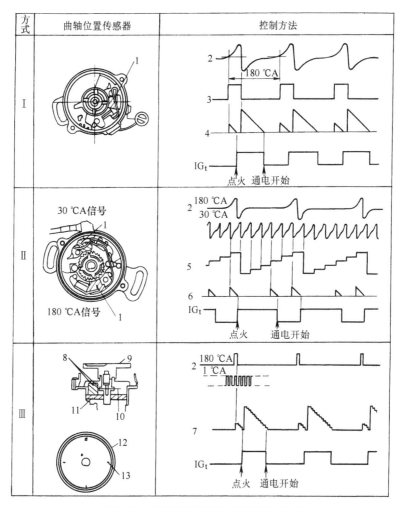

图 3-8　点火定时脉冲信号的产生方式

1—磁感应式传感器　2—传感器信号　3—传感器信号（整流后）　4、5、6、7—定时计数波形　8—光电耦合元件
9—分火头　10—信号触发转子　11—整形电路　12—1°信号槽　13—180°信号槽

方式Ⅱ，曲轴位置与发动机转速传感器的信号触发转子分别有 4 个齿和 24 个齿，使对应的感应线圈产生 180° 曲轴转角信号和 30° 曲轴转角信号。微处理器以 180° 曲轴转角信号为基准，算出通电开始时刻到点火时刻的 30° 曲轴转角信号，并输出点火定时信号 IGt。

方式Ⅲ，曲轴位置与发动机转速传感器产生 1° 曲轴转角信号和 180° 曲轴转角信号，微处理器同样以 180° 曲轴转角信号为基准，算出从通电开始到断电时刻的 1° 曲轴转角信号，并输出点火定时信号 IGt。

方式Ⅱ和方式Ⅲ在发动机处于过渡工况时，点火控制精度高，但其传感器的结构要复杂些。目前广泛应用的是方式Ⅱ、方式Ⅲ。

（4）点火提前角控制的基本内容

电子点火控制系统工作时的实际点火提前角包含初始点火提前角、基本点火提前角和修正点火提前角。电子点火控制系统所涉及的点火提前角控制内容如表 3-1 所示。

名词解释

初始点火提前角：由曲轴位置传感器信号与曲轴转角的对应关系确定的点火提前角。比如，某发动机把 G 信号后的第一个 Ne 信号过零点作为点火基准点，该信号过零点为活塞压缩行程上止点前 10°，那么该发动机点火系统初始点火提前角就是 10°。不同类型发动机的初始点火提前角会有所不同。

基本点火提前角：由计算机根据发动机的转速和负荷传感器的信号，通过在 ROM 存储器中查寻标准参数（试验工况点火提前角），并经插值计算所确定的点火提前角。不同类型的发动机，ROM 中的标准参数也有所不同。

修正点火提前角：由计算机根据各反映发动机不同状态的传感器信号及点火开关的信号，对点火提前角进行修正后的点火提前角。点火提前角的修正量随发动机的状态不同而变化，不同类型的发动机，其具体的点火提前角的修正系数（修正特性）或修正计算模型也有所不同。

表 3-1　电子点火提前角控制的基本内容

起动时点火提前角控制	初始点火提前角控制	
	非初始点火提前角控制	
起动后点火提前角控制	基本点火提前角	怠速运行基本点火提前角控制
		正常运行基本点火提前角控制
	修正点火提前角	·暖机修正量控制 ·稳定怠速修正量控制 ·空燃比反馈修正量控制 ·过热修正量控制 ·爆燃修正量控制 ·最大提前和推迟控制 ·其他点火修正控制

3. 起动时点火提前角控制

起动时的点火提前控制目标是使发动机在各种情况下都有良好的起动性能。起动时点火提前角控制有起动初始点火提前角控制和起动非初始点火提前角控制两种控制方式。

（1）起动初始点火提前角控制

由于发动机的起动转速很低，此时的发动机负荷信号（进气管压力信号或进气流量信号）不稳定，为确保有适当而又稳定的点火提前角，通常将点火提前角固定在初始点火提前角。ECU 根据点火开关信号、发动机转速与曲轴位置传感器信号进行起动初始点火提前角控制，并直接由集成电路 IC 产生点火定时信号 IG_t，大众车系的起动初始点火控制电路原理如图 3-9 所示。

（2）起动非初始点火提前角控制

为提高起动性能，有些发动机起动时的点火提前角并非是初始点火提前角，而是由电子点火控制系统根据发动机的温度和起动转速，对点火提前角进行适当的控制，大众车系的起动非初始点火控制电路原理如图 3-10 所示。

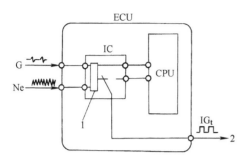

图 3-9 大众车系起动时的初始点火
提前角控制电路

1—基准点火定时信号发生电路 2—接电子点火模块
IC—集成电路

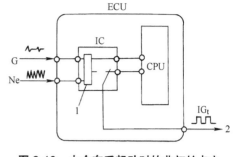

图 3-10 大众车系起动时的非初始点火
提前角控制电路

1—基准点火定时信号发生电路 2—接电子点火模块
IC—集成电路

在正常起动转速（100r/min 以上）情况下，主要考虑的是温度对发动机燃烧的影响。在温度低于 0℃时，从点火到迅速燃烧需较长的时间，故需适当增大点火提前角。低温起动点火提前角调整特性一例如图 3-11 所示。

在低起动转速（100r/min 以下）情况下，保持原有的点火提前角，可能会出现在活塞上止点前混合气就已迅速燃烧起来，导致起动困难或造成反转。为避免此种情况，ECU 根据起动转速的降低来减小点火提前角，并由下式确定低速起动点火提前角：

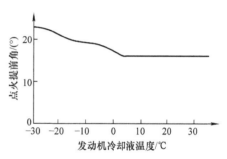

图 3-11 低温下发动机起动点火提前角
调整特性一例

$$低速起动点火提前角=正常起动转速点火提前角×\frac{起动转速}{100}$$

电子点火控制系统根据点火开关信号、发动机转速与曲轴位置传感器信号及冷却液温度传感器信号，对点火提前角进行控制，使发动机在低温或低起动转速的情况下能顺利起动。

 阅读提示

起动时的点火提前控制目标就是使发动机能顺利起动。相比之下，起动初始点火提前角控制方式，其初始点火提前角的确定极为关键，也比较困难。而非初始点火提前角控制方式可针对起动时发动机的温度和起动转速，对点火提前角进行适当的调整，因而其初始点火提前角的设置自由度相对较大，发动机良好的起动性能也更容易实现。

4. 发动机运转时的基本点火提前角控制

当发动机起动后，点火开关提供的起动信号消失，ECU 随即转入起动后发动机运转时的点火提前角控制。这时，ECU 中的 CPU 输出控制信号，通过 ECU 内部的 IC 对点火定时信号进行控制，其电路原理参见图 3-10。

基本点火提前角控制的目标是使发动机在各种负荷和转速下都有最佳的点火提前角。发动机怠速和正常运行工况下的基本点火提前角控制有所不同。

（1）怠速时基本点火提前角控制

1）怠速时基本点火提前角控制的作用。发动机怠速时的基本点火提前角控制的目标是使发动机保持稳定的正常怠速点火提前角控制，以及发动机在带一定的负载（如空调压缩机）的高怠速运转状态下，匹配一个最适宜的点火提前角。

2）怠速时基本点火提前角控制的方法。发动机处于怠速运转状态时，微处理器根据发动机的转速和空调开关是否接通来确定不同的基本点火提前角，其控制特性一例如图 3-12 所示。

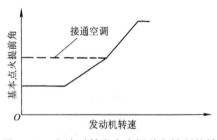

图 3-12　怠速时基本点火提前角控制特性

（2）正常运转时基本点火提前角控制

1）正常运转时基本点火提前角控制的作用。在发动机正常的工作下，ECU 根据发动机转速传感器信号和进气流量（或进气管压力）传感器信号，对点火提前角进行控制，使发动机在各种工况下都处于最佳的点火工作状态。

2）正常运转时基本点火提前角控制的方法。发动机处于正常运转状态（怠速触点断开）时，CPU 根据进气流量传感器（或进气压力传感器）和发动机转速传感器的信号，通过查找、计算后得到基本点火提前角值。

ECU 根据节气门位置传感器、发动机转速传感器、空气流量（或进气管压力）传感器及空调开关的电信号，对发动机进行基本点火提前角控制。

5. 修正点火提前角控制

当发动机温度不在正常工作温度范围，或发动机处在其他需要对点火提前角进行适当调整的状态时，电子控制器就立刻进行点火提前角修正控制，使发动机仍处于最适当的点火工作状态。修正点火提前角通常用基本点火提前角乘以适当的系数获得。不同型号的发动机，其修正系数和修正的项目均会有所不同。

（1）怠速暖机修正

1）怠速暖机修正的作用。在发动机冷机起动后，其温度还很低，通过怠速暖机修正，适当地增大点火提前角，以改善燃油的消耗，加快暖机过程和增强发动机在怠速工况下的驱动性能。

2）怠速暖机修正方法。ECU 根据冷却液温度信号、进气管压力信号或进气流量信号、节气门位置信号做出暖机点火提前角修正。暖机修正点火提前角随发动机的温度上升而减小，修正特性一例如图 3-13 所示。

（2）怠速稳定修正

1）怠速稳定修正的作用。发动机在怠速运行期间，当发动机的怠速因负荷（空调压缩机、动力转向油泵、自动变速器油泵、发电机等发动机驱动的辅助设备）变化而出现波动时，通过适当地修正点火提前角使发动机的转速保持稳定。

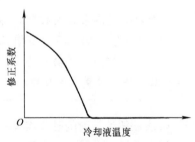

图 3-13　怠速暖机点火提前角修正
特性一例

2）怠速稳定修正方法。ECU 根据发动机转速信号、节气门位置信号、车速信号、空调开关信号、自动变速器档位开关等做出怠速稳定点火提前角修正。当发动机的转速低于所设定的目标转速时，CPU 根据当前发动机的转速与目标转速的差值大小，适当地增大点火提前角；当发动机的转速高于设定的目标转速时，则适当地减小点火提前角。怠速稳定修正特性一例如图 3-14 所示。

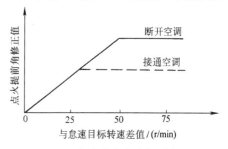

图 3-14　怠速稳定点火提前角修正
特性一例

（3）空燃比反馈修正

1）空燃比反馈修正的作用。当 ECU 根据氧传感器的反馈信号对空燃比进行修正时，随着喷油量的增加或减少，会引起发动机的转速在一定的范围内波动。空燃比反馈修正的作用就是通过适当地增大点火提前角，以使发动机的转速保持稳定。

2）空燃比反馈修正方法。ECU 根据氧传感器反馈信号、节气门位置信号、冷却液温度信号、车速信号做出空燃比反馈点火提前角修正。为提高发动机怠速的稳定性，ECU 在控制喷油量减少的同时，适当地增大点火提前角（图 3-15）。

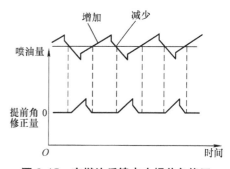

图 3-15　空燃比反馈点火提前角修正

（4）过热点火提前角修正

1）过热点火提前角修正的作用。在发动机正常运行工况时，如果发动机温度过高就容易易产生爆燃；而在发动机怠速运行工况时，如果发动机温度过高也会对发动机不利。过热点火提前角修正就是在发动机温度过高时，通过适当减小点火提前角（正常运转时）或增大点火提前角（怠速运转时），以避免发动机产生爆燃或长时间过热。

2）过热点火提前角修正方法。ECU 根据冷却液温度信号、节气门位置信号做出过热点火提前角修正。当发动机的温度过高时，为使发动机能保持正常工作而对点火提前角作适当的修正，过热点火提前角修正特性一例如图 3-16 所示。

（5）发动机爆燃点火提前角修正

1）发动机爆燃点火提前角修正作用。当发动机产生爆燃时，对基本点火提前角进行适当的修正（减小点火提前角），以迅速消除爆燃。爆燃点火提前角修正控制可使电子点火控制系统的点火提前角控制更接近于最佳值，使发动机的功率得到更充分地发挥。

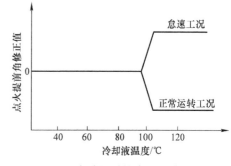

图 3-16　发动机过热点火提前角修正

2）发动机爆燃点火提前角修正方法。这是点火控制系统根据发动机的燃烧情况所进行的反馈修正控制，ECU 根据爆燃传感器的信号进行发动机爆燃点火提前角修正控制，具体的控制方法和控制过程见下面的"7. 发动机爆燃推迟点火控制"小节。

（6）最大提前和推迟控制

1）最大提前和推迟控制的作用。任何发动机其点火提前角都有一个正常的变化范围，如果超出了正常范围，发动机就不能正常工作。设置此项控制的目的是防止点火提前角超出最大极限，确保发动机的正常工作。

2）最大提前和推迟控制方法。电子点火控制系统设定了一个实际点火提前角的数值范围，以控制发动机工作时其点火提前角不会超出正常工作的极限值。

不同的发动机，其设定的点火提前角的最大和最小极限值不同，一般最大点火提前角为35°~45°，最小点火提前角为 -10°~0°。

6.点火线圈通电时间控制

（1）通电时间控制的作用

电感储能式点火系统在蓄电池电压变化时，点火线圈初级电流的上升速率也会相应变化（图3-17），这会使点火线圈初级电流随蓄电池电压的下降而减小。点火线圈通电时间控制的作用就是在蓄电池电压高时，减小通电时间，以限制点火线圈形成过大的初级电流，避免点火线圈温度过高而损坏；在蓄电池电压低时，则适当增加点火线圈初级通电时间，以保证能形成足够大的初级电流，进而保证火花塞点火。

（2）通电时间控制原理

在电子控制器的 ROM 存储器中，存有蓄电池电压与相应的通电时间的有关标准参数，工作时，ECU 根据蓄电池电压值从 ROM 查寻得到相应的通电时间参数，并通过点火线圈驱动电路控制点火线圈初级通电时间，使得点火线圈初级电流在蓄电池电压变化较大的范围内，能保持稳定的初级电流。蓄电池电压与通电时间的关系如图3-18所示。

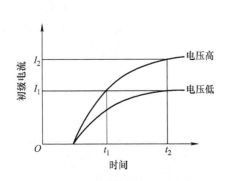

图 3-17　蓄电池电压与点火线圈初级电流

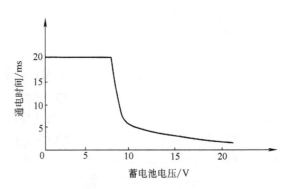

图 3-18　蓄电池电压与点火线圈初级通电时间

7.发动机爆燃推迟点火控制

（1）爆燃点火提前角修正控制的作用

1）开环电子点火控制系统的不足

微处理器控制点火提前角从总体上看是一种非线性控制，但是由于通过试验确定的最佳点火提前角值只是具有代表性的特定工况，数量极为有限。特定工况以外其他工况下的点火提前角值则是由插值法计算得到。也就是说，在各个特定工况点之间的小区内，点火提前角还是一种线性控制。如果试验确定的特定工况的点火提前角太靠近爆燃区，其他工况下，通过插值计算得到的点火提前角就有可能过大（进入爆燃区），从而导致发动机产生爆燃（图3-19中的曲线1）。为避免发动机产生爆燃，开环电子点火控制系统由试验确定特定工况下的点火提前角值，需要离爆燃区远一些（图 3-19 中的曲线 3）。这样就会使发动机在许多工况下的点火提前角都偏小，致使发动机的动力性能不能充分发挥。

2）爆燃推迟点火控制的作用

如果采用爆燃推迟点火提前角控制方法，由试验确定的特定工况下的点火提前角值就可以尽量地靠近爆燃极限点（图 3-19 中的曲线 1），因为当非特殊工况计算得到的点火提前角进入了爆燃区而使发动机产生爆燃时，爆燃推迟点火提前角控制可及时消除爆燃。

可见，采用爆燃推迟点火提前角控制，不仅可及时消除发动机的爆燃燃烧，还可使点火提前角控制更接近于最佳值，发动机的动力性能得以更充分的发挥。

对于涡轮增压式发动机，采用爆燃推迟点火提前角控制更具有实际意义。

（2）爆燃的判别

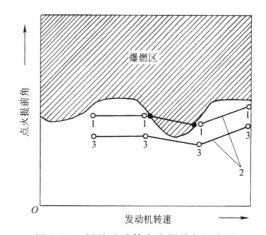

图 3-19 插值法计算点火提前角示意图

1—特定工况点火提前角 2—插值法计算的点火提前角线
3—开环控制避免产生爆燃的特定工况点火提前角

由于爆燃传感器输出的电压信号中，包含有非爆燃振动所产生的其他频率成分，因此，需要用识别电路来鉴别爆燃信号。不同类型的爆燃传感器，其爆燃信号的识别电路也有所不同。爆燃判别电路一例如图 3-20 所示。

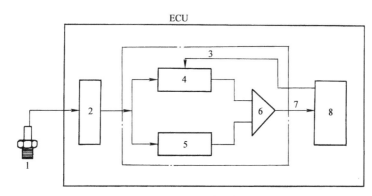

图 3-20 爆燃信号判别电路一例

1—爆燃传感器 2—滤波电路 3—爆燃判断区间信号 4—峰值检测 5—比较基准产生电路
6—爆燃判定比较器 7—爆燃信号输出 8—微处理器

滤波器用于滤掉非爆燃振动电压波，以进一步提高信噪比，使爆燃判别更为准确。比较基准电路根据输入的信号产生一个比较基准值，利用比较器将信号电压波形的峰值与基准值比较，判断是否发生爆燃。当信号峰值超过基准值时，比较器就会有爆燃信号输出，送入微处理器。

因为爆燃只可能在发动机气缸燃烧期间发生，因此爆燃判别也只需在此期间进行，这样就可避免发动机其他的振动干扰而引起的误判。爆燃的强度以判定爆燃期内测得的超过比较基准值的次数来确定。信号峰值超过比较基准值次数越多，说明爆燃越强。爆燃判定波形示例如图 3-21 所示。

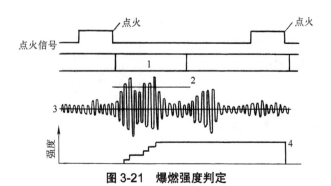

图 3-21　爆燃强度判定

1—爆燃判定期间　2—爆燃判定基准值　3—爆燃传感器输出信号　4—爆燃判定值

（3）爆燃推迟点火提前角控制方式

当 ECU 检测出爆燃时，就立刻使点火提前角减小；而当爆燃消失时，ECU 又使点火提前角恢复至原调定值。如果 ECU 在点火提前角恢复过程中又检测到了爆燃信号，则又继续减小点火提前角。爆燃推迟点火提前角控制方法如图 3-21a 所示。

爆燃推迟点火时间和爆燃消失后的点火时间恢复过程如图 3-22b 所示，推迟点火与点火提前角恢复的控制方法有三种形式：

1）发动机爆燃发生时，慢慢地推迟点火，并逐步减小修正量；爆燃消失时，则慢慢恢复点火提前角。这种方式的缺点是会使爆燃持续一会儿。

2）发动机爆燃时迅速大幅度推迟点火时间，爆燃消失后，再慢慢恢复到原调定的点火提前角。这种方式可使发动机爆燃迅速消除，缺点是点火过迟的持续时间较长。

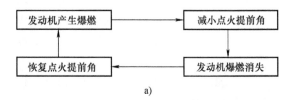

a)

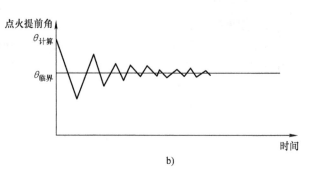

b)

图 3-22　爆燃推迟点火控制方法与恢复过程

a）控制方法　b）恢复过程
$\theta_{计算}$—ECU 计算得到的最佳点火提前角
$\theta_{临界}$—发动机爆燃临界点火提前角

3）发动机爆燃时，迅速大幅度减小点火提前角，然后快速恢复。此种方式可迅速消除爆燃，且可避免较长时间处于点火过迟状态。但其缺点是点火提前角变动大，易引起发动机转矩的波动。

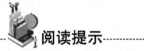阅读提示

当 ECU 计算得到的点火提前角 $\theta_{计算}$ 进入爆燃区时，发动机即刻产生爆燃，ECU 立刻推迟点火，由于 ECU 不知道当前工况发动机爆燃的临界点火提前角，因而点火时间推迟较多，以使爆燃迅速消失，然后恢复点火提前角；当点火提前角恢复过程中发动机又产生爆燃时，ECU 又减小点火提前角……如此振荡，使点火提前角在爆燃的临界点附近波动。这一过程一直到 ECU 计算得到前当的点火提前角 $\theta_{计算}$ 离开爆燃区，此后，进入正常的点火提前控制状态。

二、电子高压配电原理

1. 电子高压配电电路原理

无分电器点火系统的高压配电方式主要有二极管分配同时点火方式、点火线圈分配同时点火方式和单独点火方式。

（1）二极管分配同时点火方式高压配电电路原理

二极管分配同时点火方式的电路原理如图 3-23 所示。

采用这种高压配电方式的点火线圈有两个初级绕组，各由点火控制模块 ICM（或 ECU）驱动电路中的 V_1、V_2 控制其通断，气缸识别电路根据 ECU 的气缸识别信号和点火信号输出点火脉冲，按照点火顺序交替触发 V_1、V_2 的导通和截止。当气缸识别电路输出 1、4 缸点火触发信号时，V_1 由导通转为截止，初级绕组 A 断电，次级绕组产生实线箭头方向电动势 e。e 使 VD_1、VD_4 正向导通，1、4 缸火花塞电极间电压迅速升高直至跳火。当气缸识别电路输出 2、3 缸点火触发信号时，V_2 由导通转为截止，初级绕组 B 断电，使次级绕组产生虚线箭头方向的电动势 e'。e' 使 VD_2、VD_3 导通，2、3 缸火花塞跳火。

（2）点火线圈分配同时点火方式高压配电电路原理

点火线圈分配同时点火方式用一个点火线圈直接供给成对的两缸火花塞，其电路原理如图 3-24 所示。

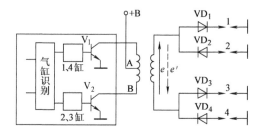

图 3-23　二极管分配同时点火方式电路原理

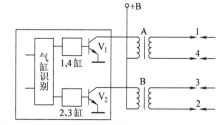

图 3-24　点火线圈分配同时点火方式电路原理

ICM（或 ECU）中的气缸识别电路，根据 ECU 的点火定时信号 IG_t 和气缸识别信号输出点火控制脉冲，按点火顺序轮流触发 V_1、V_2 导通和截止，控制 A、B 两个点火线圈轮流产生高压。当气缸识别电路输出 1、4 缸点火触发信号时，V_1 由导通转为截止，点火线圈 A 产生高压，使 1 缸和 4 缸两火花塞同时跳火；当气缸识别电路输出 2、3 缸点火触发信号时，V_2 由导通转为截止，点火线圈 B 产生高压，2 缸和 3 缸两火花塞同时跳火。

（3）单独点火方式高压配电电路原理

点火线圈分配单独点火方式的电路原理如图 3-25 所示。

单独点火方式无分电器点火系统每个气缸的火花塞均配有一个点火线圈，通常将点火线圈直接安装在火花塞的上方，因此可省去高压导线。气缸识别电路根据 ECU 的点火信号和气缸识别信号输出点火控制脉冲，按点火顺序轮流触发 V_1、V_2、V_3、V_4 导通和

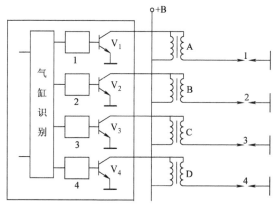

图 3-25　单独点火方式电路原理

截止，控制各个点火线圈轮流产生高压，并将高压直接输送给与之连接的火花塞。

2. 顺序点火信号的产生原理

名词解释

顺序点火信号是指用于按发动机各缸的工作顺序，触发点火线圈驱动电路工作，实现电子高压配电的点火触发信号脉冲。在不同的发动机上，产生顺序点火信号脉冲的具体方式可能不同，但基本原理相似。

现以一种较为典型的电子点火控制系统（图3-26）为例，说明电子高压配电顺序点火信号脉冲的产生原理。

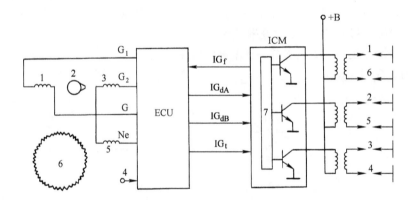

a)

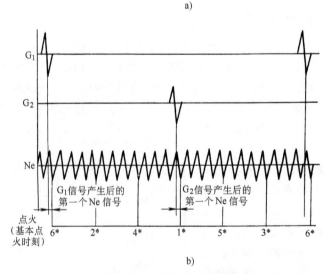

b)

图 3-26　电子点火控制系统示例

a）电子点火控制系统电路　b）传感器信号波形

1—G_1线圈　2—G转子　3—G_2线圈　4—其他信号输入　5—Ne线圈　6—Ne转子

7—气缸识别与晶体管驱动电路　ICM—电子点火模块

（1）点火定时信号 IG_t 的产生

曲轴位置信号 G_1 和 G_2 分别用于确定第 6 缸和第 1 缸上止点，转速信号 Ne 同时用于确定初始点火定时。工作时，ECU 以 G_1 或 G_2 信号后的第一个 Ne 信号定为第六缸或第一缸点火信号，之后每 4 个 Ne 信号波形确定为一个点火信号（由微处理器计数确定），并产生点火定时信号 IG_t（图 3-37）。在此基础上，ECU 再根据发动机的工况与状态对点火时间进行适当的调整，然后向电子点火模块（ICM）输出点火定时信号 IG_t。

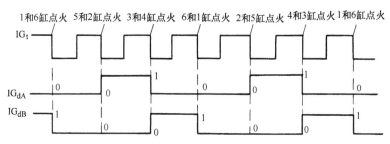

图 3-27　ECU 输出的 IG_{dA}、IG_{dB} 及 IG_t 信号电压波形

（2）气缸识别原理

ECU 根据曲轴位置传感器的 G_1 和 G_2 信号产生气缸识别信号 IG_{dA} 和 IG_{dB}（参见图 3-27），并向 ICM 输出。ICM 内的气缸识别电路具有表 3-2 所示的逻辑功能，在每一个点火定时波形 IG_t 下降沿时，气缸识别电路根据 IG_{dA} 和 IG_{dB} 的高、低电平情况，触发相应的开关晶体管截止，使该晶体管所连接的点火线圈初级绕组断电，次级产生高压而使相应（配对）的两缸火花塞点火。

表 3-2　气缸识别电路逻辑功能

点火的气缸 气缸识别信号	1 和 6	2 和 5	3 和 4
IG_{dA}	0	0	1
IG_{dB}	1	0	0

ICM 内部设有 IG_f 信号电路，该功能电路可根据各点火线圈驱动电路的工作情况产生 IG_f 矩形脉冲，并反馈给 ECU。ECU 根据输入的 IG_f 脉冲信号来判断点火系统的工作情况。如果 ECU 接收不到正常的 IG_f 信号（IG_f 信号有缺失），就会做出点火系统工作不正常的判断，并立刻控制喷油器停止喷油而使发动机立刻熄火，以避免有过多的 HC 排入三元催化转化器而使其温度过高而损坏。

 阅读提示

正常的 IG_f 反馈信号是其频率随发动机转速上升而提高的脉冲信号。当输入 ECU 的 IG_f 信号有缺失时，就说明点火系统已出现了缺火故障。这将使大量未经燃烧的混合气从气缸排出，过量的 HC 进入三元催化转化器，必将导致三元催化转化器因内部过度反应（燃烧）而被烧坏。

三、电子点火控制系统组成部件的结构原理

1. 有分电器的电子点火控制系统的组成

典型有分电器电子控制点火系统的组成如图 3-28 所示。

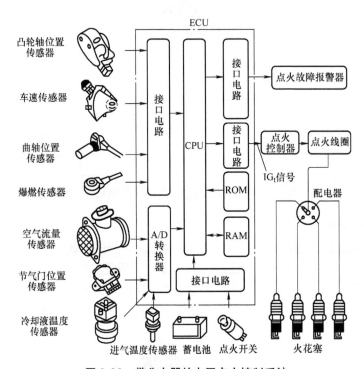

图 3-28 带分电器的电子点火控制系统

本电子控制点火系统仍然采用机械高压配电方式,但分电器中只有配电器,发动机转速与曲轴位置传感器采用分体独立式,分别为图中的曲轴位置传感器和凸轮轴位置传感器。

本例的电子点火器(图中的点火控制器,也称点火控制模块)为独立的电子控制模块,安装在 ECU 外面,在 ECU 输出的 IG$_1$ 信号触发下工作,适时地控制点火线圈初级回路的通断,点火线圈次级产生的高压通过配电器按点火的顺序送至各缸火花塞。

2. 无分电器的电子控制点火系统的组成

典型无分电器电子控制点火系统如图 3-29 所示。

本电子高压配电采用点火线圈分配同时点火方式,其进气压力传感器安装在 ECU 的内部,进气管压力通过一真空管导入。

🔥 **专家提醒:**

当在进气管处找不到空气流量传感器时,那该车发动机电子控制系统一定是装备了进气压力传感器。如果进气管与发动机 ECU 之间连接着一根管子(真空管),那进气压力传感器一定是在 ECU 的内部。

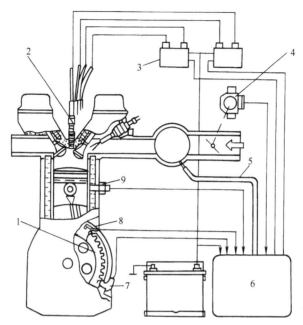

图 3-29　博世（BOSCH）VZ 无分电器点火系统

1—飞轮　2—火花塞　3—双点火线圈　4—节气门位置传感器　5—真空管　6—电子控制器（ECU）
7—转速传感器　8—曲轴位置传感器　9—冷却液温度传感器

3. 点火线圈

带分电器的电子控制点火系统，其点火线圈的结构形式与非电子控制点火系统的点火线圈并无大的差别；而无分电器的电子控制点火系统，其点火线圈的结构形式则有多种，且大都采用干式（闭磁路）点火线圈。

（1）适用于二极管分配的点火线圈

适用于二极管分配同时点火方式的点火线圈具有两个初级绕组和一个次级绕组。高压二极管有直接安装在点火线圈内部和连接在点火线圈外部两种结构形式。

适用于二极管分配同时点火方式，二极管安装在其内部的点火线圈如图 3-30 所示。这种类型的点火线圈其高压接线端子通过高压导线直接与火花塞相连接，因而从外形上看与点火线圈分配同时点火方式的点火线圈相似。

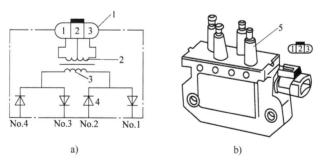

a)　　　　　　　　　　　　　b)

图 3-30　二极管分配同时点火方式的点火线圈（内装式）

a）点火线圈内部电路　b）点火线圈外形

1—低压插接器端子　2—初级绕组　3—次级绕组　4—高压二极管　5—高压接线柱

图 3-31 所示的也是适用于二极管分配同时点火方式的点火线圈，但点火线圈内部没有二极管，二极管串联在连接火花塞的高压电路中。

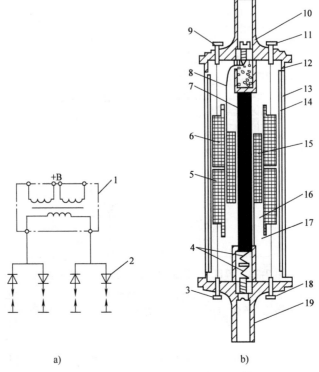

a)　　　　　　　　　　　b)

图 3-31　二极管分配同时点火方式的点火线圈（外接式）

a）点火线圈连接线路　b）点火线圈内部结构

1—点火线圈　2—高压二极管　3、11—接电子点火模块　4—弹簧　5—初级绕组Ⅰ　6—初级绕组Ⅱ
7—铁心　8、16—高压导电片　9、18—电源接线柱　10、19—高压插座　12—外壳　13—导磁板
14—衬纸　15—次级绕组　17—变压器油

（2）适用于点火线圈分配的点火线圈

适用于点火线圈分配的点火线圈每个都有一个初级绕组和一个次级绕组，通常是将两个（或三个）点火线圈封装在一个壳体内。适用于六缸发动机的组合式点火线圈一例如图 3-32 所示。

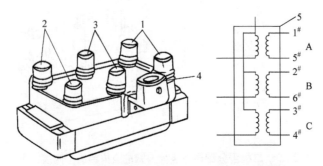

图 3-32　点火线圈分配同时点火方式的点火线圈（Ⅰ）

1—点火线圈 A 高压线插座　2—点火线圈 B 高压线插座　3—点火线圈 C 高压线插座
4—点火线圈低压导线插座　5—点火线圈内部电路

图 3-33 所示的点火线圈分配式点火线圈内部也装有高压二极管，但其作用是防止误点火，其作用原理说明如下。

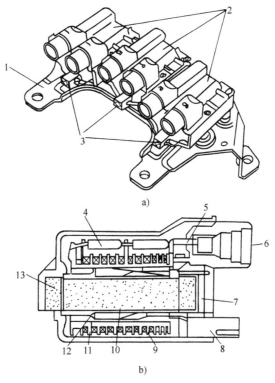

a)

b)

图 3-33　点火线圈分配同时点火方式的点火线圈（Ⅱ）

a）点火线圈外形　b）点火线圈内部结构

1—支架　2—点火线圈　3—低压插座　4—高压二极管　5—高压引线　6—盖　7—填充材料
8—低压接线柱　9—外壳　11—次级绕组　12—初级绕组　10、13—铁心

由于是点火线圈分配的高压配电方式，其点火线圈与火花塞之间直接通过导线相连，点火线圈初级通路的瞬间其次级所产生的电压（约 1kV）就直接加在了火花塞电极两端。如果该火花塞所在的气缸是处于进气终了或压缩行程开始等气缸压力较低，又有可燃混合气的状态，就可能出现误点火的可能性。在高压回路中串联一个高压二极管（图 3-34），利用其单向导电性，在初级绕组通路的瞬间，次级产生的电压就不会加在火花塞电极上了，从而避免了误点火的可能。

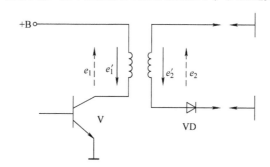

图 3-34　点火线圈分配同时点火高压回路二极管的作用

e_1、e_2—初级通路瞬间初、次级绕组的感应电动势　　e_1'、e_2'—初级断路瞬间初、次级绕组的感应电动势

在一些无分电器电子控制点火系统中，点火线圈与火花塞的连接电路中，有一个 3~4mm 的间隙，其目的也是为了防止点火线圈初级通路瞬间产生误点火的发生。

> 🔥 **专业小窍门：**
>
> 　　两个或三个点火线圈封装在一个壳体内，外面有多个高压插孔，从外形上看很容易被误认为是分电器。明辨的方法是：点火线圈的高压插孔是成双数的（4 或 6），而分电器的高压插孔是成单数的（5 或 7）。请注意：也有例外，一种整体式分电器是将电子点火器和点火线圈等都安装在分电器的内部，点火线圈与分电器分火头的连接是在其内部完成的，故而分电器的外部就无连接点火线圈的中央高压线，分电器盖上也只有 4 个（或 6 个）高压插孔。遇到这种情况，一个明辨是点火线圈还是分电器的方法是：看其安装的位置，如果与发动机缸体紧挨在一起的为分电器；而与发动机缸体有空间距离的那一定点火线圈。

（3）单独点火方式的点火线圈

单独点火方式的点火线圈通常是将点火线圈直接安装在火花塞上端，如图 3-35 所示。这种点火线圈可省去高压导线，使点火能量的损失和点火系统高压电路的故障率进一步降低。

4. 电子点火模块

电子点火模块（ICM）也称电子点火器，是电子点火控制系统的中间执行器。不同的电子点火控制系统，电子点火模块的功能及电路结构差别较大，某种适用于点火线圈分配同时点火方式的电子点火控制系统的 ICM 的组成及功能如图 3-36 所示。

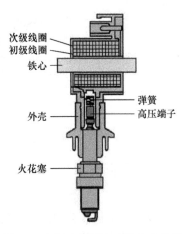

图 3-35　单独点火方式的点火线圈

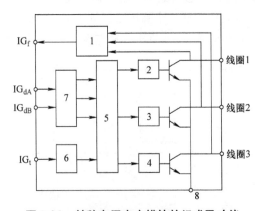

图 3-36　某种电子点火模块的组成及功能

1—IG_f 信号发生器　2、3、4—开关晶体管驱动电路　5—气缸识别电路　6—闭合角控制电路
7—输入电路　8—接点火线圈

有的电子点火控制系统其 ICM 十分简单，内部只有一个通、断点火线圈初级回路用的开关晶体管，而将开关晶体管之外的相关电子电路都设置在 ECU 内部。有的电子点火控制系统则是将通、断点火线圈初级回路用的开关晶体管也设置在 ECU 内部，成为 ECU 直接控制点火线圈工作的驱动电路。因此，这种电子控制点火系统就没有专门的 ICM 了。

5. 分电器

机械高压配电方式的电子点火控制系统，其分电器没有真空和离心点火提前装置，分电器通常是发动机转速与曲轴位置传感器、配电器的组合装置。图 3-37 是一种安装有霍尔效应式发动机转速与曲轴位置传感器的分电器。

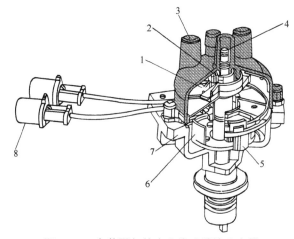

图 3-37 内装霍尔效应式传感器的分电器

1—分火头　2—分电器盖绝缘环　3—高压分线插孔　4—中央高压线插孔　5—霍尔效应传感器
6—传感器信号触发转子叶片　7—分电器壳体　8—传感器线束插接器

有的分电器其内部还装有点火线圈，而被称为整体式点火装置 IIA（Integrated Ignition Assembly）的分电器，更是将点火线圈、电子点火模块及中央高压导线等集装在一起（图 3-38）。

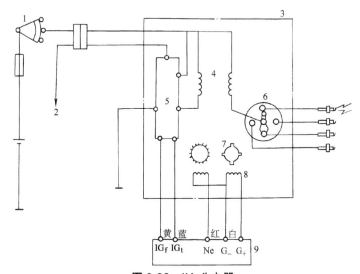

图 3-38 IIA 分电器

1—点火开关　2—接转速表　3—分电器　4—点火线圈　5—电子点火模块　6—配电器　7—传感器信号触发转子
8—传感器信号感应线圈　9—电子控制器

汽车电子控制系统结构与控制原理

需要说明的是，汽车上电子点火控制系统采用电子高压配电方式已十分普遍，因此，分电器在现代汽车上已很少见了。

四、电子点火控制系统电路

1. 带分电器的电子点火控制系统电路

带分电器的电子点火控制系统电路典型实例如图 3-39 所示。

（1）电路的组成与特点

本例是具有代表性的带分电器电子点火系统，主要由相关的传感器、电子控制器（ECU）、电子点火器、分电器、火花塞等组成。该电子点火控制电路主要部件的作用与特点分析如下。

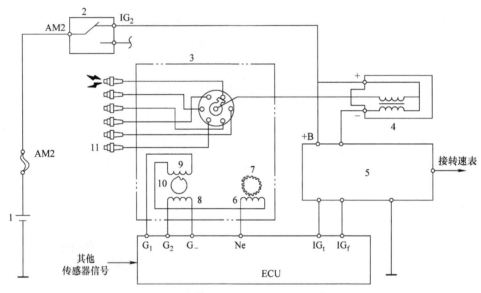

图 3-39　丰田 2JZ-GE 发动机点火控制电路

1—蓄电池　2—点火开关　3—分电器　4—点火线圈　5—电子点火器　6—发动机转速传感器线圈 Ne

7—Ne 转子　8、9—曲轴位置传感器线圈 G_2、G_1　10—G 转子　11—火花塞

1）分电器除了配电器外，还装有发动机转速与曲轴位置传感器，产生曲轴信号的线圈有 G_1 和 G_2 两个，由带一个突齿的 G 转子触发；产生发动机转速信号的 Ne 线圈由带 24 个齿的 Ne 转子触发。因此，当发动机运转时，G_1 和 G_2 均产生 720° 脉冲信号（曲轴转两圈产生 1 个脉冲信号），Ne 线圈产生 15° 信号（曲轴转两圈产生 24 个脉冲信号）

2）电子点火器的输入端连接电 ECU，接收 ECU 的点火定时信号 IG_t，输出端连接点火线圈，用来控制点火线圈初级回路的通断，使点火线圈适时地产生高压，并通过配电器将高压送至各缸火花塞。电子点火器还有一个连接 ECU 的输出端子，向 ECU 反馈一个反映点火系统是否正常工作的脉冲信号 IG_f；电子点火器向转速表也输出一个脉冲宽度恒定、脉冲频率与点火频率同步的脉冲信号，用以驱动发动机转速表工作。

3）ECU 的输入端连接各传感器和反馈信号端子，输出端连接电子点火器。ECU 根据发动机转速与曲轴位置传感器的信号，以及其他相关传感器的信号产生 IG_t，并控制其相位的变化，输送至电子控制器，触发其工作。

阅读提示

　　带分电器的电子控制点火控制系统通常将发动机转速与曲轴位置传感器安装在分电器的内部，但用于反映曲轴位置的 G 信号有不同的形式。除了本例的这种形式之外，还有用一个 G 线圈的结构形式，G 转子的齿数还有 2 个、4 个等不同的形式。各种形式的曲轴位置传感器，其产生的脉冲频率不同，但其作用原理是相同的。

　　（2）电路工作原理

　　发动机工作时，分电器内的发动机转速与曲轴位置传感器产生 G_1、G_2 和 Ne 信号，并输入 ECU，ECU 根据 G_1、G_2 和 Ne 信号判断曲轴的位置和发动机的转速，并根据进气压力传感器（有的发动机点火控制系统用空气流量传感器）及发动机冷却液温度传感器、节气门位置传感器等其他传感器信号，确定点火时间（IG_t 的相位移动），输出点火定时信号 IG_t。电子点火器在 ECU 点火定时信号 IG_t 的触发下及时地通断点火线圈初级绕组电流，使点火线圈次级产生高压，并通过配电器将高压电按点火次序分配至各缸火花塞。

　　（3）电路故障检测

　　发动机不能起动的电路故障检测要点如下：

　　1）点火线圈 "+" 接线柱电压。接通点火开关（ON），检测点火线圈 + 接线柱与搭铁之间的电压，应为蓄电池电压。如果电压不正常，需检查点火开关及其连接线路。

　　2）电子点火器 "+B" 端子电压。接通点火开关（ON），检测电子点火器的 +B 端子与搭铁之间的电压，应为蓄电池电压。如果电压不正常，需检查点火开关及其连接线路。

　　3）分电器 "G_1" "G_2" "Ne" 端子电压波形。用起动机带动发动机运转，分别测分电器的 G_1、G_2、Ne 端子与 G– 端子之间的电压波形，应有电压脉冲。如果无电压脉冲，需检修或更换分电器。

　　4）ECU "IG_t" 端子电压波形。用起动机带动发动机运转，检测 ECU 上的 Gt 端子与 G– 端子之间的电压波形，应有电压脉冲。如果无电压脉冲，更换 ECU。

　　5）电子点火器 "IG_f" 端子电压波形。用起动机带动发动机运转，检测电子点火器上的 IG_f 端子与 G– 端子之间的电压波形，应有电压脉冲。如果无电压脉冲，更换电子点火器。

　　2. 无分电器点火系统控制电路

　　采用电子高压配电方式的电子点火控制系统无分电器，典型的无分电器点火系统控制电路如图 3-40 所示。

阅读提示

　　现代汽车发动机点火控制系统广泛采用电子高压配电方式，并取消了带有配电器的分电器。电子高压配电方式有二极管分配式同时点火方式、点火线圈分配同时点火方式和单独点火方式等不同的形式，其中点火线圈分配同时点火方式应用最广。

　　请注意：同时点火方式每一次有两缸同时点火，但只有一缸是有效点火，同时点火的另一气缸为排气行程，是无效点火。

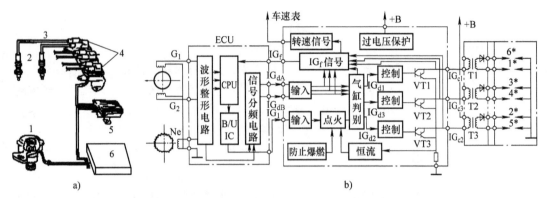

图 3-40　丰田 1G-GZEU 型发动机点火控制电路

a）点火控制系统组成　b）点火控制电路原理

1—发动机转速与曲轴位置传感器　2—火花塞　3—高压导线　4—点火线圈　5—电子点火器　6—ECU

（1）电路组成与特点

本例高压配电为分组同时点火的点火线圈分配方式，采用了磁感应式发动机转速与曲轴位置传感器，其电压波形如图 3-41 所示。其中：曲轴位置传感器的 G_1、G_2 信号分别用于确定第 6 缸、第 1 缸的上止点，Ne 信号用来计算发动机转速，同时用于确定初始点火定时。

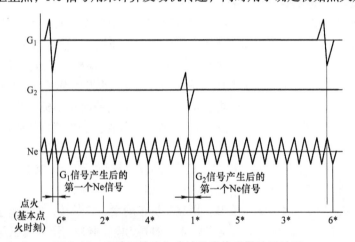

图 3-41　发动机转速与曲轴位置传感器信号波形

（2）点火控制原理

该点火控制电路的工作原理如下：

1）点火定时信号 IG_t 的产生。ECU 以 G_1 和 G_2 信号后的第一个 Ne 信号为第六缸或第一缸点火信号，然后每 4 个 Ne 信号脉冲产生一个点火信号，并产生点火定时脉冲 IG_t。

根据 Ne 所确定的点火时间为初始点火时间。工作时，电子控制器根据发动机的工况、状态的动态变化对点火提前角进行调整。

2）气缸识别信号的产生。ECU 根据传感器的 G_1、G_2 信号产生气缸识别信号 IG_{dA} IG_{dB}。IG_{dA}、IG_{dB} 及 IG_t 信号输入电子点火器的气缸识别电路，用于产生能按点火顺序控制各点火线圈工作的触发信号。

3）顺序点火触发信号的产生。电子点火器内的气缸判别逻辑电路根据点火定时信号 IG_t 和

气缸识别信号 IG_{dA} 和 IG_{dB}，触发相应的晶体管截止，使相应的点火线圈初级绕组断电、次级产生高压，使成对的两缸火花塞点火。

阅读提示

单独点火方式的顺序点火触发信号产生方式与同时点火方式的相似，但其点火线圈驱动电路要多一倍，气缸判别逻辑电路也要复杂一些。

（3）电路故障检测

发动机不能起动的电路故障检测要点如下：

1）点火线圈"+"接线柱电压。接通点火开关（ON），检测点火线圈+接线柱与搭铁之间的电压，应为蓄电池电压。如果电压不正常，需检查点火开关及其连接线路。

2）电子点火器"+B"端子电压。接通点火开关（ON），检测电子点火器的+B端子与搭铁之间的电压，应为蓄电池电压。如果电压不正常，需检查点火开关及其连接线路。

3）发动机转速与曲轴位置传感器"G_1"、"G_2"、"Ne"端子电压波形。用起动机带动发动机运转，分别测分电器的 G_1、G_2、Ne 端子与 G- 端子之间的电压波形，应有电压脉冲。如果无电压脉冲，需检修或更换发动机转速与曲轴位置传感器。

4）ECU"IG_t"端子电压波形。用起动机带动发动机运转，检测 ECU 上的 G_t 端子与 G- 端子之间的电压波形，应有电压脉冲。如果无电压脉冲，更换 ECU。

5）电子点火器"IG_f"端子电压波形。用起动机带动发动机运转，检测电子点火器上的 IG_f 端子与 G- 端子之间的电压波形，应有电压脉冲。如果无电压脉冲，应更换电子点火器。

第四章
发动机怠速控制系统

第一节 概 述

一、怠速控制系统的功能

1.怠速控制应用概况

早期的汽油喷射式发动机采用辅助空气阀来控制怠速时辅助怠速空气通道的空气流量，用以实现冷机起动后的低温怠速稳定和快速暖机控制。辅助空气阀有双金属式（图4-1）、石蜡式（图4-2）等不同的结构形式。在低温下，辅助空气阀处于打开状态，可使一部分空气经辅助怠速空气通道进入气缸，发动机可在较高的怠速下稳定运转，实现快速暖机过程。随着发动机温度的上升，辅助空气阀会慢慢关闭，使发动机又回到正常的怠速下运转。

辅助空气阀的怠速控制功能极其有限，已不能满足现代汽车发动机对怠速控制的要求。用电子控制器控制怠速调节执行器可实现多项怠速控制功能，满足了现代汽车发动机高性能的要求。因此，电子怠速控制系统已取代了早期使用的辅助空气阀，在电控发动机上得到了普及。

2.怠速控制系统的作用

现代汽车发动机怠速控制系统可实现全过程的怠速控制，主要有如下控制功能。

1）稳定怠速控制。以设定的发动机转速为怠速控制目标，当发动机的转速偏离目标转速时，电子控制器立刻输出控制信

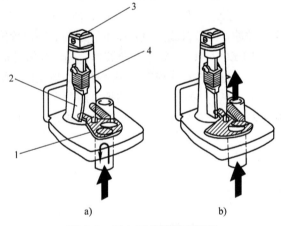

图4-1 双金属式辅助空气阀

a）热状态空气阀关闭 b）冷状态空气阀开启
1—空气阀 2—双金属片
3—接线端子 4—加热线圈

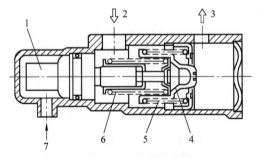

图4-2 石蜡式辅助空气阀

1—恒温石蜡 2—空气入 3—空气出 4—空气阀
5—弹簧B 6—弹簧A 7—冷却液

号，通过怠速控制执行器将发动机怠速调整到设定的目标范围之内。

2）快速暖机控制。在冷机起动后，怠速控制系统可以使发动机在较高的怠速下稳定运行，以缩短发动机的暖机过程。

3）高怠速控制。当发动机在怠速工况下其负荷（发动机驱动的压缩机、动力转向泵、自动变速器油泵、发电动机等工作）增加时，为保持发动机的稳定运转或使发动机能向外输出一定的功率，电子控制器输出相应的控制信号，通过执行器将发动机调整至设定的高怠速下稳定运转。

4）其他控制。怠速控制系统通常还具有如下控制功能：

① 当发动机起动时，电子怠速控制系统通过控制怠速控制阀，使怠速辅助空气通道自动开启至最大，以使发动机起动容易。

② 在炭罐控制阀、废气再循环控制阀工作时，调整怠速控制阀以稳定怠速。

③ 因发动机部件磨损、老化等原因而使发动机的怠速偏离正常范围时，电子怠速控制系统能自动将怠速修正到正常值。

二、怠速控制系统的分类

电喷发动机的怠速控制系统有多种类型，现按不同的分类方法加以概括。

1. 按进气量的调节方式分类

（1）节气门直动式

电子控制器通过控制执行机构直接操纵节气门，以改变节气门的开度实现怠速控制（图 4-3a）。这种控制方式工作可靠性好，控制位置的稳定性也较好，其缺点是动态响应性较差，执行机构较为复杂且体积较大。因此，节气门直动式怠速控制装置应用较少。

（2）旁通空气式

电子控制器通过控制怠速控制执行器（怠速控制阀）改变怠速辅助空气通道的空气流量，来实现怠速的控制（图 4-3b）。这种控制方式动态响应好，结构简单且尺寸较小，被新型汽车电控发动机广泛采用。

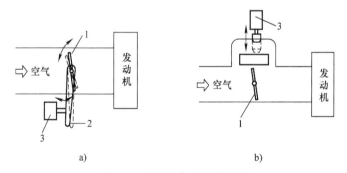

图 4-3 怠速进气量调节方式

a）节气门直动式　b）旁通空气式
1—节气门　2—节气门操纵臂　3—怠速控制执行器

2. 按怠速控制阀的结构与工作方式分类

（1）步进电动机式

控制怠速辅助空气通道通气量的怠速控制阀，以步进电动机为阀动作的驱动力，ECU 通过控制步进电动机的转动来驱动空气阀的开启、关闭及开启的程度。

（2）开度电磁阀式

开度电磁阀式怠速控制阀以电磁线圈通电产生的电磁力作为阀动作的驱动力，ECU通过控制电磁阀线圈的通断电及电流大小来控制空气阀的开启、关闭及开启的程度。开度电磁阀式怠速控制阀按其运动方式不同分，又有直动式和转动式两种。

（3）开关电磁阀式

开关电磁阀式怠速控制阀也是以电磁线圈通电产生的电磁力作为阀动作的驱动力，但阀只有开和关两种状态。开关电磁阀式怠速控制阀有两种控制方式：一种是电子控制器通过阶跃控制脉冲控制电磁阀开和关，因而只有高怠速和低怠速两种控制状态；另一种是电子控制器通过占空比脉冲控制电磁阀的开与关的比率，来调节怠速辅助空气通道的空气流量，实现怠速的控制。

3. 按空气阀的控制方式分类

（1）直接控制式

怠速控制阀安装在怠速辅助空气通道中，由电磁线圈（电磁阀式怠速控制阀）或步进电动机（步进电动机式怠速控制阀）直接驱动与电磁阀制成一体的空气阀的动作，实现怠速进气量的控制。

（2）间接控制式

在辅助空气通道中安装的是膜片式辅助空气阀，怠速控制电磁阀与辅助空气阀通过真空管连接。电子控制器通过控制电磁阀的动作，间接地控制辅助空气阀的开度，以实现怠速进气量的调节。

阅读提示

现代汽车发动机怠速控制系统普遍采用旁通空气式，并且直接用怠速控制阀来控制辅助空气通道的通气量（直接控制式）；间接控制式其怠速调节装置实际上是由怠速控制电磁阀和膜片式空气阀两部分组成的，控制器输出控制信号控制怠速控制电磁阀动作，再由电磁阀的动作去控制膜片式空气阀的开度，实现发动机怠速的调节。间接控制式怠速控制装置其结构比较复杂，目前在怠速控制系统中已很少使用。但这种结构形式和控制方式在电子控制废气再循环和炭罐通气量控制中却得到了广泛的应用。

第二节　发动机怠速控制系统的结构与原理

一、怠速控制系统控制原理

典型的怠速控制系统组成及控制原理如图4-4所示。

与怠速控制系统相关的各个传感器和开关向电子控制器提供反映发动机温度、发动机转速、节气门开度、空调开关位置、自动变速器档位等的信号。电子控制器中的程序存储器储存有发动机各种状态下的最佳稳定怠速参数和相应的控制程序。当发动机处于怠速工况时，怠速控制系统便进入工作状态。这时，控制器根据各传感器和开关的信号进行目标转速选定、怠速判断、转速比较与计算，然后输出控制信号，控制怠速执行机构动作，将发动机怠速控制在目标范围之内。

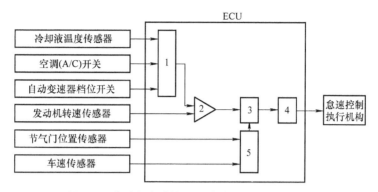

图 4-4　发动机怠速控制系统的组成与控制原理

1—目标转速　2—比较电路　3—控制量计算　4—驱动电路　5—怠速状态判断

阅读提示

　　怠速控制系统的这种控制方式，实际上可以实现两种功用的怠速控制，即怠速稳定控制和高怠速控制。怠速稳定控制以发动机运行在最佳转速状态为控制目标；高怠速控制则主要是以发动机在怠速工况下能有一定的带负荷能力为控制目标。

1. 怠速稳定控制

　　怠速稳定控制根据其控制功效的不同，可分为最佳稳定怠速控制和快速暖机怠速控制两种。怠速稳定控制过程如图 4-5 所示。

　　（1）最佳稳定怠速控制

　　当 ECU 根据节气门位置传感器信号判断发动机已处于怠速工况时，就进入怠速控制

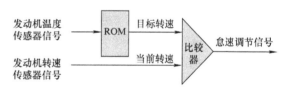

图 4-5　发动机怠速稳定控制过程

程序。ECU 根据发动机冷却液温度传感器的信号，在 ROM 中查得当前的目标转速，并与当前的发动机转速进行比较。如果发动机当前转速偏离了目标转速，ECU 便输出控制脉冲使怠速控制执行器动作，及时调整发动机转速，使发动机怠速稳定于目标转速。

　　（2）快速暖机怠速控制

　　当发动机在怠速工况运转但还处于冷机状态（未达到正常工作温度）时，ECU 根据发动机冷却液温度传感器的信号，在 ROM 查得的目标转速较高，因而怠速稳定控制的结果是使发动机在较高的转速下稳定运行。这种控制功效类似于早期的电喷发动机，使用辅助空气阀控制冷机起动后的发动机暖机怠速控制，可使发动机迅速达到正常的工作温度。

　　怠速稳定控制过程中，车速传感器所提供汽车行驶速度信号作为怠速工况判断的辅助信号，当车速低于 2km/h，且节气门关闭时，ECU 得出"发动机处于怠速工况"的判断，进入怠速控制程序；空调开关提供空调关断信号，只有在空调不使用时，ECU 才进入怠速稳定控制程序。

2. 高怠速运行控制

　　高怠速运行控制可分发动机有负荷高怠速控制和转速变化预见性高怠速控制两种情况。高

急速运行控制过程如图 4-6 所示。

（1）发动机有负荷高怠速控制

当发动机处于怠速工况，但需要发动机带动一定的负荷时，电子控制器就进入发动机有负荷高怠速控制状态。在节气门处于关闭状态时，ECU 根据空调开关、蓄电池电压

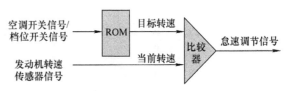

图 4-6　发动机高怠速控制过程

等信号判断是否需要进入发动机有负荷高怠速控制。比如，在使用汽车空调、蓄电池亏电等情况下，ECU 输出控制信号，使怠速控制执行器动作，将发动机的怠速调高至某一值，以保证发动机在怠速工况下能带动空调压缩机在所需的转速下稳定运转，或带动发电动机能达到向蓄电池充电所需的转速。

（2）转速变化预见性高怠速控制

发动机处于怠速工况时，为避免发动机因所驱动的附加装置阻力矩突然增大而导致转速下降甚至熄火，ECU 会根据相关传感器的信号自动进入转速变化预见性高怠速控制。在节气门处于关闭状态时，ECU 根据自动变速器档位开关、动力转向开关、灯光继电器等信号判断是否需要进入转速变化预见性高怠速控制程序。比如，自动变速器档位从 N 位或 P 位挂上行车档位、灯光继电器触点闭合时，ECU 就会输出控制信号，控制怠速执行器动作，预先调高发动机怠速，使发动机在负荷突然增加时仍能保持稳定的怠速。

3. 其他怠速控制

（1）起动时怠速控制阀的控制

在发动机起动前，ECU 控制怠速控制阀打开至开度最大位置，以使发动机起动容易。当发动机起动后，ECU 根据发动机转速及温度信号，再逐渐减小怠速控制阀的开度。

（2）炭罐电磁阀工作时怠速控制阀的控制

在一些汽车上，怠速控制系统还根据炭罐控制阀的开启情况，来调整怠速辅助空气通道的通气量，以避免发动机怠速产生波动。

（3）怠速偏离修正控制

怠速偏离修正控制也就是怠速控制系统的学习修正控制。当因发动机部件老化等外部原因，使发动机的怠速控制偏离了原设定的范围时，ECU 会自动进行学习修正，控制怠速控制阀预置一个开度，将发动机的怠速修正到设定的值。

二、怠速控制系统部件的结构原理

发动机怠速控制系统的相关传感器和控制器与燃油喷射控制系统和点火控制系统共享，怠速控制系统特有的部件就是怠速控制执行器，有节气门直动式和旁通空气式两种类型。

1. 节气门直动式怠速控制执行器

安装于单点喷射式发动机节气门体上的节气门直动式怠速控制执行器如图 4-7 所示。

这种怠速控制执行器由直流电动机和传动机构组成。直流电动机由 ECU 通过驱动电路控制其转动，通过传动机构驱动节气门操纵臂限位片；传动机构起增矩减速的作用，并将电动机的旋转运动变为节气门关闭限位片的直线运动。

当 ECU 输出怠速调整控制信号时，通过驱动电路使电动机通电转动相应的转角，并经传动机构使节气门操纵臂限位片移动，从而改变了怠速时节气门的开度。

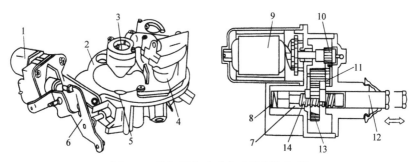

图 4-7　节气门直动式怠速控制执行器

1—怠速控制执行器　2—节气门体　3—喷油器　4—压力调节器　5—节气门　6—节气门操纵臂
7—防转动六角孔　8—弹簧　9—电动机　10、11、13—减速齿轮　12—传动轴　14—丝杆

2. 旁通空气式怠速控制执行器

（1）步进电动机式怠速控制阀

步进电动机式怠速控制阀主要由步进电动机、丝杆机构和空气阀等组成，如图 4-8 所示。

步进电动机的转子其内圈固定有内螺纹的套筒，与丝杆组成丝杆机构，丝杆的右端与空气阀的阀杆连为一体。当步进电动机转子在怠速控制信号的控制下转动时，就会使丝杆做直线移动，使与丝杆连为一体的阀杆带动空气阀左、右移动，使空气阀开启、关闭，或打开至某种开度。

（2）开度电磁阀式怠速控制阀

开度电磁阀式怠速控制阀有直动式和转动式两种，其中转动式应用较为广泛。

1）直动电磁阀式怠速控制阀。此类怠速控制阀的结构如图 4-9 所示。电磁阀的铁心与空气阀的阀杆连为一体，电磁线圈通电后产生的电磁力吸引阀杆克服弹簧力作轴向移动，使阀打开。

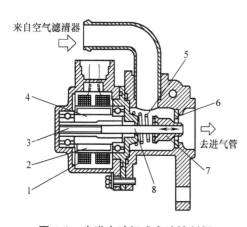

图 4-8　步进电动机式怠速控制阀

1—定子绕组　2—定子铁心　3—丝杆　4—转子
5—弹簧　6—空气阀阀座　7—空气阀　8—空气阀阀杆

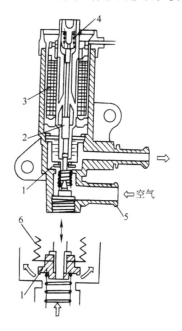

图 4-9　直动电磁阀式怠速控制阀

1—阀　2—阀杆　3—线圈　4—弹簧　5—壳体
6—消除负压用的波纹管

通常是通过电磁线圈的平均电流大小来控制阀的开度，由 ECU 通过输出占空比信号进行控制。直动电磁阀的高精度开度控制难度相对较大，因此，现使用这种形式的怠速控制阀已比较少见。

2）转动电磁阀式怠速控制阀。这一类怠速控制阀有两种形式，一种是转子为永久磁铁，电磁线圈在定子上；另一种是定子为永久磁铁，电磁线圈在转子上。图 4-10 所示的是定子为永久磁铁，转子上有两组绕组的转动电磁阀式怠速控制阀，转动电磁阀的转子轴下端连接旋转式空气阀。

当占空比控制脉冲电流通过电刷和导电片输入转子的两个绕组时，转子就会有与占空比相对应的转动，带动空气阀转动，使空气阀打开、关闭或转至某一开度。

（3）开关电磁阀式怠速控制阀

开关电磁阀式怠速控制阀与开度电磁阀式怠速控制阀的结构形式相似，如图 4-11 所示。开关电磁阀式电磁阀其空气阀只有开和关两种状态，即电磁线圈通电时，阀被打开；电磁线圈断电时，阀就关闭。

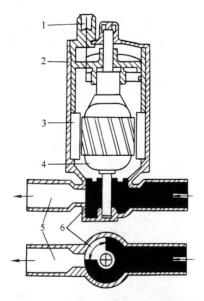

图 4-10 转动电磁阀式怠速控制阀

1—电路插接器 2—壳体 3—定子（永久磁铁）
4—转子 5—附加空气通道 6—旋转阀

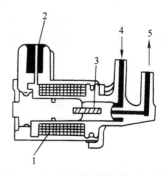

图 4-11 开关电磁阀式怠速控制阀

1—电磁线圈 2—接线端子 3—空气阀
4—来自空气滤清器 5—至进气管

三、怠速控制系统电路

1. 步进电动机式怠速控制阀电路

典型的步进电动机式怠速控制阀电路如图 4-12 所示。

（1）电路特点

1）步进电动机式怠速控制阀有 4 个控制端子，ECU 用 4 个驱动电路，通过 ISC_1、ISC_2、ISC_3、ISC_4 这 4 个控制端子控制步进电动机转动。

2）ECU 内设有主继电器控制电路，当点火开关关断时，使 ECU 继续通电 2s，以使 ECU 能完成怠速控制电磁阀起动初始位置的设定，控制步进电动机转动至空气阀开启最大位置，为下次起动做好准备。

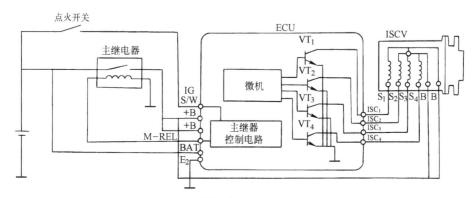

图 4-12　步进电动机式怠速控制阀电路

（2）电路原理

电子控制器 ECU 根据节气门位置传感器、发动机转速传感器、发动机冷却液温度传感器、空调开关、自动变速器档位开关等所提供的信号进行怠速控制。当需要调整怠速时，ECU 输出控制信号，通过其内部的步进电动机驱动电路产生步进电动机转动控制脉冲，使步进电动机转动相应的角度，将空气阀调整至适当的开度。

（3）电路故障检测

步进电动机式怠速控制阀不工作时的电路故障检测要点如下：

1）ECU 的 Batt 端子电压。该端子失去电压将导致 ECU 不能储存故障信息及学习修正信息等。可用直流电压表检测 Batt 端子与搭铁之间的电压，应为蓄电池电压。如果无电压，需检查线路连接和该线路的熔断器。

2）ECU 的 +B 端子电压。接通点火开关（ON）后，检测 +B 端子与搭铁之间的电压，应为蓄电池电压。如果电压为 0V，则再检测 MREL 端子、IGSW 端子与搭铁之间的电压，有如下几种情况：

① IGSW 端子无电压，则需检查点火开关及连接线路、熔断器等。

② IGSW 端子电压正常，MREL 端子无电压，检查 ECU 的 E_2 端子其搭铁是否良好，若 E_2 端子搭铁正常，则 ECU 内部有故障；若 E_2 搭铁不良，则检查 ECU 插接器相关端子和线路。

③ IGSW 端子、MREL 端子电压均正常，则需要检查主继电器及其连接线路。

3）怠速控制阀的电源端子 B 的电压。拔开怠速控制阀上插接器，在接通点火开关（ON）时，测量插头 B 端子与搭铁之间的电压，应为蓄电池电压。如果电压为 0V，需检查连接线路和主继电器。

4）怠速控制阀的控制端子 S_1、S_2、S_3、S_4 与 B 端子之间的电阻。拔开怠速控制阀插接器插头后，分别测量插座 S_1、S_2、S_3、S_4 端子与 B 端子之间的电阻，应一致。如果电阻不一致或电阻为无穷大，则需要更换怠速控制阀。

2. 旋转电磁阀式怠速控制阀电路

旋转电磁阀式怠速控制电路如图 4-13 所示。

（1）电路特点

1）转动电磁阀式怠速控制阀由转动电磁阀和旋转式空气阀组成，转动电磁阀有两个控制端子，分别受控于 ECU 的两个怠速控制端 ISC_1 和 ISC_2；ECU 从 ISC_1 和 ISC_2 两控制端子输出频率相同，但相位相反的脉冲电压，控制转动电磁阀的转动。

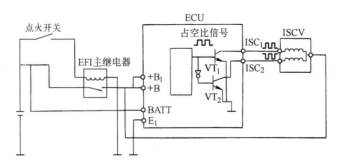

图 4-13　旋转电磁式怠速控制阀电路

2）无论电磁线圈在定子上还是在转子上，两种转动电磁阀的控制电路相同。电源端子连接主继电器触点，在主继电器触点闭合时电磁阀与电源连通。

（2）电路原理

当 ECU 根据相关传感器及开关电信号确定需要调整怠速时，便输出相应的占空比控制信号，并经驱动电路（反相器及 VT_1 和 VT_2）输出同频反相的电磁阀控制脉冲 ISC_1 和 ISC_2，控制两个电磁线圈的通电时间，使电磁阀转子作相应的转动，以控制空气阀的开与关及开启程度。

（3）电路故障检测

1）ECU 的 BATT 端子电压。可用直流电压表检测 BATT 端子与搭铁之间的电压，应为蓄电池电压。如果无电压，需检查线路连接和该线路熔断器。

2）ECU 的 +B 端子电压。接通点火开关（ON），测量 +B 端子与搭铁之间的电压，应为蓄电池电压。如果无电压，需检查熔断器、主继电器及其连接线路。

3）怠速控制阀的电源端子 B 的电压。拔开怠速控制阀上插接器，在接通点火开关（ON）时，测量插头 B 端子与搭铁之间的电压，应为蓄电池电压。如果电压为 0V，需检查连接线路和主继电器。

4）怠速控制阀的控制端子 S_1、S_2 与 B 端子之间的电阻。拔开怠速控制阀插接器插头后，分别测量插座 S_1、S_2 端子与 B 端子之间的电阻，应为一致。如果电阻不一致或电阻为无穷大，则需要更换怠速控制阀。

3. 开关电磁阀式怠速控制系统电路

开关电磁阀式怠速控制电路如图 4-14 所示。

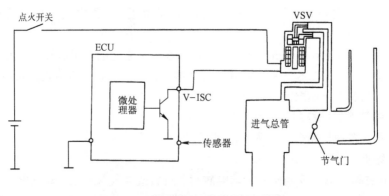

图 4-14　开关电磁阀式怠速控制电路

（1）电路特点

1）开关电磁式怠速控制阀只有开和关两种状态，电磁线圈通电时阀开启，电磁线圈断电时阀关闭。

2）关电磁式怠速控制阀只有一个控制端子，由 ECU 的 V-ISC 端子控制，但控制的方式有占空比控制方式和开关控制方式两种。

（2）控制原理

开关电磁阀式怠速控制电路工作原理如下：

1）占空比控制方式。ECU 输出频率固定，但占空比变化的怠速控制信号，通过控制电磁阀的开闭的比率来调节怠速辅助空气通道的空气流量，实现发动机怠速的控制。

2）开关控制方式。ECU 输出的控制信号只有高电平和低电平两种状态，控制电磁阀的通断电。因此，开关控制方式的电磁阀式怠速控制阀只有打开（高怠速）和关闭（正常怠速）两种工作状态。

（3）电路故障检测

1）怠速控制阀的电源端子 B 的电压。拔开怠速控制阀上插接器，在接通点火开关（ON）时，测量插头 B 端子与搭铁之间的电压，应为蓄电池电压。如果电压为 0V，需检查连接线路和主继电器。

2）怠速控制阀的控制端子 S 与 B 端子之间的电阻。拔开怠速控制阀插接器插头后，测量插座 S_1、S_2 端子与 B 端子之间的电阻，应在规定值范围内。如果电阻值过大或过小，则需要更换怠速控制阀。

第五章
汽车排放控制系统

第一节 概 述

阅读提示

> 汽油发动机的燃油喷射控制系统、电子点火控制系统等电子控制装置的作用，不仅是提高发动机的动力性、经济性及工作稳定性，对排气污染的控制也起到了至关重要的作用。因此，笼统地讲，燃油喷射控制、点火提前角控制等也可归为汽车排放控制范畴。为了进一步降低汽车对环境的污染，汽车上还采用了其他的汽车排放控制技术。本章所涉及的就是除燃油喷射控制、点火提前角控制以外的汽车排放控制技术。

一、汽车排放的形成和危害

随着汽车保有量的增加，汽车排放对环境所造成的影响也随之增大。对于汽油车来说，汽车排放中对人类危害最大的是一氧化碳（CO）、碳氢化合物（HC）和氮氧化物（NO_x）。

1. 一氧化碳（CO）

CO 是烃类燃料在空气不足的情况下，由于不完全燃烧所产生的有害气体。CO 被人体吸收后，容易与血红蛋白结合，阻碍血红蛋白带氧，这会造成人体内缺氧而导致头痛、恶心，严重时还会使人因窒息而死。

2. 碳氢化合物（HC）

HC 是石油产品的基本组成部分，其与氧的化合（燃烧）所释放的热量是发动机运转所需的能量，但排入大气中的 HC 则是一种污染物。发动机排气中高含量的 HC 是燃料未经燃烧或燃烧不完全的产物；此外，从燃油箱排出的汽油蒸气、曲轴箱内气体直接排放也是 HC 对大气造成污染的来源。HC 气体在阳光下与氮氧化物（NO_x）作用，进行光化学反应，形成含有臭氧（O_3）、丙烯醛、甲醛、硝酸盐、酮及过氧化酰等物质的光化学烟雾。这种"烟雾"具有较强的氧化力和特殊的气味，对人眼、咽喉等有刺激作用，并容易造成橡胶开裂和植物受损等危害。在诸多碳氢化合物中，苯及很多芳烃还是致癌物。

3. 氮氧化物（NO_x）

NO_x 是在温度很高的情况下氮与氧化合的产物，对大气造成污染的主要是一氧化氮（NO）

和二氧化氮（NO_2）等化合物。氮氧化物是一种有毒并带有恶臭味的气体，会引起人眼结膜、口腔、咽喉黏膜肿胀和充血，并可能导致支气管炎、肺炎等疾病。

二、汽车排放控制的作用与分类

1. 汽车排放控制的作用

汽车对大气的污染主要源自发动机排出的废气，三种有害排放物 CO、NO_x 和约占 60% 的 HC 都是由发动机排气管排出的。另外 40% 的 HC 排放中，曲轴箱排出气体和燃油箱汽油蒸气排放各约占 20%。

阅读提示

> 曲轴箱气体是指发动机在工作时，从燃烧室窜入下曲轴箱的可燃/已燃混合气，以及曲轴箱的机油蒸气的混合气体。窜气会使机油稀释和变质，此前的发动机是通过自然通风的方式将这些曲轴箱气体直接排放到大气中，因而造成了 HC 污染。
>
> 燃油箱汽油蒸气是指燃油箱内的汽油蒸发所形成的汽油蒸气。燃油箱内过多的汽油蒸气会使其压力升高而渗入汽油，容易造成混合气过稀。此前的汽车燃油箱盖设有蒸气阀，在燃油箱内的汽油蒸气过多时，蒸气阀打开，将汽油蒸气排入大气中，这也造成了 HC 污染。

对汽车排放进行控制，就是通过改善燃烧、降低燃烧温度、曲轴箱气体和汽油蒸气封闭循环、排气管废气净化等手段，使汽车对大气的污染减小到最低限度。

汽油发动机的燃油喷射技术、点火控制技术等可使发动机内混合气的燃烧及时、迅速、完全，有效地提高了发动机的动力性和经济性，同时，也有效地降低了汽车的排放。随着汽车保有量的不断增加，人们对汽车排放控制的要求也更高了。为了缓解汽车保有量增加对环境所带来的负面影响，满足人类对环境质量不断提高的需要，在汽车上又设置了更多的排放控制装置。

2. 汽车排放控制的分类

汽车上除了发动机采用电子喷射控制技术和点火控制技术之外，还采用了其他专门的汽车排放控制装置。这些汽车排放控制装置种类较多，根据控制的方式不同，可将它们分为机内净化、机外净化和污染源封闭循环净化三类。

（1）机内净化

从进气系统入手，通过改善混合气的质量，使燃烧产生的有害成分降低。这一类的排放控制装置有：进气温度自动控制装置、废气再循环控制装置、混合气加浓式减速废气净化装置、进气歧管真空度控制阀等。在现代汽车上应用较多的是废气再循环控制装置。

（2）机外净化

对发动机排出的废气进行再净化处理，将废气中所含的 CO、HC 和 NO_x 等有害气体转化为无害的水（H_2O）、二氧化碳（CO_2）和氮（N_2）等气体。这一类的排放控制装置有：热反应器、氧化催化转化器、三元催化转化器、二次空气供给装置等。目前，广泛使用的发动机废气净化装置是三元催化转化装置。

（3）污染源封闭循环净化

对曲轴箱气体及燃油箱汽油蒸气等 HC 排放源实施封闭化处理，以阻断向空气排放 HC。这类控制装置有：曲轴箱强制通风装置、炭罐通气控制装置等。

现代汽车为能达到严格的排放控制要求，往往同时使用几种排放控制装置。

第二节 废气再循环控制系统

一、废气再循环控制的作用与控制方式

阅读提示

> 废气再循环（Exhaust Gas Recirculation，EGR）是将发动机排出的部分废气引入进气管，与新鲜混合气一起进入气缸，利用废气中所含有大量的二氧化碳（CO_2）不参与燃烧却能吸收热量的特点，降低燃烧温度，以减少NO_x的排放。

1. 废气再循环控制的作用

（1）废气再循环的作用

发动机在工作时，气缸内的氮与氧在高温下（高于1370℃）会化合生成NO_x。在其他条件相同时，发动机的燃烧温度越高，燃烧后产生的NO_x就越多。废气再循环（EGR）的作用是：在发动机工作时，使少量的废气与新鲜混合气一起进入气缸，通过废气中的CO_2吸收气缸内的热量来降低燃烧温度，以达到减少NO_x排放之目的。

（2）废气再循环量控制的作用

废气再循环量大，气缸内CO_2的含量会相应增加，混合气的燃烧温度就会更低，其抑制NO_x产生的作用就会更有效。但是，废气再循环量过多，会使混合气的质量下降，导致其着火性变差，这又会造成发动机的动力性下降，油耗上升，HC排放量上升。因此，必须对再循环废气的引入量进行控制。

在大负荷、高转速等工况下，发动机的进气量多，燃烧后的温度也高，这种工况下适当地增加再循环废气的引入量，对混合气的质量影响不大，而对降低燃烧温度，抑制NO_x产生的作用却较为明显。

在发动机起动、怠速和低负荷等工况时，发动机的进气量较少，燃烧温度较低，减少或不引入再循环废气，NO_x也不会超量，而过多地引入废气则会对混合气的质量影响很大。因此，在这种情况下，废气再循环量必须减少或不引入废气，以确保发动机可靠运行。

可见，废气再循环量控制的作用就是：根据发动机的工况与状态的变化，对废气再循环量进行控制，在确保发动机正常工作的同时，最大限度地抑制NO_x的排放。

2. 废气再循环量的控制方式

废气的引入量通常用废气再循环（EGR）率来衡量，废气再循环（EGR）率定义如下：

$$EGR率=\frac{EGR气体量}{吸入的空气量+EGR气体量}\times100\%$$

废气再循环控制系统是通过控制EGR率来保证发动机运转性能良好，同时达到最佳的NO_x净化效果的。EGR率的控制方式有机械控制式和电子控制式两种类型。

（1）机械控制式

机械控制式EGR控制装置利用进气歧管的真空度及排气压力，来控制EGR阀的开启及开

启的程度，主要有三种控制方式，如图 5-1 所示。机械控制式其 EGR 率不可变或控制范围有限（控制范围一般为 5%～15%），控制精度也远不能满足发动机工况变化的实际需要，因此，机械控制式 EGR 控制装置在现代汽车上已很少使用。

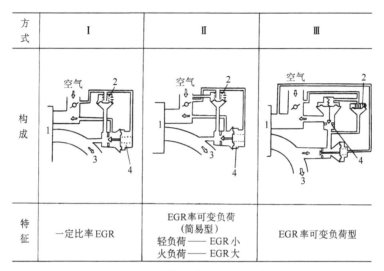

图 5-1　机械控制式 EGR 控制装置

1—发动机　2—真空式调幅器　3—发动机排出的废气　4—EGR 阀

（2）电子控制式

电子控制式 EGR 控制装置，由 ECU 根据相关传感器的信号来确定废气循环流量，并通过电磁阀来控制 EGR 阀的开闭及开启程度。电子控制式可实现发动机各工况下的最佳废气再循环量控制，因此，现代汽车上使用的是电子控制式 EGR 控制装置。

二、废气再循环电子控制系统的控制原理

废气再循环（EGR）电子控制系统的组成与控制原理如图 5-2 所示。

废气再循环 ECU 根据各传感器的信号判断发动机工况与状态，以确定是否需要废气再循环或循环流量的大小，并输出占空比可变的控制脉冲，通过控制 EGR 电磁阀的占空比来调节 EGR 阀的开度，以实现最佳的 EGR 率控制。

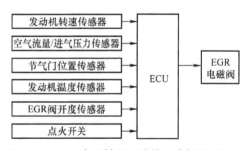

图 5-2　EGR 电子控制系统的组成与控制原理

在 EGR 电子控制系统的存储器中储存了各工况下的最佳废气再循环流量值。通常以电磁阀占空比参数的方式储存，如图 5-3 所示。ECU 根据发动机转速与发动机负荷（空气流量或进气压力）传感器信号，通过查找与计算的方式得到最佳的 EGR 电磁阀占空比值，并输出相应的占空比脉冲信号，将废气再循环流量始终控制在最佳值。

有的 EGR 电子控制系统通过 EGR 阀开度传感

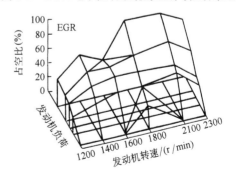

图 5-3　电子控制 EGR 控制特性

器反馈 EGR 阀开度信息，相应地在 ECU 的存储器中储存的是发动机各工况下的 EGR 阀开度参数。工作时，ECU 根据发动机转速与发动机负荷（空气流量或进气压力）传感器的信号，查找并计算得到最佳的 EGR 阀开度，并与当前 EGR 阀开度比较。如果不相等，ECU 将调整占空比控制脉冲，将 EGR 阀的开度调整至最佳状态。

为确保发动机正常工作，在如下情况下，废气再循环电子控制系统使 EGR 再循环流量为 0。

1）当发动机转速低于 900r/min 或高于 3200r/min 时（高低限值因车型而不同），ECU 输出控制信号，使发动机停止废气再循环。

2）在发动机处于低温状态时，ECU 也输出控制信号，不进行废气再循环。

3）当发动机处于怠速工况时，ECU 输出控制信号，不进行废气再循环。

4）在起动发动机时，ECU 输出控制信号，不进行废气再循环。

 阅读提示

在发动机还处于低温状态时，发动机燃烧温度相对较低，NO$_x$ 的产生本来就很少，而引入再循环废气则容易引起发动机功率下降，排污（HC 和 CO）增加。而发动机怠速或起动时，发动机的燃烧温度也低、进气量相对很少，引入再循环废气非但对控制 NO$_x$ 的排放毫无意义，还会引起发动机怠速不稳、发动机难以起动等不良情况。

三、电子控制废气再循环系统的结构

典型的电子控制 EGR 系统如图 5-4 所示。EGR 系统特有的部件主要是 EGR 阀和 EGR 电磁阀。

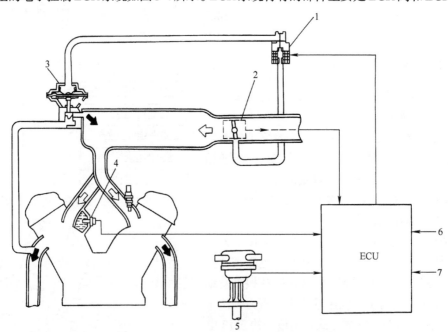

图 5-4 电子控制 EGR 系统

1—EGR 电磁阀 2—节气门位置传感器 3—EGR 阀 4—发动机温度传感器
5—发动机转速与曲轴位置传感器 6—起动信号 7—发动机负荷信号

（1）EGR 阀

EGR 阀是一个膜片阀，其外形及结构原理如图 5-5 所示。

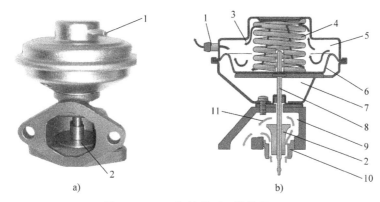

图 5-5　EGR 阀的外形、结构原理

a）EGR 阀外形　b）EGR 阀结构原理
1—真空管接口　2—阀　3—真空室气流　4—弹簧　5—真空室　6—膜片　7—通大气室
8—阀杆　9—废气回流腔　10—阀座　11—再循环废气

EGR 阀内部膜片的一侧（下部）通大气，装有弹簧的另一侧为真空室，其真空度由 EGR 电磁阀控制。增大真空室的真空度，使膜片克服弹簧力上拱，阀的开度增大，废气再循环流量增加。当上部失去真空度时，膜片在弹簧力的作用下向下拱而使阀关闭，阻断废气再循环。

安装有 EGR 阀开度传感器的 EGR 阀如图 5-6 所示。EGR 阀开度传感器一般为电位计式传感器，其测量杆与 EGR 阀的膜片相连接。当 EGR 阀开度变化时，移动的膜片带动测量杆移动，使电位计输出相应的电信号。

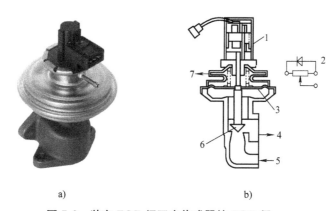

图 5-6　装有 EGR 阀开度传感器的 EGR 阀

a）外形　b）内部结构
1—EGR 阀开度传感器　2—EGR 阀开度传感器电路　3—膜片　4—废气出　5—废气入　6—阀体　7—接 EGR 电磁阀

（2）EGR 电磁阀

EGR 电磁阀的结构如图 5-7 所示。EGR 电磁阀有三个通气口，EGR 电磁阀不通电时，弹簧将阀体向上压紧，通大气阀口被关闭，这时 EGR 电磁阀使进气管与 EGR 阀真空室相通；当 EGR 电磁阀线圈通电时，产生的电磁力使阀体下移，阀体下端将通进气管的真空通道关闭，而上端的通大气阀口打开，于是就使 EGR 阀的真空室与大气相通。EGR 电磁阀具体的工作情况如下：

1）当需要增大废气再循环流量时，ECU 输出的占空比减小，EGR 电磁阀相对的通电时间减小，EGR 阀真空室通进气管的相对时间增大，真空室内真空度增大而使 EGR 阀开度增大，废气再循环流量相应增加。

2）当 EUC 输出占空比为 0 的信号（持续低电平）时，EGR 电磁阀断电，这时，EGR 阀真空室与进气管持续相通，真空室内真空度达到最大（直接取决于进气管的真空度），EGR 阀的开度最大，废气再循环流量也达到最大。

3）当不需要废气再循环时，ECU 输出占空比为 100% 的信号（持续高电平），使 EGR 电磁阀常通电，EGR 阀真空室与大气常通，EGR 阀关闭，阻断了废气再循环。

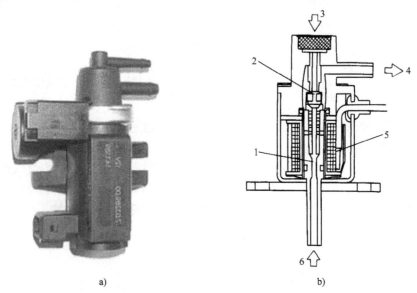

图 5-7　EGR 电磁阀

a）外形　b）内部结构

1—空气通道　2—阀体　3—通大气　4—去 EGR 阀　5—电磁阀线圈　6—通进气歧管

第三节　燃油蒸发排放控制系统

一、燃油蒸发排放控制系统的作用与控制方式

1. 炭罐的作用

燃油蒸发排放控制系统中的炭罐（图 5-8）与燃油箱之间用一根蒸气管连接，炭罐中的活性炭用于吸附燃油箱的燃油蒸气。炭罐将燃油箱中的汽油蒸气收集于炭罐中，并在发动机工作时，通过流经的空气将炭罐中活性炭所吸附的汽油蒸气"吹"入进气管，再进入气缸燃烧室参与燃烧。这样，就避免了燃油箱中的汽油蒸气由蒸气阀直接排放到大气中而造成空气污染。

图 5-8　炭罐外形

阅读提示

炭罐所吸附的汽油蒸气，其吸附力不强，当有空气流经时，汽油蒸气就会随空气进入进气管，再进入燃烧室而被烧掉。在进气管真空度的作用下，使得空气流经炭罐，带走被活性炭所吸附的汽油蒸气的过程称之为炭罐通气。

2.炭罐通气量控制的作用

燃油蒸发排放控制系统用于对炭罐通气量的控制，要保证炭罐能随时收集燃油箱中的汽油蒸气，就必须将炭罐中活性炭所吸附的汽油蒸气及时"驱走"。同时，要保证携带炭罐汽油蒸气的这部分气体进入气缸后，不会对发动机的正常工作造成负面影响。炭罐通气量控制的作用就是及时地将炭罐中的汽油蒸气送入进气管，以确保炭罐能持续地起作用，同时不影响发动机的正常工作。

3.燃油蒸发排放控制系统的控制方式

炭罐通气量控制有机械控制方式和电子控制方式两大类。

（1）机械控制方式

炭罐通气量机械控制方式如图 5-9 所示。炭罐通气量的大小取决于膜片式通气阀的开度，而膜片阀的开度完全是由进气管（在节气门处）的真空度大小所控制的。这种机械控制方式其炭罐通气量的控制精度较低，不能适应发动机工况、状态变化对炭罐通气量的不同需求。因此，这种机械式炭罐通气量控制装置在现代汽车上已不使用。

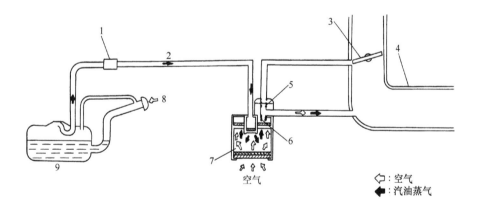

图 5-9　机械式炭罐通气量控制

1—汽油蒸气单向阀　2—通气管　3—节气门　4—进气歧管　5—膜片式通气阀
6—定量通气孔　7—活性炭罐　8—油箱盖　9—燃油箱

（2）电子控制方式

电子控制方式是由电子控制器通过炭罐通气电磁阀来控制膜片式通气阀的开度，或者直接通过电磁阀来控制炭罐通气量。电子控制方式可根据发动机的工况与状态适时地调节炭罐通气量，可获得最佳的炭罐通气量控制。电子控制式炭罐通气量控制在现代汽车上已得到了广泛的应用。

二、燃油蒸发排放控制系统的原理

1. 燃油蒸发排放电子控制系统基本组成与控制原理

炭罐通气量电子控制系统的
组成与控制原理如图 5-10 所示。

ECU 根据各传感器的信号判
断发动机工况与状态，以确定是
否需要通气或通气量的大小，并
输出占空比可变的控制脉冲，通
过控制通气电磁阀线圈通断电的
比率来调节炭罐通气阀的开度，
以及时驱走炭罐中的汽油蒸气，
并确保发动机正常工作。

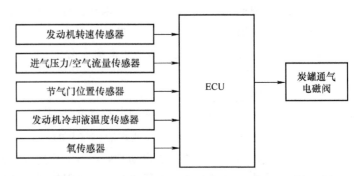

图 5-10 炭罐通气量电子控制系统组成与控制原理

2. 炭罐通气量电子控制系统的控制功能

炭罐通气量电子控制系统所用的传感器将信号输入 ECU 后，ECU 根据这些传感器的信号
判断发动机工况与状态，并输出相应的控制脉冲，控制炭罐通气电磁阀的通断电比率，以调节
炭罐通气阀的开度，使流经炭罐进入进气管的空气流量适应发动机工况、状态的变化。炭罐通
气电子控制系统具体的控制功能如下。

（1）发动机转速变化时的炭罐通气量控制

ECU 根据发动机转速传感器获得发动机转速信号。当发动机在高转速时，ECU 输出控制脉
冲使炭罐通气阀开度加大，以增加炭罐通气量，使炭罐中的汽油蒸气能及时地被净化掉。当发
动机不工作（无转速信号）时，ECU 使炭罐通气阀关闭，炭罐无空气流通。

（2）发动机负荷变化时的炭罐通气量控制

ECU 根据进气管压力（或空气流量）传感器获得发动机负荷信号。当发动机负荷大时，
ECU 输出控制脉冲使炭罐通气阀开度加大，用较大的通气量及时净化掉炭罐中的汽油蒸气。当
发动机处于怠速工况（节气门位置传感器提供发动机怠速信号）时，ECU 输出的控制脉冲使炭
罐通气量减少，以免造成混合气过稀而使发动机怠速不稳。

（3）发动机温度低时的炭罐通气量控制

ECU 根据冷却液温度传感器获得发动机温度信号。当发动机温度低于 60℃时，炭罐通气阀
完全关闭，使炭罐无空气流通，以避免炭罐通气影响发动机在低温状态下的正常运行。

（4）空燃比反馈炭罐通气量控制

ECU 根据氧传感器信号判断混合气空燃比状态。当氧传感器输出混合气过浓或过稀的电信
号时，ECU 输出控制脉冲，及时调整炭罐通气阀的开度，以避免混合气过浓或过稀。

三、电子控制燃油蒸发排放控制系统结构

典型的电子控制燃油蒸发排放控制系统如图 5-11 所示。

（1）炭罐

炭罐中装有活性炭，活性炭可吸附汽油箱中的汽油蒸气，但这种吸附力不强，当有空气流
过时，蒸气分子又会脱离，随空气一起进入进气管。

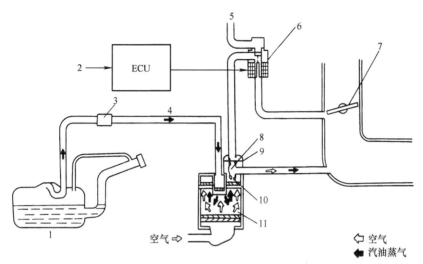

图 5-11　电子控制式炭罐排放控制系统

1—燃油箱　2—传感器信号　3—单向阀　4—通气管路　5—接进气缓冲器　6—炭罐通气电磁阀
7—节气门　8—主通气口　9—炭罐通气阀膜片　10—定量通气小孔　11—炭罐

（2）炭罐通气阀

炭罐通气阀内部膜片的上部为真空室，其真空度由炭罐通气电磁阀控制。当真空度增大时，阀膜片向上拱，主通气口通气量增加。

（3）炭罐通气电磁阀

炭罐通气电磁阀的结构与工作原理与 EGR 电磁阀相似，其作用是根据 ECU 输出的占空比控制脉冲工作，调整炭罐通气阀真空室的真空度，以控制通气阀的开度。

直接由电磁阀控制通气量的燃油蒸发排放控制系统如图 5-12 所示。炭罐通气量由二通气口的开关式电磁阀控制，其结构与工作原理与开关电磁式怠速控制阀相似，ECU 通过占空比控制信号，控制电磁阀的开关比率来控制通气量。

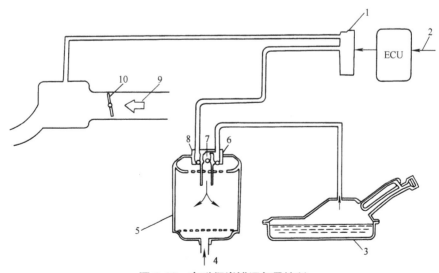

图 5-12　电磁阀炭罐通气量控制

1—炭罐通气电磁阀　2—传感器信号输入　3—燃油箱　4—新鲜空气　5—炭罐
6、7、8—单向阀　9—进气流　10—节气门

第六章
发动机集中电子控制系统

第一节 概 述

一、发动机集中电子控制系统简介

阅读提示

现代汽车发动机电子控制系统基本上都具有燃油喷射、点火、怠速等控制功能，并且都实现了集中控制。为能及时发现发动机电子控制系统的故障、方便故障排除，发动机电子控制系统都设有故障自诊断功能。

1. 发动机集中电子控制系统发展概况

在 20 世纪 60 年代及 70 年代初，汽车上就已出现了用集成电路组成的电子控制系统，这种模拟电子电路模块只能完成某一种控制功能，如果要在此基础上增加控制项目，就需要增加相应的控制功能电路。这种模拟电子电路组合两种或两种以上控制功能的电子电路模块，不仅其电路会变得很复杂、体积相应增大，而且其控制精度和工作可靠性很难保障。因此，这一时期出现的多为单一控制功能的汽车电子控制系统，发动机的电子控制功能扩展受到了限制。

微电子技术的发展，给发动机集中控制技术的应用与发展创造了必要的技术条件。自 1976 年美国通用汽车公司首次用计算机控制点火时间之后，以微处理器为控制核心的汽车电子控制技术得到了迅速地发展，并将原先互相独立的电子点火控制系统和燃油喷射电子控制系统组合成一个综合的控制系统。现代汽车发动机电子控制系统除了具有燃油喷射、电子点火控制功能之外，通常还具有电子控制怠速控制、炭罐通气控制及故障自诊断等功能，其基本组成如图 6-1 所示。

不同汽车公司的发动机集中控制系统有不同的名称，比如，日产公司的 ECCS（发动机集中电子控制系统）、丰田公司的 TCCS（丰田计算机控制系统）、本田公司的 PGM（程序式燃油喷射系统）、通用公司的 DEI（数字式燃油喷射系统）、福特公司的 EEC（发动机电子控制系统）、大众公司的 MPFI（多点燃油喷射系统）等，它们均为具有多项控制功能的发动机集中控制系统。

随着对汽车性能要求的不断提高和微电子技术和传感器技术的进一步发展，发动机集中控制系统的控制项目将会更多，并向着与汽车其他电子控制系统实现集中控制的整车集中电子控制的方向发展。

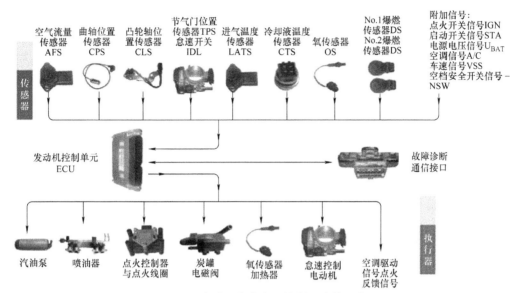

图 6-1 发动机集中电子控制系统的组成

2. 发动机集中电子控制系统的特点

发动机集中电子控制系统各单项控制共用传感器所提供的信息、共享微处理器及存储器资源，用同一个控制器实现各项控制功能。

3. 发动机集中控制系统的工作过程

由于发动机集中控制系统具有多项控制功能，因此，其电子控制器中的 ROM 存储器除了储存有各个控制单项所需的标准参数外，还存有集中控制系统的主程序及各个单项控制的子程序，主程序将各个子程序模块连接成一个有机的整体。

工作中，发动机集中控制系统通过各传感器及有关的开关获得发动机工况、状态电信号，由主程序按预先设定逐个调用子程序，周而复始地进行各个单项的控制。与此同时，系统还对输入电信号进行监测，并通过内部监控电路对控制器自身进行监测，当出现异常情况时，随即自动地将所出现的故障以代码的形式储存于 RAM 存储器中，以便于故障检修。除此之外，系统还会根据所出现的故障对控制系统和发动机的影响程度，做出不同的处理。比如：使发动机检查灯亮起，以示警告；使有故障的单项控制系统在设定的状态下"带病工作"，以避免汽车"抛锚"在途中；使发动机迅速停止工作，以避免伤害发动机及其他部件或出现安全事故等。

二、发动机集中电子控制系统功能的扩展

发动机集中控制系统除了汽油喷射控制、点火控制、发动机怠速控制及发动机排放控制外，现代汽车为进一步提高发动机的性能，还在不断地扩展其他的控制功能。

1. 配气相位可变控制

为了能使发动机更充分地吸入新鲜混合气和更彻底地排除废气，发动机的进排气门都设计为早开和晚关。进、排气门的开闭时刻相对于上止点和下止点的曲轴转角就有一个进气门的早开角 α 和晚关角 β，排气门的早开角 γ 和晚关角 δ，这被称之为配气相位（图 6-2）。

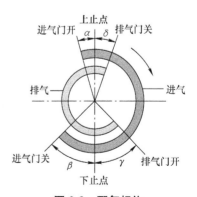

图 6-2 配气相位

（1）配气相位可变控制的作用

每种型号的发动机其配气相位（进、排气门的早开角、晚关角）都是确定的。这一确定的配气相位只能在某一转速范围发挥最佳的效果，而在发动机转速较低或较高时，这个配气相位实际上已经达不到最佳的配气效果了。配气相位可变控制的作用是让发动机的配气相位随发动机转速的变化而改变，使发动机在各种转速下均处于理想的配气相位状态，用以提高发动机的动力性和经济性。

（2）配气相位可变控制方法

发动机电子控制系统 ECU 根据发动机转速传感器的信号，并参考发动机负荷、发动机温度及车速等传感器的信号，对当前的配气相位是否需要调整做出判断，当需要调整时，ECU 输出控制信号，通过执行机构做出相应的调整动作，使配气相位及气门行程得到相应改变。

配气相位调整机构有机械式、液压式、机液混合式等多种形式。图 6-3 是在奥迪车上使用的机械式配气相位调整机构，它通过切换进气门驱动凸轮，使配气相位适应发动机转速的升高。

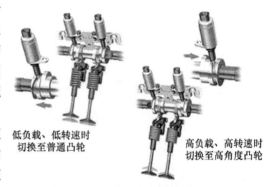

低负载、低转速时
切换至普通凸轮

高负载、高转速时
切换至高角度凸轮

图 6-3　机械式配气相位调整机构

2. 进气压力波增压控制

（1）进气压力波的产生与利用

发动机工作中，当进气门关闭时，高速的进气流由于惯性作用仍向着进气门方向流动，使进气门附近的气体被压缩而压力上升。气流惯性过后，被压缩的气体开始膨胀，向着进气相反的方向流动，进气门处的气压下降。当膨胀的气体压力波传到进气管口处时，又会被反射回来。于是，在进气管内形成了脉动的压力波。

如果进气压力波的波峰在进气门快要打开时到达进气门附近，那么当进气门打开时，进气压力波峰的压力高，就具有增压效果，进气量会有所增加。进气压力波的波长与进气管的长度有关，进气管长，压力波长较长，可使中低速时有进气增压的效果；进气管较短时，压力波长较短，可使高速时有进气增压效果。

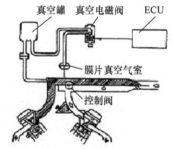

控制阀关闭，进气压力波长

（2）进气压力波增压控制的作用与控制方式

发动机进气管长度是不可变的，在设计进气管长度时，通常是以发动机最大转矩所对应的转速区域能有进气增压效果来考虑。进气压力波增压控制的作用是让进气压力波的波长，随发动机转速变化而改变，使发动机在中低速和高速时都有进气压力波增压效果。

通常的进气压力波增压控制方式如图 6-4 所示。在进气管的中部设置一个容量较大的空气室，并通过进气增压控制阀的开闭控制其与进气管的连通或阻断。当发动机的转速较

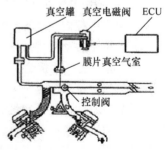

控制阀打开，进气压力波短

图 6-4　进气压力波增压控制方式

低时，进气增压控制阀处于关闭状态，进气流压力波传递路径为空气滤清器至进气门，进气压力波长较长，进气压力波对低速的发动机具有增压效果。当发动机的转速较高时，发动机控制系统 ECU 将进气增压控制阀打开，进气流压力波只在空气室口至进气门之间传播，压力波长缩短，使高速下的发动机仍可利用进气压力波增压。

3. 电子节气门

电子节气门与加速踏板之间无机械连接关系，而是通过传感器、电子控制器及驱动电动机实现电子方式的连接，其基本组成如图 6-5 所示。

（1）电子节气门的工作方式

驾驶人踩下加速踏板时，加速踏板位置传感器将加速踏板的位置信号输送给控制器，控制器再结合当前的发动机工况，得到最佳的节气门开度参数，并与当前的节气门位置进行比较后，输出控制信号，控制电动机工作，将节气门调整到适当的开度。

（2）电子节气门的特点

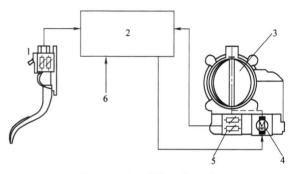

图 6-5　电子节气门的组成
1—加速踏板位置传感器　2—电子控制器　3—节气门
4—电动机　5—节气门位置传感器　6—其他相关传感器信号

电子节气门可使节气门的开度与加速踏板踩下的行程不一致，控制器可根据发动机的运转情况、驾驶人加速踏板的操纵情况及汽车的行驶工况等，对节气门的开度进行适当的控制。电子节气门可实现基于驾驶人不同踏板感觉需要的踏板特性控制、良好的驾驶特性控制、舒适的车速控制、发动机转速限制控制、降低转矩控制、巡航控制等。电子节气门自从 1988 年在宝马轿车上应用以来，技术得到不断完善，在现代汽车上已得到了广泛应用。

4. 断缸控制

（1）发动机断缸控制的作用

一些气缸数较多、发动机的输出功率较大的汽车，往往有较高的功率储备。在城市市区或在城外公路上行驶时，发动机在许多情况下处在部分负荷状态，其工作效率很低。发动机断缸控制的作用是当发动机处于小负荷工况时，使部分气缸自动停止工作，以提高工作气缸的效率，降低发动机的燃油消耗。

（2）发动机断缸控制方式

发动机电子控制系统根据发动机的空气流量传感器（或进气管压力传感器）的信号，判断发动机的负荷情况，当发动机在低负荷时，输出停止喷油和断火控制信号，而使一个缸或几个缸停止燃烧做功。为使断缸达到提高效率和节能的目的，对于目前普遍采用的缸外喷射式发动机来说，就必须使进气门关闭，以避免可燃混合气进入；排气门则必须打开，以减小活塞运行阻力，使炽热的废气流经停止工作的气缸而使其保持一定的温度，以避免发动机摩擦功率损失和磨损的增加。

5. 废气涡轮增压控制

（1）废气涡轮增压控制的作用

一些汽油发动机采用了废气涡轮增压技术，而废气涡轮增压电子控制装置的作用就是使发动机在工作中，其进气能达到理想的增压效果。

（2）废气涡轮增压控制方式

典型的废气涡轮增压控制系统如图 6-6 所示。

发动机 ECU 根据发动机加速、进气量、温度等信号确定增压压力目标值，并与进气管压力传感器所监测的实际增压压力值进行比较。当目标值与实际值有差别时，ECU 输出控制信号（占空比脉冲信号），分别控制可变喷嘴环控制电磁阀和放气阀控制电磁阀的开关占空比，用以改变可变喷嘴环控制膜盒和放气阀控制膜盒的真空度而使其动作，改变可变喷嘴环的角度和废气放气阀的开度，从而控制废气涡轮的转速，将增压压力调整到目标值。

爆燃传感器反馈发动机的爆燃情况，以实现废气涡轮增压的闭环控制。由于增压发动机的排气温度较高，不可能单纯用点火提前角来控制爆燃，也不能只用降低增压来防止爆燃，因为这样将使发动机的动力

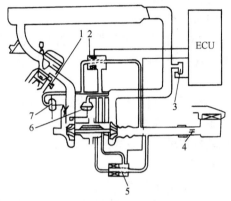

图 6-6　废气涡轮增压控制系统
1—爆燃传感器　2—放气阀控制电磁阀
3—进气管压力传感器　4—空气流量传感器
5—可变喷嘴环控制电磁阀
6—可变喷嘴环控制膜盒　7—放气阀控制膜盒

性下降。因此，必须采用减小点火提前角与降低增压压力相结合的办法。具体控制方法是：当发动机产生爆燃时，ECU 立刻推迟点火时间，同时，降低增压压力；当点火提前角改变已经产生效果时，增压压力下降的操作就可缓慢取消。随着增压压力的降低，点火提前角则又可恢复至正常值。

第二节　电子控制系统的故障自诊断

一、电子控制系统故障自诊断的组成与原理

1. 故障自诊断功能

在汽车发动机集中电子控制系统的 ECU 内及汽车上所用的其他电子控制系统中，均设有故障自诊断功能，当电子控制系统自身出现了故障时，自诊断系统就会自动诊断出故障，并根据不同的情况做出如下反应：

1）故障警告。如果该故障会影响行车安全、造成发动机及其他系统与部件损坏，或引发其他较严重的故障时，ECU 使仪表板上的发动机故障警告灯亮起或闪亮，以提醒驾驶人停车检修。

2）故障码储存。自诊断系统将其所监测到的故障以故障码的形式储存起来，在汽车维修时，可以用某种方式取得故障码，以便于准确、迅速地查找和排除故障。

3）故障运行。为使发动机不因一些传感器的信号消失或异常而停止工作，自动地使系统在设定的参数下工作，使发动机维持在最基本的状态运行，以便于将汽车开到附近的汽修厂维修。比如：发动机冷却液温度传感器信号不正常或消失时，系统则以起动时 20℃，运行时 80℃的标准参数进行控制，以使发动机能够起动和"带病坚持工作"；当爆燃传感器及其线路因断路或短路而无信号输入时，系统则自动使点火提前角减小 3°～8°，以避免因点火控制系统失去对爆燃的控制而使发动机产生爆燃；空气流量传感器信号不正常时，系统使点火时间和喷油时间

固定为起动、怠速和行走 3 个设定值，以维持发动机的基本运行。

4）安全保障。当发动机电子控制系统出现影响汽车行车安全，或会导致其他总成或部件损坏的故障时，自诊断系统会立即停止发动机的工作，以确保安全。比如：当点火系统出现故障，系统接收不到电子点火器的反馈信号 IG$_f$ 时，就立刻停止喷油，以避免发动机有未燃烧的混合气排出，使大量的 HC 进入三元催化转化器，造成过量的氧化反应而烧坏转化器。

2. 故障自诊断原理

（1）传感器及其电路的故障自诊断

在 ECU 的控制程序中，设置了故障自诊断子程序，该程序中包括用于判别各输入信号正常与否的比较指令和相关的标准参数。工作中，发动机 ECU 会在运行各个控制子程序的间歇，运行故障自诊断子程序，对各传感器输入的电信号、执行器的反馈信号进行对比分析。当出现某个信号缺失或信号值超出了设定范围时，自诊断系统就会对提供该信号的器件或电路做出有故障的判断。

（2）ECU 自身的故障自诊断

对 ECU 自身的诊断是通过其内部的监控电路来实现的。在监控电路中设有监视计时器，用于定时对微处理器进行复位。当微处理器发生故障时，例行程序就不能正常运行，使监视计时器不能复位而造成溢出，自诊断系统据此即可判断微处理器出现了故障。

为避免因 ECU 出现故障而使汽车立刻停驶，在 ECU 内设置了应急的后备电路。当 ECU 本身出现故障时，后备电路就会根据监控电路的信号而立即投入工作，使发动机电子控制系统按设定的基本控制程序工作。日产公司的 ECCS 系统后备电路的运行控制参数如表 6-1 所示。

表 6-1　ECU 故障的后备运行控制参数

控制项目 ＼ 发动机工况	起动	怠速	一般工况
喷油持续时间	12.0ms	2.3ms	4.1ms
喷油频率	每转一次		
点火提前角	10°	10°	20°
闭合时间	5.12ms		

🔥 **专家提醒：**

ECU 所具有的自诊断功能只对有信号输入 ECU 的电子控制系统器件及其电路有效。一些传感器性能不良时，其产生的电信已不正常，但只要输入 ECU 的信号还未超出设定的正常范围，ECU 也不能对其做出有故障的诊断。

3. 故障自诊断系统的基本组成

ECU 中的 CPU 是自诊断系统的核心，其他组成部件主要有 ROM、RAM、故障诊断插座和后备电路等，自诊断系统的基本组成如图 6-7 所示。

（1）ROM

用于储存自诊断程序、诊断标准参数及故障运行时的预定参数等，工作时供 CPU 提取和查寻。如果是 ROM 出现了故障，微处理器只能根据 RAM 的记忆参数计算出控制参数，并输出相应的控制信号。这时，发动机 ECU 的反应会很慢。

（2）RAM

储存故障码，同时也储存发动机电子控制系统学习修正（自适应）参数。为在点火开关关断时仍然保留 RAM 中所储存的信息，ECU 必须有一个与蓄电池直接连接的电源端子。

（3）故障诊断插座

将故障诊断插座的有关端子短接，可使 RAM 中储存的故障码通过故障警告灯的闪烁读出。故障诊断插座通常还有若干个用

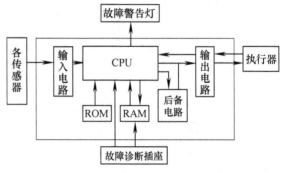

图 6-7　发动机故障自诊断系统

于检查电子控制系统电路故障、检测系统部件参数的检查端子。现代汽车已将故障诊断插座标准化，可与专用诊断设备连接，进行故障诊断和相关性能与状态参数的检测。

（4）后备电路

在 ECU 和曲轴位置传感器等出现故障后，为维持发动机的基本运行而设置有后备电路。后备电路投入工作时，将点亮故障警告灯，以提醒驾驶人，同时根据点火开关、节气门位置传感器等信号，提供基本的喷油、点火等控制信号。

二、故障自诊断的操作

 阅读提示

　　现代汽车电子控制系统都设有故障诊断插座，将专用或通用的故障诊断设备与之连接，就可读取和消除 ECU 中 RAM 存储器中所储存的故障信息。除此之外，一些汽车还设有人工读取和消除故障码功能，以备需要时使用。

这里介绍汽车电子控制系统常见的人工读取与消除故障信息的方法。

1. 故障码读取操作方式

为读取 ECU 存储器中储存的故障码，需进行适当的操作，以使 ECU 进入自诊断状态。各个汽车公司、不同车型故障码读取操作方法也不相同，大致有以下几种方式。

（1）跨接线短接方式

用跨接线将诊断插座有关的两个端子短接，或将诊断插座的某个端子搭铁。比如，丰田系列车型是将诊断插座的 TE_1、E_1 两端子短接，富康轿车则是将故障检查盒中的 2 号端子搭铁 3s 后拆除，就可使仪表板上的"CHECK"灯闪烁，显示故障码。

（2）按压诊断开关方式

自诊断系统直接设置了一个开关，当需要其显示故障码时，按压诊断开关即可。比如，瑞典 VOLVO 740 和 240 系列轿车和天津三峰 TJ6481AQ4 客车上使用的 B230F 发动机，打开诊断器盖，根据需诊断的系统将选择电缆插入相应的插孔后，按压诊断器上的按钮 1～3s，就可从诊断器发光二极管的闪烁中读取故障码。

（3）旋动诊断开关方式

典型的实例是日产的 ECCS，它有 5 种诊断模式，通过 ECU 控制盒上的诊断模式选择开关可选择相应的诊断模式。转动诊断模式选择开关选择了诊断模式 3（为自诊断模式，由 ECU 控制盒上的红、绿发光二极管闪烁 3 次确认）后，再将开关逆时针旋转到底，即可由 ECU 控制盒上的红色发光二极管和绿色发光二极管的闪烁中读取故障码。

（4）空调控制面板按键操纵方式

由空调控制面板上相应的按键开关替代自诊断开关，同时按下"OFF"（关机）和"WARM"（加温）按键，就可进入自诊断测试状态。比如，美国的林肯、凯迪拉克等轿车，其故障码读取操作方式就属此种方式。

（5）循环开闭点火开关方式

在规定的时间内，将点火开关"ON"→"OFF"→"ON"→"OFF"→"ON"循环操作一次，即可进入自诊断测试状态。美国克莱斯勒汽车公司生产的轿车发动机电子控制系统，就有采用此操作方式读取故障码的。

（6）加速踏板操纵方式

在规定的时间内，将加速踏板连续踩下 5 次，即可进入自诊断测试状态。宝马轿车装备的DME3.1 发动机电子控制系统就采用此种方式读取故障码。

2. 故障码的显示方式

不同车型故障码的显示方式也不同，大致有如下几种方式。

（1）仪表板"CHECK"灯闪示方式

老式车型上典型的二位数故障码闪示方式如图 6-8 所示。

图 6-8a 二位数故障码闪示的方式：以较长的连续闪亮次数表示十位数，暂停（熄灭）稍长的时间后，接着较短的连续闪亮次数表示个位数。如果有多个故障码，则在显示了一个故障码后会暂停更长一点的时间，接着闪示下一个故障码。

图 6-8b 二位数故障码闪示的方式：以第一次连续闪烁的次数表示十位数，暂停

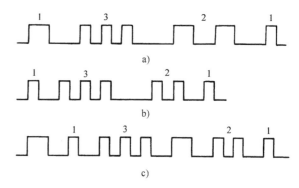

图 6-8　二位数故障码"13"、"21"的闪示方式

稍长的时间后，再连续闪烁的次数则为个位数。如果有多个故障码，也是在暂停更长一点的时间后，接着闪示下一个故障码。

图 6-8c 二位数故障码闪示的方式：也是以第一次连续闪烁次数为十位数，第二次连续闪烁的次数为个位数，但在第一个故障码开始闪示前和闪示的两个故障码之间，有一个较长的闪亮。

（2）发光二极管显示方式

也有一些车型用四个并排安装的发光二极管亮、灭来显示故障码，通常采用二进制编码方式，四个发光二极管分别代表四位二进制数。发光二极管亮，代表该位二进制数为"1"，发光二极管不亮则表示该位二进制数为"0"。将四个发光二极管显示的二进制数转换为十进制数，即为故障码。四个发光二极管显示故障码的示例如图 6-9 所示。

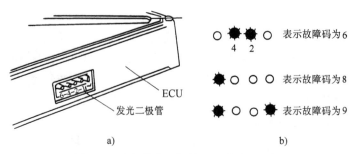

○ ● ● ○　表示故障码为6
　　4　2

● ○ ○ ○　表示故障码为8

● ○ ○ ●　表示故障码为9

a) b)

图6-9　四个发光二极管显示故障码示例

（3）液晶显示器直接显示方式

新型车型均采用仪表板上的液晶显示器直接显示故障码。进行故障码读取操作后，仪表板上的液晶显示器（通常是利用空调的温度显示器）就会显示自诊断系统所储存的故障码。液晶显示方式的优点是读取故障码方法简单，且不容易误读。

3. 故障码的消除方法

在排除发动机电子控制系统的故障后，应清除 RAM 存储器中的故障码。只要将储存故障码的 RAM 存储器断电就可清除其储存的故障码，但不同的车型 RAM 断电（清除故障码）的方法也不同。比如，丰田系列轿车发动机电子控制系统故障码的清除方法是拔开 EFI 的熔丝 10s 以上；富康轿车发动机电子控制系统则是通过断开蓄电池的负极电缆来清除故障码。有些发动机需要经过若干个操作步骤才能清除故障码。但无论是哪一种发动机电子控制系统，在断开蓄电池连接 30s 以上时，均可使储存的故障码消失。

🔥 **专家提醒：**

注意：断开蓄电池时，同时也清除了 RAM 储存的自适应修正参数，以及收放机和音响等的相关信息。因此，清除故障码最好按维修手册所指示的方法，不要随意断开蓄电池的连接。

三、自诊断系统的标准化与专用故障诊断设备

1. 自诊断系统的标准化

在 1993 年以前，不同汽车公司生产的汽车，其电子控制系统的故障自诊断通常是各自成体系，用于连接汽车故障诊断设备的自诊断输出接口也不统一。因此，汽车故障诊断仪适用的车型单一，给汽车的故障诊断与维修带来不便。这一时期的汽车自诊断系统称为第一代随车自诊断系统（OBD-Ⅰ）。美国汽车工程师学会（SAE）提出了新一代车载自诊断系统（OBD-Ⅱ）标准规范，并于 1993 年开始试行。OBD-Ⅱ采用统一的诊断模式，统一的 16 端子插座，使诊断设备硬件具有通用性成为可能，诊断设备的成本可降低，而其功能则进一步增强。因此，OBD-Ⅱ得到了世界各大汽车公司的响应，自 1996 年以来 OBD-Ⅱ已得到了全面实施。

2. 汽车故障诊断设备

较早出现的故障码阅读器可以直接显示或打印故障码，有的还可以把故障码转换为相应的

文字信息（解码）。现在的汽车故障诊断设备除了能进行汽车电子控制系统故障码的读取和消除操作之外，通常还设有多项功能。这些汽车故障诊断设备可分通用型和专用型两种类型。

（1）通用型的汽车故障诊断设备

通用型的汽车故障诊断仪有台式和手持便携式两种形式，可以通过更换不同的卡来适应不同的车系或同一车系不同年代生产的汽车。通用型汽车故障诊断仪通常设有故障码读取与消除、ECU 内部动态数据显示、传感器和部分执行器的测试与调整、一些特定参数的设定与修改、维修资料的读取、故障诊断提示等功能，可通过设备上的按键来选择所要检测的系统和所要进行的项目。

通用型的汽车故障诊断设备的优点是可测试的车型较多，适用范围较宽。但是，与专用的汽车故障诊断设备相比，不具有一些针对特定车型的特殊功能。

（2）专用型的汽车故障诊断设备

专用型汽车故障诊断仪也有台式和手持便携式两种形式，除了具有通用型诊断仪的功能之外，通常还设有一些电子控制系统参数的修改、某些数据的设定、防盗密码的设定与更改等针对特定车型的各种特殊功能。

专用型汽车故障诊断设备是汽车生产厂家自行或委托仪器厂家设计的专用设备，其专业性强、测试功能完善，但只适用于本厂家生产的汽车。比如，法国雪铁龙公司的 ELIT 检测仪（图 6-10），经 ELIT NO.15 版本软件升级后，可用于发动机电子控制系统、自动变速器电子控制系统及 ABS 的检测与故障诊断，具有识别被测的 ECU、读取故障信息（并提供故障检测部位和检测参数等）、删除故障信息、系统参数测定、模拟检测执行机构（输入模拟控制信号以检验执行器性能）、加速踏板初始化、微处理器系统初始化等功能。

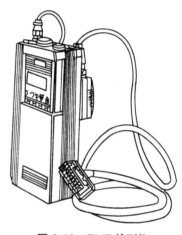

图 6-10　ELIT 检测仪

第三节　典型发动机电子控制系统电路分析

通过对一个较为典型的发动机电子控制系统的结构特点与电路原理的分析，有助于读者更好地了解汽车发动机电子控制系统的构成与电路原理，并掌握发动机电子控制系统故障的检修方法。典型的发动机电子控制系统如图 6-11 所示。

一、丰田 2JZ-GE 型发动机电子控制系统构成与电路特点

1. 发动机电子控制系统的构成

丰田 2JZ-GE 型发动机电子控制系统的构成特点分析如下。

1）发动机集中控制的基本控制功能。包括了发动机的燃油喷射控制、点火时间控制、怠速控制等，这些控制功能在现代汽车发动机电子控制系统中已普及。

2）发动机 ECU 与自动变速器合二为一。发动机电子控制系统 ECU 和自动变速器控制系统 ECU 合二为一，因而也称其为"动力控制系统"；发动机 ECU 还与汽车巡航控制 ECU 进行信息交流，可形成发动机运转与汽车巡航的协调控制。

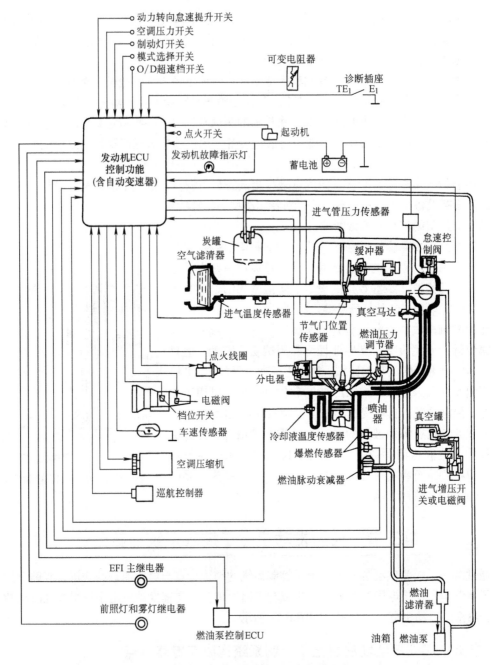

图 6-11 丰田 2JZ-GE 型发动机电子控制系统的组成

3）设有进气谐波增压控制。增设了进气谐波增压控制装置，通过谐波增压控制，可以提高发动机的充气效率。

4）增设了燃油泵 ECU，用于控制燃油泵的工作状态，使燃油泵的转速在发动机高转速和低转速时有所不同。

5）机械式的燃油蒸发排放控制。燃油蒸发排放控制采用机械方式，直接利用节气门处的真空度来控制膜片式通气阀的开度，以使炭罐的通气量满足发动机工况变化的需要。这种机械式的燃油蒸发排放控制系统在现代汽车电喷发动机上已很少应用。

6）设有节气门关闭缓冲器。节气门关闭缓冲器的作用是减缓驾驶人突然松开加速踏板时节气门关闭的速度，以避免节气门突然关闭而使发动机转速突然下降，导致汽车冲击和发动机熄火，同时也避免因进气突然减少而使发动机缸内燃烧条件恶化，导致减速时排气污染增大。

2. 丰田 2JZ-GE 型发动机电子控制系统电路特点

丰田 2JZ-GE 型发动机电子控制系统电路原理如图 6-12 所示。

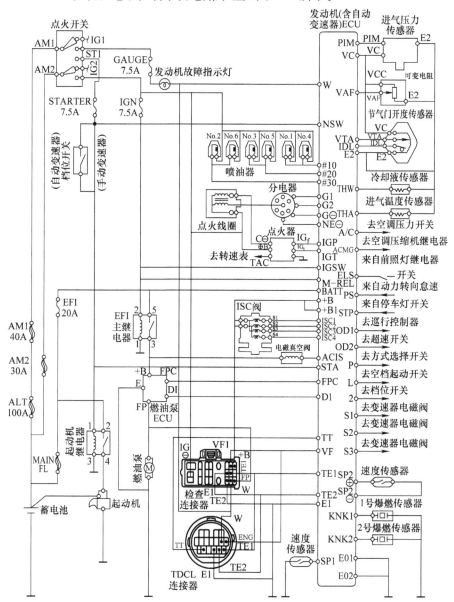

图 6-12　丰田 2JZ-GE 型发动机电子控制系统电路原理

（1）发动机电子控制器（ECU）

ECU 是发动机电子控制系统的核心，它还包含自动变速器控制功能，ECU 各端子的功能及连接说明如表 6-2 所示。

汽车电子控制系统结构与控制原理

表 6-2 发动机 ECU 各端子连接说明

端子代号	连接部件	功能说明	端子代号	连接部件	功能说明
E01	电源接地	—	PIM	进气压力传感器	信号输入
E02	电源接地	—	VTA	节气门位置传感器	信号输入
#10	喷油器	控制端子	VC	节气门位置传感器	传感器电源
#30	喷油器	控制端子	E2	传感器接地	—
#20	喷油器	控制端子	ECU	ECU 盒接地	—
E1	ECU 搭铁	—	NE	分电器 Ne 信号	信号输入
S1	自动变速器电磁阀	控制端子	G−	分电器 G 信号接地	信号输入
IGT	电子点火器	控制端子	G1	分电器 G1 信号	信号输入
S2	自动变速器电磁阀	控制端子	G2	分电器 G2 信号	信号输入
S3	自动变速器电磁阀	控制端子	ACIS	谐波增压进气控制阀	控制端子
ISC1	急速控制阀	控制端子	STA	起动开关	信号输入
ISC2	急速控制阀	控制端子	NSW	空档起动开关	信号输入
ISC3	急速控制阀	控制端子	D1	燃油泵 ECU	控制端子
ISC4	急速控制阀	控制端子	FPC	燃油泵 ECU	控制端子
IG$_f$	电子点火器	信号反馈	*OD2	超速档开关	控制端子
L	档位开关	信号输入	*P	选档开关	控制端子
2	档位开关	信号输入	SP1	1 号速度传感器	信号输入
VF	检查连接器接头	检测端子	PS	动力转向液压开关	信号输入
TT	TDCL 连接器接头	检测端子	A/C	空调放大器	控制端子
SP2⊕	2 号速度传感器正极	信号输入	*OD1	巡航控制 ECU	控制端子
TE1	检查连接器接头	检测端子	ACMG	空调压缩机继电器	控制端子
TE2	故障指示灯接头	检测端子	ELS	尾灯和雾灯继电器	信号输入
KNK1	1 号爆燃传感器	信号输入	W	发动机故障指示灯	控制端子
KNK2	2 号爆燃传感器	信号输入	M—REL	EFI 主继电器	控制端子
SP2⊖	2 号速度传感器负极	信号输入	BK	制动灯开关	信号输入
THW	冷却液温度传感器	信号输入	BATT	蓄电池	电源端子
VAF	可变电阻	信号输入	IGSW	点火开关	信号输入
THA	进气温度传感器	信号输入	+B1	EFI 主继电器	电源端子
IDL	节气门位置传感器	信号输入	+B	EFI 主继电器	电源端子

* 自动变速器用

（2）发动机电子控制器电源电路

发动机 ECU 有一常接电源（BATT）端子，用于向 ECU 内的有关元件（如储存故障码的 RAM 存储器）提供不间断电源。ECU 的主电源（+B1、+B）由 EFI 主继电器触点来通断，该主电源控制电路具有延时关断功能，其电路原理如图 6-13 所示。

（3）燃油泵工作状态控制电路

2JZ-GE 发动机燃油泵工作状态控制电路采用了燃油泵控制 ECU，可根据发动机的工况对燃油泵的转速进行控制，使燃油泵的泵油量与发动机的转速及负荷相适应。燃油泵工作状态控制电路原理如图 6-14 所示。

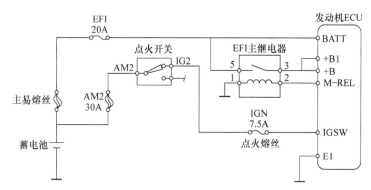

图 6-13　发动机电子控制系统 ECU 电源电路

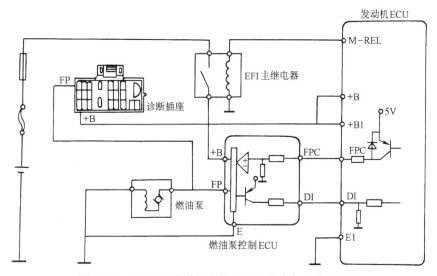

图 6-14　2JZ-GE 发动机燃油泵工作状态控制电路原理

当发动机在起动、高转速或大负荷工况时，发动机 ECU 便会向燃油泵控制 ECU 的 FPC 端子输出一个高电位信号。燃油泵控制 ECU 得到此控制信号后，从 FR 端子输出一个较高的电压（约为蓄电池电压），使燃油泵高速运转。

当发动机处于怠速工况时，发动机 ECU 向燃油泵控制 ECU 的 FPC 端子输出一个低电位信号。这时，燃油泵控制 ECU 的 FR 端子输出一个较低的电压（约 9V），燃油泵就会在较低的转速下工作。

（4）谐波进气增压控制

谐波进气增压控制的作用是使发动机在中低速和高速时都有进气增压效果，即无论发动机是高速还是低速，在各缸进气门打开时，进气压力波均是在波峰，以提高进气行程的充气效率。

1）谐波进气增压的组成与功能。2JZ-GE 发动机谐波进气增压控制系统的组成如图 6-15 所示。

在进气管的中部设置了一个容量较大的空气室，空气室与进气管的通断由进气增压控制阀的开闭控制。进气增压控制阀关闭时，进气流压力波的传递长度为空气滤清器至进气门，压力波的波长较长，发动机在中、低速时有增压效果；进气增压控制阀打开时，进气流压力波只在空气室口至进气门之间传递，压力波长较短，使发动机在高速时也有增压作用。

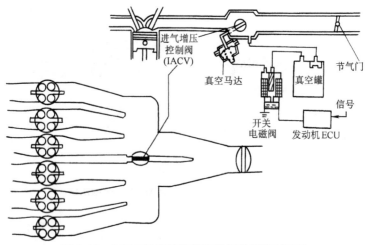

图 6-15　2JZ-GE 发动机谐波进气增压控制系统

当发动机的转速较低时，ECU 使开关式电磁阀不通电，真空马达不与真空罐相通，进气增压控制阀关闭，进气压力波较长，使得发动机在中低速下有进气压力波增压效果。

当发动机转速高时，发动机 ECU 输出控制信号，使开关式电磁阀通电，真空马达在真空罐真空度的作用下动作，将进气增压控制阀打开，进气管就与一个容量较大的空气室相通，缩短了进气压力波的波长，使得发动机在高转速时仍有进气压力波增压效果。

2）谐波进气增压控制电路原理。谐波进气增压控制电路原理如图 6-16 所示。

EFI 主继电器触点闭合时，谐波进气增压控制装置的真空电磁阀接通电源，由 ECU 的 ACIS 端子控制开关式真空电磁阀线圈的通断电。

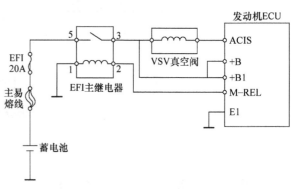

图 6-16　谐波进气增压真空电磁阀控制电路

（5）点火控制电路

该点火系统有分电器，点火电路的主要组成部件及电路原理如图 6-17 所示。

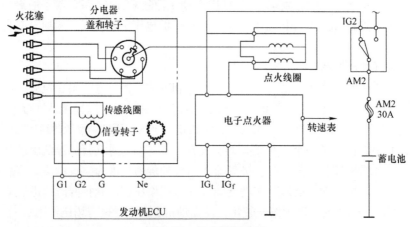

图 6-17　点火控制电路

当点火开关在点火档时，电子点火器接通电源。工作时，分电器内的发动机转速与曲轴位置传感器所产生的 Ne、G1、G2 信号输入发动机 ECU，ECU 根据 Ne、G1、G2 信号及其他相关传感器输入的信号，产生点火定时控制信号 IG_t，并输送给电子点火器。电子点火器在 IG_t 控制信号的触发下工作，适时地通断点火线圈初级电流，使点火线圈次级产生高压，并通过配电器将高压分配至各缸火花塞。

电子点火器根据点火线圈初级绕组的工作电压振荡波产生脉冲信号 IG_f，并反馈给发动机 ECU，ECU 根据 IG_f 信号判断点火系统工作正常与否。

（6）喷油器控制电路

2JZ-GE 发动机汽油喷射系统采用高电阻型喷油器、电压驱动分组同时喷射方式，喷油器控制电路原理如图 6-18 所示。

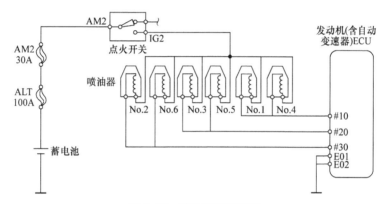

图 6-18　喷油器控制电路

6 个缸的喷油器分为 3 组，分别由 ECU 的 #10、#20、#30 端子控制。接通点火开关（点火档）后，喷油器连通蓄电池，ECU 通过 #10、#20、#30 端子控制各喷油器电磁线圈的通断电，实现喷油量的控制。

（7）发动机怠速控制电路

2JZ-GE 发动机采用步进电动机式怠速控制（ISC）阀，怠速控制电路原理如图 6-19 所示。

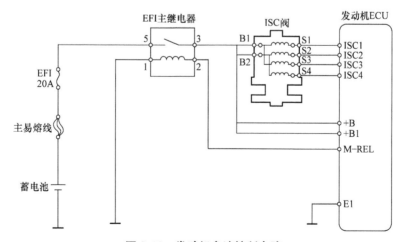

图 6-19　发动机怠速控制电路

EFI 主继电器触点闭合时，急速控制阀的电源端子 B1 和 B2 与电源连接。发动机 ECU 的 ISC1、ISC2、ISC3 及 ISC4 分别控制急速控制阀 4 个线圈的通断电。当需要急速控制阀动作时，ECU 向 4 个急速控制端子输出控制脉冲，使急速控制阀的 4 个线圈按顺序通断电，就可使急速控制阀打开或关闭。ECU 通过输出控制脉冲数来控制急速控制阀开启程度。

点火开关关断时，EFI 主继电器延时关断是为了让 ECU 有一个使急速控制阀开启到最大的控制时间，以利于下次发动机的起动。

（8）急速混合气浓度调节电路

急速混合气浓度调节电路实际上是一个可变电阻器，其电路原理如图 6-20 所示。

旋动急速混合气浓度调节螺钉，可改变 ECU 的 VAF 端子电压，ECU 根据此电压变化改变发动机急速时的混合气浓度，用以控制发动机急速时的 CO 排放量。

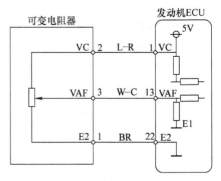

图 6-20　急速混合气浓度调节电路

二、丰田 2JZ-GE 型发动机电子控制系统故障检修

1. 丰田 2JZ-GE 型发动机电子控制系统故障自诊断

（1）电子控制器自检

2JZ-GE 发动机通过仪表板上的"发动机故障检查（CHECK）"指示灯来反映自诊断系统对电子控制系统的自检情况。

接通点火开关时，"CHECK"灯应亮起，如果不亮，则说明"CHECK"灯电路或发动机 ECU 有故障。

发动机起动后，"CHECK"灯应熄灭，如果灯持续亮，或汽车运行中"CHECK"灯亮起后不熄灭，说明发动机电子控制系统有故障，需进行故障自诊断操作，找出故障码。在 RAM 存储器中储存的故障信息可以用故障诊断仪来获取，也可以用人工的方法来获取故障码。

（2）故障码的读取

专用故障诊断仪读取故障信息方法可参见故障诊断设备的使用说明，JZ-GE 发动机电子控制系统人工读取故障码的方法如下：

1）接通点火开关（ON），将故障检查连接器（TDCL）的 TE1、E1 端子短接（图 6-21）。

2）观察仪表板上的"CHECK"灯闪烁读取故障码。故障码为二位数，闪示方式如图 6-22 所示。第一次连续闪烁的次数代表故障码的十位数，相隔后的第二次连续闪烁次数为个位数。如果有两个以上的故障码，则按数字从小到大的顺序逐

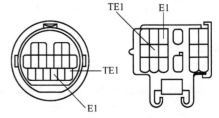

图 6-21　TDCL 的 TE1、E1 端子

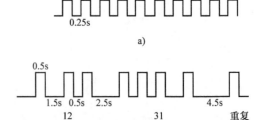

图 6-22　故障码的闪示方式

a）正常　b）故障码

个闪示。

丰田 2JZ-GE 发动机电子控制系统故障码说明如表 6-3 所示。

表 6-3　丰田 2JZ-GE 发动机电子控制系统故障码说明

故障码	信号系统	CHECK 指示灯	存储故障码的原因	故障部位
12	转速信号	亮	起动机接通 2s 以上仍无发动机转速与曲轴位置信号输入 ECU	① 发动机转速与曲轴位置传感器 ② 分电器 ③ 起动机控制线路 ④ 发动机 ECU
13	转速信号	亮	发动机转速达 1000r/min 或更高时仍无发动机转速信号输入 ECU	① 发动机转速与曲轴位置传感器 ② 分电器 ③ 发动机 ECU
14	点火信号	亮	电子点火器连续 6 次无信号输入 ECU	① 分电器与 ECU 间的 IGf 信号线路 ② 分电器 ③ 发动机 ECU
16	ECT 控制信号	亮	ECU 正常信号没有输出	发动机 ECU
22	冷却液温度传感器信号	亮	冷却液温度传感器线路断路或短路 0.5s 以上	① 冷却液温度传感器线路 ② 冷却液温度传感器 ③ 发动机 ECU
24	进气温度传感器信号	不亮	进气温度传感器线路断路或短路 0.5s 以上	① 进气温度传感器线路 ② 进气温度传感器 ③ 发动机 ECU
31	进气管压力传感器信号	亮	进气管压力传感器线路断路或短路 0.5s 以上	① 进气管压力传感器线路 ② 进气管压力传感器 ③ 发动机 ECU
41	节气门位置传感器信号	不亮	节气门位置传感器线路断路或短路 0.5s 以上	① 节气门位置传感器线路 ② 节气门位置传感器 ③ 发动机 ECU
42	车速传感器信号	不亮	在发动机转速 2800r/min 以上时，车速信号未输入 ECU 达 8s 以上	① 车速传感器线路 ② 车速传感器 ③ 发动机 ECU
43	起步信号	不亮	发动机转速达 800r/min 后，无起步信号输入 ECU，汽车无法起步	① 起步信号线路 ② 点火开关或主继电器线路 ③ 发动机 ECU
52	第一爆燃传感器信号	亮	发动机转速 1600～5200r/min 范围内，爆燃传感器有 6 个信号未输入 ECU	① 爆燃传感器线路 ② 爆燃传感器 ③ 发动机 ECU
53	爆燃控制信号	亮	发动机转速 650～5200r/min 范围内，检测到 ECU（爆燃控制）故障	发动机 ECU
55	第二爆燃传感器信号	亮	发动机转速 1600～5200r/min 范围内，爆燃传感器有 6 个信号未输入 ECU	① 爆燃传感器线路 ② 爆燃传感器 ③ 发动机 ECU

（3）故障码的消除

当排除了故障码所示的故障后，应清除 RAM 中储存的故障信息。方法如下：

关闭点火开关，从 2 号接线盒（J/B）上拔下 EFI 熔断器 10s 以上，故障码即可清除。断开蓄电池负极电缆也可消除故障码，但 RAM 存储器中其他有用信息也将同时被消除。

专家解读：

ECU 自诊断系统诊测到影响行车安全、造成发动机及其他系统与部件损坏，或引发其他严重问题等确定性故障时，会让 CHECK 指示灯亮起以示警告，并同时储存故障信息，而对于一般性的故障则不会警告，只是储存相关的故障信息。

2. ECU 有关端子的检测

通过发动机 ECU 插接器有关端子电压的检测，可确定相关电路及部件故障与否。在插接器连接状态下，在插接器线束侧插入电压表表针（图 6-23）。2JZ-GE 发动机 ECU 插接器各端子排列如图 6-24 所示，各端子电压检测方法及检测异常可能的故障部位见表 6-4。

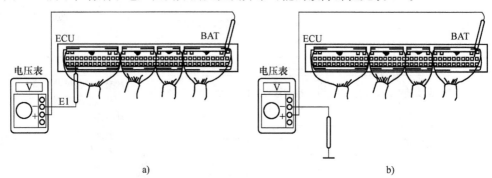

图 6-23 ECU 插接器有关端子电压检测方法

a）测端子之间电压 b）测端子与搭铁之间电压

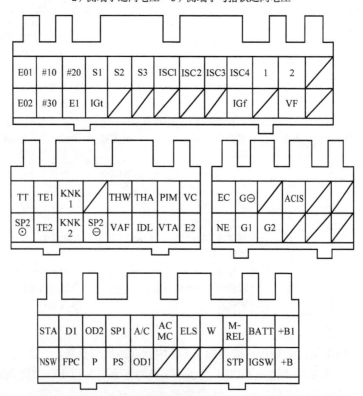

图 6-24 2JZ-GE 发动机 ECU 插接器各端子排列

表 6-4　发动机 ECU 端子电压检测

检测端子	检测状态	正常电压	电压异常可能的故障部位
BATT—E1	—	蓄电池电压	① 相关的易熔线和熔断器 ② BATT 端子至蓄电池的线路 ③ ECU 接地或 ECU
IGSW—E1	点火开关在 "ON" 位	蓄电池电压	① 相关的易熔线和熔断器 ② IGSW 端子至蓄电池的线路 ③ 点火开关 ④ ECU 接地或 ECU
M-REL—E1	点火开关在 "ON" 位	蓄电池电压	① M-REL 端子至 EFI 主继电器线路 ② EFI 主继电器 ③ ECU 接地或 ECU
+B—E1 +B1—E1	点火开关在 "ON" 位	蓄电池电压	① 相关的易熔线和熔断器 ② EFI 主继电器或其连接线路 ③ ECU 接地或 ECU
VC—E2	点火开关在 "ON" 位	4.0 ~ 5.5V	① +B 端子电压 ② 节气门位置传感器或其连接线路 ③ ECU 接地或 ECU
IDL—E2	点开关在 "ON" 位, 节气门打开	蓄电池电压	① +B 端子电压 ② 节气门位置传感器或其连接线路 ③ ECU 接地或 ECU
VTA—E2	点火开关在 "ON" 位, 节气门关闭	0.3 ~ 0.8V	① VC 端子电压 ② 节气门位置传感器或其连接线路 ③ ECU 接地或 ECU
	点火开关在 "ON" 位, 节气门全开	3.2 ~ 4.9V	
PIM—E2	点火开关在 "ON" 位	3.3 ~ 3.9V	① VC 端子电压 ② 进气压力传感器或其连接线路 ③ ECU 接地或 ECU
#10—E01 #20—E01	点火开关在 "ON" 位	蓄电池电压	① 相关的易熔线和熔断器 ② 喷油器或其连接线路
#30—E01			① 点火开关 ② ECU 接地或 ECU
THA—E2	点火开关 ON, 进气温度 20℃	0.5 ~ 3.4V	① +B 端子电压 ② 进气温度传感器或其连接线路 ③ ECU 接地或 ECU
THW—E2	点火开关 ON, 冷却液温度 80℃	0.2 ~ 1.0V	① +B 端子电压 ② 冷却液温度传感器或其连接线路 ③ ECU 接地或 ECU
STA—E2	点火开关在起动位, 起动机不工作	蓄电池电压	① 相关的易熔线和熔断器 ② STA 端子至蓄电池线路 ③ 空档起动开关或点火开关 ④ 起动机或起动继电器
	点火开关在起动位, 起动机正常工作		① STA 端子至点火开关线路 ② ECU 接地或 ECU
IGT—E2	发动机起动或怠速运转	脉冲电压	① 相关的易熔线和熔断器 ② 点火开关 ③ 点火线圈或电子点火器 ④ ECU 与蓄电池之间的线路 ⑤ ECU 接地或 ECU

（续）

检测端子	检测状态	正常电压	电压异常可能的故障部位
ISC1—E1 ISC2—E1 ISC3—E1 ISC4—E1	点火开关在"ON"位	蓄电池电压	① +B 端子电压 ② 怠速控制阀 ③ ECU 与怠速控制阀之间的线路 ④ ECU 接地或 ECU
W—E1	发动机怠速运转，故障指示灯不亮	蓄电池电压	① 相关熔丝或指示灯 ② W 端子至点火开关线路 ③ ECU 接地或 ECU

第四节　发动机电子控制系统部件的检修

一、传感器常见故障与检修

1.磁感应式发动机转速与曲轴位置传感器的检测

（1）磁感应式发动机转速与曲轴位置传感器的常见故障

磁感应式发动机转速与曲轴位置传感器的常见故障主要是：

1）传感器感应线圈有断路或匝间短路。

2）传感器信号线与屏蔽线之间有短路。

3）传感器定子（感应线圈与铁心）安装松动，导磁转子缺损或磨损等，使铁心与导磁转子之间的气隙不正常。

4）传感器附近有能导磁的异物。

上述这些故障会导致传感器信号过弱或无信号产生，导致发动机不能起动，或使发动机运转不正常。

（2）磁感应式发动机转速与曲轴位置传感器的检修方法

1）检查传感器安装是否有松动、歪斜，有无异物，若有，予以修理或更换传感器。

2）拔开传感器插接器，用数字万用表测量传感器插座信号端子之间的电阻，其电阻值应在正常范围（不同车型、不同形式的传感器线圈电阻值有所不同）。如果不正常，更换传感器。

3）用数字万用表分别测量传感器信号端子与屏蔽线之间的电阻，应为无穷大。如果有异常，则需要检修相关线路；若线路无异常，则需更换传感器。

4）检查传感器的信号。起动发动机，用示波器检测传感器信号端子的电压波形。如果无电压波形，或电压波形很微弱，且在提高发动机转速时，信号电压波形幅值仍然很弱或变化很微小，则需更换发动机转速与曲轴位置传感器。

专家提醒：

用测信号电压波形的方式检测磁感应式发动机转速与曲轴位置传感器时，信号转子的转速不能太低（应在起动转速 100r/min 之上）。因为磁感应式发动机转速与曲轴位置传感器的感应线圈所产生的信号电压大小会随其导磁转子的转速而变。转速太低，感应线圈产生的感应电动势也低，示波器显示的结果可能会导致误判。

2. 光电式发动机转速与曲轴位置传感器的检测

（1）光电式发动机转速与曲轴位置传感器的常见故障

光电式发动机转速与曲轴位置传感器可能出现的故障有：

1）发光元件或光电元件等表面脏污。

2）发光元件或光电元件已损坏，或传感器内部电压有断路或接触不良之处。

3）传感器电源（线路或ECU）不良。

光电式发动机转速与曲轴位置传感器的这些故障会导致传感器无脉冲信号发生，导致发动机不能起动。

（2）光电式发动机转速与曲轴位置传感器的检测方法

1）检查传感器电源。拔开传感器插接器，接通点火开关后，用直流电压表测量插头（插接器的线束侧）电源端子的电压，应为5V电压。如果无5V电压，检修传感器与ECU之间的线路，若线路良好，则需要检测或更换ECU。

2）检查传感器信号电压。如果电源良好，再将传感器的电源接入插座（在传感器上）的电源端子，在遮光转子转动时，用电压表测信号端子的电压。电压在0～1V之间（不同车型，电压变化的幅度有所不同）变化为传感器正常；无电压或电压无变化均说明传感器已经损坏，需要更换。

3. 霍尔效应式发动机转速与曲轴位置传感器的检测

（1）霍尔效应式发动机转速与曲轴位置传感器的常见故障

霍尔效应式发动机转速与曲轴位置传感器常见的故障主要有：内部集成电路模块损坏或线路有断路或短路之处，或传感器电源不良。这些故障将会使传感器不能产生信号或信号太弱，导致发动机不能起动，或不能正常运转。

（2）霍尔效应式发动机转速与曲轴位置传感器的检测方法

1）检查传感器电源。拔开传感器插接器，接通点火开关后，用直流电压表测量插头（插接器的线束侧）电源端子的电压，应为5V电压。如果无5V电压，检修传感器与ECU之间的线路，若线路良好，则需要检测或更换ECU。

2）检查传感器信号电压。如果电源良好，再将传感器的电源接入插座（在传感器上）的电源端子，在遮光转子转动时，用电压表测量信号端子的电压。电压在0～1V之间（不同车型，电压变化的幅度有所不同）变化为传感器正常；无电压或电压无变化均说明传感器已经损坏，需要更换新的传感器。

> **专家提醒：**
>
> 1. 在汽车电子控制系统中，传感器的电源电压均为5V，由电子控制器（ECU）提供，当故障自诊断系统判断传感器及线路有故障时，故障的原因除了传感器及其线路处，还有可能是ECU内部的传感器电源电路。
>
> 2. 所有需要电源才能正常工作的传感器，在检查传感器信号电压之前，都先要通过检查确定传感器的电源是否正常。只有这样，才能根据传感器信号电压脉冲正常与否来判别传感器是否正常。

4. 量板式空气流量传感器的检测

（1）量板式空气流量传感器常见故障

量板式空气流量传感器由流量传感器和电位计组成，其常见的故障有：

1）电位计滑片与碳膜电阻接触不良。

2）传感器内电阻值不当。

3）量板回位弹簧失效。

4）传感器轴卡滞。

上述这些故障会使传感器信号无或不准确，对燃油喷射和点火控制均会造成影响，导致发动机不能正常工作。

（2）量板式空气流量传感器的检测方法

1）首先进行直观检查，查看传感器壳体有无开裂、测量板及轴有无卡滞、松旷等，如果有，则必须更换传感器。

2）拔开传感器插接器，测量传感器各端子的电阻值（图 6-25），应与标准值相符。不同车上所使用的量板式空气流量传感器的内部电路、电阻参数及端子排列不尽相同，现以丰田汽车上使用的量板式空气流量传感器（图 6-26）为例，其检测方法如下。

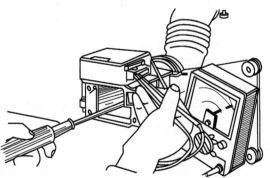

图 6-25　量板式空气流量传感器电阻检测方法

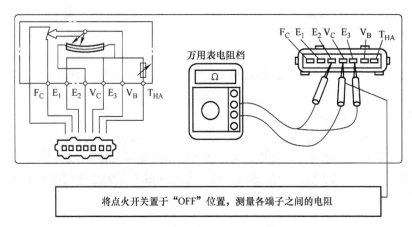

图 6-26　丰田汽车用量板式空气流量传感器

① 检测 V_S—E_1 之间的电阻：分别检测量板关闭、全开及开闭过程中的电阻。如果在量板关闭和全开时，其电阻值超出正常值，或在量板转动过程中，电阻值不是平滑连续变化（波动或跳跃式），均需更换传感器。

② 检测 V_C—E_2 之间的电阻：如果其电阻值不正常，则说明传感器内部电位计电阻异常或电路连接不良，需更换传感器。

③ 检测 V_B—E_2 之间的电阻：如果其电阻值不正常，则说明电位计中的定值电阻异常或电路连接不良，需更换传感器。

④ 检测 T_{HA}—E_2 之间的电阻：其电阻值随温度而变，如果在各种温度下其电阻值与正常值有较大的偏差，则说明空气流量传感器中的进气温度传感器不良，需予以更换。

⑤ 检测 F_C—E_2 之间的电阻：在量板完全关闭时，电阻值应为∞；量板稍有开启时，电阻值则应为0Ω。否则，说明燃油泵开关不良，需更换传感器。

说明： 无燃油泵开关的量板式空气流量传感器第⑤项检测内容。

🔥 **专家提醒：**

在汽车上作电路与器件电阻检测时，一定要关闭点火开关，否则就不能进行正常的测量，还容易烧坏仪表。

5. 卡门涡旋式空气流量传感器的检测

现代汽车上使用的卡门涡旋式空气流量传感器大都是反光镜式，这种传感器常见的故障和检测方法如下。

（1）反光镜涡旋式空气流量传感器常见故障

反光镜涡旋式空气流量传感器可能出现的故障主要有：

1）发光元件与光电元件损坏而无信号电压输出；

2）反光镜及板簧等有脏污或机械损伤而不产生电信号；

3）内部集成电路损坏而无信号电压输出。

（2）反光镜涡旋式空气流量传感器的检修方法

不同型号的反光镜涡旋式空气流量传感器内部电路结构与检测参数也不同，但检测方法相似。现以丰田 1UZ-FE 型发动机上使用的空气流量传感器为例（端子排列与内部电路见图 6-27），用以说明卡门涡旋式空气流量传感器的故障检修方法。

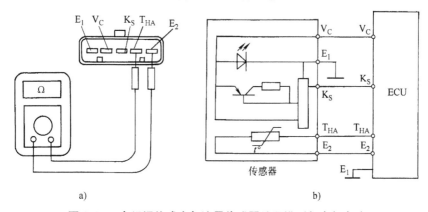

图 6-27 卡门涡旋式空气流量传感器端子排列与内部电路
a）端子排列 b）内部电路

1）外观检查。先检查传感器进气入口端蜂窝状空气整流栅有无变形或损坏，如果有，则需更换传感器。

2）检测进气温度传感器电阻。拔开传感器插接器后，用万用表检测 T_{HA}—E_2 端子之间的电阻，其正常值如表 6-5 所示。如果电阻值不正常，则需更换空气流量传感器。

表 6-5　1UZ-FE 发动机用卡门涡旋式空气流量传感器电阻参数

检测端子	检测温度 /℃	正常电阻 /Ω
T_{HA}—E_2 （进气温度传感器）	−20	10 ~ 20
	0	4 ~ 7
	20	2 ~ 3
	40	0.9 ~ 1.3
	60	0.4 ~ 0.7

3）检测电源与信号端子电压。连接传感器，用直流电压表检测各端子的电压，其检测方法与正常值如表 6-6 所示。如果电压不正常，则断开传感器插接器，在接通点火开关时，检测插接器（线束侧）相应端子的对地电压，正常情况 K_s、V_c、T_{HA} 端子的对地电压应为 4.5 ~ 5.5V，若电压低或无，需检修该端子连接线路和 ECU；若电压正常，则说明传感器有故障，需予以更换。

表 6-6　1UZ-FE 发动机用卡门涡旋式空气流量传感器电压参数

检测端子	检测条件	正常电压 /V
K_s—E_1	点火开关接通	4.5 ~ 5.5
	怠速运转	2 ~ 4（脉冲电压）
T_{HA}—E_2	怠速运转，进气温度 20℃	0.5 ~ 3.4
V_c—E_1	点火开关接通	4.5 ~ 5.5

6. 热丝式空气流量传感器的检测

现代汽车上使用的热式空气流量传感器主要有热丝主流式、热丝旁通式和热膜式三种，其中热丝主流式最为常见。

（1）热丝式空气流量传感器的常见故障

热丝式空气流量传感器可能出现的故障主要有：

1）热丝脏污或断路而使信号不准确或无信号产生。

2）热敏电阻失效而使信号不准确。

3）线路或电子电路不良而无信号输出。

（2）热丝式空气流量传感器的检修方法

下面以日产 ECCS 所用的空气流量传感器为例，说明热丝式空气流量传感器的故障检修方法。该传感器的接线端子与线路连接如图 6-28 所示。

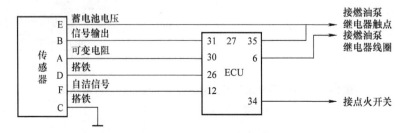

图 6-28　日产 ECCS 热丝式空气流量传感器线路连接

1）就车检查。将空气流量传感器插接器橡胶罩拨开后，用直流电压表检测发动机不同工况下传感器的输出信号电压，其值应如表 6-7 所示。如果信号电压均正常，可确认传感器良好；

如果信号电压不正常，则需拆下传感器做进一步检查。

表 6-7　日产 ECCS 热丝式空气流量传感器电压参数

检测端子	检测条件	正常电压 /V
B—D	点火开关接通	<0.5
	怠速运转（热机状态）	1.0 ~ 1.3
	3000r/min（热机状态）	1.8 ~ 2.0

2）拆下检查。将传感器电源端子输入蓄电池电压，然后检测传感器信号电压（图 6-29）。在不吹风时，应在 1.5V 左右，向空气流量传感器吹风时，信号电压应会随风量的增大而上升（2 ~ 4V），且变化灵敏。如果电压低或无电压、风量变化时电压不变或变化很小、电压变化明显滞后风量变化，均需更换传感器。

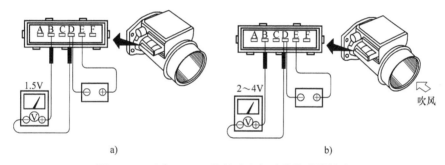

图 6-29　日产 ECCS 热丝式空气流量传感器检查

a）不吹风时测信号电压　b）吹风时测信号电压

3）自洁功能检查。拆下热丝式空气流量传感器的防尘网后，起动发动机，然后再使发动机熄火，在关闭点火开关 5s 左右时，看热丝是否被烧红约 1s。如果热丝不红，则需检查传感器 F 端子的自洁信号是否正常，自洁信号脉冲如图 6-30 所示。若无自洁控制信号，需检查线路是否良好、ECU 是否有正常的自洁信号输出；若自洁信号正常，但传感器信号无或不准确，则需更换传感器。

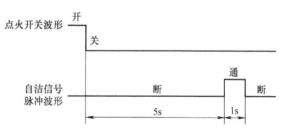

图 6-30　热丝式空气流量传感器热丝自洁信号脉冲

7. 进气压力传感器的检测

（1）进气压力传感器的常见故障

目前普遍采用的压阻效应式进气压力传感器常见故障如下：

1）内部硅膜片损坏而无信号电压输出。

2）内部集成电路烧坏而无信号电压输出。

3）真空导入管接头处或内部有漏气而不能产生正常的电压信号。

（2）进气压力传感器的检测方法

1）外观检查。检查传感器所连接的真空管有无破裂和松动、线路插接器有无松动等。

2）检查电源电压。拔开传感器插接器后，再接通点火开关，检测插接器电源端子的电压

（图 6-31）。正常电压一般为 4.5 ~ 5.5V，如果电压低或无，则应检查连接线路和 ECU。

3）检查信号电压。将传感器接入电源，用一个真空泵连接传感器的真空管，在对传感器施以不同压力时，测量传感器的信号端子电压。传感器的信号电压应随真空度的增大而减小，丰田 2JZ-GE 发动机的进气压力传感器压力与电压的对应关系如表 6-8 所示。如果电压不随压力而变化或测得的电压与正常值不符，均需更换进气压力传感器。

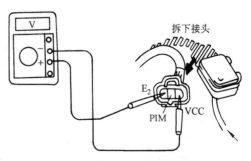

图 6-31　进气压力传感器电源的检测

表 6-8　丰田 2JZ-GE 发动机用进气压力传感器电压参数

输入的压力 /kPa	13.3	26.7	40.0	53.5	66.7	大气压
PIM—E_2 端子间电压 /V	0.3 ~ 0.5	0.7 ~ 0.9	1.1 ~ 1.3	1.5 ~ 1.7	1.9 ~ 2.1	3.3 ~ 3.9

8. 发动机冷却液温度传感器的检测

（1）发动机温度传感器的常见故障

发动机温度传感器的常见故障是传感器内部线路接触不良或断脱、热敏元件老化等导致无信号输出或信号不准确。

（2）发动机温度传感器的检测方法

在线检测通常可采用电压检测法，即在通电的情况下，用直流电压表测量发动机温度传感器信号端子的电压，看在室温下或在已知的温度下，传感器的信号电压值与标准参数是否一致。

对已拆下的发动机温度传感器，可用如图 6-32 所示的方法检测，通过检测发动机温度传感器在不同温度下的电阻，来检验其是否有断路故障和性能好坏。

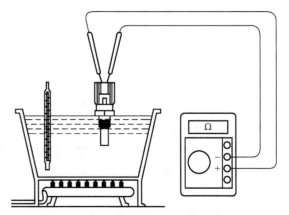

图 6-32　测量发动机温度传感器的电阻

9. 节气门位置传感器的检测

（1）节气门位置传感器的常见故障

线性节气门位置传感器常见的故障有：

1）传感器中电位计滑片与电阻接触不良，导致无信号或信号不良。

2）怠速触点接触不良，导致无怠速信号。

（2）线性节气门位置传感器的检测方法

线性节气门位置传感器的电路如图 6-33 所示。线性节气门位置传感器的在线检测，也可以通过检测其信号电压来判断其正常与否。

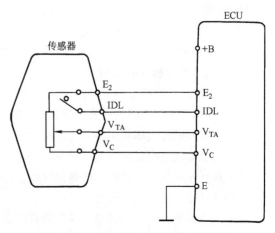

图 6-33　线性节气门位置传感器电路

在接通点火后,检测节气门位置传感器 V_{TA} 端子的电压在节气门关闭和全开时,是否与标准值一致;在节气门开度变化时,检测电压是否连续变化。如果电压与标准值不符,或在节气门开度变化时传感器信号电压有上下波动,均说明节气门位置传感器有故障,需要更换。

线性节气门位置传感器还可以采用非在线测其电阻的方法(图 6-34)。在拔开节气门位置传感器插接器后,通过检测传感器各端子之间的电阻,可以确定传感器是否存在故障。

1)检测 V_C—E_2 之间的电阻。电阻值过大或过小,均需更换节气门位置传感器。

2)检测 V_{TA}—E_2 之间的电阻。在节气门关闭和全开时,测得的电阻值与正常值不符,或在节气门逐渐开启时,电阻值不是连续变化,均需更换节气门位置传感器。

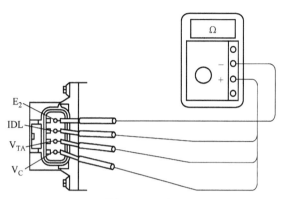

图 6-34　节气门位置传感器的检测

3)检测 IDL—E_2 之间的电阻:在节气门关闭时电阻值应为 0,节气门刚一开启时电阻值应为 ∞,否则,需更换节气门位置传感器。

10. 氧传感器的检测

(1)氧化锆型氧传感器的常见的故障

氧化锆型氧传感器的常见的故障有:传感器陶瓷元件表面积炭或铅中毒、内部线路接触不良、陶瓷体破损、加热器损坏等,导致无信号或信号不准确。

(2)氧化锆型氧传感器检修方法

氧化锆型氧传感器的电路如图 6-35 所示。其在线检测方法如下。

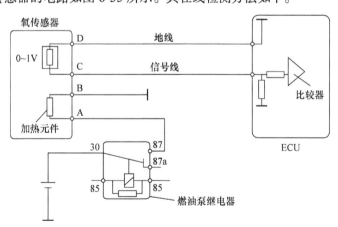

图 6-35　氧化锆型氧传感器电路

1)检查氧传感器信号电压。起动发动机,在其达到正常工作温度时,拔开氧传感器的插接器,检测传感器信号输出端子的对地电压。如果电压指示为 0.5V 或以上,设法使混合气变稀(例如:拔开某缸喷油器插接器,使其不喷油)),电压应迅速下降,否则,需更换氧传感器;如果电压指示为 0.5V 以下,则设法使混合气变浓(例如:使某缸喷油器持续通电喷油),电压应迅速上升,否则,也应更换氧传感器;如果始终无电压指示,也说明氧传感器已损坏,需予以更换。

2）检查加热器电阻。检测氧传感器加热器电阻（热丝式加热器电阻约为 5 ~ 7Ω），如果测得的电阻过大，则需更换氧传感器。

11. 爆燃传感器的检测

现代汽车上广泛采用压电式爆燃传感器，其电路实例如图 6-36 所示。

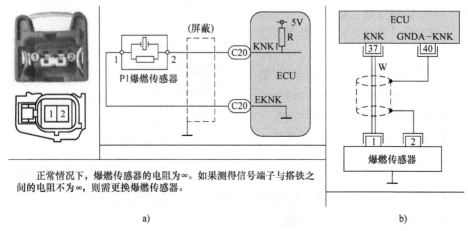

正常情况下，爆燃传感器的电阻为∞。如果测得信号端子与搭铁之间的电阻不为∞，则需更换爆燃传感器。

a）   b）

图 6-36　爆燃传感器电路实例

a）丰田雅力仕　b）日产俪威

（1）压电式爆燃传感器的常见故障

压电式爆燃传感器的常见故障有：内部元件损坏、内部线路接触不良或搭铁等，导致无信号电压产生。

（2）压电式爆燃传感器的检修方法

1）检查传感器有无搭铁。拔开爆燃传感器插接器，检测信号端子与搭铁之间的电阻。如果电阻很小或为 0，则需更换爆燃传感器。

2）检查传感器的信号输出。起动发动机并使其怠速运转，用示波器检测爆燃传感器信号端子的电压波形。正常情况下应有电压波形显示，用金属物敲击爆燃传感器附近的缸体时，电压波形应有明显的增大，否则，需更换爆燃传感器。

二、执行器常见故障与检修

1. 喷油器的检测

（1）喷油器的常见故障

1）喷油器阀胶结，导致喷油量减少或不喷油。

2）喷油器电磁线圈断路或短路，使喷油器不喷油。

3）线路插接器或内部连接线路接触不良而导致喷油器不喷油。

4）喷油器阀密封不严而造成滴油。

5）喷油器阀口积污而导致喷油量减少或喷射角度过小等。

（2）喷油器的检修方法

1）测量喷油器的电阻。用万用表检测喷油器的电阻（图 6-37），低电阻型喷油器的电阻一般为 1.5 ~ 3.5Ω，高电阻型喷油器的电阻一般为 12 ~ 15Ω。如果测得的电阻值过大或过小，都说明喷油器电磁线圈或内部线路连接有故障，需予以更换。

2）检查喷油器的喷油量。喷油器喷油量的检验可通过专用的喷油器检测仪进行，无喷油器检测仪时，可利用发动机上的燃油泵来检验喷油器的喷油量，方法如下：

① 将需检验的喷油器拆下，并用软管将其与发动机输油管相连接。

② 将蓄电池电压直接接入燃油泵（可用跨接线将蓄电池正极与燃油泵继电器的燃油泵接线端子"F_P"连接），使其持续工作。

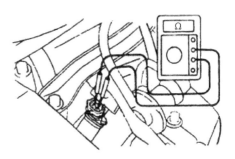

图 6-37 测量喷油器的电阻

③ 将蓄电池电压接入喷油器（低电阻型的喷油器需用专用的接线器，或串入一个 10Ω 左右的电阻），然后记录在规定时间内喷入量杯的燃油量。如果在规定时间里喷油量小于规定的值，或各喷油器之间的喷油量差值超过 5mL，则需清洗或更换喷油器。

3）检查喷油器的密封性：利用发动机上燃油泵检验喷油器密封性时，只需在检查喷油量的测量条件下将喷油器的电源断开，使喷油器停止喷油即可。密封性良好的喷油器在 1min 内滴油应少于一滴，否则就需更换喷油器。

2. 燃油泵的检测

（1）燃油泵的常见故障

1）电动机烧坏、内部电路接触不良而使燃油泵不工作。

2）燃油泵磨损严重、安全阀泄漏或弹簧失效而导致供油量不足。

3）单向阀泄漏而使发动机熄火后输油管路中不能保持一定的油压，从而导致发动机起动困难。

（2）燃油泵的检修方法

1）就车检查燃油泵工作情况。用跨接线将蓄电池正极与燃油泵继电器的燃油泵接线端子"F_P"短接，听（内装式燃油泵需靠近燃油箱仔细听）燃油泵是否工作。如果燃油泵不工作，则需拆检燃油泵。

2）检查燃油泵直流电动机的电阻。燃油泵电动机的电阻一般在 0.5～3Ω（不同燃油泵其电阻值不同），如果断路或电阻值过大，则需更换燃油泵。

3）就车检查燃油泵的泵油压力与流量。在输油管路中接入压力表和流量表，然后起动发动机并使其稳定运转，测得的燃油压力和流量应与规定值相符。如果燃油压力不正常，需检查燃油压力调节器，若燃油压力调节器正常，则需更换燃油泵；如果燃油流量过小，也需更换燃油泵。

3. 电子点火器的检测

（1）电子点火器的常见故障

电子点火器的常见故障有：线路插接器松动、锈蚀、电子点火器内部元件烧坏等而接触不良，导致点火电路不工作。

（2）电子点火器的检修方法

1）直观检查。检查插接器有无松动、插接器各端子有无锈蚀和弯曲等。

2）检查电子点火器搭铁。拔开电子点火器插接器后，用万用表检测插接器（线束侧）搭铁端子电阻是否为 0。如果检查有异常，应修理搭铁线路。

3）检查输入与输出电压波形。用示波器检测电子点火器的各输入控制信号电压波形和输出电压波形。如果输入电压波形正常而输出波形不正常，则应更换电子点火器。

4）替换法检查。在无示波器的情况下，用一新的或已确认良好的电子点火器替代，看电子点火系统能否正常工作。如果能，则说明原电子点火器有故障，需予以更换。

阅读提示

现在许多汽车发动机无电子点火器，而是将电子点火器的功能电路作为 ECU 的输出电路。因此，这些汽车发动机电子控制系统的点火控制执行器就是点火线圈。

4.点火线圈的检测

（1）点火线圈的常见故障

点火线圈可能出现的故障主要有：

1）初级绕组和次级绕组有短路、断路或搭铁。

2）内部绝缘老化而导致漏电。

3）内部导线接点接触不良。

点火线圈的这些故障会使点火线圈不能产生次级电压而使发动机不能起动；次级电压低、点火能量不足而导致发动机高速时断火、起动困难怠速不稳、功率下降、油耗增加。

（2）点火线圈的故障检测方法

检测点火线圈有无断路、短路故障，通常的方法是用万用表电阻档测量点火线圈初级、次级绕组的电阻，看其是否与规定值一致。部分汽车点火线圈的电阻参数如表 6-9 所示。如果测得初级、次级绕组的电阻无穷大，则说明其有断路故障；如果测得的电阻过大或过小，都说明点火线圈初级绕组或次级绕组有接触不良或有匝间短路之处。

表 6-9 部分汽车点火线圈电阻参数

车型	测量温度 /℃	初级绕组电阻 /Ω	次级绕组电阻 /kΩ
丰田皇冠 2JZ-GE	冷态	0.36 ~ 0.55	9 ~ 15.4
	热态	0.45 ~ 0.65	11.4 ~ 18.1
丰田雷克萨斯 1UZ-FE		0.41 ~ 0.50	10.2 ~ 13.8
丰田雷克萨斯 3VZ-FE		0.41 ~ 0.50	10.2 ~ 13.8
丰田大霸王 2FZ-FE		0.36 ~ 0.6	9 ~ 15
丰田佳美 3S-FE		1.2 ~ 1.5	7.7 ~ 10.4
日产 VG30S	20	0.72 ~ 0.88	7.6 ~ 11.4
日产 CA20S	20	1.3 ~ 1.7	7.4 ~ 11.2

阅读提示

实际上，点火线圈的有些故障仅用万用表测电阻的方法并不能给出准确的判断。比如，点火线圈内部绝缘老化或只是有很小的裂纹，这些故障只是在高压下产生漏电，并造成次级电压下降和点火能量不足，导致了发动机工作不正常。这些故障需要通过专用的检测仪才能准确判别。比如，用汽车电器万能试验台做点火线圈的跳火试验、汽车专用示波器测点火线圈的初级和次级电压波形等方法才能检验点火线圈的性能是否良好。

5. 步进电动机式怠速控制阀的检测

（1）步进电动机式怠速控制阀的常见故障

步进电动机式怠速控制阀的常见的故障是线路插接器松动或锈蚀，电动机内部有断路、短路或接触不良，从而导致电磁阀不工作或工作不正常。

（2）步进电动机式怠速控制阀的检修方法

1）检查怠速控制阀是否工作。检查发动机在暖机后关闭点火开关时，仔细听怠速控制阀是否有打开的"咔嗒"声。如果没有，则应检查怠速控制阀插接器，以及它与 ECU 之间的线路连接、拆检怠速控制阀，如果均为正常，则应拆检 ECU。

2）检查怠速控制阀的电阻。拔开怠速控制阀插接器后，通过测量 B_1 或 B_2 与 S_1、S_2、S_3、S_4 之间的电阻（图 6-38），看步进电动机各绕组电阻值是否一致。如果不一致，则需更换怠速控制阀。

3）检查怠速控制阀的动作。将蓄电池的正极连接到插接器的 B_1 或 B_2 端子，蓄电池的负极则按 S_1、S_2、S_3、S_4 的次序逐个连接，阀应能逐步打开（图 6-39a）；然后，蓄电池的负极再按 S_4、S_3、S_2、S_1 相反的次序逐个连接，阀则应逐步关闭（图 6-39b）。如果阀不能正常动作，则应予以更换。

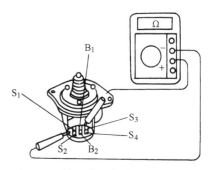

图 6-38　检测步进电动机绕组的电阻

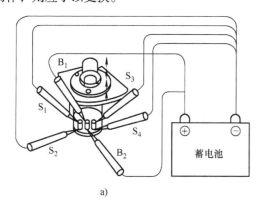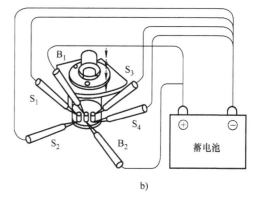

a)　　　　　　　　　　　　　b)

图 6-39　检查步进电动机式怠速控制阀的动作

a）怠速控制阀逐步打开情况　b）怠速控制阀逐步关闭情况

6. 转动电磁阀式怠速控制阀

（1）转动电磁阀式怠速控制阀的常见故障

转动电磁阀式怠速控制阀的常见故障是线路插接器松动或锈蚀，电磁阀线圈及内部线路有断路、短路或接触不良，从而导致电磁阀不工作或工作不正常。

（2）转动电磁阀式怠速控制阀的检修方法

1）检查电磁阀线圈的电阻。拔开插接器，用万用表分别测量电源端子（一般在中间）与另两端子之间的电阻，应一致并与规定值相符。如果测得的电阻值过大或过小、两线圈电阻差值较大，则需更换怠速控制阀。

2）检查怠速控制阀的动作。蓄电池正极连接怠速控制阀插接器的电源端子，蓄电池的负极分别短暂地连接另两端子，正常情况应能感觉到阀的动作和通道开启与关闭的变化。如果怠速控制阀不能正常开关，则需予以更换。

7. EGR 电磁阀的检测

（1）EGR 电磁阀常见故障

EGR 电磁阀的常见的故障是真空连接软管松动或破损、线路插接器松动或锈蚀，电磁阀线圈及内部有断路、短路或接触不良，从而导致电磁阀不工作或工作不正常。

（2）EGR 电磁阀的检修方法

1）直观检查。检查与 EGR 电磁阀连接的真空管接头有无松动和破损，电磁阀插接器连接有无问题。如果有异常，予以修理或更换。

2）检查电磁阀线圈电阻。拔开电磁阀插接器，用万用表测量电磁阀线圈电阻（图 6-40a），一般在 20 ~ 50Ω 左右。如果测得的电阻值过大或过小，则需更换 EGR 电磁阀；如果不通（电阻为 ∞），则说明电磁阀线圈已断路，也需更换 EGR 电磁阀。

如果检测电磁阀线圈的电阻正常，再检测电磁阀线圈有无搭铁（图 6-40b），正常情况应该是不通。如果测得有电阻或电阻为 0，则说明电磁线圈有搭铁故障，需要更换 EGR 电磁阀。

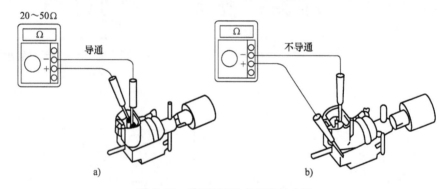

图 6-40 检测 EGR 电磁阀的电阻

a）检测电磁阀线圈电阻 b）检测电磁阀线圈有无搭铁

3）检查 EGR 电磁阀的动作。不加蓄电池电压时，E 与 G 之间应通气（图 6-41a），而将蓄电池电压施加于 EGR 电磁阀，EGR 电磁阀两空气软管接口（图 6-41b）之间应不通气。如果检查结果不正常，则需更换 EGR 电磁阀。

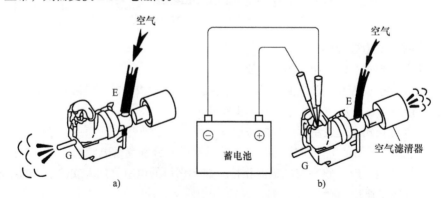

图 6-41 检查 EGR 电磁阀的动作

a）不加蓄电池电压时电磁阀的状态 b）加蓄电池电压时电磁阀的状态

阅读提示

炭罐通气量控制电磁阀的结构形式与工作方式与 EGR 电磁阀一样，其作用就是控制膜片阀真空室的真空度，因而这种电磁阀也被称之为真空控制电磁阀。故此，炭罐通气量控制电磁阀的故障原因与检测方法与 EGR 电磁阀也都一样。

三、控制器常见故障与检修

1. 发动机电子控制器的常见故障

电子控制器故障的概率相对较低，可能出现的故障有：

1）控制器内部电源电路出现了短路或断路、元件烧坏等故障，使控制器不能工作或使有关的传感器不能产生信号或信号异常。

2）微处理器系统芯片或电路烧坏而使控制系统不能工作或工作不正常。

3）内部执行器的驱动电路出现了断路、短路或元件烧坏而使相应的执行器不能工作。

2. 发动机电子控制器的检修方法

专家提醒：

电子控制器是发动机电子控制系统的核心部件，发动机电子控制系统的许多故障的可能性均涉及 ECU。但是，相比于电子控制系统其他的元器件和线路，ECU 的故障率较低，而其故障检测的难度却相对较大。因此，在对发动机电子控制系统进行检修时，不要轻易地拔下 ECU 插接器，或断开蓄电池的负极电缆线，因为这样的操作会导致 ECU 内部 RAM 存储器储存的自诊断故障信息丢失，不能充分利用控制系统的故障自诊断功能，给故障检修增加了难度。

当故障码指示为 ECU 故障，或通过故障分析和相关的检测步骤，最后怀疑 ECU 有故障时，一般通过如下方法予以确认：

（1）测量 ECU 各端子直流电压

测量 ECU 各电源端子（B、BATT）的电压，应为蓄电池电压，如果电压低或无，则检查电源线路。

如果电压正常，则再测量各有关传感器电源端子的电压，一般为 5V 左右，若电压异常或无，则说明 ECU 内部电路有故障，需更换 ECU。

ECU 的信号输入端子各信号电压正常的情况下，还可通过测量控制端子的脉冲电压或模拟电压，根据这些输出端子的检测结果正常与否来判断 ECU 是否有故障。

ECU 的电压检测方法如图 6-42 所示。

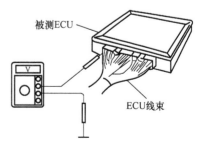

图 6-42　检测 ECU 相关端子电压

（2）排除法

通过对 ECU 插接器各端子电压和（或）电阻的测量以及有关部件的检测，排除了这些被检测线路和部件的故障可能性后，如果故障现象依旧，则需更换 ECU。

（3）替代法

用一个新的或已确认性能良好的控制器替代，如果故障现象消失，则说明原来的 ECU 已损坏，需予以更换。

第七章
汽车防抱死制动系统

第一节 概 述

一、防抱死制动控制系统的作用

阅读提示

　　汽车制动时的制动力就是车胎与地面的摩擦力，弄清汽车制动时车轮的受力情况和车轮的状态与地面附着力的关系，就自然理解了普通制动器的问题，了解汽车紧急制动时为什么要防车轮抱死。

1. 普通制动器的问题

（1）车轮制动力分析

　　忽略车轮及与其一起旋转部件的惯性力矩和车轮的滚动阻力，汽车制动时车轮的受力情况如图 7-1 所示。

　　地面对车轮的切向反力 X_Z 使车辆产生减速度，称之为地面纵向制动力；地面对车轮的横向反力 X_H 可阻止车轮侧向滑移，称之为地面防侧滑力。

　　地面制动力是在制动器的制动力矩作用下产生的，在车轮没有拖滑时，地面制动力主要取决于制动器制动力矩的大小，即：$X_Z = M_Z/r_0$。最大地面制动力 X_{ZM} 和最大地面防侧滑力 X_{HM} 就是车胎与地面之间最大的摩擦力，其中：
$X_{ZM} \leqslant \phi_Z Z = \phi_Z W$（$\phi_Z$ 为地面纵向附着系数）；
$X_{HM} \leqslant \phi_H Z = \phi_H W$（$\phi_H$ 为地面横向附着系数）。

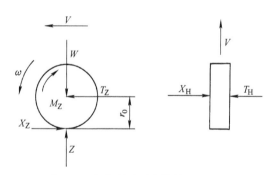

图 7-1　汽车制动时车轮的受力分析

W—车轮的径向载荷　Z—地面对车轮的法向反力
M_Z—制动器的制动力矩　T_Z—车轴对车轮的纵向推力
X_Z—地面对车轮的切向反作用力
r_0—车轮的工作半径　T_H—车轴对车轮的横向推力
X_H—地面对车轮的横向反作用力
V—汽车行驶速度　ω—车轮角速度

　　可见，在紧急制动情况下，地面纵向附着系数对制动效果有着直接的影响，而地面横向附着系数的大小对防止车辆侧滑、甩尾起着决定性的作用。

（2）滑移率与制动效果

汽车制动时车轮的滑移程度是用滑移率来表示的，滑移率 S 的定义如下：

$$S = \frac{V - r_0\omega}{V} \times 100\%$$

从滑移率的定义可知，S 值的大小是反映车轮滑移与转动的比率。当车轮被完全抱死时，$\omega = 0$，$S = 100\%$；车轮做纯滚动时，$\omega r_0 = V$，$S = 0$。通过试验研究，某种路面的地面附着系数与滑移率之间的关系如图 7-2 所示。

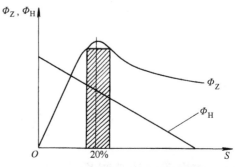

从这有代表性的地面附着系数变化特性中可知，车轮滑移率 S 在 20% 左右时，纵向附着系数最大，横向附着系数也不小。显而易见，在紧急制动时，适当地控制制动器制动力的大小，使车轮处于边滚边滑（$S \approx 20\%$）的状态，就可使地面制动力达到最大，实现缩短制动距离之功效；与此同时，车轮可保持良好的防侧滑能力。

图 7-2　滑移率与地面附着系数

（3）普通制动器存在的问题

由于紧急制动时的特殊情况，普通制动器在紧急制动时不可避免地会达到最大制动力，从而使车轮抱死（$S = 100\%$），因而不可避免地存在如下问题：

1）纵向附着系数不是最大，这就降低了地面制动力 X_Z，使车辆的制动距离延长了。

2）横向附着系数为零，意味着地面对车轮无防侧滑能力（$X_H = 0$），这使得车辆容易出现侧滑和甩尾，并且使车辆失去操控性。

3）轮胎的较长距离拖滑而造成的与地面的剧烈摩擦，使轮胎的磨损加剧。

2. 制动防抱死控制的作用

防抱死制动系统（Anti-lock Braking System，ABS），是在普通制动系统的基础上，配置了防止车轮抱死的电子控制系统，其基本组成如图 7-3 所示。

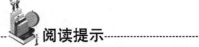

阅读提示

ABS 是防抱死制动系统的英文缩写，ABS 包括了普通制动系统和防抱死电子控制系统。但是人们习惯于将用于防止车轮抱死的电子控制系统称为 ABS。

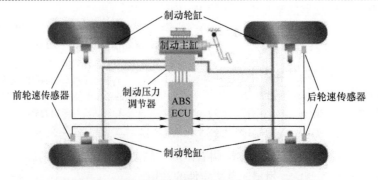

图 7-3　防抱死制动系统（ABS）的基本组成

制动防抱死电子控制系统由传感器、控制器和执行机构组成。ABS 的传感器主要有车轮转速传感器及减速度传感器；主要的执行器是制动压力调节器。在紧急制动或是在松滑路面行驶中制动而使车轮被抱死时，ABS 控制器立刻开始工作，根据相关传感器的信号进行分析判断后，自动控制各个车轮制动器制动压力的大小，使车轮不被抱死，处于边滚边滑（滑移率 $S \approx 20\%$）的状态，以确保地面纵向附着系数保持在较大的范围内，横向附着系数也不小，从而提高了汽车制动安全。ABS 具体的作用总结如下：

1）可充分发挥制动器的效能，缩短了制动时间与距离。

2）可有效地防止紧急制动时的车辆侧滑与甩尾，提高了汽车制动时的行车稳定性。

3）可使汽车在紧急制动时仍然具有良好的转向操纵性（图 7-4），进一步提高了汽车制动安全。

4）避免了轮胎与地面之间的剧烈摩擦，减少了轮胎的磨损。

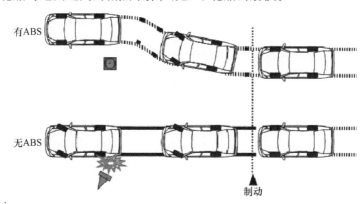

图 7-4 汽车紧急制动时有无 ABS 的比较

3. 防抱死制动系统（ABS）的发展概况

防抱死制动系统（ABS）是汽车主动安全控制装置，但 ABS 最初的应用是在飞机上。20 世纪 40 年代末，ABS 在波音 47 飞机上得到了应用，并逐渐成了飞机上的标准件。旧式的采用真空管控制的 ABS，如果在汽车上应用，其性能还达不到要求，加之其体积大、成本高等缺点，因而在汽车上其实用意义不大。

1971 年，德国博世公司首次推出了晶体管控制的 ABS，并进而发展为集成电路控制，后来又发展为用微处理器控制。从此，ABS 在汽车上的应用得以迅速发展，其控制形式也从二轮防抱死控制发展为四轮防抱死控制。现在，ABS 作为汽车的主动安全装置，已成为各种汽车的标准装备。

二、防抱死制动系统的分类

至今为止，在汽车上已出现过多种类型的 ABS，现以不同的分类方式加以概括。

1. 按系统控制方案不同分

（1）轴控式 ABS

所谓轴控式 ABS 是指 ECU 根据一个车轮转速传感器（或车轴转速传感器）信号，来控制同一轴上两车轮的制动器，使两个车轮制动器（轮缸）的制动压力有一个共同的控制结果。轴控式 ABS 多用于载货汽车。

轴控式 ABS 又有低选和高选两种方式。低选控制是由附着系数低的车轮来确定两个车轮轮缸的制动压力，高选控制则是由附着系数高的车轮来确定两个轮缸的制动压力。

（2）轮控式 ABS

也称单轮控制，即每个车轮轮缸的制动压力均根据各自车轮转速传感器的信号单独进行控制。

（3）混合式 ABS

一些汽车的 ABS 同时采用轴控式和轮控式两种控制方式，通常是前桥的两侧车轮采用轮控式，后桥采用轴控式。

2. 按控制通道和传感器数不同分

ABS 系统中的控制通道是指能独立进行制动压力调节的制动管路。按控制通道分，ABS 有单通道、双通道、三通道及四通道等 4 种形式。

（1）单通道式 ABS

单通道 ABS 如图 7-5 所示，通常是对两后轮采用轴控方式，车轮转速传感器有一个或是两个。采用一个轮速传感器的通常是将传感器安装在后桥主减速器处，采用两个轮速传感器的则是在两侧后轮上各装一个，并采用低选控制方式。

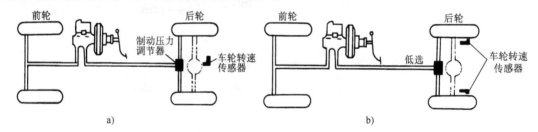

图 7-5　单通道式 ABS

a）单通道一传感器　b）单通道两传感器

由于单通道式 ABS 前轮未进行防抱死控制，因而汽车制动时的转向操纵性没有提高。但单通道 ABS 结构简单、成本低，因此，在一些载货汽车上还有应用。

（2）双通道式 ABS

双通道 ABS 有不同的形式，如图 7-6 所示。双通道结构比较简单，但难以同时兼顾制动时的方向稳定性、转向操纵性及制动效能，因此，目前在汽车上已很少使用。

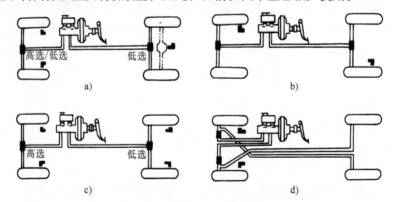

图 7-6　双通道式 ABS

a）二通道三传感器　b）二通道二传感器　c）二通道四传感器　d）二通道二传感器

（3）三通道式 ABS

三通道 ABS 一般是前轮采用轮控式，后轮采用低选轴控式，如图 7-7 所示。图 7-7c 所示的 ABS 后轮制动管路中各装有一个制动压力调节器，但两调节器由 ECU 按低选原则一同控制，因此，实际上是一个控制通道。

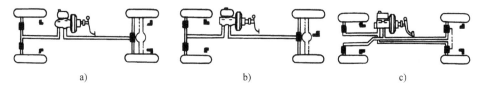

a) b) c)

图 7-7 三通道式 ABS

a）三通道四传感器（双管路前后布置） b）三通道三传感器 c）三通道四传感器（双管路对角布置）

（4）四通道式 ABS

四通道 ABS 四个车轮均采用轮控式，如图 7-8 所示。四通道 ABS 的双制动管路有前后布置（图 7-7a）和对角布置（图 7-7b）两种形式。

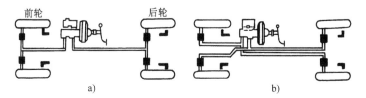

前轮 后轮

a) b)

图 7-8 四通道式 ABS

a）四通道四传感器（双管路前后布置） b）四通道四传感器（双管路对角布置）

第二节 防抱死制动系统的结构与原理

一、防抱死制动系统的控制原理

1. 防抱死制动电子控制系统的基本组成与控制原理

防抱死制动电子控制系统由相关传感器、控制器和制动压力调节器组成，其基本组成与控制原理如图 7-9 所示。

图 7-9 防抱死制动电子控制系统基本原理

在紧急制动时，车轮转速传感器、汽车减速度传感器等相关传感器的信号输入 ABS 电子控制器，控制器根据传感器的电信号对制动车轮的滑移及路面情况进行分析与判断后，输出制动器制动压力控制信号，控制制动压力调节器工作，及时地调节车轮制动器的制动压力，以使车轮不被抱死，处于边滚边滑的状态。

2. 制动防抱死的控制方式

在各种路况下，ABS 的防抱死控制应确保汽车能获得尽可能大的纵向制动力和防侧滑力，并使车轮的制动力矩变化幅度尽可能小。ABS 的防抱死控制方法主要有逻辑门限值控制、最优化控制及滑动模态变结构控制等。目前，广泛采用的是逻辑门限值控制方法。逻辑门限值参数有车轮滑移率、车轮角减/加速度、滑移率与角加速度结合等几种。

（1）以车轮滑移率为控制参数

ABS 电子控制器根据车速传感器和车轮转速传感器的信号计算车轮的滑移率 S，以 S 作为控制制动力大小的依据。当计算得到的滑移率 S 超出设定值时，ABS 电子控制器就输出减小制动力信号，通过制动压力调节器减小轮缸的制动压力；当滑移率 S 低于设定值时，ABS 电子控制器输出增大制动力信号，制动压力调节器又使轮缸的制动压力增大。通过这样不断地调整轮缸的制动压力，使制动车轮不被抱死，处于边滚边滑的状态，将车轮的滑移率控制在设定的最佳范围内。

（2）以车轮角减/加速度为控制参数

ABS 电子控制器主要根据车轮转速传感器的信号计算车轮的车轮角减/加速度，并作为控制制动力的依据。在电子控制器中的控制程序中，事先设定了一个车轮角减速度门限值，作为车轮已被抱死的判断值；另设一个车轮角加速度门限值，作为制动力过小而使车轮转速过高的判断值。制动时，当车轮角减速度达到角减速度门限值时，控制器输出减小制动力信号；当车轮转速升高至角加速度门限值时，控制器则输出增加制动力信号。如此不断地调整制动压力，使车轮不被抱死，处于边滚边滑的状态。

（3）以车轮角减速度和滑移率为控制参数

单纯用一种控制参数存在局限性。仅以车轮的角减速度、角加速度为门限值，汽车在不同的路况下紧急制动，车轮达到设定的角速度门限值时的实际滑移率差别很大，这会使得一些路面的制动控制达不到应有的效果；仅以滑移率为门限值进行控制，由于路况的不同，最佳滑移率的变化范围较大（8%~30%），因而以滑移率为门限值不可能在各种路况下都能获得最佳的制动效果。将两种门限参数结合在一起，可使系统能辨识路况，提高系统的自适应控制能力。

阅读提示

仅以车轮滑移率为控制参数的防抱死控制方式，其滑移率也称绝对滑移率，ECU 是根据车身相对于地面的移动速度和车轮的轮缘速度计算得到该参数的，因此，这种控制方式的 ABS 必须匹配测速雷达。以车轮角减速度和滑移率为控制参数的防抱死控制方式中的滑移率实际上是参考滑移率，ECU 是根据车轮转速传感器和车速传感器的信号计算得到的。

3. ABS 的控制过程

现代汽车上所用的 ABS 大都采用车轮角减/加速度和滑移率为控制参数的门限控制方式，一般以设定的车轮角减速度和角加速参数为主要控制门限，以相对滑移率参数为辅助控制门限值。通常以车轮转速信号和设定一个车辆制动减速度值，来计算得到参考滑移率。减速度门限值、加速度门限值及车辆制动减速度值均是通过试验确定的，且不同的路面情况其控制策略也不同。因此，不同车型，不同类型的 ABS，控制策略和控制参数一般不具有通用性。

现以典型的博世公司的 ABS 为例，说明 ABS 电子控制系统的防抱死控制过程。

（1）高附着系数路面的制动控制过程

ABS 在高附着系数路面的制动防抱死控制过程如图 7-10 所示。

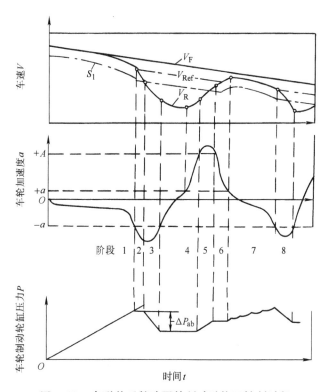

图 7-10　高附着系数路面的制动防抱死控制过程

V_F—实际车速　V_{Ref}—参考车速　V_R—车轮速度

第 1 阶段：为制动初始阶段，制动压力上升。此阶段车轮速度 V_R 随制动压力的增大而下降，车轮的减速度增大。当车轮减速度达到门限值 $-a$ 时，制动压力将停止增大。

第 2 阶段：车轮减速度达到了门限值 $-a$，但计算得到的参考滑移率还未达门限值 S_1，因此，控制系统使制动压力进入保持阶段，以使车轮充分制动。

第 3 阶段：当参考滑移率大于门限值 S_1 时，控制系统使制动压力进入减小阶段。随着制动压力的减小，车轮在惯性力的作用下开始加速。

第 4 阶段：当车轮的减速度减小至门限值 $-a$ 时，控制系统使制动压力进入保持阶段。此阶段由于汽车惯性的作用，车轮仍然在加速。当车轮加速度达到加速门限值 $+a$ 时，仍然保持制动压力，直到车轮加速度超过第二门限值 $+A$ 为止。

第 5 阶段：第二门限值 $+A$ 为适应附着系数突然增大而设置，当车轮的加速度超过第二门限值 $+A$ 时，控制系统再控制制动压力增大，以适应附着系数的增大。此时，随着制动压力的增大，车轮加速度会下降。

第 6 阶段：当车轮加速度又低于 $+A$ 时，控制系统又使制动压力进入保持阶段，直到车轮加速度又回落至 $+a$ 以下。

第 7 阶段：车轮的加速度在 $+a$ 以下时，对制动压力的控制为增压、保持的快速转换，以使车轮滑移率在理想滑移率附近波动。此阶段制动压力有较小的阶梯升高，车轮加速度继续回落。

第 8 阶段：当车轮减速度再次超过 $-a$ 时，又开始进入制动压力减小阶段，此时制动压力降低不再考虑参考滑移率门限值，进入下一个控制循环过程。

（2）低附着系数路面的控制过程

汽车在低附着系数路面行驶中制动时，较低制动压力就可能使车轮抱死，且需要更长的时间加速才能走出高滑移率区。因此，低附着系数路面的防抱死控制与高附着系数路面的有所不同，其控制过程如图 7-11 所示。

低附着系数路面的防抱死控制的第 1 与第 2 阶段与高附着系数路面控制过程的第 2、第 3 阶段相似。当进入制动压力保持阶段（第 3 阶段）后，由于附着系数小，车轮的加速很慢，在设定的制动压力保持时限内车轮加速度未能达到门限值 +a，ECU 由此判定车轮处于低附着系数路面，并以较小的减压率使制动压力降低，直到车轮加速度超过 +a。此后，系统又进入制动压力保持阶段（第 4 阶段）。当车轮加速度又低于 +a 时，系统以较低的阶梯升压率增大制动压力（第 5 阶段），直到车轮的减速度又低于门限值 -a，进入下一个防抱死控制循环。由于在第一个循环中车轮处于较大滑移率的时间较长，ECU 根据此状态信息，在下一个循环中，采用持续减压的方式使车轮加速度升至 +a（第 6 阶段）。这样可缩短车轮在高滑移率状态的时间，使车辆的操纵性和稳定性得以提高。

（3）制动中路况突变的防抱死控制过程

在制动过程中会有从高附着系数路面进入低附着系数路面的情况，比如在沥青或水泥路面制动中驶入结冰路面或沙石路面。这种由高附着系数路面突变到低附着系数路面的制动防抱死控制过程如图 7-12 所示。

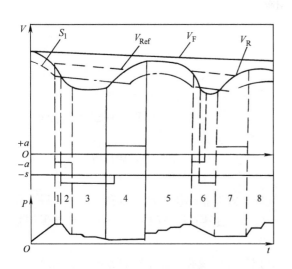

图 7-11　低附着系数路面的制动防抱死控制过程

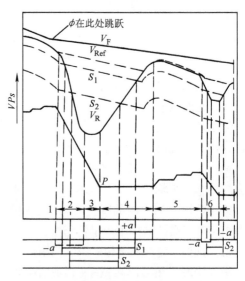

图 7-12　路面附着系数由高向低突变的制动防抱死控制过程

假设在上一个防抱死控制循环结束、下一个循环刚刚开始时，车轮突然从高附着系数路面进入低附着系数路面，由于这时制动压力调节器还保持在与高附着系数路面相适应的较高压力，就会出现车轮的参考滑移率超过高门限值 S_2 的可能。因此，在车轮的角减速从低于 -a 到高于 -a 变化过程中，还需要对车轮的参考滑移率是否超过 S_2 进行判断。如果参考滑移率超过 S_2，说明车轮处于滑移率过大状态，系统将不进行制动压力保持，继续减小制动压力，直至车轮的加速度高于门限值 +a（第 3 阶段）。此后，系统再进入制动压力保持阶段（第 4 阶段），直到车轮的角加速度又低于门限值 $+a$。然后再以较低的阶梯升压率增大制动压力（第 5 阶段），直到车轮的角减速度再次低于门限值 $-a$，进入下一个防抱死控制循环。

在低附着系数路面、车速低于 20km/h 的情况下，由于车轮角减速度较小，通常以滑移率门限作为主要控制门限，而以车轮的角减速度和角加速度作为辅助控制门限。

二、制动防抱死电子控制系统部件的结构与原理

1. 传感器

ABS 所用的传感器主要是车轮转速传感器和汽车减速度传感器。

（1）车轮转速传感器

车轮转速传感器将车轮的转速转变为电信号，并输送给电子控制器，控制器根据车轮转速传感器提供的电信号计算车轮滑移率、角加速度及汽车参考速度等。车轮转速传感器有磁感应式、光电式和霍尔效应式等，使用最多的是磁感应式车轮转速传感器。

磁感应式车轮转速传感器的具体结构形式与安装位置有多种，其典型安装形式如图 7-13 所示。

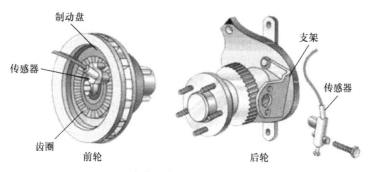

图 7-13 安装在车轮处的车轮转速传感器

（2）减速度传感器

减速度传感器也被称之为 G 传感器，它是将汽车制动时的减速度大小转换为相应的电信号，传给 ABS 电子控制器。ABS 电子控制器根据 G 传感器所提供的电信号，来分析判断路面附着力的高低情况，以便于进行与路面附着力相适应的制动力控制。汽车 ABS 中所用的减速度传感器有水银式、差动变压器式等不同的形式。

2. ABS 电子控制器

ABS 电子控制器（ECU）接收各传感器和开关的电信号，通过计算与分析，判断车轮的滑移状况，并向制动压力调节器输出控制信号，及时调节各车轮制动力的大小。此外，ABS 电子控制器还具有故障监控报警和故障自诊断等功能。一种控制四个车轮制动器制动力的 ABS ECU 的基本组成如图 7-14 所示。

（1）输入电路

输入电路由低通滤波、整形、放大、A/D 转换等电路组成，用于对车轮转速传感器输入的信号进行预处理，并将其转换为数字信号后送入运算电路（微处理器）。输入电路同时传送 ECU 对各车轮转速传感器的监测信号，并将反馈信号送回微处理器。输入电路还接收点火开关、制动开关、液位开关等开关的信号，以及电磁阀继电器、ABS 泵继电器等执行机构电路的反馈信号，经处理后送入微处理器。

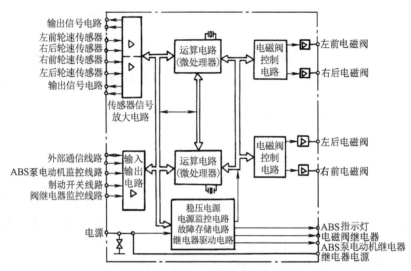

图 7-14　ABS 电子控制器

（2）运算电路

运算电路主要由微处理器构成，其作用是根据传感器等输入的信号，按照设定的程序进行计算、分析和处理，产生相应的控制指令。运算电路通常由两个微处理器组成，以确保系统工作的可靠性。两个微处理器同时接收输入信号，并进行运算和处理，然后进行交互式通信来比较，如果处理结果不一致，微处理器就立即使 ABS 停止工作，以防止系统因发生故障而导致错误的控制。运算电路在监测到传感器、执行器等外部电路有故障时，也会向安全保护电路输出停止 ABS 系统工作的指令，使 ABS 立刻停止工作。

（3）输出电路

输出电路由电磁阀控制电路、ABS 泵电动机控制电路等组成，其作用是将运算电路的控制指令（如制动压力的增压、保持、减压及 ABS 泵的工作、停止等）转换为模拟控制信号，并通过驱动电路控制执行器动作。

（4）安全保护电路

安全保护电路由电源控制、故障记忆、继电器控制、ABS 指示灯控制等电路组成，其主要功能有三个：一是对汽车电源电压进行监控，并向 ECU 提供工作所需的 5V 标准电压；二是当 ABS 系统出现故障时，能根据 CPU 的指令，迅速使 ABS 停止工作，以确保普通制动功能，同时使 ABS 指示灯亮起；三是将 ABS 系统出现的故障以代码的形式储存于故障记忆电路（RAM）中。

3. ABS 执行器

（1）制动压力调节器的作用与类型

1）作用。制动压力调节器是 ABS 执行器的主要执行器，其作用是按照 ABS ECU 输出的控制信号迅速动作，将制动器制动压力调节到适当的值，使车轮不被抱死。

2）制动压力调节器的类型。制动压力调节器有多种类型：

根据其调压的方式不同分，制动压力调节器有循环流动式和变容积式两种类型，而这两种制动压力调节器都有三位三通电磁阀控制和二位二通电磁阀控制两种方式。

根据其与制动主缸的结构关系，制动压力调节器又可分为整体式和分体式两种。整体式 ABS 其制动压力调节器与制动主缸等构成一个整体，如图 7-15 所示；分体式 ABS 其制动压力调节器独立安装，如图 7-16 所示。

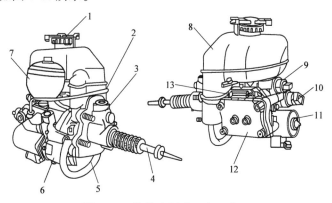

图 7-15　整体式制动压力调节器

1—液位指示开关　2—高压管路　3—助力器　4—推杆　5—低压软管　6—ABS 泵总成　7—储压器
8—储油器　9—主电控阀　10—压力开关　11—泵电动机总成　12—阀体　13—电磁阀

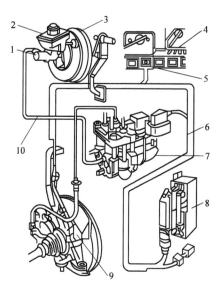

图 7-16　分离式制动压力调节器

1—制动主缸　2—储油器　3—助力器　4—仪表板　5—ABS 指示灯　6—ABS 线束　7—制动压力调节器
8—ABS 控制器　9—车轮转速传感器　10—制动管路

（2）循环流动式制动压力调节器

循环流动式制动压力调节器串联在普通制动管路中，其组成部件主要有电磁阀，储油器、ABS 泵和 ABS 泵电动机等，如图 7-17 所示。

 阅读提示

循环流动式制动压力调节器在工作时，制动液从制动主缸到制动轮缸（增压），又从制动轮缸到储油器（降压），再从储油器又回到制动主缸（ABS 泵工作）。制动压力调节器在工作时，通过制动液的循环流动，实现了制动液压的增压、保压和降压控制。

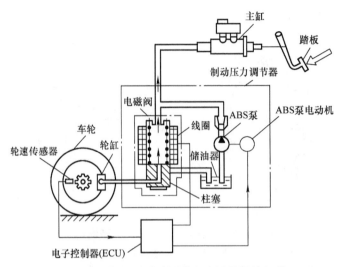

图 7-17 循环流动式制动压力调节器的组成

1）结构形式。电磁阀是制动压力调节器的核心部件，常用的电磁阀有三位三通、二位二通两种，用于控制制动主缸、制动轮缸及储油器三条连接管路的通断，以实现制动轮缸压力的控制；储液器用于暂时储存制动轮缸压力减小过程流出的制动液；ABS 泵（也称回油泵）则是将储油器的制动液泵回制动主缸。

2）三位三通电磁阀的调压原理。采用三位三通电磁阀的循环流动式制动压力调节器工作原理如图 7-18 所示。三位三通电磁阀有三个工作位置，通过三种通电状态（不通电、半通电和全通电）来控制；电磁阀有三个液压通道，分别连接制动主缸、制动轮缸和储油器。三位三通电磁阀制动压力调节过程如下。

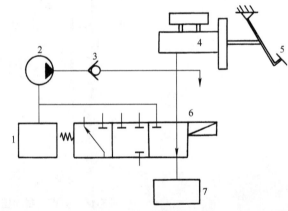

图 7-18 循环流动式制动压力调节器原理（三位三通电磁阀）
1—储油器 2—ABS 泵 3—单向阀 4—制动主缸 5—制动踏板
6—三位三通电磁阀 7—制动轮缸

普通制动： 在通常的减速制动或停车慢速制动时，由于车轮不会被抱死，ABS 不介入工作，此时，制动压力调节器电磁阀不通电，电磁阀处于右位，制动主缸与制动轮缸直通，制动轮缸的压力直接由制动踏板的踩踏力控制。

减压过程： 当需要减小制动压力时，ECU 输出减压信号，通过驱动电路使电磁阀线圈有较大的电流，电磁阀处于左位，将连接制动主缸的通道封闭，而将制动轮缸与储油器接通，制动轮缸的制动液通过电磁阀流入储油器，轮缸的制动压力降低。此时，电动 ABS 泵工作，将从轮缸流入储油器的制动液泵回制动主缸。

保压过程： 当需要保持制动压力时，ECU 输出保压信号，通过驱动电路向电磁阀提供较小的电流，电磁阀处于中位，电磁阀的三个通道都被封闭，制动轮缸成为封闭的容腔，其压力将保持不变。

增压过程： 当需要增大制动压力时，ECU 输出增压信号，使电磁阀线圈断电，电磁阀回到右位，制动主缸与制动轮缸相通，制动主缸的高压制动液进入轮缸，使其压力增大。

ABS ECU 输出控制信号，通过控制电磁阀全通电（降低制动压力）、半通电（保持制动压力）和断电（增大制动压力）来调节制动轮缸压力的大小，使车轮处于边滚边滑的状态。

当 ABS 系统失效时，ECU 使电磁阀保持在断电状态，这时，电磁阀在右位，制动主缸与轮缸直通，可保证普通制动器能正常制动。

采用三位三通电磁阀的循环流动式制动压力调节器如图 7-19 所示。

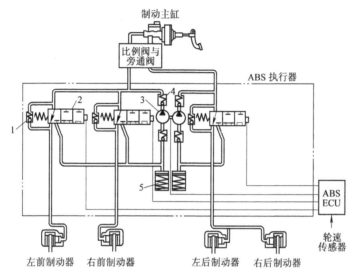

图 7-19　丰田雷克萨斯 LS400 型轿车 ABS 制动压力调节器

1—解除制动单向阀　2—三位三通电磁阀　3—ABS 泵　4—单向阀　5—储油器

（3）二位二通电磁阀的调压原理

采用两个二位二通电磁阀的循环流动式制动压力调节器工作原理如图 7-20 所示。两个电磁阀均只有两个工作位置，连接两个液压通道。其中常开电磁阀连接制动主缸和制动轮缸，常闭电磁阀连接于制动轮缸与储油器之间。采用二位二通电磁阀的循环流动式制动压力调节器的工作过程如下。

普通制动： 在通常的减速制动或停车慢速制动时，ABS 不工作，因此，两电磁阀均不通电。此时，制动主缸通过常开电磁阀与制动轮缸相通，常闭电磁阀则将通储油器通道关闭，制动轮缸的压力由制动踏板的踩踏力直接控制。

减压过程： 当需要减小制动压力时，ECU 输出减压控制信号，使两电磁阀均通电。常开电磁阀通电后关闭，使制动轮缸与制动主缸断开；常闭电磁阀通电后打开，使制动轮缸与储油器相

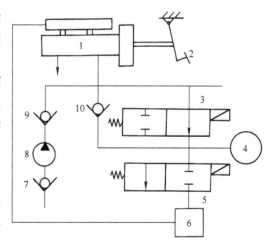

图 7-20　循环流动式制动压力调节器原理
（二位二通电磁阀）

1—制动主缸　2—制动踏板　3—常开电磁阀
4—制动轮缸　5—常闭电磁阀　6—储油器
7、9、10—单向阀　8—ABS 泵

通。于是，轮缸的制动压力降低。此时，电动 ABS 泵工作，将从轮缸流入储液器的制动液泵回制动主缸。

保压过程：当需要保持制动压力时，ECU 输出保压信号，驱动电路只使常开电磁阀线圈通电。常开电磁阀通电后关闭，常闭电磁阀不通电也处于关闭状态，此时，制动轮缸与制动主缸和储油器的通道均被封闭，使制动轮缸的压力保持不变。

增压过程：当需要增大制动压力时，ECU 输出增压信号，使两电磁阀均处于断电状态。这时，制动轮缸只与制动主缸相通，制动主缸的高压制动液进入轮缸，使其压力上升。

汽车制动时，ABS ECU 通过控制两电磁阀均不通电（压力上升）、只常开电磁阀通电（压力保持）和两个电磁阀均通电（压力下降），实现轮缸制动压力的控制，使车轮与地面的滑移率保持在 20% 左右，将车轮与地面的附着力保持在较高的范围。当 ABS 系统失效时，ECU 使两电磁阀均保持在断电状态，常开电磁阀使制动主缸与轮缸直通，可保证普通制动器正常起作用。

采用二位二通电磁阀控制的制动压力调节器如图 7-21 所示。

（4）变容积式制动压力调节器

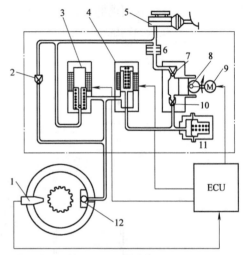

图 7-21　富康系列轿车 ABS 制动压力调节器
1—车轮转速传感器　2—解除制动单向阀　3—常开电磁阀
4—常闭电磁阀　5—制动主缸　6—缓冲器
7、10—ABS 泵排出与吸入止回阀　8—ABS 泵
9—ABS 泵电动机　11—储油器　12—制动轮缸

 阅读提示

相比于循环流动式制动压力调节器，变容积式制动压力调节器增设了动力活塞和储能器，通过与循环流动式制动压力调节器一样的调压方法来调节动力活塞控制油腔的液压，使动力活塞移动，以改变制动轮缸容腔的容积，实现制动压力的调节。

变容积式制动压力调节器通过调节制动轮缸的有效容积来调节制动压力，其基本组成如图 7-22 所示。

1）结构特点。变容积式制动压力调节器的结构特点如下：

① 当单向阀处于关闭位置时，就隔断了制动主缸与制动轮缸之间的液压通道，与制动轮缸连通的动力活塞左腔其容积成为制动轮缸的有效容积。

② 当动力活塞移动时，就会改变制动轮缸的有效容积，从而使轮缸的制动压力产生相应的变化。

③ 动力活塞的移动由控制油腔油压的高低来控制，调节动力活塞控制油腔的油压，即可使动力活塞移动，也即改变了制动轮缸的压力。

④ 控制油腔油压的控制方式与循环流动式制动压力调节器控制轮缸的制动压力完全一样，只是控制油腔的高压源是储能器，非制动主缸。

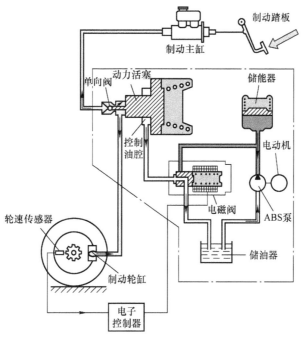

图 7-22 变容积式制动压力调节器

2）结构形式。根据所采用的电磁阀不同，变容积式制动压力调节器也有三位三通式和二位二通式等不同的结构形式。变容积式制动压力调节器其控制油腔的高压源由储能器及电动ABS 泵所组成的液压装置产生。但也有采用动力转向泵作为动力活塞，控制油腔高压源的变容积式制动压力调节器。

3）调压原理。采用三位三通电磁阀的变容积式制动压力调节器工作原理如下：

普通制动： 电磁阀不通电，电磁阀柱塞保持在左位，使动力活塞控制油腔与储液器相通（低压），动力活塞在其弹簧力的作用下保持在最左的位置，活塞左端的顶杆顶开单向阀，使制动主缸与制动轮缸直接连通（参见图 7-22）。此时，制动压力直接由驾驶人的制动踏板踩踏力控制。

减压过程： ECU 输出减压控制信号时，同时向电磁阀提供较大电流，使电磁阀柱塞处于右位（图 7-23）。动力活塞控制油腔与储能器相通而压力增大，使动力活塞向右移动，单向阀关闭，从而使制动主缸与制动轮缸断开。单向阀关闭后，动力活塞的继续右移使其左腔容积增大，制动轮缸的制动压力降低。

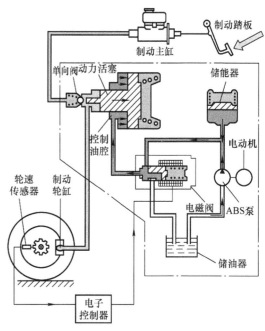

图 7-23 变容积式制动压力调节器减压过程

保压过程：当 ECU 输出保压信号时，同时向电磁阀提供较小的电流，使电磁阀柱塞处于中位（图 7-24）。电磁阀的三个通道都被封闭，动力活塞控制油腔的液压保持不变，动力活塞因两端的受力保持平衡而静止不动，使制动轮缸的压力保持不变。

增压过程：当 ECU 输出增压信号时，电磁阀断电，电磁阀柱塞回到左位（图 7-25），动力活塞控制油腔又与储液器相通，控制油腔油压下降，动力活塞在其弹簧力的作用下向左移动，使动力活塞左腔容积减小，制动轮缸压力增大。当动力活塞移动到最左位时，活塞左端的顶杆顶开单向阀，制动主缸又与制动轮缸相通，使轮缸的压力进一步增大。

ABS ECU 通过控制电磁阀全通电（降低制动压力）、半通电（保持制动压力）和断电（增大制动压力）来调节制动力的大小，使车轮处于边滚边滑的状态。

当 ABS 系统失效时，ABS ECU 使电磁阀保持在断电状态。这时，控制油腔与储油器相通，控制油腔的油压最低，动力活塞在弹簧力的作用下移至最左位，单向阀被顶开，制动主缸与轮缸直通，可保证普通制动器正常起作用。

采用二位二通电磁阀的变容积式制动压力调节器，通过两个二位二通电磁阀来调节动力活塞控制油腔的控制油压，实现变容积式制动压力调节（图 7-26）。调节动力活塞控制油腔油压的工作方式，与循环流动式制动压力调节器用二位二通电磁阀调节制动轮缸压力完全一样。

（5）液压与液位开关

ABS 液压系统设有液压和液位开关，用于液压控制和警告、液位指示与警告等。

1）压力控制开关（PCS）。此开关设在储能器与电动 ABS 泵组件中，在储能器下腔的液压作用下动作。当储能器的制动液压下降到一定值时，PCS 触点闭合，将电动 ABS 泵继电器线圈电路接通，使电动 ABS 泵工作，以提高储能器制动液压。

2）压力警告开关（PWS）。也是在储能器下腔液压的作用下动作。压力警告开关用于监视

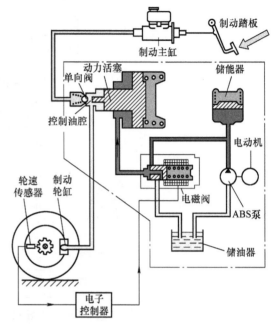

图 7-24 变容积式制动压力调节器保压过程

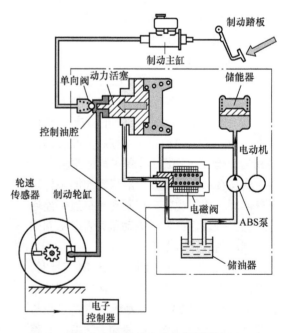

图 7-25 变容积式制动压力调节器增压过程

储能器的制动液压，当制动液压降到设定值以下时，其触点闭合，接通红色制动警告灯，随后黄色的 ABS 指示灯也会亮起，ABS 电子控制器将中止 ABS 起作用。

3）液位指示开关（FLI）。用于监视储油器内的制动液液面，通常有两个触点，当制动液液面下降到最低限时，其常开触点闭合，接通红色制动警告灯电路，使红色制动警告灯亮起，以警告驾驶人必须停车检查制动系统；常闭触点打开，断开了 ABS 电子控制器的电源电路，使黄色的 ABS 指示灯亮起，同时使 ABS 停止起作用。

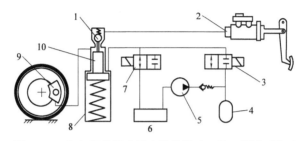

图 7-26　变容积式制动压力调节器（二位二通电磁阀）

1—单向阀　2—制动主缸　3—常闭电磁阀　4—储能器　5—ABS 泵　6—储油器　7—常开电磁阀
8—调压缸　9—制动轮缸　10—动力活塞

三、典型制动防抱死电子控制系统电路

下面以丰田雷克萨斯 LS400 轿车的 ABS 为典型实例，借以深入地了解 ABS 电路的构成、特点、工作原理及故障检修方法。

1. 丰田雷克萨斯 LS400 轿车 ABS 的结构特点

丰田雷克萨斯轿车在不同汽车上所配置的 ABS，其组成部件和控制电路结构形式会有所不同。有的车型还装备了防滑转电子控制系统（ASR）、制动压力分配控制系统（EBD）、电子控制辅助制动系统（EBA）等，这些电子控制装置通常与 ABS 使用同一个 ECU。LS400 轿车的 ABS 控制系统基本组成与布置如图 7-27 所示。

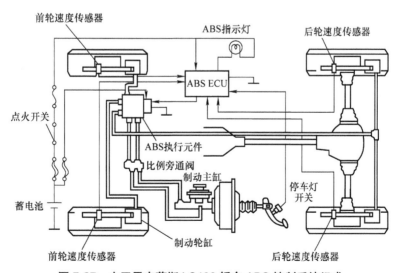

图 7-27　丰田雷克萨斯 LS400 轿车 ABS 控制系统组成

（1）结构类型

丰田雷克萨斯 LS400 轿车有带 TRC（牵引力控制系统）和不带 TRC 两种车型，均采用德国博世（BOSCH）ABS。

阅读提示

牵引力控制系统（TRC）实际上就是汽车防滑转电子控制系统（ASR）。TRC 是通过控制发动机的输出功率来抑制驱动轮的滑转，使驱动轮的滑转率控制在一个理想的范围之内，确保车胎与地面之间的附着力，用以提高汽车的牵引力和操纵稳定性。TRC 在现代汽车上已有较多的应用。

（2）液压系统

丰田雷克萨斯 LS400 轿车的液压系统（参见图 7-19）采用循环流动式制动压力调节器，有三个独立的制动压力控制通道，分别用于控制左前轮、右前轮和两个后轮的制动压力。每个制动压力控制通道均采用了三位三通电磁阀来实现制动压力的减压、保压和增压控制。

（3）电子控制系统

ABS ECU 通过对三个三位三通电磁阀不通电、半通电和全通电的控制，实现四个车轮的制动压力自动控制。

ABS 电子控制系统有四个车轮转速传感器，ECU 根据两前轮转速传感器的转速信号分别判断左前轮、右前轮的抱死情况，并通过两个三位三通电磁阀，分别控制左前轮和右前轮制动器的制动压力；ECU 根据两后轮转速传感器的转速信息，判断两后轮的抱死情况，并通过一个三位三通电磁阀，控制后轮的制动器的制动压力。

2. 丰田雷克萨斯 LS400 轿车 ABS 的电路分析

丰田雷克萨斯 LS400 轿车 ABS 电子控制电路如图 7-28 所示。

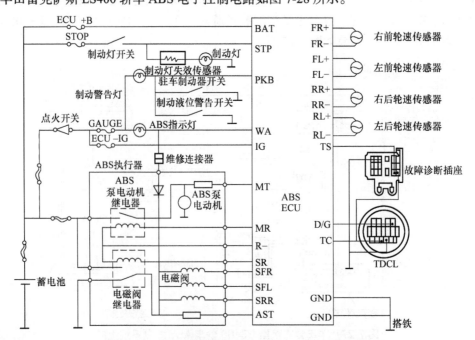

图 7-28　丰田雷克萨斯 LS400 轿车 ABS 控制电路

（1）ABS 电子控制器

ABS ECU 有两个插接器，插接器代号为 A16、A17。插接器的端子排列如图 7-29 所示，各端子的连接说明见表 7-1。

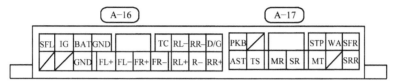

图 7-29 ABS ECU 插接器端子排列

表 7-1 丰田凌志 LS400 轿车 ABS ECU 端子连接及功能

端子代号	连接部件	功能说明	端子代号	连接部件	功能说明
D/G	TDCL 和检查连接器	检测与诊断	GND	搭铁	ECU 搭铁
RR−	后右车轮转速传感器	信号输入（−）	SFR	前右电磁阀线圈	控制端子
RL−	后左车轮转速传感器	信号输入（−）	WA	ABS 指示灯	控制端子
TC	TDCL 和检查连接器	检测与诊断	STP	停车灯开关	信号输入
GND	搭铁	ECU 搭铁	PKB	驻车制动开关	信号输入
BAT	蓄电池	ECU 直接电源	SRR	后电磁阀线圈	控制端子
IG	点火开关	开关控制电源	MT	ABS 泵电动机	电动机监控
SFL	前左电磁阀线圈	控制端子	SR	电磁阀继电器	电磁阀电源控制端子
RR+	后右车轮转速传感器	信号输入（+）			
R−	继电器线圈接地	继电器控制	MR	ABS 泵电动机继电器	电动机控制端子
RL+	后左车轮转速传感器	信号输入（+）			
FR−	前右车轮转速传感器	信号输入（−）	TS	检查连接器	检测与诊断
FR+	前右车轮转速传感器	信号输入（+）	AST	电磁阀继电器	电磁阀继电器监控
FL−	前左车轮转速传感器	信号输入（−）			
FL+	前左车轮转速传感器	信号输入（+）			

（2）ABS 电磁阀继电器控制电路

ABS 制动压力调节器电磁阀继电器控制电路如图 7-30 所示。

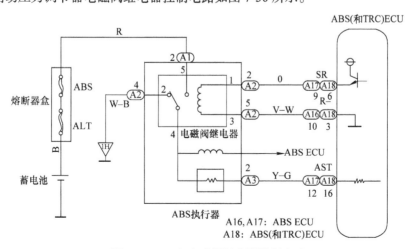

A16, A17：ABS ECU
A18：ABS(和TRC)ECU

图 7-30 ABS 电磁阀继电器控制电路

ABS 电磁阀继电器为复合式触点，常闭触点使 ABS 各电磁阀接地，常开触点闭合时接通各电磁阀线圈电源，并通过 AST 端子向 ECU 提供 ABS 电磁阀继电器工作反馈信息。

ECU 通过 SR 端子输出电压，控制 ABS 电磁阀工作。

（3）ABS 泵电动机控制电路

ABS 泵电动机控制电路如图 7-31 所示。

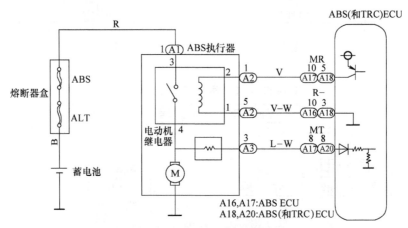

图 7-31　ABS 泵电动机控制电路

ABS 泵电动机通过一常开触点继电器接通电源，ABS ECU 通过 MR 端子控制常开触点继电器工作。继电器触点闭合时，通过 MT 端子向 ECU 提供 ABS 泵继电器工作反馈信号。

（4）ABS 制动压力调节器电磁阀控制电路

ABS 制动压力调节器电磁阀控制电路如图 7-32 所示。

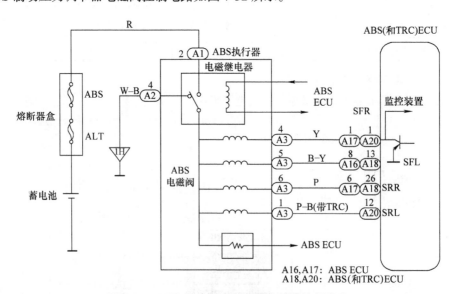

图 7-32　ABS 制动压力调节器电磁阀控制电路

当电磁阀继电器线圈通电，其常开触点闭合时，ECU 通过 SFR、SFL、SR 端子控制相应的电磁阀线圈全通电、半通电和断电。

3. 丰田雷克萨斯 LS400 轿车 ABS 电路故障检修

（1）电路检测要点

通过对 ABS ECU 有关端子对地电压和通断情况的检测，可判断 ECU 及相关电路与部件正常与否。丰田雷克萨斯 LS400 轿车（不带 TRC）ABS 控制电路的检测要点如表 7-2 所示。

表 7-2　ABS ECU 有关端子对地电压和通断情况的检测

检测端子（端子号）	检测状态	正常情况	检测异常可能的故障部位
BAT（A16—6）	测电压	蓄电池电压	ABS ECU 与蓄电池之间的电源线路与相关的熔断器
STP（A17—3）	踩下制动踏板	蓄电池电压	制动灯开关及电路
	不踩制动踏板	通（有电阻）	制动灯或制动灯失效传感器
PKB（A17—5）	点火开关 ON，拉紧驻车制动器	约 0V	驻车制动器开关；制动液面开关；制动警示灯及连接线路
	点火开关 ON，放松驻车制动器	蓄电池电压	
WA（A17—2）	点火开关 ON，ABS 指示灯亮	约 0V	ABS 指示灯及连接线路
	点火开关 ON，ABS 指示灯熄灭	蓄电池电压	ABS ECU
IG（A16—7）	点火开关 ON	蓄电池电压	ECU—IG 熔断器
	点火开关 OFF	约 0V	点火开关及相关线路
MT（A17—8）	点火开关 OFF	通路	制动压力调节器
MR（A17—10）	变速器在行驶档位，驻车制动器、行车制动器均放松，点火开关 ON，ABS 指示灯不亮	蓄电池电压	制动压力调节器；制动压力调节器与 ECU 之间线路；ABS ECU
R−（A16—10）	点火开关 OFF	通路	ABS ECU
SR（A17—9）	点火开关 ON，ABS 指示灯亮	约 0V	制动压力调节器
	点火开关 ON，ABS 指示灯熄灭	蓄电池电压	ABS ECU
SFR（A17—1）	点火开关 ON，ABS 指示灯亮	约 0V	制动压力调节器 ABS ECU
	点火开关 ON，ABS 指示灯熄灭	蓄电池电压	
SFL（A16—8）	点火开关 ON，ABS 指示灯亮	约 0V	
	点火开关 ON，ABS 指示灯熄灭	蓄电池电压	
SRR（A17—6）	点火开关 ON，ABS 指示灯亮	约 0V	
	点火开关 ON，ABS 指示灯熄灭	蓄电池电压	
AST（A17—12）	点火开关 ON，ABS 指示灯亮	约 0V	
	点火开关 ON，ABS 指示灯熄灭	蓄电池电压	
TS（A17—11）	检查连接器 TS-E1 不连接	不通	检查连接器；检查连接器与 ECU 之间的线路
	检查连接器 TS-E1 连接	通路	
TC（A16—4）	检查连接器 TC-E1 不连接	不通	检查连接器；检查连接器与 ECU 之间的线路
	检查连接器 TC-E1 连接	通路	
GND（A16—5、16）	点火开关 OFF	通路	ECU 搭铁线路

请注意：检查各端子与搭铁之间的通断情况要用高阻抗的万用表，并在点火开关关断时测量。

（2）故障自诊断

丰田雷克萨斯 LS400 轿车 ABS 电子控制系统有故障时，通过丰田汽车专用的故障诊断仪读取故障信息，可准确迅速地排除故障。也可人工读取故障码，方法如下。

1）故障码的读取：

① 接通点火开关（ON）。

② 找到发动机舱左侧的检查插座，并打开盖子，拔出短路销（图 7-33）

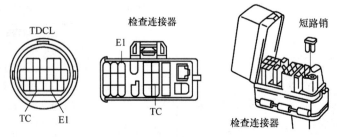

图 7-33　丰田汽车故障检查插座

③ 将检查插座上的插孔 TC 与 E1 短接（或将 TDCL 上的插孔 TC 与 E1 短接）。

④ 通过仪表板上的 ABS 指示灯的闪烁读取故障码。故障码的闪示方式和丰田汽车发动机电子控制系统的相同，故障码及各故障码所表示的故障如表 7-3 所示。

表 7-3　丰田雷克萨斯 LS400 轿车 ABS 故障码

故障码	故障原因	故障部位
11	ABS 电磁阀继电器电路开路	① 制动压力调节器内部电路
12	ABS 电磁阀继电器电路短路	② 控制（电磁阀）继电器 ③ 控制继电器线束与插接器
13	ABS 泵电动机继电器电路开路	① 制动压力调节器内部电路
14	ABS 泵电动机继电器电路短路	② 控制（ABS 泵电动机）继电器 ③ 控制继电器线束与插接器
21	前右轮三位电磁线圈电路断路或短路	① 制动压力调节器电磁线圈
22	前左轮三位电磁线圈电路断路或短路	② 制动压力调节器线束与插接器
23	后右轮三位电磁线圈电路断路或短路 *	* 对于有 TRC 系统的汽车，则为后轮电磁线圈电
24	后左轮三位电磁线圈电路断路或短路	路开路或短路
31	前右轮转速传感器信号失常	
32	前左轮转速传感器信号失常	
33	后右轮转速传感器信号失常	① 车轮转速传感器
34	后左轮转速传感器信号失常	② 车轮转速传感器转子（齿圈） ③ 车轮转速传感器线束与插接器
35	前左或后右轮转速传感器电路断路	
36	前右或后左轮转速传感器电路断路	
37	后车轮转速传感器故障	后车轮转速传感器转子（齿圈）
41	蓄电池电压过高或过低	① 蓄电池 ② 电压调节器
43	TRC 控制系统失灵（只有 TRC 的车型才有）	
51	ABS 泵卡死或其电动机电路断路	① ABS 泵电动机、继电器、蓄电池 ② ABS 泵电动机电路线束、插接器、搭铁螺钉

（续）

故障码	故障原因	故障部位
71	前右轮转速信号电压过低	前右轮转速传感器或其安装
72	前左轮转速信号电压过低	前左轮转速传感器或其安装
73	后右轮转速信号电压过低	后右轮转速传感器或其安装
74	后左轮转速信号电压过低	后左轮转速传感器或其安装
75	前右轮转速信号变动异常	前右轮转速传感器的转子（齿圈）
76	前左轮转速信号变动异常	前左轮转速传感器的转子（齿圈）
77	后右轮转速信号变动异常	后右轮转速传感器的转子（齿圈）
78	后左轮转速信号变动异常	后左轮转速传感器的转子（齿圈）
常亮	ABS 控制器有故障	ABS 控制器

2）故障码的消除：

① 接通点火开关（ON）后，将检查插座的 TC 与 E1 短接。

② 在 3s 内连踩制动踏板 8 次，以清除故障码。

③ 检查 ABS 指示灯是否已显示正常码（亮灭时间间隔为 2.5s 的均匀闪烁）。

④ 拆掉检查插座上 TC 与 E1 的短路连接线后，看 ABS 指示灯是否熄灭。

注意：拆除蓄电池的负极电缆线也可清除故障码，但同时也将 RAM 存储器中的其他信息都清除了。

第三节　防抱死制动系统的检修

一、ABS 正常工作状态与故障的辨别

ABS 在工作中有些现象较容易误认为有故障，因此，在汽车使用中、汽车维修前的故障验证试车和汽车维修后的性能检验试车中，应注意辨别 ABS 正常反应与故障的不同。下面列出了 ABS 在工作状态下容易被误认为故障的一些现象。

1. 制动踏板有升降

一些汽车在发动机发动时，踩下的制动踏板会弹起，而在发动机熄火时，制动踏板则会下沉。对于 ABS 为变容积式制动压力调节器，其高端控制液压取自动力转向器液压系统的汽车（比如，日本丰田皇冠汽车），这属于动力转向泵开始运转和停止工作的正常反应，并非是故障现象。

2. 制动时方向盘振动

在制动时转动方向，会感到方向盘有轻微的振动。这也是因为动力转向泵用作动力活塞控制油腔高端液压源所引起的正常反应。

3. 制动时制动踏板下沉

在制动中有时会感到制动踏板有轻微下沉。这是由于道路的路面其附着系数变化，ABS 的正常适应性反应所引起的，并非故障现象。

4. 制动时制动踏板振动

在制动时，感到制动踏板有轻微的振动。这是 ABS 起作用的正常现象。质量佳的 ABS 的振动会更加严重。相比之下，采用循环流动式制动压力调节器的 ABS，通常要比采用变容积式

制动压力调节器的 ABS 制动踏板的振动要大些。

5. ABS 灯偶尔亮起

汽车在行驶中出现 ABS 指示灯亮起，但过后又很快熄灭的现象。这是汽车在高速行驶中，遇急转弯或冰滑路面，出现了车轮打滑现象，ABS 产生保护动作所引起的，并非是 ABS 电子控制系统有故障。

6. 车轮有完全抱死现象

在紧急制动时，出现了车轮被抱死留下的拖印。如果是制动后期短而浅的拖滑的印痕，这属于正常情况。因为在车速小于 7～10 km/h 时，ABS 将不起作用。由于制动轮缸的压力完全由制动踏板力控制，因而使车轮被抱死了。

二、防抱死制动系统检修注意事项

通常情况下 ABS 电子控制系统和液压系统故障率比较低，如果出现了车轮被抱死、制动效果不良、制动警告灯亮等与 ABS 有关的故障现象，应仔细分析故障原因，并注意以下事项。

1. 易检和故障率高的先行检查

当 ABS 系统出现不正常现象时，应先检查导线的接头和插接器有无松脱、制动油路与制动压力调节器等有无漏损、蓄电池是否亏电等。这些容易出现，而检查方法又很简单的影响 ABS 正常工作的因素先行检查，有利迅速排除故障。

2. 区别故障的范围

如果汽车出现制动不良故障，应先区分故障是出自普通制动系统还是 ABS 电子控制系统。辨别的方法是：拆下 ABS 继电器线束插接器，或 ABS 制动压力调节器电磁阀线束插接器，使 ABS 制动压力调节器电磁阀不能通电工作。然后，进行汽车制动试验，看普通制动系统工作是否正常。如果制动不良故障消失，则说明是 ABS 电子控制系统有故障，否则，为普通制动系统有故障。

阅读提示

ABS 制动压力调节器串联在汽车制动主缸和制动轮缸之间的制动管路中，无论是那一种类型的 ABS 制动压力调节器，在其电磁阀不通电时，制动压力调节器都是将制动主缸和制动轮缸直接连通。这时，汽车就如同只有没装备防抱死电子控制系统的普通汽车制动系统。

3. 小心拆检传感器

在拆卸和检测车轮转速传感器时，不要碰撞或敲击传感器头，也不要以传感器齿轮当撬面，以免损坏传感器的部件和破坏传感器的正确安装。

4. 注意避免制动液喷出伤人

采用变容积式制动压力调节器的 ABS，储能器是高端控制液压源，在需要拆检 ABS 液压管路的控制器件时，应先进行泄压，以避免拆卸时高压制动液喷出伤人。卸压的方法是：关掉点火开关，然后反复踩制动踏板 20 次以上，直到感觉踩制动踏板力明显增加（无液压助力）时为止。在拆检制动压力调节器部件、制动轮缸、储能器及电动 ABS 泵、后轮分配比例阀、制动液管路、压力警告和控制开关时，通常需要先进行泄压。

三、防抱死制动系统主要部件的检修

1. 车轮转速传感器的检修

（1）车轮转速传感器的常见故障

汽车 ABS 所用的车轮转速传感器大都采用磁感应式车轮转速传感器，其常见故障有：

1）车轮转速传感器感应线圈有短路、断路或接触不良等。

2）车轮转速传感器齿圈齿有缺损或脏污。

3）车轮转速传感器信号探头部分安装不牢（松动）或磁极与齿圈之间有脏物。

（2）车轮转速传感器的检修方法

1）直观检查。检查传感器安装有无松动，导线及线束插接器有无松脱。

2）检测传感器电阻。用万用表检测传感器两信号端子之间（图 7-34）感应线圈的电阻，如果电阻过大或过小，均说明传感器不良，应更换传感器。表 7-4 是常见车型车轮转速传感器感应线圈正常电阻值参数，供检修故障时参考。

3）检测传感器信号。将汽车举升使车轮悬空，在车轮转动时，用交流电压表测量传感器的输出信号电压，电压表应该有电压指示，其电压值应随车轮的转速的上升而增大；也可用示波器检测传感器的输出信号电压波形，正常的信号电压波形应是均匀稳定的正弦电压波形。如果信号电压低或无，或信号电压波形无或有缺损，均说明传感器有故障，需拆检或更换传感器。

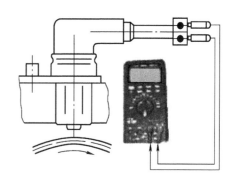

图 7-34　车速传感器电阻的检测

表 7-4　常见车型车轮传感器感应线圈电阻值

车型	前轮传感器线圈电阻 /kΩ	后轮传感器线圈电阻 /kΩ	车型	前轮传感器线圈电阻 /kΩ	后轮传感器线圈电阻 /kΩ
雷克萨斯 LS400	0.9 ~ 1.3	0.9 ~ 1.3	奔驰	1.1 ~ 2.3	0.6 ~ 1.6
雷克萨斯 ES300	0.9 ~ 1.3	0.9 ~ 1.3	沃尔沃	0.9 ~ 2.2	0.6 ~ 1.6
皇冠 3.0 轿车	1.2 ~ 1.6	0.185 ~ 0.21	通用鲁米娜	0.988 ~ 1.208	2.1 ~ 2.4
丰田大霸王	0.92 ~ 1.22	1.05 ~ 1.4	丰田阿瓦龙	0.6 ~ 1.8	0.6 ~ 1.8

2. ABS 控制继电器的检修

（1）ABS 控制继电器的常见故障

ABS 泵电动机和电磁阀通常都用继电器来控制其通断电，ABS 泵电动机和电磁阀继电器的常见故障有：触点接触不良、继电器线圈断路或短路等。

（2）ABS 控制继电器的检修方法

ABS 泵电动机和电磁阀继电器的检测方法如下：

1）检查继电器是否动作。对继电器线圈施加其正常的工作电压，看继电器能否正常动作；若能正常动作，则用万用表检测触点闭合电压，应小于 0.5V。如果触点闭合电压大于 0.5V，则说明触点接触不良，需更换继电器。

2）检测继电器线圈电阻。用万用表检测继电器线圈的电阻，电阻值应在正常范围之内。

3. 制动压力调节器的检查

（1）制动压力调节器的常见故障

如前所述，ABS 制动压力调节器由电磁阀（二位二通电磁阀或三位三通电磁阀）、ABS 泵、电动机等组成，其可能的故障有：制动压力调节器电磁阀线圈不良、阀有泄漏；ABS 泵电动机绕组不良等。

（2）制动压力调节器检修方法

1）检测电磁阀电阻：用万用表检测电磁阀线圈的电阻，如果电阻无穷大或过小等，均说明其电磁阀有故障，需予以更换。

2）检测电磁阀的工作：将各电磁阀加上其工作电压，仔细听阀能否动作。如果不能正常动作，则应更换制动压力调节器。

3）检测电动机的电阻：检测电动机的电阻，看是否与标准值相符。如果电阻值过大过小或断路，则需予以更换。

4. ABS 控制器的故障检修

（1）ABS 控制器的常见故障

ABS 控制器本身的故障概率很低，其可能出现的故障主要有：内部输入电路、驱动电路等有元件损坏；微处理器有芯片烧坏；线路连接插接器锈蚀、松动等。

（2）ABS 控制器的检修方法

1）检查线路连接。检查 ABS 控制器线束插接器有无松动，连接导线有无松脱。

2）检测电压、电阻或波形。检查 ABS 控制器线束插接器各端子的电压值、波形或电阻，如果与标准值不符，检查与之相连的部件和线路，若 ECU 外部连接的部件和线路均正常，则应更换控制器再进行检测。

3）替换法检查。直接采用替换法检验，即在检查传感器、继电器、电磁阀及其线路均无故障而怀疑 ABS 控制器有故障时，可以用个确认是正常的 ABS ECU 替代，如果故障现象消失，则原 ECU 有故障，需更换。

第四节　其他汽车制动安全技术简介

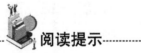
阅读提示

　　为了进一步提高汽车的制动安全，现代汽车上还使用了其他的制动安全控制技术。比如，能自动进行前后轮制动压力分配的控制技术（EBD）、在汽车紧急制动时进行辅助制动的控制技术（EBA）、汽车电子驻车制动控制技术（EPB）等。这些电子控制技术的应用，使汽车的制动安全有了更加充分的保障。

一、电子制动辅助系统 EBA

1. EBA 的作用

电子制动辅助系统（Electronic Brake Assist，EBA）也被称之为制动辅助系统（Brake Assist System，BAS），是由机械制动辅助系统 BA 发展而来的。它的作用是：当汽车行驶中遇情况而必须紧急制动时，但驾驶人因缺乏果断而造成制动踏板的踩踏迟缓或驾驶人的踩踏力不够时，EBA 根据相关传感器的信号确定了驾驶人有紧急制动意图，就立即启用辅助增压装置，瞬间建立最高制动压力，以缩短制动距离，避免汽车追尾。

EBA 瞬间提高制动压力后，防抱死制动系统随即进入工作状态，ABS+EBA 可进一步提高汽车制动安全，尤其是在高速公路上高速行驶时，或驾驶人是反应速度较慢的老人和妇女时，EBA 的作用就更加明显。

2. EBA 的组成与原理

（1）EBA 的基本组成

EBA 需要解决两个最关键的问题：一是如何感知当前车辆须尽快制动；二是如何迅速建立制动压力及制动压力的大小如何控制。EBA 的构成和控制方案大体上可分为两种类型：一种是在采用变容积式制动压力调节器的 ABS 系统中增加一个 EBA 控制程序，这一类 EBA 须与 ABS 一起进行系统研发；另一种相对独立的 EBA，这一类 EBA 制动压力的建立和控制相对独立，因而研发过程相对单纯一些。EBA 的基本组成如图 7-35 所示。

（2）EBA 的工作原理

图 7-35 所示的 EBA 以制动踏板位置传感器感知制动踏板踩踏的速度，当驾驶人对制动踏板的踩踏速度超过某一设定值时，辅助制动 ECU 就会以制动踏板压力传感器的信号来确认驾驶人的制动意图。ECU 接下来的判断规则如下：

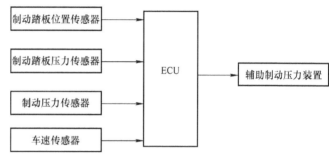

图 7-35　电子辅助制动系统（EBA）组成

1）如果此时制动踏板压力开始减小，ECU 就会判断此次踩制动踏板为非紧急制动状态，ECU 不激活制动辅助系统。

2）如果此时 ECU 通过制动踏板压力传感器检测到的踏板压力保持不变或继续增大，就判断此次踩制动踏板为紧急制动，并立即激活电子制动辅助系统，使制动系统迅速建立最高的制动压力。

可见，制动踏板位置传感器和制动踏板压力传感器是 EBA 判断当前是否为紧急制动的重要依据，而制动压力传感器和车速传感器的作用是：

1）制动压力传感器是将制动主缸或轮缸的制动压力参数转换为电信号，并输送给 ECU，使 ECU 对辅助制动压力激活时的制动压力的高低进行准确控制。

2）车速传感器是将驾驶人踩踏制动踏板时的汽车行驶速度转换为电信号，并输送给 ECU，以使 ECU 能根据汽车的行驶速度来确定是否需要激活制动辅助系统。在车速较低时，即使驾驶人踩踏制动踏板的速度很快，也无需激活制动辅助系统。

（3）辅助制动压力装置

辅助制动压力装置的作用是在 EBA ECU 的控制下工作，使制动系统迅速建立制动所需的液压。辅助制动压力装置有制动助力器式（由制动主缸建立最高制动压力）和蓄压器式（由蓄压器提供最高制动压力）等不同的结构形式。

1）制动助力器式。制动助力器式辅助制动压力装置有机械控制和电子控制两种形式，目前广泛采用的是电子控制方式。电子控制辅助制动压力装置是在原制动真空助力器的基础上，进行结构上的改造，并增设电磁阀等元件（图7-36）。ECU通过电磁阀激活制动辅助系统，将力传递给主缸活塞杆，由主缸迅速建立所需的制动液压。

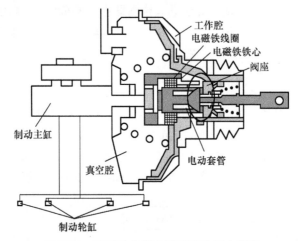

图 7-36　制动助力器式辅助制动压力装置

2）蓄能器式。蓄能器式辅助制动压力装置是一个与制动主缸并联的液压系统，主要由蓄能器、电磁阀、液压泵等部件组成（图7-37）。非紧急制动时，ECU使蓄能器保持必要的液压。需要时，ECU通过控制电磁阀，使蓄能器的制动液进入轮缸，建立辅助制动所需的制动压力。

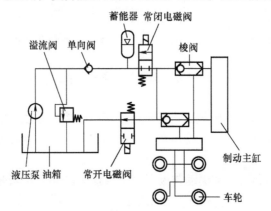

图 7-37　蓄能器式辅助制动压力装置

二、电子制动力分配系统 EBD

1. EBD 的作用

电子制动力分配系统（Electric Brakeforce Distribution，EBD），其作用是：汽车在制动时，能够根据四个车轮的实际附着路面及轴荷转移情况，自动调节左右轮和前后轴各轮缸的制动压力分配比例，以提高制动效能，并配合 ABS 提高制动稳定性。

汽车在制动过程中，四个车轮附着的地面条件可能会不一样，而车辆减速惯性力使前后轴的轴荷也发生了变化，这些使得汽车制动过程中前后四个车轮与地面的摩擦力有差异。在这种情况下，如果制动主缸施于各轮缸的制动压力仍然保持一致，将会使制动的效率下降，并容易使车轮打滑，造成车辆甩尾和侧翻事故。

EBD可在汽车制动的瞬间，分别对四个车轮与地面的附着情况进行分析，并根据各车轮实际附着力的差异，调整四个轮缸的制动压力配比，并在制动过程中不断高速调整，从而使各个车轮的轮缸均有与其地面附着力相匹配的制动压力。前后轴制动压力分配的规则是：

1）使高附着力车轮的轮缸有较高的制动液压，以提高该车轮制动器的制动效率，缩短制动距离。

2）使低附着力车轮的轮缸适当降低压力，以避免车轮出现打滑，保证车辆的制动安全。

2. EBD 的组成与原理

（1）EBD 的基本组成

EBD 并不是一个独立的制动控制系统，而是 ABS 系统的有效补充，通常是在 ABS ECU 中增设 EBD 控制程序，其执行装置是制动压力分配电磁阀。EBD 的硬件构成如图 7-38 所示。

（2）EBD 的控制原理

当驾驶人踩下制动踏板时，ECU 根据各车轮转速传感器、车速传感器

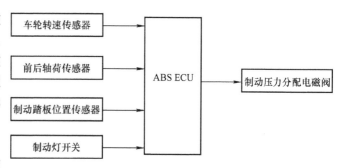

图 7-38　电子制动力分配系统组成

及前后轴荷传感器的信号，分析计算各个车轮因地面附着力不同，及前后轴荷的变化而引起的摩擦力的大小变化，然后立即输出前后轮缸制动压力调整控制信号，通过控制制动压力分配电磁阀工作，对各车轮制动压力进行动态调整，使各车轮制动压力与其地面附着力相匹配。

（3）EBD 与 ABS 的关系

EBD 是在汽车制动时即开始起作用，对各个车轮制动压力进行调整，使前后轴的制动力得到合理分配，调整的是每个车轮最高制动压力的大小，以便在 ABS 动作之前平衡每一个轮的有效地面附着力。ABS 则是在车轮有抱死倾向时才开始工作，调整的是每个瞬间车轮制动压力的大小，以防止车轮抱死，提高车轮纵向附着力（制动力）和横向附着力（防侧滑力）。

可见，ABS+EBD 可使汽车在不同路面上均可获得最佳的制动效果，缩短制动距离，进一步提高了制动的安全性。

三、电子驻车制动系统 EPB

1. EPB 的作用

电子驻车制动系统（Electrical Park Brake，EPB）是一种将行车过程中的临时性制动，与停车时的长时间制动功能整合在一起，并且由电子控制方式实现驻车制动的电子控制技术。制动的方式与机械式驻车制动器相同，也是通过制动盘与制动摩擦片压紧后产生的摩擦力来制动车轮。

电子驻车制动控制方式将机械式驻车制动拉杆变成了电子按钮，制动盘与制动摩擦片压紧力也不是来自驾驶人作用于驻车制动拉杆的拉力，而是由电动机通电后产生的电磁转矩，并通过机械传动机构使制动盘与制动摩擦片压紧。电子式驻车制动系统由电子控制器根据相关传感

器和开关的信号，来判断是否需要驻车制动，或驻车制动是否应该解除。因此，电子驻车制动系统具有如下功能。

1）普通驻车功能。在汽车长时间停车时，对车轮施以驻车制动，以防止车辆滑移。

2）自动驻车功能 AUTO HOLD。在 AUTO HOLD 状态下，可在临时停车时自动对车轮施以制动，驾驶人无需长时间踩住制动踏板。汽车从临时停车状态转为继续行车时，驾驶人只需做起步相关的操作（例如，轻踩一下加速踏板），车轮制动状态即可自行解除，避免了车辆的滑移，即使是坡道起步，也不会有车辆后滑的情况发生。

3）坡道停车时，电子控制器会根据具体的坡度，控制电动机工作，使制动盘和制动片具有足够的压紧力，车辆不会因为坡陡，驻车制动力不够而产生滑移现象。

2. EPB 的组成原理

（1）EPB 的基本组成

电子驻车制动系统的主要包括传感器与开关、电子控制器和驻车制动执行器等部件，其基本组成如图 7-39 所示。

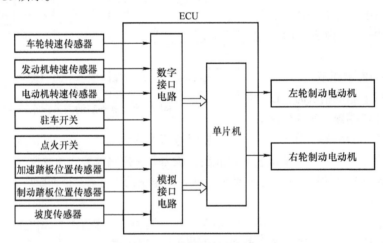

图 7-39　电子驻车制动系统组成

EPB 所用到的传感器与开关大都是与其他的电子控制系统共用的，一些 EPB 配有反映坡度的传感器，电子控制器根据汽车所停位置的坡度情况，控制驻车制动执行器对后轮施加制动力来平衡下滑力，使车辆能停稳在坡道上。

驻车制动执行器由电动机和机械传动机构组成，电动机由电子控制器控制其正转或反转，通过传动机构产生制动力（将制动盘和制动摩擦片压紧）或解除制动力（使制动盘和制动摩擦片放松）。机械传动机构由蜗轮蜗杆加齿轮机构组成，或是齿轮机构加柔性拉线组成。它的作用是将电动机的电磁转矩转换为制动盘与制动摩擦片的压紧力。

（2）EPB 的工作原理

EPB 兼有手动操作和自动控制功能，大多数汽车的 EPB 都可通过驻车按键来启用或关闭驻车制动。当 EPB 处于自动控制状态（AUTO HOLD）时，电子控制器根据各相关传感器和开关的信号来判断汽车的行驶状态，并根据需要输出驻车制动、解除驻车制动及驻车制动力大小调整等控制信号，通过控制电动机的工作，实现驻车制动的启用、解除及制动力大小调整等自动控制。

EPB 的 AUTO HOLD 控制过程如下：

当汽车遇红灯等情况而临时停车时，电子控制器根据车速传感器及制动踏板位置传感器的信号做出启用驻车制动的控制，使车辆自动处于驻车制动状态；当汽车需要起步行车时，电子控制器则根据加速踏板位置传感器及发动机转速传感器的信号，分析判断出驾驶人的驾车意图，立即输出解除驻车制动控制信号，使制动立刻解除。

当汽车停驶于坡道时，电子控制器根据坡度传感器的信号迅速计算驻车所需的制动力，并输出相应的控制信号控制电动机工作，使车辆能在坡道上停稳；坡道起步时，电子控制器则根据离合器踏板位置传感器和加速踏板位置传感器的信号，来分析计算所要施加的制动力，通过发动机 ECU 输送的发动机牵引力信息，计算防止车辆滑移所需的制动力，并随发动机牵引力的增加，相应地减少制动力。当牵引力足够克服下滑力时，电子控制器控制制动电动机工作，解除制动，从而实现车辆顺畅起步。

EPB 通常还设有自动热补偿功能，如果车辆经过强制动后驻车，后制动盘会因为冷却收缩而与摩擦片产生间隙，容易使驻车制动力不够而造成车辆滑移。EPB 的自动热补偿功能就是在这种情况下自动起动电动机，消除因温度下降而产生的间隙，以确保可靠的驻车制动效果。

第八章
电子控制防滑转系统

第一节 概 述

阅读提示

> ASR 与 ABS 统称为汽车防滑控制技术，ABS 控制的是汽车制动时车轮的"拖滑"，而 ASR 控制的是汽车行驶时驱动轮的"滑转"；ASR 与 ABS 都用来提高车胎与地面的附着力，ABS 起到了提高地面制动力和防侧滑能力的作用，而 ASR 则是用于提高汽车的牵引力和操纵稳定性。

一、汽车防滑转控制的作用

1. 汽车行驶时的车轮滑转及其影响

汽车防滑转控制（Acceleration Slip Regulation，ASR），用于防止汽车行驶中出现驱动轮打滑（滑转）。与制动时车轮被"拖滑"一样，驱动轮的"滑转"也会影响车胎与地面的附着力。

（1）车轮滑转的产生

汽车在起步或行驶过程中，驱动轮在发动机和传动装置的带动下转动，但车辆未移动或移动速度低于驱动轮的轮缘速度，车胎与地面之间就产生了相对的滑动。这种由于驱动车轮转动的轮缘速度高于车辆相对于地面移动速度所产生的车轮滑动称之为滑转。

（2）车轮滑转对汽车行驶的影响

汽车起步或行驶时的牵引力由车胎与地面的摩擦力产生，其大小与地面的附着力有着直接的关系，而车轮的滑转则会影响地面附着系数。车轮滑转的程度可用滑转率（S_z）来表示，S_z 的定义如下：

$$S_z = \frac{V_q - V}{V_q} \times 100\%$$

式中　V_q——汽车行驶速度；

　　　V——汽车行驶速度。实际应用中，通常以非驱动车轮的轮缘速度（ωr_0）代替。

当汽车未移动（$V = 0$），而驱动车轮转动时，其滑转率为 100%；车轮进行纯滚动时，其滑转率为 0。

车胎与地面之间的附着系数随车轮滑转率的变化而改变。试验研究表明，滑转率与地面附着力的关系，跟滑移率与地面附着力的关系很相似（图 8-1）。车轮滑转率 S_z 在 10%～30% 时，纵向附着系数达到最大，横向附着系数也较大。此后，随着车轮滑转程度的增加，地面附着力随之下降。当车轮的滑转率为 100% 时，地面纵向附着系数较小，这使地面所能产生的最大牵引力降低；地面横向附着系数为 0，这意味着车轮在 100% 滑转的情况下，汽车将会失去操纵性；轮胎滑转而造成的与地面的剧烈摩擦，会使轮胎的磨损加剧。

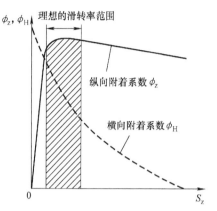

图 8-1 滑转率与地面附着系数

2. 防车轮滑转控制的作用

汽车防滑转系统（ASR），是继制动防抱死系统（ABS）之后，应用于车轮防滑的电子控制系统。ASR 在汽车起步、加速或滑溜路面行驶时起作用，通过控制发动机的输出功率和／或对滑转的驱动轮施以制动力等方法，将车轮滑转率 S_z 控制在 10%～30%，使车胎与地面保持较高的附着力，以提高汽车的牵引力和操控性。

ASR 的具体作用体现在如下几点。

1）可有效提高汽车在起步、行驶过程中的驱动力，尤其在附着系数小的路面，汽车起步、加速及爬坡能力的提高就更加显著。

2）可提高汽车的行驶稳定性，前轮驱动汽车的方向控制能力好，路面的附着系数越低，其性能提高就越明显。因此，ASR 与 ABS 一样，也是汽车主动安全控制装置。

3）减少了轮胎的磨损，可降低汽车的燃油消耗。

4）在 ASR 起作用时，可通过仪表板上的 ASR 指示灯或蜂鸣器向驾驶人给出注意安全行车的提醒。例如：避免紧急制动、注意方向盘的操作、不要猛踩加速踏板等，以确保行车的安全。

二、防车轮滑转控制的方式

ASR 防止车轮滑转的控制方式有如下几种方式。

1. 控制发动机输出功率

ASR 控制器输出控制信号，控制发动机的功率输出，以抑制驱动车轮的滑转，避免汽车牵引力和行驶稳定性下降。因此，这种防滑转控制系统也被称之为牵引力控制（Traction Control，TRC）系统。

2. 驱动轮制动控制

ASR 输出控制信号，对滑转车轮施以制动力，将车轮的滑转率控制在目标范围之内，以提高汽车在滑溜路面的起步和加速能力、行驶稳定性及转向操纵能力。这种控制方式的作用类似于差速锁，在一边驱动车轮陷于泥坑而部分或完全失去驱动能力时，对其制动后，另一边的驱动车轮仍能发挥其驱动力，使汽车能驶离泥坑。当两边的驱动车轮都滑转，但滑转率不同的情况下，则可对两边驱动车轮施以不同的制动力。

3. 发动机输出功率与驱动轮制动综合控制

为了达到最理想的控制效果，采用发动机输出功率控制与驱动轮制动控制相结合的控制方式。汽车在行驶过程中，路面滑溜的情况千差万别，驱动力的状态也是不断变化的。综合控制系统可根据发动机的状况和车轮滑转的实际情况采取相应的控制方法。

4. 防滑差速器锁止控制

这种电子控制的差速器可以在不锁止到完全锁止（0～100%）的范围内，通过对差速器中锁止离合器施加不同的液压力来进行控制。当一边的驱动轮出现滑转或两边的驱动车轮有不同程度的滑转时，控制器输出控制信号，通过液压控制装置调节差速器的锁止程度，以提高汽车的驱动力和行驶稳定性。

在上述 ASR 控制方式中，发动机输出功率控制方式和驱动轮制动控制方式运用较多，现代汽车装备的 ASR 通常是这两种控制方式的组合，即采用发动机输出功率与驱动轮制动综合控制方式。

第二节　电子控制防滑转系统的结构与原理

一、电子防滑转控制原理

1. 电子控制驱动防滑系统的基本原理

ASR 基本控制原理系统如图 8-2 所示。

车轮转速传感器将行驶汽车的驱动轮转速及非驱动轮转速转变为电信号，输送给控制器。控制器根据车轮转速传感器的信号计算当前驱动车轮的滑转率，如果滑转率超出了目标范围，控制器再参考节气门位置传感器、发动机转速传感器及其他相关传感器的电信号进行综合分析，然

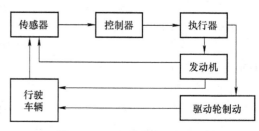

图 8-2　ASR 的基本控制原理

后确定控制方式，并输出控制信号，使相应的执行器动作，将驱动车轮的滑转率控制在目标范围之内。

2. 电子控制驱动防滑系统的工作过程

（1）通过控制发动机输出功率防止车轮滑转过程

1）发动机输出功率主控方式。当汽车在起步或行驶中出现两驱动车轮同时滑转，且滑转率超出了设定的高限值时，ASR ECU 便进入发动机输出功率控制过程。

ASR ECU 输出减小发动机输出功率控制信号，控制辅助节气门驱动步进电动机工作，使辅助节气门的开度适当减小，进气量随之减少，发动机的转速下降，驱动车轮的滑转得到抑制。

当驱动车轮滑转率降至低限值后，ASR 电子控制器则输出辅助节气门开度增大的控制信号，使辅助节气门开度随即增大；如果在辅助节气门开度增大过程中驱动轮的滑转又超过了限值，ASR ECU 则又会输出控制信号，使辅助节气门的开度再适当减小。

ASR ECU 通过上述调节辅助节气门开度过程，自动将发动机的功率控制在适当水平，使驱动车轮的滑转率保持在理想的范围之内，以提高汽车的牵引力和操控性。

2）发动机输出功率辅助控制方式。通过辅助节气门控制发动机输出功率，其反应速度较慢，通常用调整点火时间和燃油喷射量来补偿辅助节气门调节的不足。

当发动机输出功率调节量较小或辅助节气门调节还未能有效控制车轮滑转时，ASR ECU 则向发动机 ECU 输出控制信号，通过发动机 ECU 使点火时间适当推迟或喷油量适当减少，以达到迅速控制发动机输出功率之目的。

 **阅读提示**

　　相比于辅助节气门开度控制方式，推迟点火和减少喷油量控制方式反应快，但由于推迟点火和减少喷油量会使燃烧质量变差，造成排气污染上升或增大三元催化转化器的负担。因此，推迟点火和减少喷油量的控制方式只能用于发动机输出功率瞬时微量调节，起发动机输出功率的辅助调节作用。

（2）通过对滑转车轮施以制动防止车轮滑转过程

当汽车在行驶中出现某驱动轮滑转，或两个驱动轮同时滑转，但滑转率不一致时，ASR ECU 进入驱动轮制动控制过程：

ASR ECU 输出控制信号，通过 ASR 制动压力调节器对滑转的车轮施以适当的制动力。在对驱动轮实施制动控制过程中，通过对制动轮缸制动压力的增压、保压及减压的控制，将驱动轮的滑转率控制在理想的范围内。

当驱动轮的滑转消失后，ASR 电子控制器则迅速解除对驱动轮的制动，ASR 制动压力调节器立即停止工作。

通过制动来控制驱动轮的滑转率反应速度快，但是从舒适性和避免制动器过热等方面考虑，这种控制方式只应在汽车行驶速度不高和需要在短时间内控制滑转的情况下使用。

（3）发动机输出功率和驱动车轮制动的协调控制过程

对于同时具备发动机输出功率控制和对驱动轮制动控制的 ASR 系统，可通过发动机输出功率与驱动轮制动综合控制，来实现驱动轮的防滑转控制。ASR 电子控制器根据相关传感器的电信号计算驱动轮的滑转率，并判断汽车的行驶速度及行驶状况、节气门开度、发动机的工况等，然后确定是否进行防滑转控制和选择什么样的控制方式。

1）减小发动机输出功率为主的控制过程。在两边车轮同时出现滑转、发动机转速较高、汽车高速行驶等情况下，ASR ECU 优先选择发动机输出功率控制方式。如果减小发动机输出功率还未能使滑转率控制在目标范围之内，则再辅以驱动轮制动控制。

2）对滑转车轮施以制动为主的控制过程。在两边驱动轮滑转率不一致、发动机输出功率较小、汽车行驶速度不高的情况下，ASR ECU 则首选驱动轮制动控制方式。必要时，在对驱动车轮施以制动力的同时，再辅以减小发动机输出功率控制，以便将驱动轮的滑转率控制在理想的范围之内。

3. ASR 的工作特点

与 ABS 相比，ASR 的工作特点如下：

1）ABS 和 ASR 都是用来控制车轮相对地面的滑动，以使车轮与地面的附着力不下降的。但 ABS 控制的是汽车制动时车轮的"拖滑"，主要是用来提高制动效果和确保制动安全；而 ASR 是控制车轮的"滑转"的，用于提高汽车起步、加速及滑溜路面行驶的牵引力和确保行驶稳定性。

汽车电子控制系统结构与控制原理

2）虽然 ASR 也可以和 ABS 一样，通过控制车轮的制动力大小来抑制车轮与地面的滑动，但 ASR 只对驱动轮实施制动控制。

3）ASR 在汽车起步及车速不高的行驶过程中工作（除非驾驶人通过 ASR 选择开关关闭了 ASR 控制系统），当车轮出现滑转时即可起作用，但在车速很高（80 ~ 120km/h）时则通常不起作用。ABS 则只是在汽车紧急制动时工作，在车轮出现抱死时起作用，当车速很低（<8km/h）时不起作用。

4）ASR 在处于防滑转控制过程中，如果汽车制动，ASR 就立即中止防滑转控制，以使汽车制动过程不受 ASR 的影响。

二、ASR 系统部件的结构原理

典型的 ASR 系统的构成如图 8-3 所示。

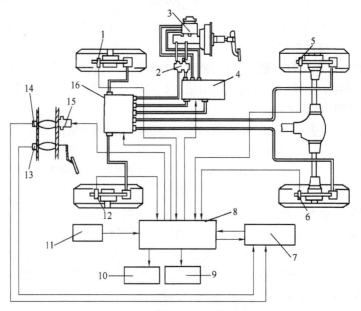

图 8-3　典型 ASR 系统的构成

1—右前车轮转速传感器　2—比例阀和差压阀　3—制动主缸　4—ASR 制动压力调节器　5—左后车轮转速传感器
6—右后车轮转速传感器　7—发动机电子控制器　8—ABS/ASR 电子控制器　9—ASR 关闭指示灯
10—ASR 工作指示灯　11—ASR 选择开关　12—左前车轮转速传感器　13—主节气门开度传感器
14—副节气门开度传感器　15—副节气门驱动步进电动机　16—ABS 制动压力调节器

1. ASR 电子控制系统用传感器与开关

（1）车轮转速传感器

车轮转速传感器是电子控制防滑转系统（ASR）最主要的传感器，ASR 控制器根据各驱动轮和非驱动轮转速传感器的电信号计算每个驱动车轮的滑转率。ASR 系统与 ABS 系统共用车轮转速传感器。

（2）节气门位置传感器

节气门位置传感器用于向 ASR 控制器提供主、副节气门的开度信息，ASR 控制器参考主、副节气门位置传感器的电信号实施驱动轮防滑转控制。ASR 与发动机电子控制系统共用节气门位置传感器，或由发动机电子控制器提供节气门开度相关的信息。

（3）ASR 选择开关

ASR 选择开关用于关闭 ASR 功能，在需要时可使 ASR 系统不起作用。比如，在需要将汽车驱动车轮悬空转动来检查汽车传动系统或其他系统故障时，ASR 系统就可能对驱动车轮施以制动，影响故障的检查。这时，就需要通过 ASR 选择开关来关闭 ASR 系统。

2. ASR 控制器

ASR 控制器是驱动防滑控制的核心，由微处理器、输入电路、输出电路及电源等组成，典型的 ASR 控制器如图 8-4 所示。

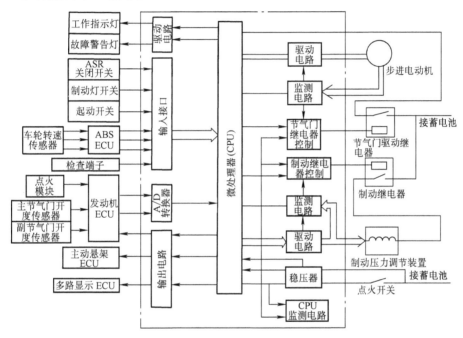

图 8-4　典型 ASR 控制器的组成

一些 ASR 控制器从 ABS 电子控制器、发动机电子控制器得到各车轮转速、节气门开度等信息，这样可省去传感器信号处理电路，减少了电子器件的应用数量，使结构紧凑。

阅读提示

ASR 和 ABS 均为汽车的防滑控制，是汽车的主动安全装置。ABS 在汽车上已普及，ASR 在汽车上的应用也在迅速增加。在同时装备 ABS 和 ASR 的汽车上，ABS 和 ASR 通常是采用一个 ECU，ABS 和 ASR 的控制功能是由 ECU 运行 ABS 和 ASR 子程序来实现的。

3. ASR 执行器

ASR 的执行器有两个，一个是驱动轮的轮缸制动压力调节器，用于对滑转车轮施以适当的制动；另一个是节气门驱动装置，用于控制发动机的输出功率。

（1）ASR 制动压力调节器

ASR 制动压力调节器执行 ASR ECU 的指令，对滑转车轮施加的制动力进行控制，以使滑转车轮的滑转率在目标范围之内。与 ABS 制动压力调节器一样，ASR 制动压力调节器也有循环流动式和变容积式两种。从其结构形式分，有单独的 ASR 制动压力调节器和与 ABS 制动压力调节器一体式两种。

阅读提示

> 　　单独的 ASR 制动压力调节器只在 ASR 工作时起作用，而 ABS 制动压力调节器则只是在防止制动中的车轮抱死时工作；一体式制动压力调节器是 ASR 和 ABS 共用的，即在 ASR 工作时起的作用是控制驱动轮的滑转，而在 ABS 工作时，则是用来控制车轮的拖滑。一体式制动压力调节器通常是用一个电磁阀来控制制动压力调节器，是用于 ASR（液压源来自储能器）还是用于 ABS（液压源来自制动主缸）。

　　1）单独方式的 ASR 制动压力调节器。ASR 制动压力调节器与 ABS 制动压力调节器为两个独立的装置，通过液压管路互相连接。采用三位三通电磁阀的变容积式 ASR 制动压力调节器一例如图 8-5 所示。

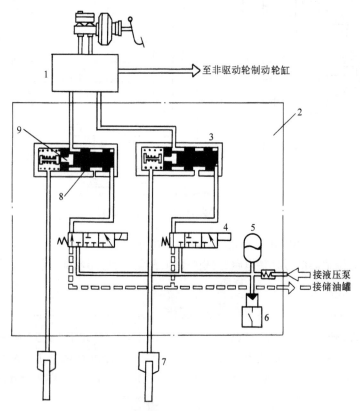

图 8-5　单独变容积式 ASR 制动压力调节器

1—ABS 制动压力调节器　2—ASR 制动压力调节器　3—调压缸　4—三位三通电磁阀　5—储能器
6—压力开关　7—车轮制动轮缸　8—调压缸活塞　9—活塞通液孔

　　在 ASR 不起作用时，三位三通电磁阀 4 不通电，阀在左位，使调压缸 3 的右腔与储液器相通而压力低，调压缸活塞被回位弹簧推至调压缸的右端。这时，调压缸活塞左端中央的通液孔将 ABS 制动压力调节器 1 与车轮制动轮缸 7 沟通，使 ABS 制动压力调节器在汽车制动时可对制动车轮进行防抱死控制。

当驱动车轮出现滑转而需要对驱动车轮实施制动时，ECU 输出驱动轮制动信号，使三位三通电磁阀 4 通电而移至右位。这时，调压缸右腔与储能器接通，其压力升高，推动调压缸的活塞左移，ABS 制动压力调节器与制动轮缸的通道被封闭，调压缸左腔的压力随活塞的左移而增大，驱动车轮制动轮缸的制动压力上升。

当需要保持驱动车轮的制动压力时，ASR 控制器使电磁阀半通电，三位三通电磁阀处于中位，使调压缸与储液器和储能器都隔断，于是，调压缸活塞保持原位不动，使驱动车轮制动轮缸的制动压力不变。

当需要减小驱动车轮的制动压力时，控制器使三位三通电磁阀断电，阀在其回位弹簧力的作用下回到左位，使调压缸的右腔与储能器隔断而与储液器接通。于是，调压缸右腔压力下降，其活塞右移，使驱动车轮制动轮缸的制动压力下降。

在驱动车轮出现滑转时，ASR ECU 通过对电磁阀的通电、半通电和断电控制，实现对驱动车轮制动和制动力大小的控制，将车轮的滑转率控制在目标范围之内。

此种 ASR 制动压力调节器应用一例如图 8-6 所示。该例 ABS 制动压力调节器为循环流动式，也是采用了三位三通电磁阀。

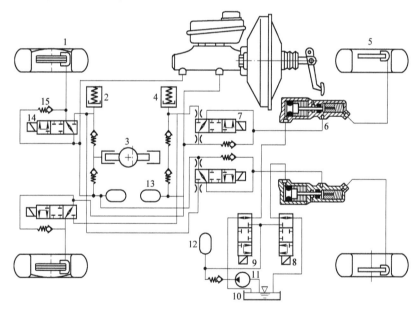

图 8-6　宝马（BMW）轿车的 BOSCH ASC+T 制动压力调节系统

1—非驱动轮制动器　2—储液器　3—ABS 泵　4—制动主缸　5—驱动轮制动器　6—驱动轮调压缸
7—驱动轮 ABS 调压电磁阀　8、9—驱动轮 ASR 调压电磁阀　10—储液器　11—ASR 泵
12—ASR 储能器　13—ABS 缓冲器　14—非驱动轮 ABS 调压电磁阀　15—单向阀

2）组合方式的 ASR 制动压力调节器。ASR 制动压力调节器与 ABS 制动压力调节器为一整体。采用三位三通电磁阀、循环流动式 ASR/ABS 制动压力调节器原理如图 8-7 所示。

在 ASR 不起作用时，ABS/ASR 控制电磁阀不通电而处于左位，制动主缸与两个压力调节电磁阀接通。这时，如果汽车制动出现车轮抱死情况，ABS 控制器可通过控制 ABS/ASR 压力调节电磁阀Ⅱ和 ABS/ASR 压力调节电磁阀Ⅲ对两驱动轮进行制动压力调节，以实现防抱死制动控制。

汽车电子控制系统结构与控制原理

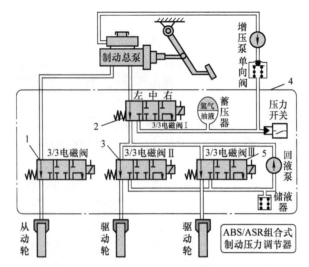

图 8-7　循环流动式 ASR/ABS 制动压力调节器

1—ABS 压力调节电磁阀　2—ABS/ASR 控制电磁阀　3—ABS/ASR 压力调节电磁阀Ⅰ
4—ABS/ASR 制动压力调节器Ⅱ　5—ABS/ASR 压力调节电磁阀Ⅲ

　　当驱动车轮出现滑转而需要 ASR 起作用时，ASR 控制器使 ASR/ASR 控制电磁阀通电而移至右位，将储能器与两个 ABS/ASR 制动压力调节电磁阀接通。这时，ASR 控制器可通过 ABS/ASR 压力调节电磁阀Ⅱ和 ABS/ASR 压力调节电磁阀Ⅲ，分别对两驱动轮进行制动压力调节，以实现驱动轮防滑转制动控制。

　　如果需要对左右驱动车轮的制动压力实施不同的控制，ASR 电子控制器只需分别对 ABS/ASR 压力调节电磁阀Ⅱ和 ABS/ASR 压力调节电磁阀Ⅲ输出不同的控制信号即可。

　　ASR 与 ABS 组合在一起的循环流动式制动压力调节器应用一例如图 8-8 所示。

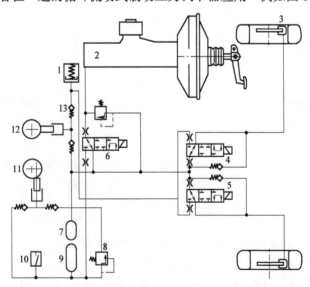

图 8-8　奔驰（Benz）轿车的 BOSCH ABS/ASR2I 制动压力调节系统

1—储液器　2—制动主缸　3—驱动轮制动器　4、5—压力调节电磁阀　6—ASR 电磁阀　7—ABS 缓冲器
8—限压阀　9—ASR 储能器　10—压力开关　11—ASR 泵　12—ABS 泵　13—单向阀

（2）辅助节气门驱动装置

辅助节气门驱动装置执行 ASR 控制器的指令，对发动机的输出功率进行控制。辅助节气门驱动装置一般由步进电动机和传动机构组成，安装在节气门体上的位置如图 8-9 所示。

辅助节气门驱动装置的工作原理如图 8-10 所示。

辅助节气门与主节气门在节气门体的进气通道处前后布置，当 ASR 不起作用时，辅助节气门处于全开的位置，驾驶人通过操纵主节气门的开度来调节进气量，以控制发动机的功率。当驱动轮滑转而需要减小发动机输出功率时，ASR ECU 输出控制信号，辅助节气门驱动电动机随之转动，通过传动机构带动辅助节气门转过相应的角度，以改变发动机进气量，从而达到控制发动机的输出功率、抑制驱动车轮滑转之目的。

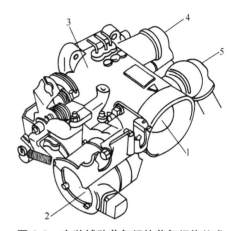

图 8-9 安装辅助节气门的节气门体总成
1—辅助节气门 2—步进电动机
3—节气门体 4—主节气门位置传感器
5—辅助节气门位置传感器

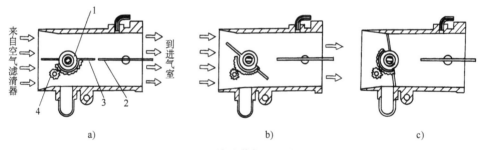

图 8-10 辅助节气门工作原理
a）全开位置 b）半开位置 c）全关位置
1—扇形（从动）齿轮 2—主节气门 3—辅助节气门 4—主动齿轮

第三节 汽车其他行驶安全控制系统

一、汽车电子稳定系统 ESP

1. ESP 的作用

汽车电子稳定系统（Electronic Stability Program，ESP）用于汽车行驶稳定性控制。ESP 相当于一个综合控制程序，组合了防抱死制动系统 ABS、驱动防滑控制系统 ASR、电子制动力分配系统 EBD、牵引力控制系统 TCS 的基本功能，是现代汽车上快速普及的新型主动安全技术。

当汽车在行驶中由于道路或驾驶人操作的原因，车辆出现侧滑、甩尾，或汽车明显转向不足、转向过度时，ESP 就会根据相关传感器的信号识别出车辆的不稳定行驶状态，并迅速确定控制方案，通过 ABS 和 ASR，对发动机输出功率进行控制，和 / 或对相关车轮施以制动，及时纠正汽车行驶不稳定趋势，以使汽车保持正常的行驶轨迹，避免车辆失控而引发交通事故。

2. ESP 的组成与原理

（1）汽车行驶稳定系统的命名方式

ESP 是德国博世公司的专利产品，所以只有博世公司的车身电子稳定系统才可称之为 ESP。在博世公司之后，一些大汽车公司也都研发出类似的系统，但都有各自的命名方式。例如，日产的车辆行驶动力学调整系统（Vehicle Dynamic Control，VDC），丰田的车辆稳定控制系统（Vehicle Stability Control，VSC），本田的车辆稳定性控制系统（Vehicle Stability Assist Control，VSA），宝马的动态稳定控制系统（Dynamic Stability Control，DSC）、三菱的主动稳定控制系统（Active stability control system，ASC）等。

（2）ESP 的组成

不同公司研发的汽车电子稳定系统虽有不同的名称，但基本功能大体相似。各种 ESP 用于采集汽车行驶状态参数的传感器则因其控制程序的不同而有所差别。各种汽车电子稳定控制系统都用到的传感器主要有：转向传感器、车轮转速传感器、角速度传感器、横向加速度传感器、方向盘转角传感器、加速踏板位置传感器、制动踏板位置传感器等。图 8-11 所示的是三菱汽车上使用的主动稳定控制系统（ASC）的组成。

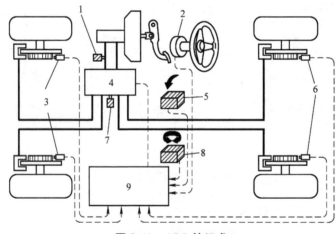

图 8-11　ASC 的组成

1—主缸压力传感器　2—方向盘转角传感器　3、6—车轮转速传感器　4—制动压力调节器
5—横向 G 传感器　7—储能器压力传感器　8—角速度传感器　9—ECU

该汽车电子稳定系统（ASC）是在防抱死制动系统（ABS）和防滑转控制系统（ASR）的基础上，又加上角速度传感器（监测车身旋转速度）、横向 G 传感器（监测汽车转向时的离心力）、主缸压力传感器、储能器压力传感器等部件。

（3）ESP 的工作原理

下面以图 8-11 所示的 ASC 为例，说明 ESP 的工作原理。ASC 通过对 4 个车轮制动力的控制，实现车辆的行驶稳定性控制。工作时，各传感器的信号不断地输入 ECU，ECU 根据传感器输入的信号进行汽车行驶状态的分析计算。当 ECU 根据角速度传感器及其他相关传感器的信号分析，得出车辆转向不足的判断时，就输出控制信号，减小前外轮的制动力、增大后内轮的制动力（图 8-12a），产生一个抑制转向不足（与自转同向）的转矩。ECU 如果判断出车辆转向过度，则增大前外轮的制动力、减小后内轮的制动力（图 8-12b），产生一个抑制转向过度（与自转反向）的转矩。当 ECU 判断出车辆转向时速度过快时，对前内侧车轮施以制动，使其减速，实现安全平稳的转向。

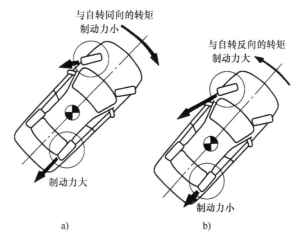

图 8-12　ASC 系统工作过程示例

a）转向不足　b）转向过度

二、电子差速锁 EDS

1. 电子差速锁的作用

电子差速锁（Electronic Differential System，EDS）又称为 EDL（Electronic Differential Locking Traction Control），它是电子防滑控制技术的又一种形式，用于实时监测汽车两侧的驱动轮是否打滑，无论是因为两边的路面附着力的差异造成了一边车轮滑转，还是汽车转弯时内侧车轮的打滑，EDS 均可通过对滑转车轮施以制动，或直接启用差速器锁止离合器，使差速器部分或全部锁止，以提高另一侧驱动轮的附着利用率，提高汽车的通过能力和行驶稳定性。

 阅读提示

> 在 ASR 防驱动轮滑转控制中，当两边驱动轮滑转情况不一致时，ASR ECU 对驱动轮施以不同的制动压力控制，这实际上使差速器的差速功能部分失效。因此，ASR 驱动轮滑转制动控制方式也是一种电子差速锁。

2. 电子差速锁的组成原理

（1）EDS 的组成

根据电子差速锁结构与控制方式不同，可将其分为两种类型：一种对是滑转车轮制动的电子差速锁，另一种是通过控制锁止离合器来锁止差速器的电子差速锁。

EDS 的传感器主要是驱动轮和非驱动轮转速传感器，差速器锁止执行器则有不同形式。滑转车轮制动方式的电子差速锁执行器是能对驱动轮制动的液压控制装置，通常与 ABS 或 ASR 通用，因而这种电子差速锁相当于 ABS 或 ASR 功能的扩展。差速器锁止离合器式电子差速锁的执行器是一个差速器锁止离合器液压控制装置，通过控制离合器液压装置的液压，实现锁止离合器的接合（锁止）与分离（解锁）控制。差速器锁止离合器的结构示意图如图 8-13 所示。

（2）EDS 的工作原理

当汽车在起步、加速及转向等行驶过程中，车轮转速传感器将各车轮的转速电信号输送给电子控制器，当电子控制器根据各传感器的信号判断出某一侧驱动轮在打滑时，就立刻输出控制信号，通过差速器锁止执行器进行差速器锁止控制。

滑转车轮制动控制方式：EDS 控制器输出控制信号，通过液压控制装置对滑转车轮进行适当强度的制动，以使驱动转矩能传递给另一侧驱动轮，充分利用驱动轮的附着力，提高车辆的通过能力。

图 8-13　差速器锁止离合器的结构示意图

差速器锁止控制方式：EDS 控制器输出控制信号，通过液压控制装置使差速器锁止离合器接合，差速器接合（锁止）的程度从 0～100%，视驱动轮的滑转情况而定。

当驱动轮的滑转消失时，EDS 控制器根据传感器的信号做出驱动轮无滑转的判断，并立即停止锁止执行器的工作，使车辆恢复正常行驶。

第九章
自动变速器电子控制系统

第一节 概 述

 阅读提示

> 汽车上都有一个变速器，用来改变汽车传动系统的传动比，以使发动机的转速和转矩与汽车的实际行驶速度相协调，使发动机工作在其最佳的动力性能状态。传统的手动变速器是由驾驶人手动操作来实现换档的，而自动变速器则是能根据实际的行驶工况自动进行档位变换的。

一、自动变速器的发展概况

传统的手动操纵式变速器虽能满足汽车行驶动力性和经济性的基本要求，但还存在着不足，主要有：

1）换档操作容易引起驾驶人的紧张和疲劳及注意力分散，这些都是汽车行驶的不安全因素。

2）手动换档操作时，传动系和发动机因承受换档所引起的冲击力而影响其使用寿命。

3）换档操作时所带来的行车不平稳会影响乘坐的舒适性。

4）换档最佳时机不易把握，这会影响汽车的行驶动力性和经济性。

为解决普通手动变速器的不足，自动变速器应运而生。

20 世纪 70 年代末以来，以微处理器为控制核心的电控自动变速器又得到了迅速发展。

液力传动式自动变速器的缺点是其变矩器的液力传动效率较低，液压控制系统的结构较为复杂，故障检修难度也较大。因此，在液力传动式自动变速器迅速发展的过程中，其他形式的自动变速器的研究与开发也从未间断。比如，采用 V 形带传动的机械传动式无级自动变速器 CVT，CVT 在汽车上早已得到了实际的应用；还有以普通手动变速器为基础，辅以电子控制换档操机构的机械传动式自动变速器 AMT，AMT 的发展也很迅速。

二、自动变速器的类型

在现代汽车上所使用的自动变速器有多种形式，按其结构形式和工作原理的不同，可将这些自动变速器大致分为液力传动式自动变速器 AT、机械传动式无级自动变速器 CVT 和机械传动式自动变速器 AMT 三种类型。

汽车电子控制系统结构与控制原理

1. 液力传动式自动变速器 AT

液力传动式自动变速器是最早应用在汽车上的自动变速器，通常简称其为 AT（Automatic Transmission）。典型的 AT 如图 9-1 所示。AT 由液力变矩器承担动力传递和无级变速，辅以齿轮变速器以扩大变速范围，并通过自动控制系统实现齿轮变速器的自动换档。这种液力传动式自动变速器是目前汽车上使用最广泛的自动变速器。

液力传动式自动变速器按其换档的控制方式分，又有纯液压控制式和电子控制式两种，纯液压控制方式早已被电子控制式所取代。

图 9-1 液力传动式自动变速器 AT

 小知识

纯液压控制式 AT 的自动换档控制器件是调速器和节气门阀。调速器可将车速转换为相应液压，节气门阀则是将节气门的开度转换为相应液压。通过调速器和节气门阀产生的的液压控制换档阀动作，实现变速器的自动换档控制。

液力传动式自动变速器按其前进档位自动换档数分，有 2 档、3 档、4 档、5 档和 6 档等。早期的自动变速器通常为两个前进档或 3 个前进档，这些自动变速器的最高档就是直接档。现代汽车上使用的电子控制自动变速器设有 4~6 个前进档，并将最高档设为超速档（传动比 <1）。

液力传动式自动变速器按齿轮变速器部分的结构类型不同分，则有普通齿轮（平行轴）式和行星齿轮式两种。由于行星齿轮式变速器结构紧凑，又能获得较大的传动比，因此目前汽车上所使用的 AT 大都采用行星齿轮结构形式。

2. 机械传动式无级自动变速器 CVT

典型的机械传动式无级自动变速器 CVT（Continuously Variable Transmission）如图 9-2 所示。CVT 由机械传动装置承担动力传递和无级变速，较为常见的结构形式是在 V 形带传动机构中设置离心式自动离合器和 V 形带带轮工作半径调整机构。控制器根据车速、节气门开度等情况控制调整机构动作，通过改变带轮工作半径实现无级变速。CVT 的结构较为复杂，且其价格也相对较高，目前在汽车上使用得比AT 要少。

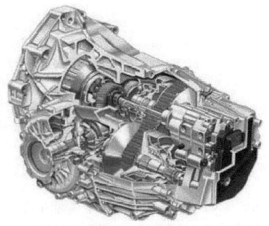

图 9-2 机械传动式无级自动变速器 CVT

阅读提示

CVT 通过改变 V 形带主从动带轮的工作半径来改变传动比，并且是连续变化的，即实现了无级变速；AT 中的变矩器在一定范围可实现无级变速，但其齿轮变速器是有级的；AMT 是手动变速器的自动操纵版，也是有级的。因此，可以实现无级变速的只有 CVT。

3. 机械传动式自动变速器 AMT

典型的机械传动式自动变速器 AMT（Automated Electronically Mechanical Transmission）如图 9-3 所示。AMT 是在普通固定轴式齿轮变速器的基础上，将选档、换档及离合器等相应的操纵改为以微处理器为控制核心，以电动、液压或气动执行机构来完成起步和换档的自动操纵变速器。AMT 既具有 AT 自动变速的优点，又有手动变速器传动效率高、价格低、结构简单的优点，在现代汽车上已经有较多的应用。AMT 具有很好的发展前景。

图 9-3　机械传动式自动变速器 AMT

三、电控液力传动式自动变速器的基本组成及特点

1. 电子控制液力传动式自动变速器的基本组成

电子控制液力传动式自动变速器可将其分成液力传动装置、机械辅助变速装置、液压控制系统和电子控制系统四部分，其基本组成如图 9-4 所示。

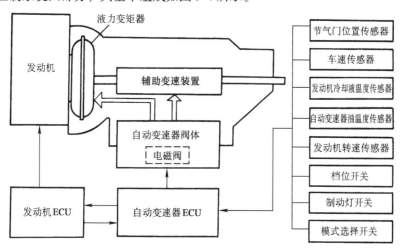

图 9-4　电控自动变速器的基本组成

（1）液力传动装置

AT 的液力传动装置就是液力变矩器，它通过液力的方式传递动力，将发动机飞轮输出的功率输送给齿轮变速器。液力变矩器可实现发动机输出的增矩减速，并在一定范围内自动地进行无级变速，在必要时还可通过其锁止离合器锁止来提高其传动效率。

（2）机械辅助变速装置

辅助变速装置包括齿轮变速机构和换档执行机构两部分，其作用是进一步增矩减速，通过变换档位实现不同的传动比，以提高汽车行驶的适应能力。目前，汽车上多采用 4 个或 5 个前进档，一个倒档。

（3）液压控制系统

液压控制系统也被称之为阀体，它包括换档控制装置、主油路油压稳定及油压调节装置、变矩器锁止控制装置等液压装置，由安装在自动变速器阀体内的换档电磁阀、油压调节电磁阀及变矩器锁止控制电磁阀控制其工作，实现对换档执行机构、油压调节装置及液力变矩器锁止装置等的自动控制。

（4）电子控制系统

电子控制系统包括各传感器及开关、自动变速器 ECU 及各个电磁阀。ECU 根据各传感器及相关开关的输入信号产生相应的控制信号，控制各电磁阀的动作，进而控制液压系统工作，以实现自动变速器的自动换档控制、主油路油压控制及变矩器的锁止控制。

2. 电子控制液力传动式自动变速器的特点

（1）驾驶操作简化，提高了行车安全性

在汽车起步和运行时，自动变速器无需离合器操作和手动换档操作，减少了驾车操作的劳动强度，可使驾驶人集中精力注意路面交通情况，因此，行车的安全性得以提高。

（2）提高了发动机和传动系统的使用寿命

由于自动变速器在自动换档过程中无动力中断，换档平稳，减小了发动机和传动系统零件的动载荷。此外，液力变矩器这个"弹性元件"可以吸收动力传递过程中的冲击和动载荷。因此，采用自动变速器的汽车发动机和传动系统零件的寿命，比采用机械式变速器的要长。

（3）提高了汽车的动力性

自动变速器在起步时，由于液力变矩器可连续自动变矩，可使驱动轮上的牵引力逐渐增加，换档时动力不中断，发动机可维持在一稳定的转速，因此，可提高汽车的起步、加速性能，汽车的平均车速也得到了提高。

（4）提高了汽车的通过性能

液力变矩器可以在一定的范围内自动变速来适应汽车行驶阻力的变化，在必要时又可自动换档以满足牵引力的需要，因此，显著提高了汽车的通过性能。

（5）减少了废气污染

手动换档过程常常伴有供油量急剧变化，发动机转速变化较大的情况，容易导致燃烧不完全，造成发动机废气中有害物质增加。自动变速器由于有液力传动和自动换档，在换档过程中发动机可保持在稳定的转速，发动机的燃烧条件不会恶化，因此，可减少发动机排放的废气对空气的污染。

（6）传动效率较低，结构较为复杂

液力传动式自动变速器其液力传动效率较低，通过最佳换档时机控制、超速档和变矩器锁止控制等，使采用电控液力传动式自动变速器汽车的油耗有了明显的下降，但总体上油耗要高于机械式变速器。此外，液力传动式自动变速器的结构较为复杂、成本较高，对维修技术水平要求也较高。

第二节　电子控制自动变速器的结构与原理

一、电子控制自动变速器的控制原理

电子控制系统的基本组成及控制功能如图 9-5 所示。

汽车在运行时，自动变速器电子控制系统各相关传感器及开关信号输入自动变速器 ECU。ECU 根据这些信号判断汽车行驶的速度、节气门的位置、发动机的转速及温度、变速器变速杆的位置等，按照设定的控制程序进行分析处理，然后输出控制信号，通过驱动电路控制各电磁

阀动作，从而实现自动变速器的自动换档控制、主油路压力控制及变矩器的锁止控制。

输入	ECU	控制功能	执行器
车速传感器		自动换档控制	换档电磁阀
节气门位置传感器			
发动机转速传感器	自动变速器 ECU	主油路压力控制	主油路压力调节电磁阀
发动机冷却液温度传感器			
自动变速器油温度传感器		变矩器锁止控制	变矩器锁止电磁阀
档位开关			
换档模式选择开关		故障自诊断	O/D OFF 指示灯
制动灯开关			

图 9-5 自动变速器电子控制系统的基本组成及控制功能

1. 自动变速器的自动换档控制

自动换档控制是使汽车在行驶过程中，自动选择最佳的时刻换档，以使汽车的动力性或经济性达到最佳。

（1）最佳换档点的确定

ECU 主要根据发动机节气门开度和汽车行驶速度确定换档时刻，并输出换档控制信号。不同的节气门开度其最佳的换档车速不同，比如，当汽车在平坦的路面上缓慢加速时，行驶阻力较小，节气门的开度较小，升档的车速可以低一些，即较早地升入高档，以使发动机在较低的转速下运行（可避免发动机转速太高），从而可降低汽车的油耗；当汽车急加速或上坡时，行驶的阻力较大，节气门的开度较大，这时为保证汽车有足够的动力，升档的车速应适当提高，以使发动机在较高的转速下运行，输出较大的功率，从而可提高汽车的加速性和爬坡能力。不同节气门开度下的最佳换档车速参数被储存在 ROM 中，这些最佳换档点的标准数据也称之为自动换档图，如图 9-6 所示。

汽车的行驶条件千变万化，在不同的条件下对汽车的使用要求也有所不同，因此，在 ECU 的 ROM 存储器中，通常储存有以经济性最佳为控制目标的换档图（经济换档模式），以及以动力性最佳为控制目标的换档图（动力换档模式）等，以供 ECU 在工作中选用。

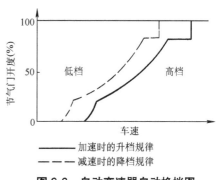

图 9-6 自动变速器自动换档图

 阅读提示

与最佳喷油时间、最佳点火时间一样，不同节气门开度下的最佳换档车速也是通过试验确定的。以动力最充沛为目的试验得到的各特定节气门开度下的换档车速存入 ROM 后，就形成了动力模式换档图；以最省油为目的得到的各特定节气门开度下的换档车速即为经济模式换档图。

（2）自动换档控制过程

自动换档控制过程示意图如图9-7所示。ECU根据节气门位置传感器和车速传感器的信号计算得到节气门开度和车速参数，再根据档位开关和模式开关的位置，从ROM存储器中选取相应换档图，通过计算与比较，判断当前是否达到设定的最佳换档点。如果已达到了最佳换档点，ECU就向相关的换档电磁阀输出换档控制信号，通过换档执行机构完成自动换档。

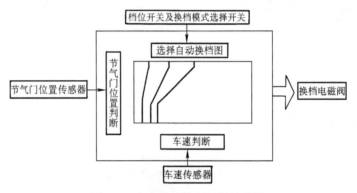

图9-7　自动换档控制过程示意图

（3）换档模式选择控制

驾驶人可通过模式选择开关选择自动变速器换档模式，但有些电子控制自动变速器不设模式开关，而是由ECU根据相关传感器的信号来判断汽车的行驶状况和驾驶人的操作意图，据此自动选择换档模式。ECU主要以变速器变速杆的位置和加速踏板踩下的速率，来辨别驾驶人的操作意图，其自动选择换档模式的原理如下。

当变速器变速杆在D位时，ECU根据加速踏板踩下的速率（节气门开启速率）来确定换档模式，但在不同的车速和节气门开度时，使换档模式转换的加速踏板踩下速率是不同的。为此，将车速和节气门开度划分为若干小区（图9-8）。每一个车速与节气门开度小区域都确定了一个节气门开启速率值，这些数值作为ECU判断是否转变换档模式的标准参数而存入ECU的ROM存储器中。工作中，ECU根据各传感器

图9-8　自动换档模式选择原理

的信号得到了车速、节气门开度及加速踏板踩下速率参数，并与该车速与节气门开度小区域的节气门开启速率标准值进行比较，如果实测的节气门开启速率高于标准值，ECU就自动选择动力模式；如果加速踏板踩下速率小于该小区域内的节气门开启速率标准值，ECU就选择经济模式。各个小区域的节气门开启速率标准值从左到右、从上到下逐渐增大。

 阅读提示

　　自动变速器在D位下自动换档模式选择原则是：车速越低或节气门开度越大，就越容易选择动力模式；反之，则容易选择经济模式。一些汽车的自动变速器设有前进低档（S、L），当变速器变速杆置于前进低档（S或L档）时，ECU只选择动力模式。

当变速器变速杆在 D 位，ECU 处于动力模式换档控制状态的情况下，一旦节气门的开度小于 1/8，ECU 就立即由动力模式转换为经济模式。

2. 主油路压力控制

主油路压力控制是使自动变速器主油路的压力按照实际需要及时改变。当需要调整主油路压力时，ECU 输出相应的占空比脉冲信号，控制油压调节电磁阀的开关比率，使其输出相应的控制油压，控制主油路液压调节阀动作，将主油路的油压调整到目标值。自动变速器 ECU 主要根据反映节气门开度、档位、变速器油温及换档情况等的电信号，对自动变速器主油路压力进行控制。

阅读提示

AT 液压系统主油路的油压就是换档执行元件（离合器、制动器）接合时的油压。在不同的工作状态下，执行元件所需的油压有不同的要求，针对不同的执行元件，其油压也会有所不同。因此，自动变速器 ECU 要根据换档执行元件的实际需要，对主油路的压力及时进行调整。

（1）节气门开度变化时对主油路油压的控制

节气门开度增大时，发动机功率增大，变速器传递转矩相应增大。这时，换档执行元件的油压需相应升高，以增加其接合力，满足传递较大转矩的需要。因此，在节气门开度增大时，需适当调高主油路的油压。工作时，ECU 根据节气门开度传感器的信号，通过计算分析后，向油压调节电磁阀输出相应的占空比脉冲信号，将主油路油压调节至适当的值。节气门开度与主油路油压的关系如图 9-9 所示。

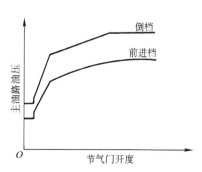

图 9-9　节气门开度与主油路油压关系

（2）档位变化时对主油路油压的控制

包括倒档位油压增大控制、低档位油压增大控制和换档过程油压减小控制。这些控制往往是通过对 D 位时各个节气门开度下的油压值进行修正实现的。

1）倒档位油压增大控制。当变速杆置于 R 位时，主油路的油压需相应增大，以满足倒档液压执行元件对主油路压力较高的要求。因此，当 ECU 接收到倒档的信号后，就对在 D 位下相应的油压标准参数进行修正（或是查找倒档下的主油路油压标准参数），因此，在各个节气门开度下输出的脉冲信号占空比均比 D 位时小，使倒档时的主油路油压比 D 位时高（参见图 9-9）。

阅读提示

由于倒档液压执行元件（离合器、制动器）工作原时间很短，为减小自动变速器的结构尺寸，通常是将倒档液压执行元件的摩擦片数减少。为了能使倒档液压执行元件在摩擦面积减小的情况下，确保能传递足够大的转矩，就需要提高摩擦片的压紧力，即需要提高主油路压力。

2）低档位油压增大控制。在前进低档位（L位或S位）时，由于此时传递的功率较大，主油路油压也应高于D位，以满足传递较大转矩的需要。因此，当变速杆置于L位或S位时，ECU就对油压标准参数进行修正，使得主油路的油压适当升高。

3）换档过程油压减小控制。在自动变速器换档过程中，为减小换档冲击，应减小换档液压执行元件的油压。因此，在换档过程中，ECU按照节气门的开度情况修正主油路油压值（图9-10），并通过输出的脉冲信号控制油压调节电磁阀减小主油路的油压。

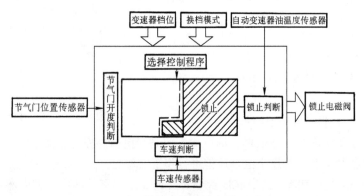

图9-10 换档过程中的主油路油压修正

（3）变速器油温变化时对主油路油压的控制

1）低温油压修正控制。在自动变速器油温度低于正常工作温度（60℃）时，由于其黏度较大，为避免换档冲击，ECU将主油路油压控制目标参数适当降低，并通过油压调整电磁阀适当减小主油路的油压。

2）温度过低油压修正控制。在自动变速器油温度过低（<-30℃）时，其黏度过大，容易造成液压换档执行元件动作迟缓，影响换档质量。因此，在这种情况下，ECU通过油压调节电磁阀将主油路油压适当调高，以使换档能正常进行。

3. 液力变矩器锁止离合器控制

液力变矩器锁止控制的目的是在保证汽车的行驶要求的前提下，最大限度地提高变矩器的传动效率，以降低燃油消耗。ECU控制锁止离合器的工作过程如图9-11所示。

图9-11 液力变矩器锁止控制过程

自动变速器ECU的ROM存储器中，储存有不同工作状态下锁止离合器的控制程序及控制参数。工作中，ECU根据自动变速器的档位、换档模式等情况，从存储器中选择相应的锁止离合器控制程序及控制参数，并与当前的车速和节气门开度等进行比较，当车速及其他因素都满足变矩器锁止条件时，ECU就向锁止离合器电磁阀输出控制信号，使锁止离合器接合，将变矩器锁止。

为保证汽车的行驶性能，一般在自动变速器油温度低于60℃、车速低于60km/h，且怠速开关接通（节气门关闭）时，ECU将禁止变矩器锁止。

4. 其他控制

（1）发动机制动控制

利用发动机的阻力矩对汽车产生制动力，可减轻制动器的工作负荷，提高汽车的行驶安全性。自动变速器 ECU 根据变速器变速杆、车速、节气门开度信号进行发动机制动控制。当汽车的行驶状态需要利用发动机制动时（比如：变速器变速杆在 S 位或 L 位且车速高于 10km/h，节气门的开度小于 1/8 等），ECU 就向有关的电磁阀输出控制信号，通过电磁阀的动作，控制齿轮变速器换档执行机构中的强制离合器接合或强制制动器制动，使齿轮变速器能逆向传递动力，以便通过发动机的转动阻力制动滑行的汽车。

（2）发动机转速与转矩控制

在自动变速器自动换档或变换档位操作过程中，自动变速器 ECU 通过与发动机 ECU 的协调控制，控制发动机的转速与转矩，以减小变速器的换档冲击和变速器输出轴转速的波动，使自动变速器换档更为柔和。

1）自动换档时发动机转速与转矩控制

在自动变速器自动换档瞬间，自动变速器 ECU 向发动机 ECU 发出减矩控制信号，由发动机控制系统 ECU 发出延迟点火时间，或减少喷油量控制信号，使发动机的转矩适当减小，以减小换档冲击。

2）变换档位时发动机转速与转矩控制

当自动变速器变速杆从空档位（N）或驻车档位（P）拨至行车档位（D）时，自动变速器 ECU 向发动机 ECU 输出相应的信号，使发动机喷油量适当增加，以避免因发动机负荷突然增加而引起转速下降；而当变速杆从行车档位拨至 N 位或 P 位时，自动变速器 ECU 输出的信号使发动机喷油量减小，以避免因发动机的负荷突然减小而使其转速上升。

二、电子控制自动变速器部件的结构与原理

1. 自动变速器传感器与开关

阅读提示

不同型号的自动变速器，其电子控制系统所配置的传感器与开关也会有所不同。自动变速器电子控制系统中所用的车速传感器、节气门位置传感器、发动机转速传感器等，通常与发动机电子控制系统共用。

（1）车速传感器

车速传感器提供汽车行驶速度信号，它是自动变速器换档控制的主要参数之一。车速传感器通常安装于自动变速器输出轴处，自动变速器 ECU 根据车速传感器所检测到的变速器输出轴转速，计算得到汽车行驶速度参数。车速传感器最常见的有磁感应式（图 9-12）、光电式、霍尔效应式等，其结构原理与发动机转速与曲轴位置传感器相同。

（2）节气门位置传感器

节气门位置传感器将节气门的位置参数转变为电信号，节气门位置是自动变速器 ECU 控制自动换档的另一主要参数。

自动变速器采用线性节气门位置传感器，节气门位置传感器信号同时输入自动变速器 ECU 和发动机 ECU。有一些汽车电子控制系统车速传感器信号只输入发动机 ECU，再由发动机 ECU 向自动变速器 ECU 提供节气门位置参数。

汽车电子控制系统结构与控制原理

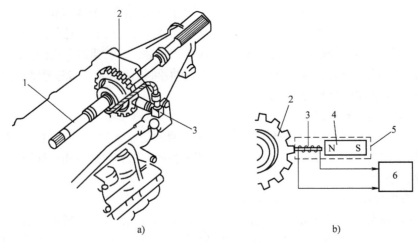

图 9-12　磁感应式车速传感器

a）车速传感器的安装位置　b）磁感应式车速传感器工作原理

1—输出轴　2—驻车锁止齿轮　3—感应线圈　4—永久磁铁　5—车速传感器　6—ECU

（3）变速器输入轴转速传感器

一些汽车自动变速器电子控制系统匹配齿轮变速器输入轴转速传感器，用于检测齿轮变速器输入轴的转速，作为自动变速器 ECU 控制换档的参考信号之一，它可使 ECU 的换档控制更为精确。

ECU 根据变速器输入轴转速信号和发动机转速信号可准确计算变矩器的传动比，实现对主油路油压的调节过程和变矩器锁止控制过程的优化控制，以进一步提高汽车的行驶性能和改善换档特性。变速器输入轴转速传感器通常采用与车速传感器相同类型的传感器。

（4）自动变速器油温度传感器

自动变速器油温度传感器用于检测自动变速器油的温度。它是 ECU 进行换档控制、油压调节和变矩器锁止控制的参考信号。有的自动变速器 ECU 根据自动变速器油温度传感器的信号进行自动变速器油冷却循环流量控制，以避免自动变速器油的温度超出正常范围。自动变速器油温度传感器的核心元件也是温度系数为负的热敏电阻。

（5）自动变速器控制开关

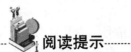阅读提示

电控自动变速器专用的控制开关有档位开关、超速档开关、强制降档开关、模式选择开关、保持开关等，但并不是所有的电控液力传动式自动变速器都使用了所有这些开关。

1）超速档（O/D）开关。有些汽车的 AT 设有 O/D 开关。此开关用于通断自动变速器超速档控制电路。当接通此开关时，自动变速器超速档控制电路通路，4 前进档的自动变速器，在 D 位下变速器最高可升入Ⅳ档（超速档);而在此开关断开时，超速档控制电路断路，在 D 位下，变速器最高只能升至Ⅲ档，限制自动变速器进入超速档。

2）模式选择开关。模式选择开关用于选择自动变速器自动换档的控制模式，以满足不同的使用要求。模式选择开关由驾驶人手动操作，通过此开关选择不同的换档模式。自动变速器

通常设有经济模式（Econmy）、标准模式（Normal）、动力模式（Power）等换档模式选择开关。

一些自动变速器无模式选择开关，由 ECU 主要根据汽车的行驶速度和节气门的开度自动选择动力模式或经济模式。

3）保持开关。有的电子控制自动变速器还设有保持开关，它的作用是锁止自动变速器的自动换档控制功能，因此也被称之为档位锁定开关。当接通此开关时，自动变速器就失去自动换档功能，由驾驶人通过变速杆进行换档操作。一般是 D、S（或 2）、L（或 1）档位分别对应变速器的Ⅲ档、Ⅱ档、Ⅰ档。

4）档位开关。所有 AT 都设有档位开关，它用于检测变速器变速杆的档位。档位开关安装在自动变速器手动阀的摇臂轴上，内部有与被测档位数相对应的触点，当变速器变速杆在空档位（N）和驻车档位（P）以外的某一档位时，相应的触点被接通，向 ECU 提供变速器变速杆档位的信号，使 ECU 按照该档位下的控制程序自动控制变速器的工作。

档位开关中有空档起动开关，该开关触点串联在起动开关电路中。当变速器变速杆在 N 位或 P 位时，空档起动开关触点闭合，这时，起动开关才能接通起动电路，使发动机得以起动。变速器变速杆在 N 位或 P 位以外的档位时，空档起动开关触点处于断开状态。这时即使接通起动开关，发动机也不能起动，以保证自动变速器的使用安全。

5）强制降档开关。一些汽车的自动变速器设有强制降档开关。强制降档开关也被称之为自动跳合开关。它在工作时检测加速踏板是否超过节气门全开的位置。当检测到加速踏板的位置超过了节气门全开的位置时，强制降档开关通路。ECU 接收到此开关通路信号后，就判断为发动机处于大负荷工况，汽车行驶处在超车状态，ECU 便按照这种情况下的设定程序控制换档，并使变速器自动下降一档，以提高汽车的加速性。

2. 液力变矩器

（1）液力矩器的基本组成与原理

1）液力变矩器的组成。液力变矩器的基本元件是泵轮、涡轮、导轮，如图 9-13 所示。

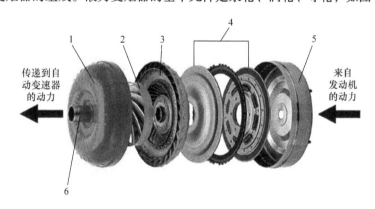

图 9-13　液力变矩器的基本组成

1—泵轮　2—导轮　3—涡轮　4—锁止离合器组件　5—变矩器壳　6—驱动接口

泵轮是液力变矩器的主动件，它与固定在飞轮上的变矩器壳连为一体；涡轮是变矩器的从动件，涡轮与变矩器的输出轴相连。泵轮和涡轮上都均布有叶片，变矩器壳体内充满了自动变速器油。

2）液力变矩器的工作原理。液力变矩器的工作原理如图 9-14 所示。在发动机不转动时，变矩器内的自动变速器油静止不动，变矩器处于分离状态。当发动机飞轮带动泵轮转动后，泵轮内的自动变速器油随泵轮叶片一起旋转，在自身离心力的作用下甩向泵轮叶片的外缘，并从泵轮叶片的外缘冲向涡轮叶片，涡轮便在自动变速器油冲击力的作用下旋转；冲入涡轮的自动变速器油顺涡轮叶片流向内缘后，又流回到泵轮的内缘，并再次被泵轮甩向外缘。转动的泵轮使变速器内的自动变速器油循环流动，使变矩器处于结合状态，并将发动机的转矩传递给涡轮，再由输出轴传递给齿轮变速器。

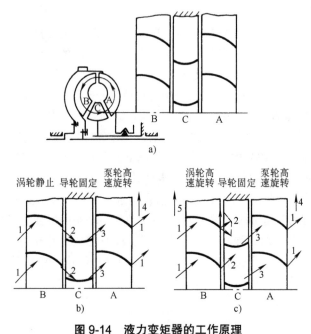

图 9-14　液力变矩器的工作原理

a）泵轮、涡轮及导轮叶片的展开示意图　b）涡轮静止时的导轮增矩作用　c）涡轮高速旋转时的导轮减矩作用
1—泵轮冲向涡轮的液流方向　2—涡轮冲向导轮的液流方向　3—导轮冲向泵轮的液流方向
4—泵轮的旋转方向　5—涡轮的旋转方向　A—泵轮　B—涡轮　C—导轮

3）导轮的作用。导轮在泵轮与涡轮之间，流向涡轮内缘的自动变速器油冲向静止不动导轮后，沿导轮叶片流回泵轮。当自动变速器油给导轮以一定的冲击力时，导轮则给自动变速器油一个同样大小的反作用力，此反作用力传递给了涡轮，起到了增矩的作用。

（2）导轮单向离合器的作用与原理

导轮的增矩作用与涡轮冲向导轮的油流速度和油流方向，以及导轮叶片夹角的大小有关。在同样的油流速度下，油流方向与导轮叶片的夹角越大，增矩作用也越大。

在涡轮未转动时，从涡轮内缘冲向导轮叶片的液流方向如图 9-14b 所示，此时油流方向与导轮叶片的夹角最大，增矩作用也最大。当涡轮转动起来以后，从泵轮冲向涡轮的油流除沿涡轮叶片流动外，还将随涡轮一起做旋转运动，这样，从涡轮内缘冲向导轮叶片的油流方向将向涡轮旋转方向偏斜，使之与导轮叶片的夹角变小，增矩作用也随之减小。涡轮的转速越高，从涡轮冲向导轮的油流与导轮叶片的夹角就越小，增矩作用也就越小。当涡轮的转速高至使涡轮冲向导轮的油流方向与导轮叶片之夹角为 0 时，变矩器就没有了增矩作用。如果涡轮的转速再增高，从涡轮内缘冲向导轮的自动变速器油将冲击导轮叶片的背面（图 9-14c），这时的导轮就起到了减矩的作用。

为了避免导轮在涡轮高速时起减矩作用，导轮与固定轴之间加装了一个单向离合器。当涡轮的转速较低，涡轮冲向导轮的油流方向与导轮叶片的夹角大于0（能起增矩作用）时，导轮单向离合器处于接合状态，使导轮能正常地起增矩作用；当涡轮的转速高至使其内缘液流冲向导轮叶片背面时，导轮单向离合器处于打滑状态，使导轮叶片对从涡轮流来自动变速器油无反作用力，从而避免了导轮的减矩作用。

液力变矩器导轮单向离合器主要有滚柱式和楔块式两种结构形式，图9-15所示的是滚柱式单向离合器的组成原理。

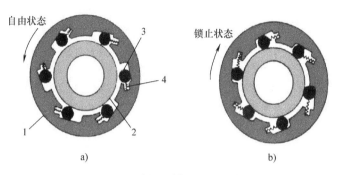

图9-15 滚柱斜槽式单向离合器

a）离合器分离 b）离合器接合

1—外座圈 2—内座圈 3—滚柱 4—小弹簧

外座圈与导轮连为一体，内座圈与变矩器输出轴刚性连接。工作中，当涡轮的油流冲向导轮叶片正面时，外座圈顺时针方向转动，滚柱滚向内、外座圈之间的楔形槽窄的一端而被卡紧，单向离合器处于接合状态，导轮起增矩的作用。当涡轮的液流冲向导轮叶片背面时，外座圈逆时针方向转动，滚柱滚向楔形槽宽的一端而放松打滑，单向离合器处于分离状态，避免导轮起减矩的作用。

（3）锁止离合器的作用与原理

液力变矩器是通过液力传递动力，其传动效率较低。为了充分利用发动机的功率，降低油耗，在现代自动变速器的液力变矩器中均设置了一个锁止离合器，用于在车速较高时将变矩器锁定，使之成为一个纯机械传动机构。

液力变矩器锁止离合器常见的结构形式如图9-16所示。这种摩擦盘式锁止离合器，其主动片与变矩器外壳直接相连，从动片可轴向移动，通过花键与涡轮轴连接。锁止离合器的接合和分离由控制系统通过对其液压腔施加液压或释放液压来实现。

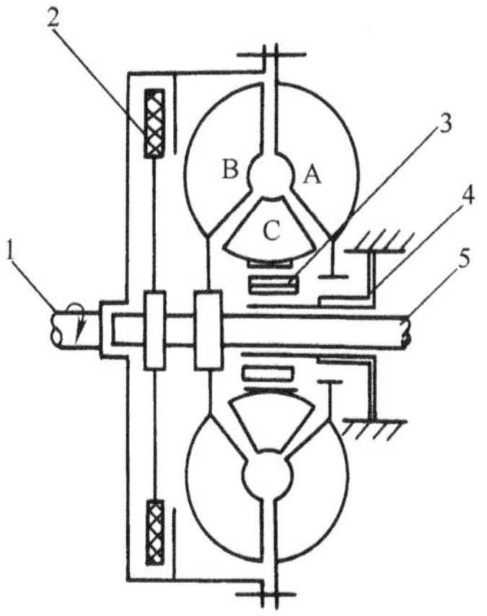

图9-16 液力变矩器锁止离合器原理简图

1—输入轴 2—锁止离合器 3—单向离合器 4—导轮轴 5—输出轴 A—泵轮 B—涡轮 C—导轮

3. 齿轮变速器

齿轮变速器用于扩大自动变速器传动比的变化范围，以满足汽车实际行驶的需要。齿轮变速器由齿轮传动装置和换档执行机构组成，齿轮传动装置采用行星齿轮机构的占大多数，换档执行机构由离合器、制动器及单向离合器组成。

（1）行星齿轮机构

行星齿轮由太阳轮、行星轮及行星架、齿圈等组成，如图 9-17 所示。

根据力的平衡原理和能量守恒定律，可推导出行星齿轮组的运动方程：

$$n_1 + \alpha n_2 - (1+\alpha)n_3 = 0$$

式中　n_1、n_2、n_3——太阳轮、齿圈、行星架的转速；

　　　　α——齿圈与太阳轮的齿数比。

从行星齿轮的运动方程中可看出，将太阳轮、齿圈和行星架这三个构件中的某一个构件，通过制动的方式予以固定（$n=0$），另两个构件一个连接输入轴，另

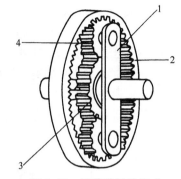

图 9-17　行星齿轮的组成

1—行星架　2—齿圈　3—太阳轮　4—行星轮

一个连接输出轴，就可获得 6 种不同的传动方式。加上任意两构件连接形成的直接传动和任何构件都不加限制的自由空转两种状态，一个行星轮系统（单排行星齿轮）就有 8 种不同的传动方案。

由于受结构的限制，单排行星齿轮的传动比范围有限，不能满足汽车行驶的实际需要，因而齿轮变速器通常用两排或三排行星齿轮。两排行星齿轮组成的形式有多种，在电子控制自动变速器中常见的是辛普森式和拉维奈尔式（图 9-18）。

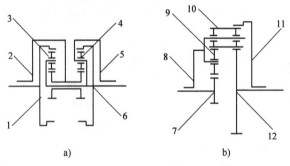

图 9-18　双排行星轮的组合形式

a）辛普森式行星齿轮机构简图　b）拉维奈尔式行星齿轮机构简图

1—前齿圈　2—前后太阳轮组件　3—前行星轮　4—后行星轮　5—后行星架　6—前行星轮与后齿圈组件

7—前太阳轮　8—行星架　9—短行星轮　10—长行星轮　11—齿圈　12—后太阳轮

辛普森式双排行星齿轮机构的结构特点是前后行星轮系共用一个太阳轮组；拉维奈尔式双排行星齿轮机构的结构特点是前后行星轮系共用一个齿圈、只有一个行星架，其中一个行星轮系中有长、短两个行星轮，长行星轮也为两行星排共用。

辛普森（Simpson）式行星齿轮机构配以相应的换档执行元件后，可以形成 4 前进档、一个倒档和一个空档的齿轮变速器，它的结构示意图如图 9-19 所示；拉维奈尔（Ravigneavx）式行星齿轮机构配以相应的换档执行元件后，也可以形成 4 前进档、一个倒档和一个空档的齿轮变速器，它的结构示意图如图 9-20 所示。

（2）换档执行机构

换档执行机构中的离合器、制动器和单向离合器用于对行星齿轮构件实施不同的连接或制动，以使齿轮传动装置实现不同的传动组合。

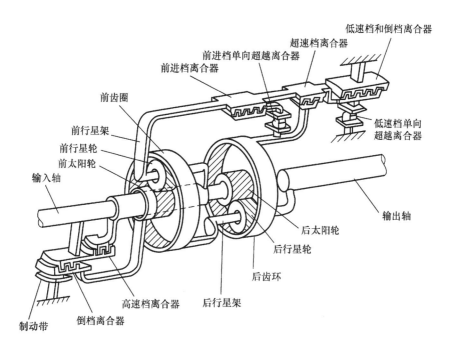

图 9-19　辛普森式 4 前进档齿轮变速器结构示意图

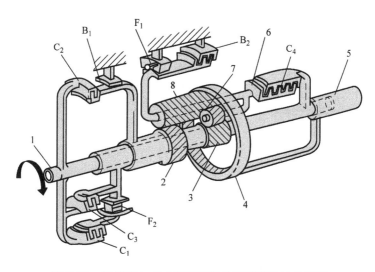

图 9-20　拉维奈尔式 4 前进档齿轮变速器结构示意图

1—输入轴　2—前太阳轮　3—后太阳轮　4—公共齿圈　5—输出轴　6—公共行星架　7—短行星轮　8—长行星轮
B_1—2 档、4 档制动器　B_2—低档、倒档制动器　C_1—前进档离合器　C_2—倒档离合器　C_3—前进档强制离合器
C_4—高档离合器　F_1—低档单向离合器　F_2—前进档单向离合器

1）离合器。离合器用于将行星齿轮中的某个构件与行星齿轮变速器的输入轴等主动部分连接起来，使之成为主动构件，或是将行星齿轮中的两个构件连接起来，使之成为一个整体，以实现直接传动。齿轮变速器换档执行机构大都采用多片湿式离合器（图 9-21），由液压控制系统对离合器液压缸工作腔注入控制油压或释放油压，来控制离合器的接合或分离。

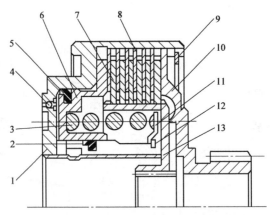

图 9-21　多片湿式离合器

1—离合器鼓　2、5—油封　3—回位弹簧　4—单向阀　6—活塞与压盘　7—主动摩擦片　8—从动摩擦片
9、12—卡环　10—太阳轮　11—弹簧座　13—花键鼓

2）制动器。制动器的作用是将行星齿轮中的某一构件固定不动。制动器有摩擦片式和制动带式两种结构形式。摩擦片式制动器的结构与摩擦片式离合器相同，区别在于其制动鼓（相当于离合器鼓）是固定不动的，因而其摩擦片接合的效果是制动。

带式制动器主要由连接行星齿轮某一构件的制动鼓、静止不动的制动带和制动液压缸组成，如图 9-22 所示。制动时，控制系统使制动器活塞工作腔的油压上升，推动活塞左移，使制动带将制动鼓箍紧，以制动与制动鼓连接的构件。

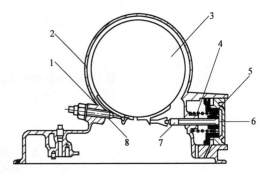

图 9-22　带式制动器

1—变速器壳　2—制动带　3—制动鼓　4—回位弹簧
5—活塞　6—活塞工作腔　7—推杆　8—调整螺钉

3）单向离合器。单向离合器的作用是连接或制动。由于单向离合器是以自身的单向锁止功能来实现连接和制动的，无需控制机构对其进行控制，因此，单向离合器的使用可使自动变速器换档控制系统得以简化。齿轮变速器换档执行机构通常采用滚柱式和楔块式单向离合器（图 9-23）。

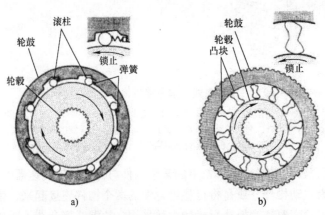

a)　　　　　　　　　　　　b)

图 9-23　滚柱式和楔块式单向离合器结构原理示意图

a）滚柱式单向离合器　b）楔块式单向离合器

（3）齿轮变速器的换档原理

以图9-24所示的4个前进档、辛普森式齿轮变速器为例，说明通过换档执行机构在齿轮变速器换档控制中的作用原理。

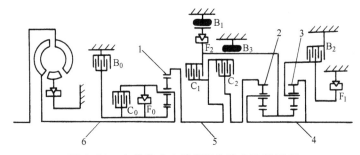

图9-24 辛普森式4档行星齿轮变速器原理

1—超速档行星排 2—前行星排 3—后行星排 4—输出轴 5—中间轴 6—输入轴
B_0—超速档制动器 B_1—Ⅱ档制动器 B_2—低档及倒档制动器 B_3—Ⅱ档强制制动器
C_0—直接离合器 C_1—倒档及高档离合器 C_2—前进离合器
F_0—直接单向离合器 F_1—低档单向离合器 F_2—Ⅱ档单向离合器

本例在辛普森式2行星排的基础上又增设了超速档行星排，当变速器变速杆置于不同的行驶档位时，自动变速器控制系统通过对各换档执行元件的控制，实现行星齿轮变速器的自动换档。该自动变速器各档下换档执行元件工作情况如表9-1所示。

表9-1 4档自动换档的行星齿轮变速器各换档执行元件的工作情况

变速器变速杆位置	变速器工作档	换档执行元件状态									
		C_0	C_1	C_2	B_0	B_1	B_2	B_3	F_0	F_1	F_2
D	Ⅰ档	○		○					○	○	
	Ⅱ档	○		○		○			○		○
	Ⅲ档	○	○	○		●			○		
	超速档		○	○	○	●					
R	倒档	○	○				○		○		
S、L（2、1）	Ⅰ档	○		○			○		○		
	Ⅱ档	○		○		●		○	○		
	Ⅲ档	○	○	○					○		

注：○—表示结合、制动或锁止；●—表示结合或制动，但不传递动力。

当自动变速器变速杆置于D位时，控制系统通过控制各离合器和控制的工作，使齿轮变速器可在Ⅰ~Ⅳ档之间变换。

4. 主油路供油及油压调节装置

主油路供油及油压调节装置是自动变速器液压控制系统的液压源，主要由油泵、主油路油压调节阀、油压调节电磁阀等组成。

（1）油泵

油泵除了要向液力变矩器提供冷却循环所需的压力油外，同时还是液压控制系统和换档执行机构的液压源。油泵一般由变矩器壳后端的轴套驱动，只要发动机运转，油泵就工作。

自动变速器所采用的油泵主要有半月形齿轮泵、摆线转子泵和叶片泵三种（图9-25）。

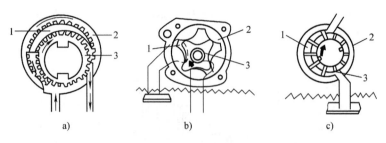

图 9-25 自动变速器油泵

a）半月形齿轮泵 b）摆线转子泵 c）叶片泵

1—空腔 2—外部元件（不转） 3—内部元件（转动）

（2）油压调节装置

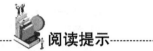

　　自动变速器油泵通常采用定量泵，在发动机转速变化时，其泵油量会随之变化，因而需要有一个调节装置，使油泵输出的油压能保持稳定；在变速器不同的工作状态下，对主油路的油压有不同的要求，因而还需要一个调节装置对所稳定的油压大小进行调节。

　　油压调节装置的作用就是在发动机转速变化时使主油路的油压稳定，并能根据需要将主油路的油压适当地调高或调低。主油路油压调节装置包括油压调节阀和油压调节电磁阀等部件。

　　1）主油路油压调节阀。主油路油压调节阀的作用是使主油路的压力保持稳定。

　　自动变速器主油路油压调节阀大都采用阶梯状滑阀式，其原理如图 9-26 所示。

　　滑阀的 B 面大于 A 面，使压力油对滑阀总体上有一个向下的推力 F_1。F_1 与滑阀下端的弹簧力 F_2 相平衡时，滑阀静止不动。当主油路的油压较低时，滑阀处于静止状态后将泄

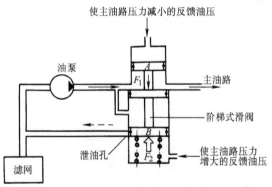

图 9-26 阶梯滑阀式主油路油压调节装置原理

油口关闭；当主油路的油压较高而使 $F_1 > F_2$ 时，滑阀便下移，使泄油口打开，多余的压力油经泄油口排出，从而使主油路的油压稳定。

　　滑阀的上腔和下腔各有一个油压反馈孔，用于对主油路油压的调整。当滑阀下腔接入反馈（控制）油压时，主油路的油压上升；而当滑阀上腔接入反馈（控制）油压时，主油路的油压就会下降。控制油压由 ECU 通过控制主油路压力调节电磁阀进行调整。

　　2）主油路油压调节电磁阀。主油路液压调节电磁阀多采用结构和控制均较为简单的开关电磁阀，ECU 通过输出占空比可变的脉冲信号实现主油路压力的控制。主油路油压调节电磁阀有普通式和带滑阀式两种，如图 9-27 所示。

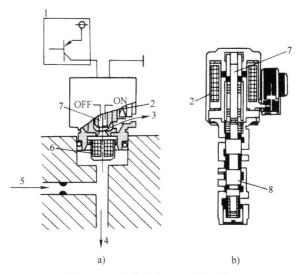

图 9-27 主油路油压调节电磁阀

a）普通开关电磁阀 b）滑阀式开关电磁阀

1—自动变速器 ECU 2—电磁线圈 3—泄油孔 4—调节油压 5—主油路油压 6—滤网 7—衔铁及阀芯 8—滑阀

电磁阀线圈通电时，阀被打开，压力油从泄油孔排出，调节油压随之下降。电磁阀断电时，阀在弹簧力的作用下关闭，调节油压又会上升。自动变速器 ECU 通过输出占空比不同的脉冲信号，来控制电磁阀动作（开与关的比率），输出相应的控制油压，以实现对主油路油压的控制。

5. 换档油压控制装置

换档油压控制装置是将驾驶人操纵变速器档位和控制开关的手动信号，以及 ECU 输出电控信号转变为相应的控制油压，控制自动变速器中液压执行元件的动作，实现自动变速器的档位设置和自动换档控制。换档油压控制装置包括手动阀、换档阀、换档电磁阀及相应的控制油路等。

（1）手动阀

手动阀由变速器变速杆控制，它是一个多位换向阀，其滑阀的位置决定了自动变速器的工作状态（档位）。典型的自动变速器档位的设置与布置如图 9-28 所示。

图 9-28 自动变速器的档位设置

阅读提示

自动变速器均设有驻车档位 P、空档位 N、倒车档位 R、前进档位 D。一些自动变速器还设有前进低档位 S（2）和 L（1），用以满足自身的特点需要。自动变速器的档位是由驾驶人通过变速杆操纵手动阀来实现的。

自动变速器手动阀的滑阀有两柱式和三柱式两种，三柱式滑阀其控制的油路数要多于二柱式滑阀。图 9-29 所示的是三柱式手动阀示意图。

当驾驶人将变速器变速杆拨至某一档位时，通过其机械传动机构将手动阀中的滑阀移至相应的位置，使主油路与相应的控制油路或换档执行元件接通，并且让不参加工作的控制油路与泄油孔接通，从而使自动变速器处于相应的工作状态（档位）。

（2）换档阀与换档电磁阀

1）换档阀。换档阀是一个二位液压换向阀，用于高档和低档油路油压的切换。典型的纯液压控制换档阀的工作原理如图9-30所示。

调速器（也称速控器）将车速信号转换为相应的油压，输入换档阀的右侧；节气门阀将节气门的开度信号转换为相应的油压，输入换档阀的左侧。在某一节气门开度下，当车速上升达到换档车速时，车速控制阀油压推动换档阀中的滑阀左移，使滑阀中腔（连接主油路）与高速档油路相通，滑阀的右腔（连接泄油孔）低速档油路相通。于是高速档油路建立油压，低速档油路卸压，完成升档过程。当节气门的开度较大，而车速降至换档车速时，节气门阀油压推动滑阀右移，

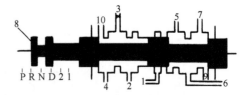

图9-29 三柱式手动阀示意图

1—主油路 2—前进档油路 3—Ⅱ档油路 4—高档油路
5—Ⅱ档锁止油路 6—低档油路 7—倒档油路
8—手动阀滑阀 9、10—泄油孔

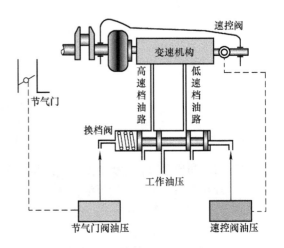

图9-30 换档阀的作用原理

使滑阀中腔与低速档油路相通，滑阀的左腔与高速档油路相通，这时低速档油路建立油压，高速档油路，完成了降档过程。

电子控制式自动变速器中，则是由换档电磁阀提供的控制油压来控制换档阀滑阀的移动。滑阀移动的结果是将主油路与需要工作的换档执行元件的油路接通，使其建立液压，实现连接或制动；与此同时，将不工作的换档执行元件的油路与泄油孔接通，使其泄压而停止工作。

 阅读提示

一个换档阀可进行高、低档油路的切换，四前进档自动变速器，需要3个换档阀，即1—2换档阀、2—3换档阀、3—4换档阀。

2）换档电磁阀。换档电磁阀通常是一个开关式电磁阀，如图9-31所示。当线圈通电时阀开启，主油路的压力油进入控制油道，控制换档阀动作。

换档电磁阀控制换档阀工作的过程如图9-32所示。

换档电磁阀不通电时，阀处于泄压状态，换档阀的滑阀左端无液压，滑阀在右端弹簧力的作用下被推至左位；当换档电磁阀通电时，换档滑阀的左端通入压力油并被保持，使滑阀克服弹簧力移至右位。换档阀滑阀的移位改变了控制油路，从而实现了换档。

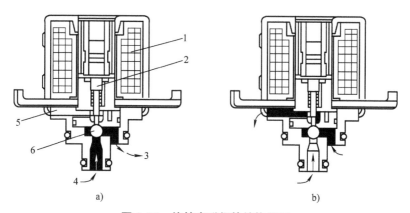

图 9-31　换档电磁阀的结构原理

a）通电　b）不通电

1—电磁线圈　2—衔铁与铁心　3—控制油道　4—主油道　5—球阀　6—泄油孔

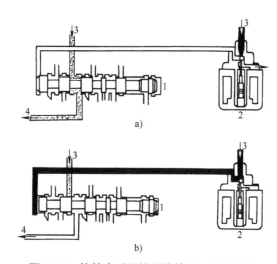

图 9-32　换档电磁阀控制换档阀工作的过程

a）电磁阀不通电，换档阀在左位　b）电磁阀通电，换档阀在右位

1—换档阀　2—换档电磁阀　3—接主油路　4—接换档执行元件

　　图 9-32 所示的换档电磁阀与换档阀的组成形式是一个换档电磁阀控制一个换档阀动作，因而 4 个前进档自动变速器就需要三个换档电磁阀，分别实现Ⅰ—Ⅱ换档、Ⅱ—Ⅲ换档、Ⅲ—Ⅳ换档的自动换档控制。

　　有的自动变速器用两个换档电磁阀控制一个换档阀的动作，因而 4 个前进档的自动变速器就需要用 6 个换档电磁阀来实现 4 个前进档之间的自动换档控制。

　　也有车型用两个换档电磁阀控制 3 个换档阀的动作组成形式（图 9-33），电子控制器通过对 A、B 两个电磁阀的不同通、断电组合控制，使自动变速器分别实现Ⅰ—Ⅱ换档、Ⅱ—Ⅲ换档、Ⅲ—Ⅳ换档的自动换档控制。电磁阀通电情况和变速器所处的档位如表 9-2 所示。

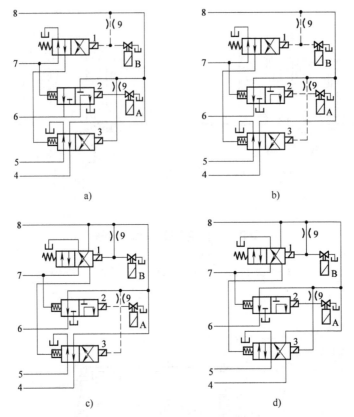

图9-33 4前进档，2电磁阀换档控制原理

a）Ⅰ档控制油路 b）Ⅱ档控制路 c）Ⅲ档控制油路 d）Ⅳ档控制油路

1—Ⅱ—Ⅲ换档阀 2—Ⅰ—Ⅱ换档阀 3—Ⅲ—Ⅳ换档阀 4—直接档离合器油路 5—超速档制动器油路
6—Ⅱ档油路 7—Ⅲ档油路 8—来自手动阀油路 9—节流阀 A、B—换档电磁阀

表9-2 换档电磁阀通电情况与档位关系

换档电磁阀	通电状态			
	Ⅰ档	Ⅱ档	Ⅲ档	Ⅳ档
A	×	○	○	×
B	○	○	×	×

注：○—表示电磁阀通电；×—表示电磁阀不通电。

各档换档电磁阀的工作状态说明如下：

Ⅰ档：电磁阀A不通电，电磁阀B通电。Ⅰ—Ⅱ换档阀因右端有控制油压作用而左移，关闭Ⅱ档油路；Ⅱ—Ⅲ换档阀处在左位，关闭了Ⅲ档油路，同时将主油路油压接入Ⅲ—Ⅳ换档阀左端，从而使Ⅲ—Ⅳ换档阀锁止在左位。这时，直接档离合器油路与主油路接通，其他控制元件油路均处于泄压状态。

Ⅱ档：电磁阀A、B同时通电。Ⅰ—Ⅱ换档阀右端油压下降，换档滑阀右移，主油路与Ⅱ档油路接通，Ⅲ档油路和超速档制动器油路处于泄油状态。

Ⅲ档：电磁阀A通电，电磁阀B不通电。Ⅱ—Ⅲ换档阀因右端油压升高而左移，将Ⅲ档油路与主油路接通，并让Ⅲ—Ⅳ换档阀左端控制压力油泄空。

Ⅳ档：电磁阀 A、B 均不通电。Ⅲ—Ⅳ换档阀右端控制压力上升，换档滑阀左移，关闭直接档离合器油路，接通超速档制动器油路。此时，Ⅰ—Ⅱ换档阀左端作用着主油路油压，因此它被锁定在左位。

6. 锁止离合器控制装置

自动变速器的锁止离合器控制装置由液压控制阀和电磁阀组成，用于执行 ECU 的变矩器锁止控制指令，实现对变矩器的锁止离合器的控制作用。典型的变矩器锁止装置的组成与工作原理如图 9-34 所示。

变矩器锁止控制电磁阀也是开关式电磁阀，有开关控制方式和占空比脉冲控制方式两种。

（1）开关式电磁阀控制方式

控制器对电磁阀输出的是一个开关（阶跃式）控制信号，控制过程如下：

1）当不需要变矩器锁止时，电磁阀不通电而处于关闭状态，锁止离合器控制阀的右端无控制压力油，滑阀在弹簧力的作用下处在右位，锁止离合器活塞的两端都作用着来自变矩器阀的压力油，锁止离合器处于分离的状态。

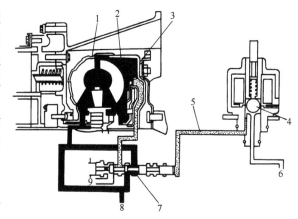

图 9-34　变矩器锁止控制装置

1—变矩器　2—变矩器压力油　3—锁止离合器　4—电磁阀
5—控制压力油　6—主油路压力油　7—锁止离合器控制阀
8—来自变矩器阀　9—泄油孔

2）当需要变矩器锁止时，电磁阀通电开启，使锁止离合器控制阀右端控制油压上升，使控制滑阀克服弹簧力左移，锁止离合器活塞的右腔与泄油孔接通而泄压。于是，活塞在左边变矩器油压的作用下右移，使锁止离合器接合，实现了变矩器的锁止控制。

（2）脉冲式电磁阀控制方式

控制器向电磁阀输出的控制信号是占空比脉冲信号，控制电磁阀的开启比率，以控制锁止离合器控制阀右端的控制油压的大小，使锁止离合器控制滑阀向左移动所打开的泄油孔开度可控，也就是控制了锁止离合器活塞右腔的油压，使锁止离合器接合力可控。

💧 **专家解读：**

占空比脉冲控制方式可以让锁止离合器的接合力渐渐增大，使接合过程更加柔和。此外，在汽车行驶工况接近变矩器锁止条件时，占空比式电磁阀控制方式可实现滑动锁止控制（半接合状态），以提高变矩器的传动效率。因此，这种变矩器锁止控制方式已在 AT 上广泛应用。

7. 电子控制器

自动变速器电子控制器（AT ECU）根据各个传感器及控制开关的信号和其内部设定的控制程序，通过运算和分析，向各个执行元件输出控制信号，从而实现对自动变速器的控制。

自动变速器控制器（AT ECU）的基本组成与发动机电子控制系统的电子控制器相似，ECU

通常需要与其他控制系统 ECU 互相传递相关信息，以实现各个控制系统的互相协调控制。一些车型的自动变速器控制与发动机电子控制系统共用一个 ECU，使得自动变速器和发动机的控制匹配得更好。

三、典型自动变速器控制系统电路

下面以丰田雷克萨斯 LS400 轿车上的 341E、342E 型自动变速器为实例，分析液力传动自动变速器电子控制系统的组成、电路特点及故障检修方法。丰田 341E、342E 型自动变速器电子控制系统的组成如图 9-35 所示。

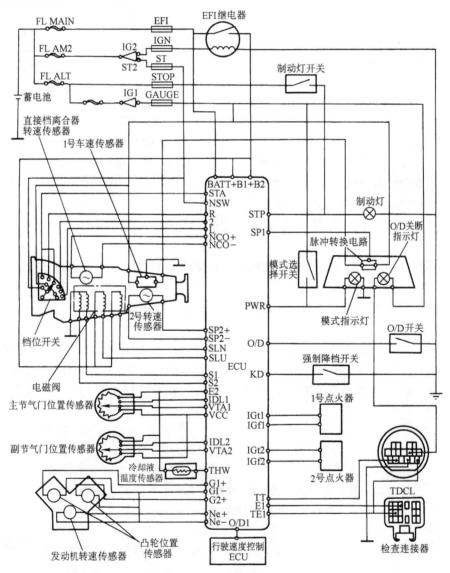

图 9-35　丰田 341E、342E 型自动变速器电子控制系统电路

1.电子控制系统结构特点

丰田 341E、342E 型自动变速器控制系统与发动机电子控制系统共用一个 ECU，并称之为发动机与 ECT ECU。

丰田 341E、342E 型自动变速器控制系统执行器有 4 个电磁阀，其中 1 号、2 号两个电磁阀用于控制换档，ECU 通过使 1 号、2 号两个换档电磁阀工作在不同的组合状态，来实现 4 个前进档的自动换档控制。两个换档电磁阀工作状态所对应的档位如表 9-3 所示。

表 9-3　两个换档电磁阀通电状态与变速器档位关系

变速器变速杆位置	变速器档位	电磁阀工作情况	
		1 号换档电磁阀	2 号换档电磁阀
P	驻车档	接通	关断
R	倒档	接通	关断
N	空档	接通	关断
D	I 档	接通	关断
	II 档	接通	接通
	III 档	关断	接通
	IV 档	关断	关断
2	I 档	接通	关断
	II 档	接通	接通
	III 档	关断	接通
L	I 档	接通	关断
	II 档	接通	接通

3 号电磁阀为变矩器锁止控制电磁阀，ECU 通过输出占空比脉冲信号控制该电磁阀的工作，可使变矩器的锁止控制比较平滑，并可实现变矩器滑动锁止控制（半接合状态），提高了变矩器的传动效率。

4 号电磁阀为主油路压力调节电磁阀，变速器通过油压调节器、蓄压器来稳定变速器油压，ECU 输出占空比脉冲信号控制 4 号电磁阀的工作，4 号电磁阀输出的控制油压用来改变蓄压器的背压，以此种方式来调节变速器主油路的油压。

当驾驶人改变档位（从 N 档位、P 档位挂入行车档位，或从行车档位挂入 N 档位、P 档位）时，ECU 通过短时间的点火提前角控制，适当地增大或减小发动机的转矩，以使发动机的转速保持稳定。

2. 电子控制系统电路分析

丰田 341E、342E 型自动变速器电子控制系统所用的 ECU 与发动机 ECU 合一，称为 ECT ECU，它有 4 个代号为 E7、E8、E9、E10 的插接器，其端子排列如图 9-36 所示，ECU 与自动变速器控制系统相关各端子的连接说明见表 9-4。

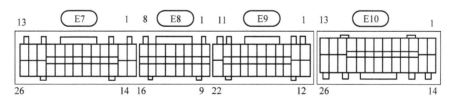

图 9-36　1UZ-FE 发动机的 ECT ECU 插接器端子排列

表 9-4　丰田 341E、342E 型自动变速器 ECU 端子连接及功能

端子号	端子代号	连接部件	功能说明
E7—3	NCO+	直接档离合器转速传感器	信号输入（+）
9	S2	2 号换档电磁阀	换档控制端子
10	S1	1 号换档电磁阀	换档控制端子
13	E01	电源接地	
14	SLU	3 号锁止控制电磁阀	变矩器锁止离合器控制端子
15	SLN	4 号油压控制电磁阀	变速器油压控制端子
16	NCO−	直接档离合器转速传感器	信号输入（−）
26	E02	电源接地	
E8—1	IDL1	主节气门位置传感器	信号输入
2	IGF1	1 号电子点火器	点火反馈信号
5	IGT1	1 号电子点火器	点火定时信号
6	G2+	2 号曲轴位置传感器	信号输入
7	G1+	1 号曲轴位置传感器	信号输入
8	NE+	发动机转速传感器	信号输入（+）
9	IDL2	副节气门位置传感器	信号输入
10	IGF2	2 号电子点火器	点火反馈信号
13	IGT2	2 号电子点火器	点火定时信号
15	G	曲轴位置传感器	信号输入（−）
16	NE −	发动机转速传感器	信号输入（−）
E9—1	IGSW	点火开关	信号输入
2	STA	起动继电器	信号输入
4	VTA1	主节气门位置传感器	信号输入
5	THW	冷却液温度传感器	信号输入
9	TE1	检查连接器	检查与诊断
10	SP2+	2 号车速传感器（+）	信号输入（+）
11	VCC	节气门位置传感器电源（+）	电源输出
12	B	EFI 主继电器	电源输入
13	B1	EFI 主继电器	电源输入
14	NSW	空档起动开关	信号输入
15	VTA2	副节气门位置传感器	信号输入
18	E2	传感器接地	
19	SP1	1 号车速传感器	信号输入
21	SP2−	2 号车速传感器（−）	信号输入（−）
22	E1	ECU 接地	
E10—2	O/D1	巡航控制 ECU	信号交流
3	O/D2	O/D 开关	信号输入
15	2	档位开关	信号输入
16	L	档位开关	信号输入
17	PWR	模式选择开关	信号输入
19	STP	制动灯开关	信号输入
20	KD	强制降档开关	信号输入
26	BATT	蓄电池	电源输入

（1）换档控制电路

丰田341E、342E型自动变速器换档电磁阀控制电路如图9-37所示。

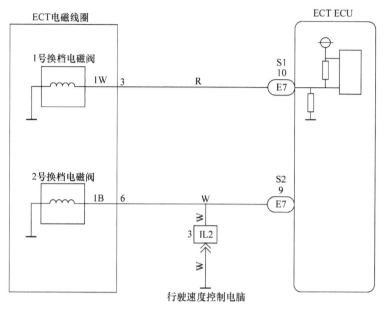

图9-37 换档电磁阀控制电路

ECU通过对阀板中1号、2号两个换档电磁阀的组合控制方式，实现自动变速器前进档的自动换档控制。ECU通过S1（E7插接器10号脚）、S2（E7插接器9号脚）端子向换档电磁阀输出电压的方式使电磁阀通电。

（2）变矩器锁止控制电路

丰田341E、342E型自动变速器变矩器锁止离合器电磁阀控制电路如图9-38所示。

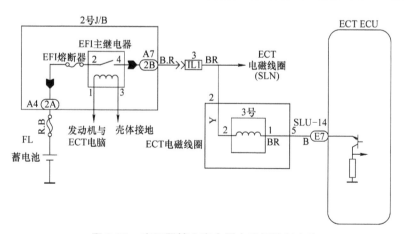

图9-38 变矩器锁止离合器电磁阀控制电路

ECU通过对3号电磁阀进行占空比脉冲控制方式，实现对变矩器锁止离合器的快速接合、逐渐接合、半接合控制。3号电磁阀通过EFI主继电器与电源相接，由ECU的SLU（E7插接器14号）端子提供接地通路的方式，控制3号电磁阀的通电。

汽车电子控制系统结构与控制原理

（3）变速器油压控制电路

丰田 341E、342E 型自动变速器油压调节电磁阀的控制电路如图 9-39 所示。

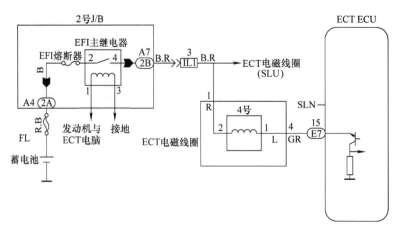

图 9-39　变速器油压调节电磁阀控制电路

ECU 通过对 4 号电磁阀进行占空比脉冲控制方式，控制变速器蓄压器的背压，从而实现变速器主油路油压的控制。4 号电磁阀也是通过 EFI 主继电器与电源相接，由 ECU 的 SLN（E7 插接器 15 号）端子提供接地通路的方式，控制 4 号电磁阀的通电。

（4）档位开关电路

丰田 341E、342E 型自动变速器档位开关电路如图 9-40 所示。

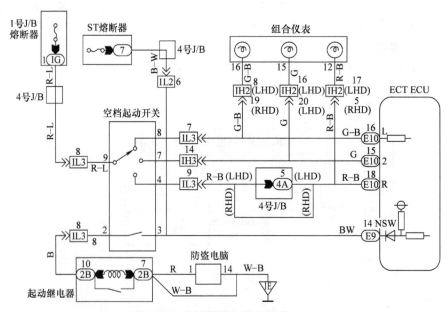

图 9-40　变速器档位开关电路

档位开关中有 L、2、R 档位开关，当变速器变速杆置于 L 位、2 位或 R 位时，档位开关中相应的开关接通，使 ECU 的 L、2 或 R 端子连接得到电源电压，ECU 获得相应的档位信号。档位开关中的空档起动开关，在变速器变速杆置于 N 位或 P 位时接通，并通过 NSW 端子使 ECU

获得 N 位或 P 位信号。

空档起动开关串联在起动继电器线圈电路中，因此，只有在变速器变速杆置于 P 位或 N 位（空档起动开关接通）时，起动继电器线圈电路才能被点火开关的起动档接通，使发动机只能在 P 位或 N 位时才能够起动。

3. 丰田 341E、342E 型自动变速器电子控制系统电路故障检修

（1）故障自诊断

自动变速器电子控制系统利用仪表板处的 O/D OFF 指示灯进行故障报警和故障码闪示。

接通点火开关时，O/D OFF 指示灯亮起，将变速器变速杆上 O/D OFF 开关按下（ON）时，O/D OFF 指示灯应熄灭。

如果点火开关接通时，O/D OFF 指示灯不亮，或在按下 O/D OFF 开关后 O/D OFF 指示灯不熄灭，均说明 O/D OFF 指示灯电路有故障；如果在 O/D OFF 开关按下（ON）的情况下，O/D OFF 指示灯闪烁，则说明自动变速器控制系统有故障，应进行故障自诊断操作，读取故障码。

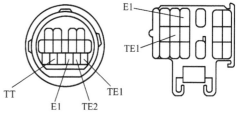

1）故障码的读取。可以用故障检测仪来读取故障信息，人工读取故障码的方法如下：

① 接通点火开关，并将变速器操纵手柄上 O/D OFF 开关按下（ON）。

② 用导线将 TDCL 或检查连接器的 TE1 和 E1 端子短接（图 9-41）。

图 9-41 TDCL 与检查连接器

③ 通过 O/D OFF 指示灯的闪烁读取故障码。故障码的闪示方式与该车发动机电子控制系统的相同，故障码及各故障码所表示的故障如表 9-5 所示。

2）故障码的消除。当故障排除后，应消除 RAM 存储器中储存的故障码，方法如下：

① 在点火开关关断的情况下，拔下 EFI 熔断器（15A）10s 以上，具体的时间长短取决于环境温度，温度越低，取下熔断器的时间也应越长。

② 拆下蓄电池的负极电缆线也可清除故障码，但同时也将 RAM 存储器中的其他信息都清除了。

③ 将 ECT ECU 插接器拔开，故障码也可被清除。

④ 进行消除故障码操作后，应进行路试，检查 O/D OFF 指示灯是否闪示无故障码的信息（以每秒两次的频率闪烁）。

表 9-5 丰田 A341E、A342E 型自动变速器故障码

故障码	故障诊断	故障部位
42	1 号车速传感器线路有断路或短路	1 号车速传感器或传感器线路 ECT ECU
46	4 号电磁阀电路有断路或短路	4 号电磁阀或电磁阀线路 ECT ECU
61	2 号车速传感器线路有断路或短路	2 号车速传感器或传感器线路 ECT ECU
62	1 号电磁阀电路有断路或短路	1 号电磁阀或电磁阀线路 ECT ECU

（续）

故障码	故障诊断	故障部位
63	2号电磁阀电路有断路或短路	2号电磁阀或电磁阀线路 ECT ECU
64	3号电磁阀电路有断路或短路	3号电磁阀或电磁阀线路 ECT ECU
67	直接档转速传感器信号不良	直接档离合器转速传感器 直接档离合器转速传感器线路 ECT ECU
68	强制降档开关短路	强制降档开关或开关线路 ECT ECU

几点说明：

① 当出现故障码64、68所示的故障时，"O/D OFF"指示灯不闪亮报警，但会储存其故障码。

② 当出现偶然性故障，"O/D OFF"指示灯闪亮报警后又恢复正常时。"O/D OFF"指示灯虽停止闪烁，但故障码仍被保存，只有进行故障码清除操作才会消失。

③ 如果"O/D OFF"指示灯没有闪烁报警，但自诊断系统输出故障码，则说明有线路接触不良故障，应检修故障码所示的故障电路中的各个线束插接器。

④ 如果1号和2号车速传感器同时发生故障，将无故障故障码输出，且故障保护系统不起作用。因此，在D位行驶时，无论车速的高低，变速器都不会从Ⅰ档升档。

3）强制降档开关信号的检查。该检查项目是在试验状态下检测强制降档开关信号（KD）是否正常输入电脑。方法如下：

① 在点火开关关闭（OFF）的状态下将TDCL（或检查连接器）的TE2和E1短接起来。

② 将O/D OFF开关置于ON，点火开关也置于ON，如果"CHECK ENGINE"警告灯不闪亮，则表明系统已进入试验状态（注意：在输出故障码以前，点火开关不要关闭）。

③ 连接TDCL或检查连接器的TE1和E1，检查"O/D OFF"指示灯是否闪示故障码68。

④ 将强制降档开关置于ON位置，完全踩下加速踏板，检查"O/D OFF"指示灯是否闪示正常码。

如果在③步检查时不显示故障码68，或④步检查时不显示正常码，都说明强制降档开关及电路有故障。

（2）通过检查插接器TT端子诊断故障

节气门位置传感器信号、制动开关信号是否正常，"O/D OFF"指示灯不能显示，但可以通过检测TDCL或检查连接器的TT—E1端子检测这些信号电压。

1）节气门位置传感器的故障诊断。方法如下：

① 接通点火开关后，在检查连接器（或TDCL）的TT-E1端子之间接一直流电压表（图9-42）。

② 慢慢踩下加速踏板，看电压表的示值是否随节气门的开度增大按图9-43所示的规律上升。

如果电压值不随节气门开度的增大而成比例地增加，则说明节气门位置传感器或其线路有故障。

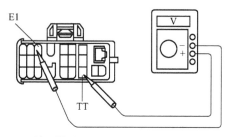

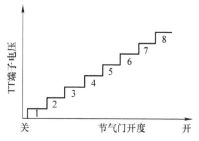

图 9-42　检测检查连接器 TT—E1 端子之间的电压　　图 9-43　节气门位置传感器信号电压的上升规律

2）制动灯开关的故障诊断。方法如下：

① 踩下加速踏板，直到 TT 端子的电压上升到 8V。

② 踩下制动踏板，再检测 TT—E1 之间的电压。

正常情况应为：踩下制动踏板时，TT—E1 之间电压为 0V；放松制动踏板时，TT-E1 之间的电压为 8V。如果不符合上述要求，说明制动灯开关或其线路有故障。

（3）发动机与 ECT ECU 各端子的检测

通过发动机和自动变速器 ECU 插接器有关端子对地电压的检测，可判断相关电路及部件是否发生故障。

首先检测 ECU 电源端子、搭铁端子的电压，电源端子应为蓄电池电压，搭铁端子电压应小于 0.3V。如果不正常，需检查其连接线路。

在 ECU 电源和搭铁均为良好的情况下，再检测其他端子的电压。检测方法及电压异常可能的故障部位见表 9-6。

表 9-6　丰田 A341E、A342E 型发动机自动变速器 ECU 各端子对地电压检测

检测端子 （端子号）	检测状态	正常电压	电压异常可能的故障部位
S1 （E7—10）	点火开关"ON"，P 位	蓄电池电压	① 换档（1号）电磁阀 ② 换档电磁阀与 ECU 的线路 ③ 发动机与自动变速器 ECU
	汽车运行在 I、II档		
	汽车运行在 III、IV档	0V	
S2 （E7—10）	点火开关"ON"，P 位	0V	① 换档（2号）电磁阀 ② 换档电磁阀与 ECU 的线路 ③ 发动机与自动变速器 ECU
	汽车运行在 I、IV档		
	汽车运行在 II、III档	蓄电池电压	
SLU （E7—14）	点火开关在"ON"位	蓄电池电压	① 锁止（3号）电磁阀至 ECU 的线路 ② EFI 主继电器至锁止电磁阀的线路 ③ 锁止电磁阀 发动机与自动变速器 ECU
SLN （E7—15）	点火开关在"ON"位	蓄电池电压	① 油压调节（4号）电磁阀至 ECU 的线路 ② EFI 主继电器至油压调节电磁阀的线路 ③ 油压调节电磁阀 发动机与自动变速器 ECU
IDL1 （E8—1）	点火开关在"ON"位，节气门开	4～6V	① 节气门位置传感器（怠速触点） ② 节气门位置传感器与 ECU 之间线路 ③ 发动机与自动变速器 ECU

（续）

检测端子 （端子号）	检测状态		正常电压	电压异常可能的故障部位
VTA1 （E9—1）	点火开关 ON	节气门关	0.1～1.0V	① 节气门位置传感器 ② 节气门位置传感器与 ECU 之间线路 ③ 发动机与自动变速器 ECU
		节气门全开	3～5V	
SP2 （E9—10）	转动驱动车轮		脉冲电压	① 2 号车速传感器 ② 2 号车速传感器至 ECU 之间线路 ③ 发动机与自动变速器 ECU
VCC （E9—11）	点火开关在"ON"位		4～6V	① 节气门位置传感器 ② 节气门位置传感器与 ECU 之间线路 发动机与自动变速器 ECU
NSW （E9—14）	点火开关 ON	P 位、N 位	0V	① 空档起动开关 ② 档位开关与 ECU 之间线路 ③ 发动机与自动变速器 ECU
		其他档位	5V	
SPD （E9—19）	转动驱动车轮		脉冲电压	① 1 号车速传感器或组合仪表 ② 1 号车速传感器至 ECU 之间线路 ③ 发动机与自动变速器 ECU
O/D1 （E10—2）	点火开关在"ON"位		蓄电池电压	① ECU 与巡航控制 ECU 之间的线路 ② 发动机与自动变速器 ECU
O/D2 （E10—3）	点火开关 ON	O/D 开关 ON	蓄电池电压	① O/D 开关或组合仪表 ② O/D 开关与 ECU 之间线路 ③ 发动机与自动变速器 ECU
		O/D 开关 OFF	0V	
2 （E10—15）	点火开关 ON	2 位	蓄电池电压	① 档位开关 ② 档位开关与 ECU 之间线路 ③ 发动机与自动变速器 ECU
		其他档位	0V	
L （E10—16）		L 位	蓄电池电压	
		其他档位	0V	
R （E10—18）		R 位	蓄电池电压	
		其他档位	0V	
PWR （E10—17）	点火开关 ON	模式开关置于 PWR 位	蓄电池电压	① 模式选择开关 ② 模式选择开关与 ECU、蓄电池之间的线路 ③ 发动机与自动变速器 ECU
		模式开关置于 NORM 位	0V	
STP （E10—19）	踩下制动踏板		蓄电池电压	① 制动灯开关 ② 制动灯开关与 ECU 之间的线路 ③ 发动机与自动变速器 ECU
	放松制动踏板		0V	
KD （E10—20）	点火开 关 ON	不加速踏板	蓄电池电压	① 强制降档开关 ② 强制降档开关与 ECU、搭铁之间的线路 ③ 发动机与自动变速器 ECU
		加速踏板踩到底	0V	

第三节　电子控制自动变速器故障检修

一、自动变速器故障检修的一般程序与注意事项

1.自动变速器检修一般程序

液力传动电控自动变速器的故障检修较为复杂,许多故障现象的故障可能性都包含了机械系统、液压系统和电子控制系统三个方面。为能准确、迅速地排除故障,应该按照正确的程序对自动变速器进行故障检修。不同型号的自动变速器具体的故障检修操作方法可能会有所不同,但均可按如下的程序进行故障检修。

1)首先应根据驾驶人所描述的故障现象进行故障确认操作,使维修人员对自动变速器的故障现象有比较准确的了解。

2)进行故障自诊断操作,读取故障码。如果有故障码,按故障码所示检查故障部位;如果无故障码,则进行下一步。

3)要根据故障现象分析大致故障原因,并对自动变速器进行直观检查和基础检验,如果有问题,进行修理或调整。

4)根据故障现象和故障分析,有选择地进行自动变速器试验操作,确定故障的性质和范围。

5)根据试验结果,检修自动变速器故障部件。

6)自动变速器检修结束后,进行自动变速器道路试验操作,以检验其是否恢复正常。

2.自动变速器故障检修注意事项

为能准确地找到故障原因并迅速排除故障,电子控制自动变速器故障检修应注意如下几点。

（1）首先应考虑常见的故障部位

自动变速器的一些故障现象虽然都有机、电、液各个系统故障的可能,但自动变速器液压系统中的各个液压阀、变矩器等出现故障的概率很小,而较为常见的是变速器油位不当或油质变差、节气门拉杆或变速杆等联动装置松动或调节不当、发动机怠速不当、液压系统出现漏油而使油压不足、电子控制系统线路插接器松动而使电路接触不良等。这些较为常见的故障用直观检查即可,若先对其进行检查,往往可简单而又迅速地排除自动变速器的故障。

（2）要取得自诊断故障信息

当自动变速器电子控制系统出现故障时,其自诊系统会记录下故障码,因此在检修前应先进行故障自诊断操作,以便准确、迅速地排除自动变速器电子控制系统的故障。

（3）仔细全面地分析故障

要对自动变速器故障现象仔细辨别,必要时通过有关的试验来确认故障特征,以便对可能的故障原因有准确全面了解,这样就可避免盲目地检查与故障现象无关的部位,又不会漏检有关的部件而导致故障不能排除。

（4）不要盲目拆卸

因为在未拆卸以前,可通过有关的试验来区分故障的性质和大致的范围。在未确定故障的大致范围之前,盲目解体自动变速器,将导致不必要的拆卸,对故障的查寻也很不利。

二、自动变速器的基础检验与试验

1.自动变速器的基础检验

基础检验是检查自动变速器是否有影响其正常工作的因素存在,主要有如下检验项目:

（1）发动机怠速检验

将自动变速器变速杆置于 N 位或 P 位，关闭空调，看发动机的怠速。发动机的正常怠速因车型的不同而有所不同，一般为 750r/min 左右。发动机怠速过低，在换档时容易引起车身振动或使发动机熄火；发动机怠速过高，换档时容易产生冲击和振动，且在 D 位或 R 位下的蠕动（汽车自行移动）较为严重。

如果发动机怠速不在正常范围之内，应对其进行调整。

（2）变速器油位与品质检验

1）油位检验。在发动机怠速工况下，将自动变速器变速杆置于 P、R、N、D、S、L 各档位下均停留几秒种，以使各档油路充分排气充油，然后再回到 P 位，拔出油尺查看油位，应在正常的油位范围内。油位过低，变速器中的离合器、制动器容易打滑，加速性变差，齿轮变速器润滑不良；油位过高，容易引起控制阀体上的排油孔阻塞，影响齿轮变速器中的离合器和制动器平顺分离，造成换档不稳。

如果油位过低，应予以补充；如果油位过高，应排出过多的自动变速器油。

阅读提示

> 有的 AT 没有 S 位和 L 位，进行油位检验时，在发动机怠速工况下，将自动变速器变速杆置于 P、R、N、D 各档位下均停留几秒种即可。

2）自动变速器油品质检验。自动变速器油品质变差将会使自动变速器不能正常工作，并将导致变速器损坏。检查方法是：拉出油尺，用眼睛仔细观察油的颜色、从油尺上嗅一嗅油液的气味、用手指捻一下油液。正常油液应清洁且呈红色，无异味。如果自动变速器油已变质、有烧焦味，应分析自动变速器油品质下降的原因，并更换自动变速器油。

（3）节气门全开检验

将加速踏板踩到底，节气门应全开。节气门不能全开，会使发动机在高速和大负荷时功率输出不足，汽车达不到最高车速，加速性能变差，并会导致自动变速器强制降档时机不当（设有强制降档开关的 AT）。

如果节气门全开检验不合要求，应对其进行调整。

（4）变速杆位置检验

将变速杆从 N 位置换至其他档位时，检查其档位是否正确、档位开关指示灯显示是否正确。如果档位开关无信号或信号不正确，会直接影响自动变速器 ECU 的正常控制。变速杆位置不正确时，应通过档位开关传动机构对其进行调整。

（5）空档起动开关检验

将变速杆置于 N 位和 P 位以及其他档位时，将点火开关转至起动档，检查发动机能否起动。正常情况应是：变速杆在 N 位、P 位时接通起动开关，起动机能够工作，而在其他档位时，起动机应不能转动。

2. 自动变速器的试验

进行各项试验的目的是确认自动变速器故障的性质和故障的范围，试验项目如下。

（1）手动换档试验

接通档位锁定开关或拔开自动变速器换档电磁阀线束插接器，使自动变速器 ECU 失去自动

控制换档作用，用变速杆换入各个档位，看变速器是否能正常工作，用以判断自动变速器故障的原因是电子控制系统还是其他系统的故障。

（2）失速试验

在行车制动器和驻车制动器性能良好、自动变速器油位正常、发动机和变速器温度正常的情况下，通过挂档（D和R）和制动的方式使变矩器涡轮不转。然后，在发动机全负荷运转时测得泵轮（发动机）转速。失速试验主要检验发动机输出功率大小是否正常、变矩器导轮单向离合器是否良好、变速器中的离合器和制动器是否打滑等。

（3）时滞试验

时滞试验是通过测量从挂档到换档执行元件完成动作的时间差，来分析变速器中前后离合器、制动器是否过度磨损或控制油路油压是否正常。

（4）油压试验

测量液压控制系统管路中的油压，用以判断油泵和各阀的工作性能好坏、油路及换档执行元件有无泄漏等。

（5）道路试验

通过路试，检查换档点（升档和降档转速）和换档时有无冲击、振动、噪声、打滑等，以进一步分析自动变速器的故障原因。对修复的自动变速器，则是检验其是否恢复了正常工作能力。

三、自动变速器电子控制系统部件的检修

自动变速器电子控制系统的一些传感器、电子控制器的故障检测方法可参见发动机电子控制系统和ABS等相同或相似部件的检测方法。

1.档位开关的检修

（1）档位开关的可能故障

档位开关的可能故障有：档位安装位置不当而使档位开关信号不正确、档位开关内部触点接触不良。

（2）档位开关的检修方法

可按如下方法检测：

1）用举升机举起汽车。

2）拔开档位开关线束插接器。

3）用万用表电阻档检测各档位下各插脚之间的通断情况。

图9-44所示的是丰田雷克萨斯LS400汽车自动变速器档位开关的端子排列和内部连接情况，将变速杆置于各档位时，检测各端子的通断情况，应与图9-44相符。

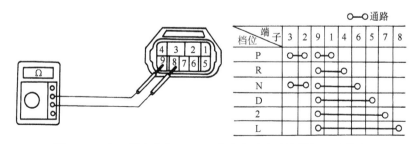

图9-44　丰田雷克萨斯LS400汽车自动变速器档位开关检查

如果有多个档位触点通断情况不对，应先检查并调整操纵机构和档位开关的安装后，再进行检测，若不能恢复正常，则更换档位开关；如果是个别档位触点不能通路，也需要更换档位开关。

2. 开关式电磁阀的检修

（1）开关式电磁阀的常见故障

开关式换档电磁阀、锁止电磁阀可能的故障有：电磁阀线圈短路、断路；电磁阀阀芯卡滞或泄漏等。

（2）开关式电磁阀的检查方法

开关式电磁阀通过检测其线圈电阻、阀的动作及阀的开闭情况来判断其故障与否。

1）检测电磁阀电阻。拔开电磁阀线束插接器后，用万用表测量电磁阀插脚之间的电阻。自动变速器开关式电磁阀的线圈电阻检测如图 9-45a 所示。开关式电磁阀线圈电阻一般为 10 ~ 30Ω，占空比脉冲控制式的电磁阀线圈电阻一般为 3 ~ 5Ω。如果测量的电阻值过大或过小，说明电磁阀线圈有断路或短路，需更换电磁阀。

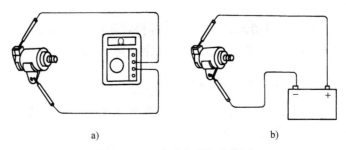

图 9-45　开关式电磁阀的检测

a）检测电磁阀线圈的电阻　b）检查电磁阀的动作

2）检测电磁阀的动作。对电磁阀线圈施加电压（图 9-45b），仔细听是否有电磁阀动作的响声。对开关式电磁阀线圈应施加 12V 电压，对占空比脉冲控制式电磁阀线圈一般应加 4V 电压。如果电磁阀线圈加电压后无动作，说明电磁阀阀芯有卡滞，应更换电磁阀。

3）检查电磁阀的开闭情况。拆下电磁阀，将压缩空气吹入电磁阀进油口，令电磁阀线圈通电和断电，检验其开闭是否良好。如果电磁阀不通电时不通气，则通电时就应通气，如果不是这样，说明电磁阀已损坏，需予以更换。

（3）占空比式电磁阀的检查方法

占空比式电磁阀的检查方法如图 9-46 所示。

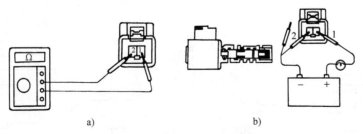

图 9-46　占空比式电磁阀的检查

a）检查电磁阀的电阻　b）检查电磁阀的动作

1）检测电磁阀电阻。拔开电磁阀线束插接器后，用万用表测量电磁阀插脚与搭铁之间的电阻。自动变速器占空比式电磁阀的线圈电阻一般为 3 ~ 5Ω。如果测量的电阻值过大或过小，说明电磁阀线圈有断路或短路，需更换电磁阀。

2）检测电磁阀的动作。拆下电磁阀，对电磁阀线圈施加 4V 左右的电压时，应能听到电磁阀动作的响声；对于滑阀式电磁阀，应能看到电磁阀阀芯向外移动，断开电源时，电磁阀阀芯应会退回。则否说明电磁阀阀芯有卡滞，应更换电磁阀。

第十章
汽车动力转向电子控制系统

第一节 概　述

阅读提示

　　汽车动力转向是指利用转向泵所产生的液压驱动力，或由电动机产生的电磁转矩提供转向动力，由驾驶人操控实现车轮转向。动力转向装置可使转向操纵灵活、轻便，而在汽车设计时，对转向器结构形式的选择灵活性可大大增加。但是，不同车速下的转向阻力大小是不同的，对于转向助力大小稳定不变的动力转向装置，如果确保低速转向轻便，在高速时转向助力过大，驾驶人就会失去对方向盘操纵的路感；如果为了避免失去高速操纵的稳定性而减小转向助力，在低速时就会转向沉重。

　　理想的动力转向系统应该是随车速的变化，能自动改变转向助力的大小。

一、电子控制动力转向系统的作用

1. 汽车动力转向的作用

　　汽车动力转向是利用转向泵所产生的液压驱动力，或由电动机产生的电驱动力提供转向助力，以减轻驾驶人操控方向盘的劳动强度。转向助力装置相当于一个驾驶人方向盘操纵力放大器，它不仅可使转向操纵灵活、轻便，增大了在汽车设计时对转向器结构形式选择的灵活性，而且能吸收路面对前轮产生的冲击。因此，动力转向系统在中型载货汽车、重型载货汽车上得到了广泛使用。对于小轿车来说，由于发动机前置及前轮驱动，使其前轴负荷增加，转向的轻便性成了必须解决的问题，因而轿车上几乎都装备了动力转向装置。

2. 动力转向电子控制系统的作用

　　汽车在不同的行驶速度下其转向阻力是不同的，在车速低时，形成的转向阻力大，需要对转向车轮施以较大的转向驱动力。随着车速的提高，转向阻力减小，所需的转向驱动力相应减小。因此，转向助力装置的转向驱动力应随汽车行驶速度的上升而适当减小。

　　电子控制动力转向系统（Electronic Control Power Steering，简称EPS或ECPS）是一种转向助力（动力转向放大倍率）可控的动力转向系统，可根据车速及转向情况对转向助力大小实施控制，使动力转向系统在不同的行驶条件下，都有最佳的动力转向放大倍率。它的具体的作用是。

　　1）低速行驶时有较大的助力。在汽车低速行驶时，动力转向电子控制系统控制转向助力装置产生较大的助力,以确保汽车低速行驶时的转向轻便、灵活。

2)高速行驶时减小助力或不助力。在汽车高速行驶时,控制系统又能自动减小动力转向放大倍率,使驾驶人有良好的方向盘操纵手感,以提高汽车高速行驶的操纵稳定性。

3)选择适宜的助力特性。动力转向电子控制系统还可以设置不同的转向放大特性,来满足不同使用对象的需要。

概括一句话,动力转向电子控制系统的作用就是根据车速及转向情况对转向助力大小实施控制,使动力转向系统在不同的行驶速度下都有一个最佳的转向助力。

电子控制动力转向系统使转向助力装置具有良好的转向动力特性,已逐渐成为现代汽车提高其操纵轻便性、行驶安全性及舒适性的必选装备。

二、电子控制动力转向系统的分类

电子控制动力转向系统主要由机械转向机构、转向助力装置和电子控制系统三大部分组成。目前,汽车上使用的电子控制动力转向系统有多种结构形式,现按不同的分类方法进行概括。

1. 按转向助力装置动力源不同分类

按动力转向装置动力源不同分,有液力式动力转向系统和电动动力转向系统两大类型。

1)液力式电子控制动力转向系统。液力式电子控制动力转向系统的组成如图10-1所示。这种动力转向助力装置的动力源来自由发动机驱动的转向泵,电子控制器根据相关传感器的信号来控制电磁阀,以调节转向助力装置中液体流量或液压,实现最佳动力转向控制。

2)电动式电子控制动力转向系统。转向助力装置的动力来自电动机,电子控制器根据相关传感器检测到的转向和车速参数,来控制电动机转矩的大小和转动的方向,并通过电磁离合器和减速机构,使汽车转向机构得到一个与行驶工况相适应的转向助力。电动式动力转向系统如图10-2所示。

2. 按助力转向机构转向助力大小的控制方式不同分类

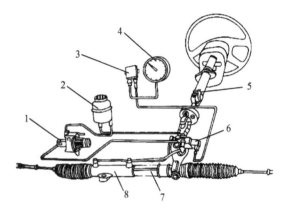

图 10-1　液力式动力转向系统的组成

1—动力转向泵　2—储油罐　3—ECU　4—车速表
5—转向轴与万向节　6—电磁阀　7—齿轮齿条式转向器
8—转向助力缸

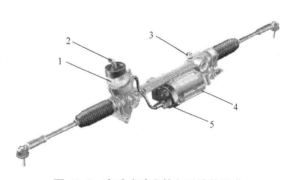

图 10-2　电动式动力转向系统的组成

1—转向器　2—转向轴连接端　3—动力转向传动装置
4—电动机　5—ECU

液力式电子控制动力转向系统按其液压助力转向机构转向助力大小的调节方式不同分,又可分流量控制式、反力控制式和阀灵敏度控制式三种。

1)流量控制式。动力转向ECU通过控制电磁阀的开度,来调节动力转向装置内动力缸的液体流量,以实现转向助力大小的控制。

汽车电子控制系统结构与控制原理

2）反力控制式。动力转向 ECU 通过控制电磁阀开度，来调节动力转向装置内控制阀柱塞的背压，以实现转向助力大小的控制。

3）阀灵敏度控制式。动力转向 ECU 通过控制电磁阀的开度，来改变动力转向控制阀的油压增益（灵敏度），以实现转向助力大小的控制。

3. 按转向助力机构的位置不同分类

电动式动力转向系统按转向助力装置的结构与安装位置的不同分，有转向轴助力式、转向器小齿轮助力式和齿条助力式三种。

1）转向轴助力式。转向助力机构安装在转向轴上（图 10-3），电动机的动力经离合器、电动机齿轮传给转向轴的齿轮，再经万向节及中间轴传给转向器。

2）转向器小齿轮助力式。转向助力机构安装在转向器小齿轮处（图 10-4），与转向轴助力式相比，可以提供较大的转向助力。这种助力方式的缺点是助力特性的控制难度较大。

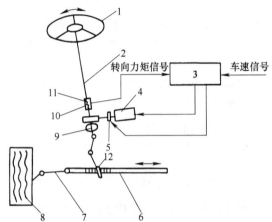

图 10-3 转向轴助力式动力转向系统

1—方向盘 2—转向轴 3—动力转向 ECU
4—电动机 5—电磁离合器 6—转向齿条
7—横拉杆 8—转向轮 9—输出轴 10—扭力杆
11—转矩传感器 12—转向齿轮

3）齿条助力式。转向助力机构安装在转向齿条处（图 10-5），电动机通过减速传动机构直接驱动转向齿条。与转向器小齿轮助力式相比，可以提供更大的转向力，更适用于大型车辆。这种助力方式需要对原有的转向传动机构做较大的改变。

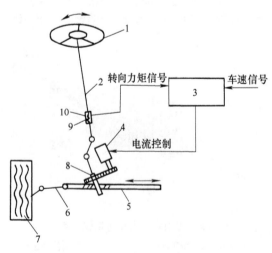

图 10-4 小齿轮助力式动力转向系统

1—方向盘 2—转向轴 3—动力转向 ECU 4—电动机
5—转向齿条 6—横拉杆 7—转向轮 8—小齿轮
9—扭力杆 10—转矩传感器

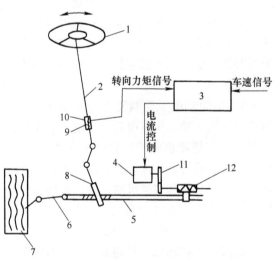

图 10-5 齿条助力式动力转向系统

1—方向盘 2—转向轴 3—动力转向 ECU 4—电动机
5—转向齿条 6—横拉杆 7—转向轮 8—小齿轮
9—扭力杆 10—转矩传感器 11—斜齿轮 12—螺杆螺母

4. 按电动式转向助力工作范围不同分

电动式动力转向控制系统按控制范围分类，又可分为低速助力型和全速助力型两种类型。

1）低速助力型 EPS。EPS 只在低速时提供助力，当车速超过某一预定值时，EPS 便停止工作，转为手动转向。低速助力型的优点是控制程序的算法比较简单，对控制系统的硬件要求相对较低，缺点是不能改善汽车高速行驶时的操纵稳定性，而且当车速在切换点附近时，驾驶人在方向盘上的作用力会有突变。

2）全速助力型 EPS。EPS 在任何车速下都提供助力。全速助力型的优点是改善了汽车的高速操纵稳定性，缺点是控制程序的算法相对复杂，对控制系统的硬件要求也相对较高。

三、电动式动力转向系统的特点与发展趋势

1. 电动式动力转向系统的特点分析

与液力式动力转向系统相比，电动式动力转向系统具有如下优点。

（1）可降低发动机能耗

液力式动力转向系统无论汽车是否转向，动力转向泵一直由发动机驱动运转着。也就是说，在汽车行驶中，液力动力转向系统持续地消耗着发动机的能量。相比之下，电动式动力转向系统只有在汽车转向时电动机才工作，不转向时则不消耗能量，因而其能耗低。在各种行驶工况下，电动式动力转向系统比液力式动力转向系统节能 80%~90%。

（2）重量轻，安装方便

电动式 EPS 无液压缸、转向泵、液压阀、液压管路及液压油等部件，电动助力机构的零件少，结构紧凑、重量可大大减轻，因而动力转向系统易于布置，并且能降低噪声。

（3）工作特性好

液压助力增减控制有一定的滞后性，反应敏感性和随动性较差。电动式动力转向系统由电子控制器直接控制电动机产生相应的转向动力，反应敏感性好，容易获得最优化的转向动力特性。此外，电动式动力转向系统比液力式动力转向系统具有更好的低温工作性能。

（4）系统安全可靠性强

1）EPS 故障时有由人工—机械转向保障。当电动式 EPS 出现故障时，可通过电磁离合器分离的方式，立即切断电动机与助力齿轮机构的动力传送，动力转向装置不会成为转向阻力，并可迅速转入人工—机械转向状态。

2）发动机熄火时有蓄电池作为电源保障。由于电动式动力转向系统是电动机提供助力，电动机可由蓄电池供电，因此，在发动机熄火或出现故障而不能运转时，动力转向系统仍能正常工作，确保汽车行驶安全可靠。

专业小知识

由于液力式动力转向装置的动力源是发动机驱动的转向泵，动力转向装置与转向机构的连接不能分开，因而在汽车运行中，当动力转向装置出现故障而不能产生转向动力时，或发动机熄火而使转向泵停止运转时，液力式动力转向装置就会造成转向的阻力。在行驶中的汽车如果出现上述情况，将会使转向异常沉重，驾驶人不能正常地进行转向操作，极易造成汽车行车安全事故。

（5）使用维修方便

电动式动力转向系统没有液压回路，不存在渗油问题，可大大降低保修成本和减小对环境的污染。使用过程中，电动式动力转向系统比液力式动力转向系统更易于调整和检测。

（6）开发与生产周期短

电动式动力转向系统通过设置不同的控制程序，就可与不同车型匹配，因而开发和生产周期短。

2. 电动式动力转向系统的发展趋势

由于电动式动力转向系统可节约燃料、提高主动安全性、利于环保等多种优点，因而刚一出现就受到汽车界高度重视。世界各大汽车公司都相继研制出与各型汽车匹配的电动式动力转向系统，并已逐步解决了电动转向助力的成本及电源问题。在现代汽车上电动式动力转向系统已部分取代液力式动力转向系统。

电动式动力转向系统还有一些需要解决的问题：需进一步改善电动机的性能，并使电动机与电动式动力转向系统有最佳的匹配，以进一步优化动力转向系统的转向动力特性，更好地解决低速转向操纵轻便性和高速转向路感等问题；仅以转向力矩和车速信号作为转向助力控制依据，其转向动力特性不能完全符合实际行驶工况，进一步的发展还将根据转向角、转向速度、横向加速度、前轴重力等多种信号进行综合控制，以获得更好的转向路感。未来的电动式动力转向系统还将朝着电子四轮转向的方向发展，并与悬架电子控制系统实现统一协调的控制。

第二节　电子控制动力转向系统的结构与控制原理

一、液力式电子控制动力转向系统的组成与控制原理

1. 液力式电子控制动力转向系统的组成

液力式电子控制动力转向系统是在传统的液力式动力转向系统的基础上，增设了可调节转向助力大小的电子控制装置，其组成如图10-6所示。动力转向控制系统的主要组成部件有动力转向泵、动力转向装置、电磁阀、车速传感器、电子控制器等。

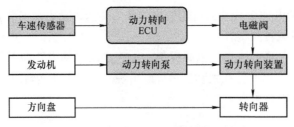

图10-6　液力式电子控制动力转向系统

（1）动力转向泵

动力转向泵是动力转向系统的动力源，在发动机的驱动下吸入动力转向储油罐中的油液，并产生液压能，通过液压软管将液压能输入动力转向装置，以实现转向助力。动力转向泵有齿轮泵、柱塞泵、叶片泵等不同的类型。

（2）动力转向装置

动力转向装置的作用是将方向盘的操控力放大，利用源自动力转向泵的液压能驱动转向车

轮转向。动力转向装置一般由液压缸、液压控制阀等组成，不同类型的动力转向装置其具体的组成部件与工作原理均不相同。

（3）电磁阀

电磁阀是液力式动力转向电子控制系统的执行器，其作用是在电子控制器的控制下动作，适时地调节控制油压或液流量，以使动力转向装置产生适宜的转向动力。

（4）车速传感器

车速传感器用于检测汽车的行驶速度，是动力转向 ECU 确定转向助力大小的重要参数。车速传感器通常与防抱死电子控制系统、自动变速器电子控制系统等其他汽车电子控制系统共享。

（5）动力转向 ECU

动力转向 ECU 主要根据车速传感器的信号做出最佳转向助力判断，并输出控制信号，通过电磁阀驱动电路控制电磁阀的开度，以使动力转向装置产生适当的转向助力，使动力转向系统始终保持与车速相适宜的动力转向放大倍率。

2. 动力转向电子控制系统的基本控制原理

在汽车行驶中，车速传感器将车速转换为相应的电信号，并输送给动力转向 ECU，ECU 根据车速传感器的信号对所需的转向助力大小做出判断，并输出相应的控制信号，通过控制电磁阀的动作使用转向助力装置产生相应的转向动力，使得转向助力的大小随汽车行驶的速度而变，确保低速时转向轻便，高速时又有良好的路感。

3. 液力式电子控制动力转向系统转向助力控制原理

（1）流量控制式 EPS 工作原理

流量控制式 EPS 主要由车速传感器、电磁阀、整体式动力转向控制阀、动力转向泵和电子控制器等组成（图 10-7）。

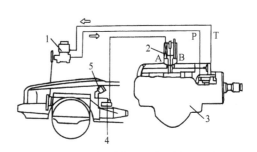

1）结构特点。用来控制液流量的电磁阀安装在通向转向动力缸活塞两侧油室的油道之间，当电磁阀完全开启时，两油道就被电磁阀旁路。因此，转向动力缸产生助力随电磁阀开度的增大而减小。动力转向 ECU 根据车速传感器的信号确定转向助力放大倍率，并输出控制信号控制电磁阀的开度，以改变转向动力缸活塞两侧油室的旁路液压油流量，实现转向助力大小的控制。

图 10-7　流量控制式动力转向系统
1—动力转向泵　2—电磁阀　3—动力转向控制阀
4—EPS ECU　5—车速传感器

2）工作原理。动力转向 ECU 通过输出占空比可变的控制脉冲来控制电磁阀的开度。在车速低很低时，ECU 输出占空比很小的控制脉冲，使通过电磁阀线圈的平均电流小，电磁阀的开度小，旁路液压油流量也小，使得液压助力作用大，从而确保方向盘操纵轻便。当车速提高时，控制器输出占空比较大的控制脉冲，使电磁阀线圈的平均电流增大，电磁阀的开启程度增大，这时电磁阀旁路液压油流量增大，使得液压助力作用减小，以确保转向时驾驶人操纵方向盘时有良好的路感。

（2）反力控制式 EPS 工作原理

反力控制式动力转向系统主要由转向控制阀、分流阀、电磁阀、转向动力缸、动力转向泵、储油罐、车速传感器及电子控制器组成，其组成与工作原理如图 10-8 所示。

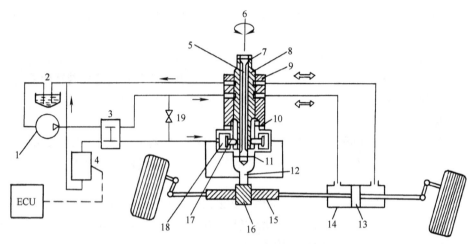

图 10-8　反力控制式动力转向系统

1—动力转向泵　2—储油罐　3—分流阀　4—电磁阀　5—扭力杆　6—方向盘　7、10、11—销　8—转阀阀杆
9—控制阀阀体　12—小齿轮轴　13—转向动力缸活塞　14—转向动力缸　15—齿条　16—小齿轮　17—柱塞
18—液压反作用力室　19—小孔

1）结构特点。转向控制阀由传统的整体转阀式动力转向控制阀和液压反作用力室构成。扭力杆的上、下端分别通过销子与转阀阀杆和小齿轮轴连接，而小齿轮轴的上端部通过销子与控制阀阀体相连。在转向时，方向盘上的转向力通过扭力杆传递给小齿轮轴。当扭力杆发生扭转变形时，控制阀体和转阀阀杆之间的相对转动改变了阀体和阀杆之间油道的通、断关系和工作油液的流动方向，并通过转向动力缸产生转向助力。

分流阀将来自动力转向泵的液压油向控制阀一侧和电磁阀一侧分流，按照车速和转向要求，改变控制阀一侧与电磁阀一侧的液压，确保电磁阀一侧具有稳定的液流量。固定小孔的作用是把供给转向控制阀的一部分流量分配到液压反作用力室一侧。电磁阀开度变化可改变液压反作用力室的液压，而反作用力室液压通过柱塞作用于转阀阀杆。

2）工作原理。当车辆停驶或车速较低时，动力转向 ECU 输出的控制信号使电磁阀线圈电流增大，电磁阀开度大，经分流阀分流的液压油经电磁阀流回到储油罐中的液量增加，这使液压反作用力室压力（作用于柱塞的背压）降低，柱塞对转阀阀杆的作用力较小，此时较小的方向盘作用力就可使扭力杆扭转变形，使阀体与阀杆发生相对转动而实现转向助力作用（相当于转向助力增大）。当汽车在高速行驶中转向时，动力转向 ECU 输出的控制信号使电磁阀线圈的电流减小，电磁阀开度减小而使液压反作用力室的液压升高，柱塞作用于转阀阀杆的压力增大，这时需要较大的方向盘作用力，才能使阀体与阀杆之间做相对转动而实现转向助力作用（相当于转向助力减小），驾驶人可获得良好的转向路感。

（3）阀灵敏度控制式 EPS 工作原理

阀灵敏度控制式 EPS 主要由转向控制阀、电磁阀、转向动力缸、动力转向泵、储油罐、车速传感器及电子控制器等组成（图 10-9）。

1）结构特点。动力转向 ECU 通过电磁阀直接控制动力转向控制阀的液压增益（阀灵敏度）实现转向助力放大倍率的控制。由外体和内体构成的转向控制阀有通孔截面可变的低速专用小孔（1R、1L、2R、2L）和高速专用小孔（3R、3L），在高速专用可变孔的下边设有旁通电磁阀回路。转向控制阀的等效液压回路如图 10-10 所示。

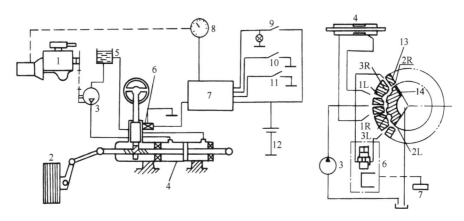

图 10-9　阀灵敏度控制式动力转向系统

1—发动机　2—前轮　3—动力转向泵　4—转向动力缸　5—储油罐　6—电磁阀　7—动力转向 ECU　8—车速传感器
9—车灯开关　10、11—空档开关　12—蓄电池　13—转向控制阀外体　14—转向控制阀内体

2）工作原理。在车辆停止时，动力转向 ECU 使电磁阀完全关闭，如果此时转向（设向右转动方向盘），较小的转向力就可使低速专用小孔 1R、2R 关闭，动力转向泵的液压油经低速专用小 IL 流向转向动力缸右液压腔，其左液压腔的液压经 3L、2L 流回储油罐，动力缸活塞在左右液压腔压力差的作用下移动，使转向器获得转向动力。此时阀灵敏度高，具有轻便的转向特性。

当车辆高速行驶时，ECU 输出的控制信号使电磁阀的开度增大。如果此时转向（设右转向），动力转向泵的液压

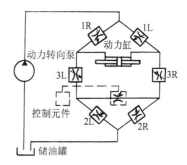

图 10-10　转向控制阀等效液压回路

油液经开启的小孔 IL、3R、旁通电磁阀及 2L 流回储油罐。经旁通电磁阀旁路的液流不仅降低了转向动力缸右腔的液压，还通过小孔 2L 的节流作用使转向动力缸左腔的液压上升，因而使得转向动力缸左右液压腔压差减小，转向器获得的转向动力相应减小。可见，车速高时，电磁阀的开度大，旁路流量大，动力转向控制阀的灵敏度低，转向器获得的助力作用小，其转向特性可使驾驶人操纵方向盘有良好的路感。

二、电动式电子控制动力转向系统的组成与控制原理

1. 电动式电子控制动力转向系统的组成

电动式 EPS 是在机械转向机构的基础上，增加了电动式助力机构及电子转向助力控制系统，其主要组成部件有转矩传感器、车速传感器、电动机、电磁离合器、减速机构和电子控制器等，如图 10-11 所示。

（1）转矩传感器

转矩传感器将驾驶人作用于方向盘上的力转换为相应的电信号，并输入动力转向 ECU。ECU 根据转矩传感器的信号来判断作用于方向盘转矩的大小和方向，再根据车速传感器的信号选定电动机的电流和转向，以控制转向助力的大小和方向。方向盘转矩传感器有电感式和电位计式两种类型，其结构与工作原理参见第一章的相关内容。

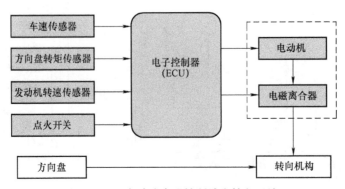

图 10-11　电动式电子控制动力转向系统

（2）直流电动机

电动式 EPS 的直流电动机通常采用永磁式电动机，通过控制电动机电流大小实现其输出转矩的控制，电动机的正转和反转则是由 ECU 通过其输出的正反转触发脉冲控制的。图 10-12 所示的是一种简单实用的电动机正反转控制电路。

a_1、a_2 为电动机正反转信号触发端，当 a_1 端有触发信号输入时，VT_3 导通，VT_2 得到基极电流也导通，汽车电源向电动机提供的电流经 VT_2、电动机 M、VT_3 到搭铁，电动机正转。当 a_2 端有触发信号输入时，VT_4 导通，VT_1 得到基极电流也导通，电流经 VT_1、电动机 M、VT_4 到搭铁，电动机反转。电动机的电流大小可由触发信号电流的大小控制。

（3）电磁离合器

在需要用电动机驱动转向机构进行动力转向时，电磁离

图 10-12　电动机正反转控制电路

合器通电接合，使电动机所产生的电磁转矩通过传动机构传递给转向车轮。在不进行动力转向（比如：低速助力型动力转向系统在车速超出助力范围、电动机或控制电路出现了故障等）时，电磁离合器则不通电而分离，使电动助力转向机构不影响驾驶人手动转向操作。

电动式动力转向系统通常采用干式单片式电磁离合器（图 10-13）。装在电动机输出轴上的主动轮内装有电磁线圈，通过集电环引入电流。当离合器通电时，电磁线圈产生的电磁力使压板与主动轮端面压紧。于是，电动机的电磁转矩经主动轮、压板、花键、从动轴传递给减速机构。

（4）减速机构

电动式 EPS 减机构的作用是增矩减速，一般采用蜗轮蜗杆传动与转向轴驱动组合方式，也有采用两级行星齿轮传动与传动齿轮驱动组合方式（图 10-14）。为了抑制噪声和提高耐久性，减速机构中的齿轮有的采用特殊齿形，有的采用树脂材料制成。

（5）电子控制器

电子控制器（ECU）根据转矩传感器信号、车速传感器信号以及电动机反馈的电流信号等进行转向助力控制。工作中，通过对输入信号的计算、分析与比较后，输出控制信号，控制电动机和电磁离合器的工作，以实现理想的动力转向控制。电动式动力转向 ECU 的组成如图 10-15 所示。

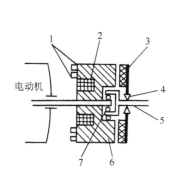

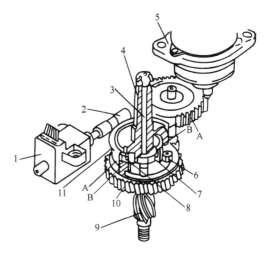

图 10-13　电磁离合器原理

1—集电环　2—线圈　3—压板　4—花键　5—从动轴
6—主动轮　7—球轴承

图 10-14　双级行星齿轮减速机构

1—转矩传感器　2—转轴　3—扭力杆　4—输入轴
5—电动机与离合器　6—行星轮 A　7—太阳轮　8—行星
轮 B　9—驱动小齿轮　10—齿圈 B　11—齿圈 A

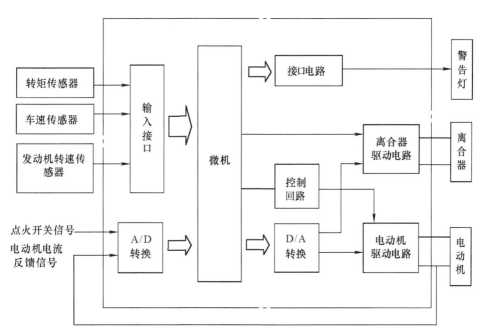

图 10-15　电动式动力转向 ECU 的组成

2. 电动式电子控制动力转向系统的工作原理

（1）电子控制系统的基本控制原理

电动式 EPS 的 ECU 根据相关传感器获得车速、转向力及转向角等参数，并计算得到最佳的转向助力转矩，然后向转向助力机构输出控制信号，控制电动机和电磁离合器的工作。电动机产生的电磁转矩通过电磁离合器和减速机构施加于转向器，使转向器得到一个与汽车行驶速度相适应的转向助力。这种转向助力的控制方式，既保证了低速时转向的轻便性，又使高速时具有良好的转向操纵稳定性。

对于低速助力型的 EPS，当车辆行驶速度高于最高助力车速（切换车速）时，ECU 就会中断电动机和电磁离合器的电流，电动助力转向机构停止工作，转入手动（无助力）转向。

（2）电动式动力转向系统工作过程

当驾驶人操纵方向盘时，装在转向轴上的转矩传感器将驾驶人作用于方向盘转向力矩的大小及转动的方向转变为相应的电信号，并输入动力转向 ECU。ECU 根据转矩传感器的信号和车速传感器信号，确定所需的转向助力的大和方向，并输出控制信号，经 D/A 转换接口送入电动机和电磁离合器的驱动放大电路，以控制电动机电流的大小和方向，使电动机产生所需的电磁转矩，同时使离合器接合，将电动机产生的电磁转矩通过电磁离合器传递给转向机构。

工作时，ECU 实时地引入电动机的电流反馈信号，经 A/D 转换后使微处理器获得电动机实际工作电流信息，并与计算得到的最佳电流相比较，若有差值，则立刻输出调整电动机电流控制信号，使电动机的实际工作电流与最佳值趋于一致。

（3）电动式动力转向系统其他控制功能

一些电动式动力转向系统通常还设有如下三种控制功能中的一种或两种控制功能：

1）发动机不工作停止电动转向助力控制。当发动机不工作时，由于发电机不发电，电动助力转向将消耗蓄电池电能。一些电动式 EPS 为避免在发动机不工作时电动动力转向系统工作而造成蓄电池电能不足，便设置了"发动机不工作停止电动转向助力控制"功能。在发动机不工作时，ECU 将会中断电磁离合器和电动机的电流，使电动助力机构停止工作。ECU 可根据发动机转速信号、发电机电压信号或点火开关信号，做出发动机不工作时中断电动转向助力功能的决定。

2）电子控制系统故障停止电动转向助力控制。当电动转向助力电子控制系统出现了故障时，这会导致电动转向助力不能正常工作，因此，ECU 在存储故障码的同时，会中断电磁离合器和电动机的电流，使电动动力装置停止工作，确保手动转向不受动力转向装置的影响。

3）转向助力高怠速控制。当发动机处于怠速工况时，为确保由发电机提供动力转向所需电能，一些电动式 EPS 的 ECU 可向发动机 ECU 输出高怠速控制信号，使发动机处于高怠速运转。在汽车转向时，动力转向 ECU 可根据发电机的输出端子电压、发动机转速传感器或节气门位置传感器等信号做出高怠速控制判断，并向发动机 ECU 输出相关的信息。

三、典型动力转向系统电路

以丰田轿车动力转向系统为例，系统了解电子控制动力转向系统的组成结构及电路特点。

1. 丰田轿车电子控制动力转向系统的构成

丰田皇冠 3.0、雷克萨斯 LS400 轿车均采用液力式动力转向系统，在传统的液力式动力转向机构的基础上增设了液压反作用力室。工作时，动力转向 ECU 根据车速传感器的车速信号确定转向助力的大小，并输出控制信号控制电磁阀的开度，以控制反作用力室的液压，使转向助力大小随汽车行驶速度变化而改变。丰田轿车液力式电子控制动力转向系统的组成如图 10-16 所示。

2. 丰田轿车电子控制动力转向系统电路特点

丰田皇冠 3.0、雷克萨斯 LS400 轿车动力转向电子控制系统使用了舌簧式车速传感器，执行器就是电磁阀，用于控制动力转向旋转阀下端液压反作用室液压。电子控制系统的电路如图 10-17 所示，动力转向 ECU 插接器端子排列如图 10-18 所示，各端子符号及连接说明见表 10-1。

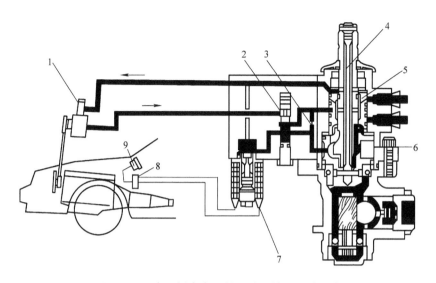

图 10-16 丰田轿车电子控制动力转向系统组成

1—动力转向泵 2—分流阀 3—小孔 4—扭力杆 5—旋转阀 6—液压反作用力室
7—电磁阀 8—动力转向 ECU 9—车速传感器

表 10-1 丰田轿车动力转向 ECU 端子说明

序号	端子符号	端子连接的部件
1	SOL—	连接电磁阀
2	+B	连接蓄电池，在点火开关接通时通电
3	SPD	连接车速传感器
4	GND	连接搭铁，ECU 的接地端
5	SOL+	连接电磁阀

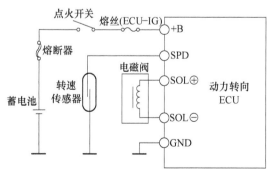

图 10-17 丰田轿车动力转向电子控制系统电路

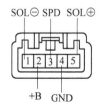

图 10-18 丰田轿车动力转向 ECU 端子排列

第三节　电子控制动力转向系统故障检修

一、动力转向系统的电子控制系统电路故障检修

以丰田雷克萨斯 LS400 轿车动力转向系统电路为使，介绍动力转向电子控制系统故障检修方法。

1. 动力转向系统故障的初步检查

发动机怠速或汽车低速行驶时转向沉重，或高速行驶时转向力过轻（太灵敏而路感差），均说明动力转向系统有故障。在进行动力转向电子控制系统故障检修前，应先对动力转向电子控制系统以外的可能原因进行检查，确认均为良好时，再进行动力转向电子控制系统的检查。动力转向系统有故障时，应进行初步检查的项目包括：

1）检查轮胎气压是否过低或过高。

2）检查悬架与转向连接件之间的润滑是否良好。

3）检查前轮定位是否正确。

4）检查转向杆接头和悬架臂球接头是否灵活。

5）检查转向柱管是否弯曲。

6）检查液压管路接头有无松动漏油。

7）检查动力转向泵液压是否正常。

上述检查项目如果有问题，则首先要予以排除。

2. 动力转向电子控制系统故障检修方法

（1）检查 ECU—IG 熔断器

打开 1 号接线盒盖，检查 ECU—IG 熔断器熔丝是否烧断，ECU—IG 熔断器的位置如图 10-19 所示。

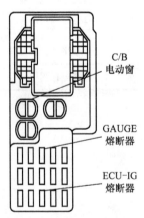

C/B
电动窗

GAUGE
熔断器

ECU-IG
熔断器

图 10-19　ECU—IG 熔断器位置

如果熔断器熔丝已烧断，则更换新的熔断器熔丝。若动力转向故障消失，则故障已排除；若故障未消失，且熔断器熔丝又被烧断，则需检查 ECU—IG 熔断器与 ECU 的 +B 端子之间的线路有无短路故障。

如果熔断器正常，则进行下一步检查。

（2）检查 ECU 的 +B 端子电压

1）拔开动力转向 ECU 插接器，然后接通点火开关。

2）用直流电压表测量插接器（线束侧）+B 端子与搭铁之间的电压。正常电压应为蓄电池电压。

3）如果电压不正常，则为 ECU—IG 熔断器与 ECU 的 +B 端子之间的线路有断路故障，需予以修理或更换；如果电压正常，则进行下一步检查。

（3）检查 ECU 的接地是否良好

关闭点火开关，用万用表电阻档测量插接器（线束侧）GND 端子与搭铁之间的电阻。正常应为通路。

如果电阻不为 0Ω，则需检修 ECU 的 GND 端子与车身搭铁之间的线路断路故障；如果通路，则进行下一步检查。

（4）检查车速传感器及线路

1）将车辆举升，使车轮悬空。

2）转动后车轮，并用万用表的电阻档测量插接器（线束侧）SPD 端子与 GND 端子之间的电阻。正常电阻应为 0Ω →∞→ 0Ω 变化。

如果电阻值无变化，则需检查 ECU 的 SPD 端子与车速传感器之间的线路有无断路或短路故障，若线路良好，则需检查或更换车速传感器；如果电阻值变化正常，则进行下一步检查。

（5）检查电磁阀线路是否搭铁

用万用表测量 ECU 插接器（线束侧）SOL+ 或 SOL – 端子与 GND 端子之间的电阻。正常电阻应为 ∞。

如果电阻很小或完全通路，则为电磁阀线路或电磁阀有搭铁故障，需予以检修；如果不通，则进行下一步检查。

（6）检查电磁阀电阻

用万用表电阻档测量 ECU 插接器（线束侧）SOL+ 与 SOL – 端子之间的电阻。正常电阻应为 6~11Ω。

如果电阻不正常，则为电磁阀线路断路或电磁阀有故障，需予以检修；如果电阻正常，则需检查或更换动力转向 ECU。

二、电子控制动力转向系统部件检修

1. 车速传感器的检修

车速传感器有多种形式，其中磁感应式、光电式、霍尔效应式等车速传感器的组成结构与工作原理，与同类型的发动机转速与曲轴位置传感器相似，其故障检测方法可参照进行。舌簧开关式车速传感器的检测方法如下：

（1）车上检测车速传感器

举升车辆，拔开车速传感器插接器，在转动车轮时用万用表检测传感器输出端子的电阻。正常情况是在转动车轮时，万用表呈现通—断—通—断交替变化。如果检测结果异常，则说明车速传感器有故障，需要更换。

（2）拆下后检测车速传感器

如果要检验已经拆下的车速传感器是否正常，可在转动传感器轴时，用万用表检测传感器输出端子的电阻，也应是通 / 断交替变化。

2. 电磁阀的检修

动力转向装置中使用的是直动式开关电磁阀，可通过检测其线圈电阻和能否正常动作，来检查其故障与否。

（1）检查电磁阀电阻

拔开电磁阀导线插接器后，用万用表电阻档测量电磁阀两个端子之间的电阻（图 10-20）。正常电阻应在正常范围之内（一般为 6~11Ω）。

如果电阻值不正常，需更换电磁阀；如果电阻正常，则进行下一步检查。

（2）检查电磁阀的动作

电磁阀线圈电阻值正常还不能断定电磁阀无故障，还需要通过能否正常动作，来检验其是否有故障。具体方法如下：

1）将蓄电池正极接 SOL+，蓄电池负极接 SOL－，看电磁阀是否正常动作（图 10-21）。正常情况阀芯应缩进大约 2mm。

2）如果电磁阀动作正常，说明电磁阀性能良好；如果电磁阀动作不正常，则需更换电磁阀。

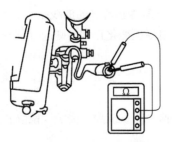

图 10-20　检查电磁阀电阻

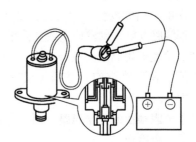

图 10-21　检查电磁阀动作

第十一章
悬架电子控制系统

第一节 概　述

阅读提示

　　汽车悬架的作用是承受和传递车轮与车架之间的各种力和力矩，吸收和减缓汽车运行过程中的冲击和振动，使汽车具有良好的和平顺性和操纵稳定性。但是，车辆的平顺性和操纵稳定性对悬架的刚度和阻尼的要求具有互相排斥性，且汽车的载质量、路面情况及车速变化时，对悬架刚度和阻尼的要求也会有所不同。因此，其刚度和阻尼固定不变的传统悬架已不可能适应现代汽车对乘坐舒适性和操纵稳定性的更高要求。

一、悬架电子控制系统的作用

1. 汽车对悬架的要求

　　行驶车辆的平顺性和稳定性是衡量其悬架性能好坏的主要指标，但二者对悬架的刚度和阻尼的要求是不相同的。比如，降低悬架刚度可使车身振动加速度减小，车辆的平顺性会有所改善，但这会导致车身位移增加，给操纵稳定性带来不良影响；增加弹簧刚度可提高车辆的操纵稳定性，但刚度大的悬架对路面不平度很敏感，会使平顺性下降。汽车最理想的悬架应该是在不同的载质量、不同行驶条件和行驶工况下，悬架弹簧的刚度和减振器阻尼也随之有所改变，以便能最大限度地满足车辆平顺性和稳定性的需要。

2. 传统悬架的不足

　　传统的汽车悬架（也称其为被动悬架），其刚度和阻尼是根据一定的载荷、某种路面情况和车速，兼顾平顺性和稳定性的要求进行优化设计而选定的。然而，汽车在行驶过程中其载质量、路面情况及车速均变化不定，这种刚度和阻尼不能根据实际需要进行及时调整的悬架，也就不可能使车辆的平顺性和操纵稳定性始终保持在比较良好的状态。实际上，为了在载质量、路面情况及车速均变化不定的情况下，能确保车辆操纵的稳定性，传统悬架的刚度和阻尼都是偏硬的。也就是说，刚度和阻尼固定的传统悬架在某种程度上是以牺牲车辆乘坐的舒适性，来确保汽车操纵的稳定性。

3. 电子控制悬架的作用

　　电子控制悬架系统由传感器、控制器和执行机构组成。电子控制悬架系统除了传统悬架具有吸收、缓和车身的振动冲击等基本功能外，还能根据汽车载荷、路面、行驶车速、行驶工况等的变化情况，自动地调整悬架的刚度和阻尼及车身高度（称其为主动悬架），使汽车在瞬息变化的运行条件下，均能获得最好的平顺性和最可靠的操纵稳定性。这种刚度、阻尼及车身高度可变的主动式悬架所起的作用主要体现在如下几点。

1）汽车载荷变化时，电子控制悬架系统能自动维持车身高度，使其变化较小，从而可保证汽车在各种不同路面行驶的车身平稳。

2）悬架的刚度可以设计得小一些，使车身的固有振动频率在 70 次/分左右（在人感到乘坐非常舒适的范围内）。由于各个悬架的刚度可自动独立地调整，可有效地防止和减缓汽车转弯时出现的车身侧倾和起步、加速、制动时所引起车身的纵向摆动。

3）一般的悬架系统，在汽车制动时，尤其是紧急制动时，车头向下俯冲，使后轴载荷剧减，造成后轮与地面的附着条件严重恶化，容易引起制动失灵。电子控制悬架系统能有效地防止这一不良后果，可不失原有的附着条件，确保制动安全。

4）电子控制悬架系统可使车轮与地面一直保持良好接触，可使附着力稳定，提高了牵引力、制动力、抗侧滑力，因而提高了汽车的动力性、安全性和经济性。

5）由于主动悬架能很好地控制与调整悬架的刚度和阻尼，消除了车身的恶性振动冲击，从而也提高了车辆的使用寿命。

 阅读提示

> 主动悬架是指可根据汽车载质量、路面情况及行驶工况的变化，能够自动调整悬架的刚度、阻尼及车身的高度的电子控制悬架系统。主动悬架可使汽车悬架的刚度、阻尼及车身的高度始终保持在最适宜的状态，从而提高了汽车行驶的稳定性和乘坐舒适性。

二、悬架电子控制系统的分类

电控悬架有多种类型，现按不同的分类方法进行归类。

1. 按悬架的介质的不同分类

（1）油气式主动悬架

油气式主动悬架其悬架的工作介质为油和气，通常是以油液为媒介，将车身与车轮之间的力和力矩传送至气室中的气体，按照气体 P-V 状态方程规律，实现悬架的刚度控制，并通过改变油路小孔的节流作用实现减振器阻尼控制。

（2）空气式主动悬架

空气式主动悬架如图 11-1 所示，其悬架的工作介质为空气，通常是用改变主、副空气室的通气孔的截面积来改变气室压力，以实现悬架刚度控制，并通过对气室充气或排气的方式实现汽车高度控制。

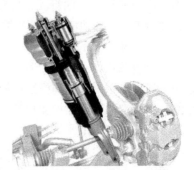

图 11-1　空气式主动悬架

2. 按有源和无源分类

（1）半主动悬架

半主动悬架为无源控制，在汽车转向、起步及制动等工况时，不能对悬架的刚度和阻尼进行有效控制，但可以根据汽车运行时的振动及行驶工况变化情况，对悬架阻尼参数进行自动调整。半主动悬架不能达到现代汽车对悬架调节特性更高的要求，因而在现代汽车上已很少使用。

（2）全主动悬架

全主动悬架简称主动悬架，是一种有源控制悬架（图 11-2），它有提供能量和可控制作用力的附加装置。主动悬架可根据汽车载荷、路面状况（振动情况）、行驶速度、行驶工况（起动、制动、转向）等的变化，自动调整悬架的刚度和阻尼以及车身高度，从而能最大限度地满足汽车行驶平顺性和稳定性等各方面的要求。

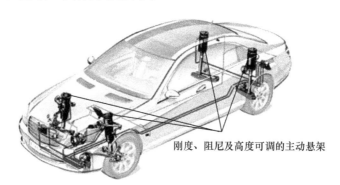

刚度、阻尼及高度可调的主动悬架

图 11-2　刚度、阻尼及高度可调的主动悬架

3. 按悬架调节的方式不同分类

（1）分级调整式悬架

分级调整式悬架系统通常将悬架的阻尼 / 刚度分为 2~3 级，根据汽车载荷和行驶工况的变化，由驾驶人手动选择，或由 ECU 根据各传感器的信号进行自动控制。

（2）无级调整式悬架

无级调整式悬架系统的阻尼 / 刚度从最小到最大可实现连续调整。

第二节　电子控制悬架的结构与工作原理

一、半主动悬架系统简介

阅读提示

半主动悬架以车身的振动频率处在最佳状态为控制目标，通过监测车身的振动情况，对悬架减振器的阻尼进行控制，将车身的振动加速度控制在设定的最佳范围之内。这种电子控制悬架系统对悬架性能的改善很有限，因而在现代汽车上应用并不多。

1. 半主动悬架的控制原理

半主动悬架系统用调节悬架减振器阻尼的方式，将汽车的振动频率控制在理想的范围内，其控制模型如图 11-3 所示。

半主动悬架系统通常以车身振动加速度的均方根值作为控制目标参数，其阻尼控制过程如图 11-4 所示。

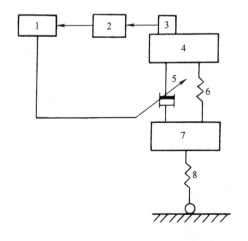

图 11-3　半主动悬架控制模型

1—控制器　2—整形放大电路　3—加速度传感器
4—悬架质量　5—阻尼可调减振器　6—悬架弹簧
7—非悬架质量　8—轮胎的当量质量

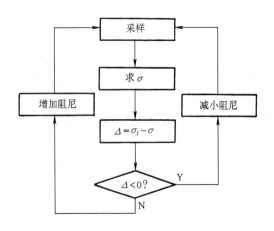

图 11-4　半主动悬架阻尼控制过程

半主动悬架的阻尼控制程序中，事先设定了一个以汽车行驶平顺性最优化为控制目标的控制参数 σ。在汽车行驶中，加速度传感器将车身振动情况转换为相应的电信号输入悬架 ECU。ECU 根据输入的车身振动电信号计算当前车身振动加速度的均方根值 σ_i，并与设定的目标参数进行比较，根据比较结果输出悬架减振器阻尼控制信号。如果 $\sigma_i = \sigma$，悬架 ECU 不输出调整悬架阻尼控制信号，减振器保持原阻尼；如果 $\sigma_i < \sigma$，ECU 则输出增大悬架阻尼控制信号，使悬架的阻尼增大；如果 $\sigma_i > \sigma$，ECU 则输出减小悬架阻尼控制信号，使悬架的阻尼适当减小。

2. 可调阻尼减振器的结构原理

半主动悬架系统通过调整减振器的阻尼来控制车身振动加速度，减振器阻尼的调节方式分有级式和无级式两种。

（1）有级式可调阻尼减振器的结构原理

三级式半主动悬架减振器的结构示意图如图 11-5 所示。回转阀在 $A—A$、$B—B$、$C—C$ 三个不同截面上均设有阻尼孔，其中，在 $A—A$ 上有两个阻尼孔，在 $B—B$ 上有 4 个阻尼孔，在 $C—C$ 上有两个阻尼孔。在活塞杆上也有对应的阻尼孔，转动回转阀（顺时针或逆时针转动 $60°$），其阻尼孔与活塞杆上的阻尼孔相对时，阻尼孔就被打开，减振器的阻尼减小。回转阀与阻尼调节杆相连，控制器通过执行器来转动阻尼调节杆，通过转动回转阀来控制各截面阻尼孔的开闭，以实现减振器阻尼的调节。

当执行器通过阻尼调节杆将回转阀转至图 11-5 所示的位置时，减振器在 $A—A$、$B—B$、$C—C$ 三个截面上的阻尼孔全部处于封闭状态，只有减振器底部 D 处的阻尼孔通路，所以，此时减振器阻尼最大，处于"硬状态"，这是汽车载荷大，或运行在不良路面以及制动等工况下选用的阻尼。

当执行器通过阻尼调节杆将回转阀从"硬状态"位置沿逆时针方向转过 $60°$ 时，减振器 $A—A$、$B—B$、$C—C$ 三个截面处的阻尼孔全部打开，所以减振器阻尼最小，处于"软状态"，是汽车载荷较小和在好路面运行时所选用的阻尼。

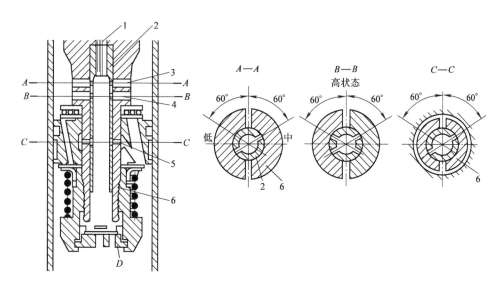

图 11-5 有级式（三级）可调阻尼减振器的结构原理

1—阻尼调节杆（回转阀控制杆） 2—回转阀 3、4、5—阻尼孔 6—活塞杆

当执行器通过阻尼调节杆将回转阀从"硬状态"位置沿顺时针方向转过 60°时，只有减振器 $B—B$ 截面上的阻尼孔打开，而 $A—A$、$C—C$ 截面上的阻尼孔仍处于关闭状态，所以此时减振器的阻尼较"硬状态"时小，较"软状态"时大，称之为"运动状态"。

（2）无级式可调阻尼减振器的结构原理

无级式可调阻尼减振器的结构原理如图 11-6 所示。

减振器中的驱动杆和空心活塞一同上下运动，减振器油液可通过驱动杆和空心活塞之间形成的小孔流通，利用小孔节流作用形成阻尼。步进电动机通过转动驱动杆来改变驱动杆与空心活塞的相对角度，以使阻尼小孔实际通过的截面大小改变，从而实现减振器阻尼的调节。

3. 可调阻尼悬架执行机构

对可调阻尼悬架执行机构的要求是：能适应汽车运行时工况频繁的变化，可准确快速地实现控制目标，而其驱动电流不大，部件质量要小。

可调阻尼悬架执行机构的结构如图 11-7 所示。它由驱动电动机和传动机构组成，装在减振器的上部，由悬架 ECU 控制电动机转动，带动减振器中回转阀转动，用以改变减振器的阻尼。步进电动机通过小齿轮驱动扇形齿轮转动，与扇形齿轮同轴的控制杆带动减振器内回转阀转动，使阻尼孔开闭的数量（有级式）或阻尼孔截面积（无级式）的变化，从而实现减振器阻尼的控制。

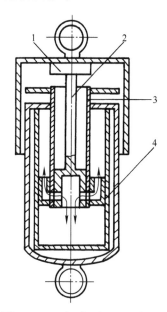

**图 11-6 无级式可调阻尼减振器
的结构原理**

1—步进电动机 2—驱动杆
3—活塞杆 4—空心活塞

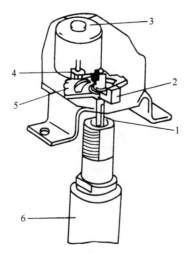

图 11-7 减振器执行机构的结构

1—制动杆 2—止动块 3—直流步进电动机 4—小齿轮 5—扇形齿轮 6—减振器

二、主动式悬架系统的工作原理

1.主动空气悬架系统的基本原理

主动式空气悬架系统基本组成与工作原理如图 11-8 所示。

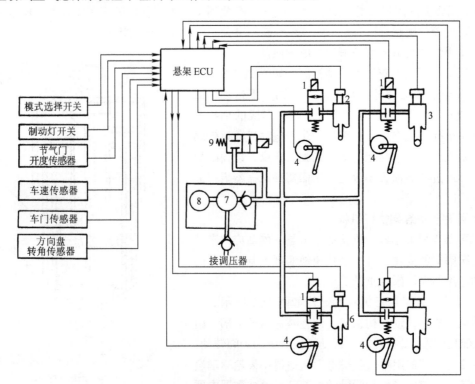

图 11-8 主动空气悬架系统基本组成与工作原理

1—空气控制电磁阀 2—右前空气悬架 3—左前空气悬架 4—车身高度传感器 5—左后空气悬架
6—右后空气悬架 7—干燥器 8—空气压缩机 9—排气电磁阀

在汽车行驶中，悬架 ECU 采集各个传感器信号，经过分析运算后，向各执行器发出指令，通过改变空气弹簧的刚度、减振器的阻尼及车身高度的方式，使车辆在行驶过程中车身的姿态改变尽可能小，并在保持良好的操纵稳定性的同时，将车身振动频率控制在最理想的范围之内。

由直流电动机驱动的空气压缩机产生压缩空气作为主动式空气悬架系统的动力源。压缩空气经干燥器干燥后，由空气管道经空气控制电磁阀送至各空气弹簧的主气室。

当汽车载荷减少，需减少悬架刚度和降低车身高度时，悬架 ECU 控制排气电磁阀打开，使空气悬架主气室中部分压缩空气排到大气中去，以使空气悬架压缩变形适当，保持车身高度及振动频率在优选值范围内。

当汽车载荷加大，需要增加悬架刚度和车身高度时，悬架 ECU 控制空气控制电磁阀打开，使压缩空气进入空气悬架主气室，以减少空气弹簧的压缩变形量，并保持车身高度及振动频率仍在优选值范围内。

此外，空气悬架上部的执行器控制着空气弹簧主辅气室之间的连通阀。悬架 ECU 根据各传感器输入的信号分析计算后，输出控制信号，控制执行器动作，使空气悬架主辅气室之间的连通阀改变主、辅气室的通路情况，以改变空气弹簧的刚度。

2. 主动式油气悬架系统基本原理

主动式油气弹簧悬架系统基本工作原理如图 11-9 所示。油气悬架是以油液为媒介将车身与车轮之间所受的力和力矩传送给气室中的气体，按照气体 P-V 状态方程规律，实现悬架的刚度特性调整，并通过电磁阀控制油液管路中的小孔节流，改变悬架阻尼特性。

当汽车在平直的好路面中、低速行驶时，悬架 ECU 经信号采集、计算后，发出使电磁阀活塞向右移的指令，如图 11-9a 所示，从而接通了压力油管，促使辅助油气阀中的阀芯向右移动，使刚度调节器中的气室与前后油气弹簧的气室相通，因而使总气室容积增大，气室中压力减少，达到了使前后油气弹簧刚度减小的效果，此时也称"系统软状态"。系统气路中增设了节流孔 a、b，起到阻尼器的作用，以提高汽车的平顺性。

当汽车处于满载、高速、转向、起步、制动运行工况，或在不平路面上行驶时，悬架 ECU 经信号采集和计算后

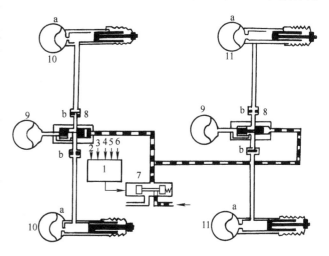
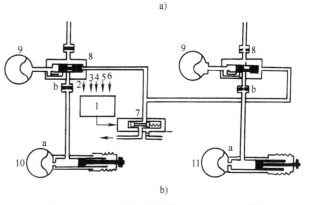

图 11-9 主动式油气弹簧悬架系统工作原理

a）软状态 b）硬状态

1—悬架 ECU 2—方向盘转角传感器 3—加速度传感器
4—制动压力传感器 5—车速传感器 6—车身高度传感器
7—电磁阀 8—辅助油气阀 9—刚度调节器
10—前油气悬架 11—后油气悬架

发出中断电磁阀电流指令，电磁阀内阀芯在回位弹簧作用下左移，使压力油道关闭，如图18-7b所示。原来用于推动油气阀阀芯的压力油通过电磁阀左边的泄油道排出，使辅助油气阀容积减小，压力、刚度增大，既提高了车辆的操纵稳定性，又保证了悬架的振幅在允许的范围内，从而提高了车辆的平顺性和舒适性。此时系统处于"硬状态"。

3. 主动悬架电子控制系统的控制内容与控制过程

 **阅读提示**

> 主动悬架的刚度是偏软设计的，用以提高汽车乘坐的舒适性。这种刚度和阻尼"过软"的悬架配以相应的刚度和阻尼控制，才能确保悬架既有良好的平顺性，又有良好的操纵稳定性。

主动悬架电子控制系统按其控制功用的不同，其控制过程可分为车速路面感应控制、车身姿态控制和车身高度控制三种。

（1）车速路面感应控制

该项控制是使汽车悬架的刚度和阻尼随着车速和路面的变化而改变。悬架的刚度和阻尼可以有"软"或"硬"两种控制模式，在油气悬架系统中它是由悬架 ECU 自动控制的，而空气悬架系统可以由驾驶人通过模式选择开关手动控制。悬架的刚度和阻尼按大小分为低、中、高三种状态。在"软"模式时，悬架经常处于低刚度、低阻尼状态，在"硬"模式时，悬架经常保持在中间状态。车速感应控制包括高速感应控制、前后轮关联控制和坏路面感应控制。

1）高速感应控制。当车速高于 100km/h 时，悬架 ECU 根据车速传感器输入信号，发出改变悬架刚度和阻尼的指令。若原来处于"软"模式，则刚度和阻尼自动从"低"状态进入"中"状态，若原来处于"硬"模式，则刚度和阻尼仍稳定于"中"状态，当车速降低后则又回到原来的状态。

2）前后车轮关联感应控制。当车速在 30~80km/h 运行，前轮偶尔遇到障碍时，安装在汽车前部的车身高度传感器就会有脉冲信号输入悬架 ECU，悬架 ECU 经过分析计算后，发出改变悬架刚度和阻尼的指令，使后车轮的悬架无论原来选用"软"或"硬"的哪个模式，都保持或转入"低"状态，以提高乘坐的舒适性。当越过障碍后，ECU 又使悬架恢复到原来的状态。

当车速超过 80km/h 时，如果悬架刚度过低，偶尔冲击也会影响操纵稳定性，因此，无论原来选用什么模式，悬架 ECU 都将使悬架的刚度和阻尼自动保持在"中"的状态。

3）坏路面感应控制。当汽车以 40~100km/h 突然驶入坏路面时，为了控制突然产生的车身纵向角振动，悬架 ECU 在接收到车身高度传感器输入的车身高度变化周期小于 0.5s 的信号后，发出调整悬架刚度和阻尼指令，如果原来处于"软"模式，则悬架立即从"低"状态转入"中"状态。如果原来处于"硬"模式，则悬架刚度、阻尼保持"中"状态不变。

如果汽车以大于 100km/h 速度驶入坏路面，悬架 ECU 发出的指令是：如果原来为"软"模式，则直接进入"高"状态，如果原来处于"硬"模式，则从"中"状态入"高"状态。

（2）车身姿态控制

该项控制是在汽车的车速急剧变化和转向时，通过对其中两个悬架刚度和阻尼进行控制，以抑制车身的过度摆动，从而确保车辆的乘坐舒适性和操纵稳定性。车身姿态控制包括转向时的车身侧倾控制、制动时的车身点头控制和起步或加速时的车身俯仰控制。

1）汽车转向时车身侧倾控制。在汽车急转弯而方向盘转速较快时，悬架 ECU 根据方向盘传感器和车速传感器的信号进行分析计算，然后发出调整悬架刚度和阻尼的指令，不管原来处于"软"模式还是"硬"模式，都将汽车转向外侧的悬架刚度和阻尼调整到"高"状态，以避免车身产生过度的侧倾。

2）汽车制动时车身"点头"控制。在紧急制动时，会引起汽车重心前移，使车身产生"点头"，因此，必须适时增加前悬架刚度和阻尼。当车辆在高于 60km/h 的车速下紧急制动时，车速传感器的信号和制动开关发出的阶跃信号同时输入悬架 ECU，悬架 ECU 经分析计算后，发出调整前悬架刚度和阻尼指令，无论原来处于"硬"还是"软"模式，都使前悬架的刚度和阻尼转入"高"状态。

3）汽车起步或急加速时车身后仰控制。当汽车起步过快或在车速较低的情况下加速过猛时，会引起后桥载荷增加，使车身产生后仰现象，此时应增加后悬架的刚度和阻尼，以控制车身后仰。当汽车起步速度过快，或在车速小于 20km/h 时猛踩加速踏板，悬架 ECU 根据节气门开度和车速传感器的信号进行分析计算，并发出调整后悬架刚度和阻尼指令。如果悬架处于"软"模式，则立刻使后悬架从"中"状态或"低"状态直接进入"高"状态，如果悬架处于"硬"模式，则使后悬架从"中"状态转入"高"状态。

（3）车身高度控制

车身高度直接影响汽车行驶稳定性，尤其在不平路面上高速行驶，车身高度控制尤为重要。车身高度控制分"标准"、"高"两种模式。由驾驶人根据汽车的行驶工况选择。车身高度从低到高分为"低"、"中"、"高"三个状态。通常，在"标准"模式下，车身高度处于"中"状态；在"高"模式下，车身高度处于"高"状态。当工况变化时，悬架 ECU 根据传感器输入的信号，发出指令选择状态。当汽车上乘员人数和载荷变化时，悬架 ECU 能根据传感器输入的信号发出指令，在已选择的模式下自动选择合理的车身高度状态。车身高度控制主要包括高速感应控制和连续坏路面行驶控制两种功能。

1）高速感应控制。当车速超过 90~100km/h 时，为减少风阻、提高行驶稳定性，悬架 ECU 根据车速传感器的信号发出调整车身高度控制指令。如果此时车身高度处于"标准"模式，则车高从"中"状态降到"低"状态；如果处于"高"模式则车高从"高"状态降到"中"状态。当车速低于 60 km/h 时，车高又恢复到原来的高度状态。

2）连续坏路面行驶控制。汽车在坏路面上连续运行时，为避免悬架被压变形过大而造成车身受地面撞击，提高汽车的通过性，应适当提高车身高度。

当悬架 ECU 接收到车速在 40~90km/h，车身高度连续 2.5s 以上都是大幅度变化的两个信号时，如果悬架在"标准"模式下，则车高从"中"状态转入"高"状态；如果是"高"模式，则车高维持"高"状态不变。

当汽车在连续不平的路面行驶的车速高于 90km/h 时，汽车的行驶稳定性应优先考虑。此时，如果选择为"标准"模式，车高将保持"中"状态；如果选择是"高"模式，则 ECU 使车高转入"中"状态。

当车速小于 40km/h 时，车身高度只能由驾驶人选择。若选择了"标准"模式，则车高为"中"状态，若选择了"高"模式，则车高为"高"状态。

此外，悬架控制系统还具有驻车车高控制功能。在汽车停驶并使用驻车制动时，当关闭点火开关后，悬架 ECU 接收到这两个开关信号后，就会发出指令使车身高度处于"低"状态，以保证车身外观平衡，保持良好驻车姿态。

三、主动式悬架系统的组成部件

　　主动悬架系统主要由相关的传感器、电子控制器、悬架刚度和阻尼及高度调整执行机构等组成。不同类型的主动悬架其组成部件不尽相同，典型的空气式主动悬架的组成部件及布置如图 11-10 所示。

1.悬架电子控制系统用传感器与开关

　　不同类型、不同车型的主动悬架其控制系统的控制程序不尽相同，因而所用的传感器也不相同，应用于悬架电子控制系统的传感器如表 11-1 所示。

表 11-1　用于主动式悬架系统的传感器

传感器名称	主要用途
车身加速度传感器	检测车身的加速度，用于判断车辆的行驶工况 检测车身的振动，用于判断汽车行驶的路面情况
车身位移传感器	检测车身相对车桥的位移，反映车身的平顺性和车身的高度
车速传感器	检测车轮的转速以获得车速信息，用于路面感应、车身姿态和高度控制
方向盘转角传感器	检测方向盘的转角，用于计算车身可能的侧倾程度
制动灯开关	提供车辆制动信号，用于车身姿态控制
制动压力开关	检测制动管路的压力，提供车辆制动信号，用于车身姿态控制
节气门位置传感器	检测节气门的开度，提供汽车加速信号，用于车身姿态控制
加速踏板传感器	检测加速踏板的位置，提供汽车加速信号，用于车身姿态控制
模式选择开关	用于手动选择悬架"软"、"硬"控制模式

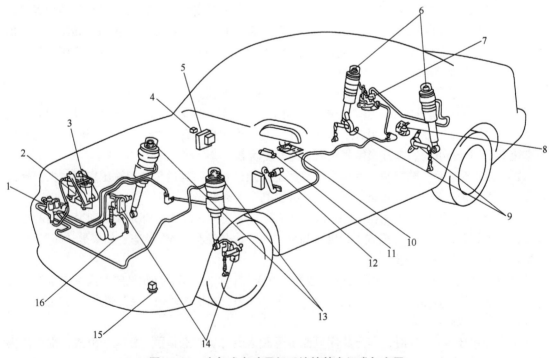

图 11-10　空气式主动悬架系统的基本组成与布置

1—车前高度控制阀　2—干燥器与排气阀　3—高度控制空气压缩机　4—高度控制连接器　5—悬架控制器　6—后空气悬架执行器　7—车后高度控制阀　8—后加速度传感器　9—车后高度传感器　10—高度控制开关　11—转向传感器　12—停车灯开关　13—前空气悬架执行器　14—前加速度及高度传感器　15—空气悬架继电器　16—集成电路调压器

（1）车身加速度传感器

车身加速度传感器按工作原理分，有压电式、压阻式、差动变压器式等不同类型；根据检测参数不同分，车身加速度传感器有检测惯性力和检测车身振动两种。

1）测车身惯性力的加速度传感器。传感器安装在车身的前后，当汽车在行驶中加速、制动或转向时，加速度传感器将车辆所产生的纵向或横向加速度转变为相应的电信号，悬架电子控制器根据此信号来判断汽车的行驶工况，以便对相应悬架的刚度及时进行调整，使车身姿态改变最小。

2）测车身振动的加速度传感器。传感器安装在车身与车桥之间，将汽车行驶中车身的振动情况转变为相应的电信号，悬架控制器根据此信号判断汽车行驶路面情况，以便对悬架的刚度、阻尼及车身的高度进行调整。

（2）车身位移传感器

车身位移传感器也称之为车身高度传感器，传感器安装在车身与车桥之间，用于检测车身相对于车桥的位移，不仅可提供车身相对于车桥的高度信息，车身高度变化的频率和幅度参数也反映了车身的振动情况。

汽车上广泛采用光电式车身位移传感器，其结构与工作原理参见第八章相关内容。

（3）方向盘转角传感器

方向盘转角传感器用于监测方向盘的转动角度和转动方向，是悬架控制器判断车辆侧倾程度的重要参数，主要有光电式和磁感应式两种。

（4）车速传感器

通过检测变速器输出轴转速或车轮转速向电子控制器提供汽车行驶速度电信号，悬架电子控制器进行车速与路面感应控制、车身姿态控制及车身高度控制均需要车速传感器所提供的车速信号。按产生信号的原理不同分，车速传感器有磁感应式、光电式、霍尔效应式、舌簧开关式、磁阻式等多种类型。

（5）节气门位置传感器

用于检测节气门的开度变化，悬架电子控制器根据此信号判断汽车的加速行驶工况，并适时地调整后悬架的刚度，以控制车身的姿态（车身"仰头"）。悬架 ECU 可直接从节气门位置传感器获得节气门开度变化电信号，也可通过发动机 ECU 得到节气门位置信息。

（6）加速踏板传感器

有些电子控制悬架系统装有加速踏板传感器，它的作用与节气门位置传感器相似，用于向悬架 ECU 提供汽车加速信息。

（7）制动开关

制动开关用于向悬架电子控制器提供汽车制动信息，控制器根据制动开关所提供的阶跃信号和车速信号对前悬架的刚度进行调整，以抑制车身"点头"。制动开关有制动灯开关和制动液压开关两种形式。

（8）模式选择开关

一些电子控制悬架系统设有模式选择开关，可供驾驶人手动选择悬架的"软"和"硬"模式。有的电子控制悬架系统无模式选择开关，由悬架电子控制器根据相关传感器的信号，自动选择悬架的模式。

2. 空气悬架的刚度与阻尼调节装置

（1）空气悬架的结构与装置位置

空气悬架的外形与安装位置如图 11-11 所示，空气悬架的上部为空气弹簧，下部为减振器，上端与车身相连，下端与车轮相连。

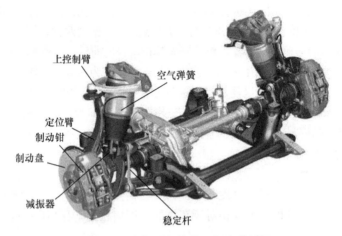

图 11-11　空气悬架的外形与安装位置

阅读提示

　　空气弹簧的主气室壳体是柔性的，主气室内的空气可被压缩；而辅助气室的外壳是刚性的，其内部的空气是不可压缩的。空气弹簧的刚度主要取决于主气室空气的压力，通过改变主、辅气室之间空气通道的截面积（空气互通能力），即可改变主气室空气的压力，也即改变了空气弹簧的刚度。

　　空气悬架系统的组成如图 11-12 所示，空气弹簧的主、辅气室设计为一体，在汽车运行时随着车轮与车身相对运动，主气室的容积会不断变化。主、辅气室之间有一个通路可使气体相互流动，通过改变这一通路的流通能力（流通截面大小），可使主气室内被压缩空气的压力发生变化，也就改变了空气弹簧的刚度。空气悬架下部减振器的结构形式与半主动悬架的相同，减振器阻尼的调节方式也分有级式和无级式两种。

　　（2）悬架刚度调节过程

　　空气悬架刚度调节原理如图 11-13 所示。主、辅气室间的空气阀体上有大、小两个通道，通过空气阀的阀芯转动来控制其开闭。当需要调节悬架刚度时，悬架电子控制器输出控制信号，控制步进电动机转动，通过空气阀控制杆使空气阀阀芯转过一个角度，就可改变气体通道的大小，也即改变主、辅气室之间的气体流量，使空气弹簧刚度发生低、中、高三种状态的变化。

　　阀芯的开口转到如图 11-13b 所示的"低"位时，气体通路的大孔被打开，主气室的气体经过阀芯的中间孔，阀体的侧面通道与辅助气室的气体相通，两气室之间空气流量大，相当于参与压缩的气体容积增大，气压降低，空气弹簧刚度处于低状态。

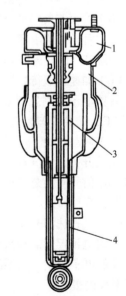

图 11-12　空气悬架系统的组成

1—辅助气室　2—主气室
3—低压惰性气体　4—减振器

阀芯的开口转到如图 11-13b 所示的"中"位时，气体通路的小孔被打开，主、辅两气室之间流量小，辅助气室参与压缩的空气量减少，气压较高，空气悬架刚度处于中状态。

阀芯的开口转到如图 11-13b 所示的"高"位时，主、辅两气室之间的通路全部被封住，两气室之间的气体互相隔离，悬架在振动时，只有空气弹簧主气室内的空气可被压缩，空气弹簧的刚度处于高状态。

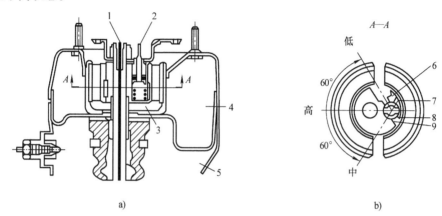

图 11-13　空气悬架刚度调节原理

a）空气悬架结构　b）阀芯位置

1—阻尼调节器　2—气阀控制杆　3—主、辅气室通路　4—辅助气室　5—主气室
6—气阀体　7—气体小通路孔　8—阀体　9—气体大通路孔

3. 车身高度调节装置

（1）车身高度调节装置的组成

空气悬架车身高度调节装置由空气压缩机、直流电动机、高度控制阀（进气阀）、排气阀、调压阀、空气干燥器等组成，如图 11-14 所示。

（2）车身高度的调节原理

车身高度调节装置通过对空气悬架主气室充气或排气，实现对车身高度的调节。

当需要增高车身高度时，悬架 ECU 输出控制信号使直流电动机带动空气压缩机工作，并使高度控制电磁阀通电打开。压缩空气经空气干燥器、高度控制电磁阀进入空气弹簧的主气室，使车身升高。当车身达到规定的高度时，悬架 ECU 使高度控制电磁阀断电，空气弹簧主气室与外界封闭，车身的高度维持不变。

当需要降低车身高度时，悬架 ECU 输出控制信号使高度控制电磁阀和排气阀同时通电打开，空气弹簧主空气室内的空气被排出，车身的高度随之降低。

4. 悬架电子控制系统电子控制器

悬架电子控制器由微机、传感器电源、执行器驱动电路及监控电路等组成。典型的悬架 ECU 内部的功能电路如图 11-15 所示。

悬架 ECU 根据各传感器输入信号，经运算分析后输出控制信号，控制各执行器动作，及时调整悬架的刚度、减振器的阻尼、以及车身的高度，以确保汽车行驶过程中的平顺性和操纵稳定性。悬架 ECU 可根据相关传感器的信号判定汽车行驶工况及路面情况等，自行选定"软"模式或"硬"模式进行控制。对于设置了模式选择开关的汽车悬架电子控制系统，可由驾驶人选择控制模式，悬架 ECU 可按照驾驶人选定的"软"模式或"硬"模式进行控制。

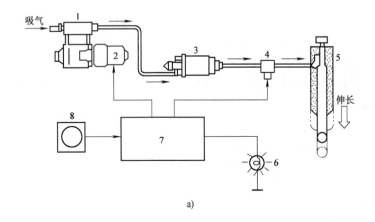

a)

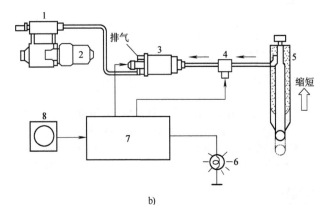

b)

图 11-14　车身高度调节装置

a）调高车身过程　b）调低车身过程

1—空气压缩机及调压器　2—电动机　3—干燥器及排气阀　4—高度控制电磁阀　5—空气悬架
6—指示灯　7—悬架电子控制器　8—车身高度传感器

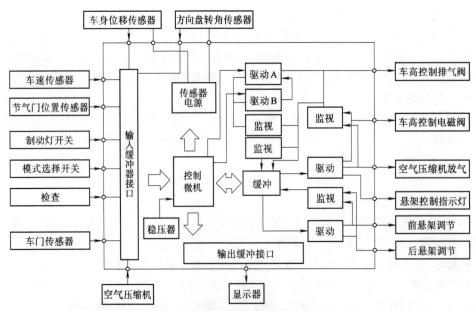

图 11-15　悬架电子控制器的组成

四、典型悬架电子控制系统电路

以丰田雷克萨斯LS400轿车所采用的空气式主动悬架为例，了解悬架电子控制系统的构成、电路结构特点及故障检修方法。丰田雷克萨斯LS400轿车的悬架电子控制系统电路原理，如图11-16所示。

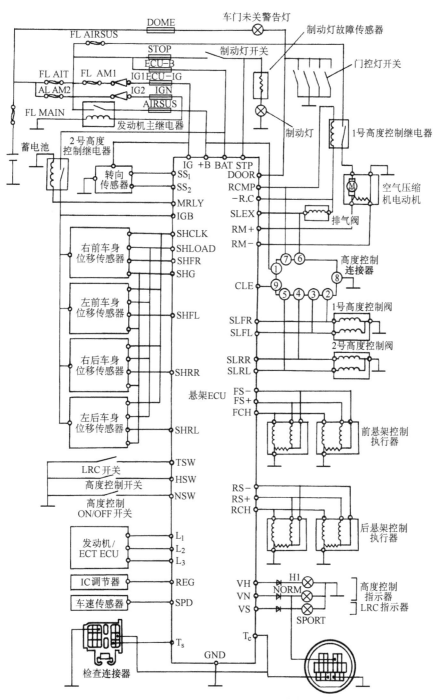

图 11-16　丰田雷克萨斯 LS400 轿车悬架电子控制系统电路

1. 丰田雷克萨斯 LS400 轿车空气悬架的结构特点

丰田雷克萨斯 LS400 轿车空气悬架的刚度、阻尼及高度，均可根据行驶路面情况及行驶工况进行调节，悬架电子控制系统可实现车速与路面感应控制、车身姿态控制和车身高度控制。

丰田雷克萨斯 LS400 轿车空气式主动悬架系统设置了平顺性开关（LRC）、高度控制开关和高度 ON/OFF 开关 3 个选择开关，由驾驶人手动操作。

（1）平顺性开关

它与高度控制开关一起安装在车内变速器变速杆旁边，用于手动选择悬架的刚度和阻尼。选择"SPORT"位置时，系统进入"高速行驶自动控制"；选择"NORM"位置时，系统对悬架刚度、阻尼进行"常规自动控制"，悬架 ECU 根据各传感器信号，使悬架的刚度和阻尼自动地处于平顺性软、平顺性"中"或平顺性"硬"3 个状态。

（2）高度控制开关

用于选择车身的高度，当高度控制开关处于"HIGH"位置时，系统对车身高度控制为高值自动控制；当选择"NORM"时，系统的车身高度控制进入常规值自动控制。

（3）高度 ON/OFF 开关

安装在行李舱的左边，当高度 ON/OFF 开关处于 ON 位置时，系统可按驾驶人的选择进行车身高度自动控制；当高度 ON/OFF 开关处于 OFF 位置时，系统停止车身高度自动控制。

2. 丰田雷克萨斯 LS400 轿车空气悬架的电路分析

丰田雷克萨斯 LS400 轿车悬架电子控制器插接器端子的排列如图 11-17 所示，各端子的连接说明见表 11-2。

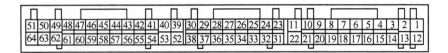

图 11-17　丰田雷克萨斯 LS400 轿车悬架 ECU 插接器端子排列

3. 丰田雷克萨斯 LS400 轿车悬架电子控制系统故障自诊断

（1）悬架电子控制系统指示灯

丰田雷克萨斯 LS400 轿车悬架电子控制系统可通过仪表板上的高度控制指示灯进行故障警告和故障码的闪示。接通点火开关（ON）时，仪表板上的 LRC 指示灯和高度控制指示灯应亮，约 2s 左右以后，各指示灯的亮灭则取决于其控制开关的位置，正常情况如下：

LRC 指示灯：如果 LRC 开关处在"SPORT"位置，则 LRC 指示灯仍亮；如果 LRC 开关在"NORM"位置，LRC 指示灯则应在亮 2s 后熄灭。

车身高度控制指示灯：如果车身高度控制开关处于"NORM"位置，则高度控制指示灯的"NORM"灯亮，"HI"灯不亮；如果高度控制开关在"HIGH 位置，则高度控制指示灯的"HI"灯亮，"NORM"不灯亮。

"HEIGHT"照明灯：在点火开关接通（ON）时，"HEIGHT"照明灯始终亮。

如果在点火开关接通（ON）时，高度控制"NORM"指示灯闪亮，这表示悬架 ECU 存储器中已储存了故障码，应进行故障码读取操作并排除故障。

如果在点火开关接通（ON）时，各指示灯的情况如表 11-3 所示，则说明相关的电路有故障，应予以检查。

表 11-2　丰田雷克萨斯 LS400 轿车悬架 ECU 插接器各端子连接说明

端子号	代号	连接对象	端子号	代号	连接对象
1	SLFR	1 号右高度控制阀	33	—	空脚
2	SLRR	2 号右高度控制阀	34	CLE	高度控制连接器
3	RCMP	1 号高度控制继电器	35~37	—	空脚
4	SHRL	左后车身位移传感器	38	RM—	空气压缩机电动机
5	SHRR	右后车身位移传感器	39	+B	悬架控制执行器电源
6	SHFL	左前车身位移传感器	40	IGB	高度控制电源
7	SHFR	右前车身位移传感器	41	BATT	备用电源
8	NSW	高度控制 ON/OFF 开关	42	—	空脚
9	—	空脚	43	SHLOAD	车身位移传感器
10	TSW	LRC 开关	44	SHCLK	车身位移传感器
11	STP	停车灯开关	45	MRLY	2 号高度控制继电器
12	SLFL	1 号高度控制阀	46	VH	高度控制 HIGH 指示灯
13	SLRL	2 号高度控制阀	47	VN	高度控制 NORMAL 指示灯
14~19	—	空脚	48	—	空脚
20	DOOR	门控灯开关	49	FS+	前悬架控制执行器
21	HSW	高度控制开关	50	FS−	前悬架控制执行器
22	SLEX	排气阀	51	FCH	前悬架控制执行器
23	L1	发动机和 ECT ECU	52	IG	点火开关
24	L3	发动机和 ECT ECU	53	GND	ECU 搭铁
25	TC	TDCL 和检查连接器	54	—RC	1 号高度控制继电器
26	TS	检查连接器	55	SHG	车身位移传感器
27	SPD	汽车车速传感器	56~58	—	空脚
28	SS2	转向传感器	59	VS	LRC 指示灯
29	SS1	转向传感器	60、61	—	空脚
30	RM+	空气压缩机传感器	62	RS+	后悬架控制执行器
31	L2	发动机和 ECT ECU	63	RS−	后悬架控制执行器
32	REG	IG 调节器	64	RCH	后悬架控制执行器

表 11-3　悬架控制系统指示灯不正常的表现和应检查的电路

点火开关在 "ON" 位置时，各指示灯的不正常表现	应检查的电路
"SPORT"、"HI" 和 "NORM" 指示灯均不亮	高度控制电源电路或指示灯电路
"SPORT"、"HI" 和 "NORM" 指示灯亮 2s 后均熄灭	悬架控制执行器电源电路
各指示灯中或 "HEIGHT" 照明灯有不亮的	指示灯电路或 HEIGHT 照明灯电路
LRC 开关在 "NORM" 位置时，LRC 的 "SPORT" 指示灯亮	LRC 开关电路
高度控制指示灯所亮起的（NORM 或 HI）与高度控制开关的不一致	高度控制开关电路

（2）故障码的读取

通过仪表板上车身高度控制指示灯 "NORM" 的闪烁读取故障码的方法如下：

1）接通点火开关（ON），并用跨接线将 TDCL 或检查用连接器上的 TC、E1 两端子连接（图 11-18）。

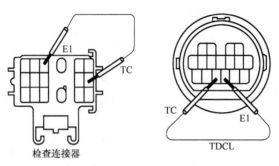

图 11-18　TDCL 与检查连接器

2）注意观察仪表板上车身高度控制"NORM"指示灯闪烁情况，读取故障码。

丰田雷克萨斯 LS400 轿车悬架自诊系统故障码也是两位，其闪示方式与丰田汽车其他电子控制系统故障码的闪示方式一样，各故障码所代表的故障如表 11-4 所示。

表 11-4　丰田 LS400 轿车电控悬架系统故障码表

故障码	故障部位	故障原因	警告	储存
11	右前车身位移传感器电路	车身位移传感器电路断路或短路	O	O
12	左前车身位移传感器电路		O	O
13	右后车身位移传感器电路		O	O
14	左后车身位移传感器电路		O	O
21	前悬架控制执行器电路	悬架控制执行器电路断路或短路	O	O
22	后悬架控制执行器电路		O	O
31	1 号高度控制阀电路	高度控制阀电路断路或短路	O	O
33	2 号高度控制阀电路（右悬架）		O	O
34	2 号高度控制阀电路（左悬架）		O	O
35	排气阀电路	排气阀电路断路或短路	O	O
41	1 号高度控制继电器电路	1 号高度控制继电器电路断路或短路	O	O
42	空气压缩机电动机电路	空气压缩机电动机断路，空气压缩机电动机被锁住	O	O
51	至 1 号高度控制继电器持续电流	1 号高度控制继电器电流通电超过 8.5min	—	O
52	至排气阀的持续电流	排气阀的电流通电超过 6min	—	O
61	悬架控制信号	悬架 ECU 失灵	—	O
71	高度控制 ON/OFF 开关电路	高度控制 ON/OFF 开关一直在 OFF 位置	O	—
		高度控制 ON/OFF 开关电路断路		
72	悬架控制执行器电源电路	悬架控制执行器电源电路断路	—	—
		AIR、SUS 熔丝烧断		

几点说明：

1）表 11-4 的警告栏中的"O"表示若有该故障码存在，在点火开关处于"ON"位置时，高度控制"NORM"指示灯会闪烁以示警告；"—"表示该故障码在点火开关处于"ON"位置时，高度控制"NORM"指示灯不闪烁。

2）表11-4的储存栏中的"O"表示该故障在点火开关关断（OFF）时不会消失；"—"则表示该故障码在点火开关处于"OFF"位置时会随即消失。

3）溢流阀的溢流压力约为980kPa，因此，在陡峭的斜坡或汽车超载的情况下，悬架ECU可能会储存故障码51，并停止车身高度控制和悬架刚度及阻尼控制。这是一种非控制系统故障所引起的故障储存，点火开关关断后70min，再接通点火开关时，车身高度控制和悬架刚度和阻尼控制均会恢复正常。

4）在拆下车轮或顶起车辆的情况下，如果悬架电子控制系统电路接通，悬架ECU可能会储存故障码52，并停止对车身高度控制和悬架刚度及阻尼控制，这也是一种非控制系统故障引起的故障码储存，点火开关关断后再接通时，系统又会恢复正常控制。

5）当高度控制ON/OFF开关在"OFF"位置时，输出故障码71，这并非有故障。

（3）故障码的清除

故障排除后，必须清除RAM存储器中储存的故障码，方法如下：

关闭点火开关，拆下1号接线盒中的ECU—B熔断器（图11-19a）10s以上，故障码就被清除。另一种清除方法如图11-19b所示，关闭点火开关后，用跨接线将高度控制连接器的9号端子与8号端子连接，同时将检查连接器的TC与E1端子连接，并保持10s以上，然后接通点火开关，并脱开跨接线及连接器各端子，故障码即被清除。

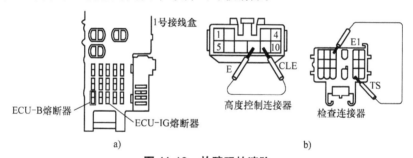

图 11-19 故障码的清除

a) 拔 ECU—B 熔断器清除故障码　b) 用高度控制连接器与检查连接器清除故障码

4. 悬架电子控制系统故障分析

电子控制系统有时候无故障码显示，但悬架系统却有故障症状，或是有故障码，但按故障码所示排除了故障后，故障症状并未消失。这时，就应根据故障现象分析可能的故障原因，以便于准确而又迅速地排除故障。丰田雷克萨斯LS400轿车悬架电子控制系统几种常见故障现象的故障原因分析如表11-5所示。

阅读提示

从表11-5中可见，许多故障现象都有与悬架ECU有关，但实际上ECU的故障率是很低的。因此，在检查故障时，应首先检查悬架ECU以外的可能故障部位，待确定这些部位均正常而故障现象不能消除时，再考虑检查或更换悬架ECU。

5. 悬架ECU各端子电压检测

通过检测悬架ECU各端子对地电压正常与否，判断与该端子连接部件和线路是否有故障。丰田雷克萨斯LS400轿车悬架ECU各端子的电压检测方法及标准参数如表11-6所示。

表 11-5　雷克萨斯 LS400 悬架电子控制系统故障分析

故障现象	可能的故障部位
操作 LRC 开关时 LRC 指示灯的状态不变	① LRC 开关电路 ② 悬架 ECU
悬架的刚度和阻尼控制不起作用	① 悬架控制执行器及电路 ② TC 端子电路 ③ TS 端子电路 ④ LRC 开关电路 ⑤ 气压缸或减振器 ⑥ 悬架控制执行器电源电路 ⑦ 悬架 ECU
只是防侧倾控制不起作用	① 转向传感器及其电路 ② 悬架 ECU
只是防俯仰控制不起作用	① 节气门位置传感器及其电路 ② 悬架 ECU
只是防点头控制不起作用	① 制动灯开关及电路 ② 车速传感器及电路 ③ 悬架 ECU
只是在高速时悬架的刚度和阻尼控制不起作用	① 车速传感器及其电路 ② 悬架 ECU
车身高度控制指示灯不随高度控制开关的动作变化	① 车身高度控制开关及其电路 ② 发电机调节器电路 ③ 汽车高度控制电源电路 ④ 车身位移传感器 ⑤ 悬架 ECU
车身高度控制不起作用	① 发电机调节器电路 ② 车身高度控制电源电路 ③ 车身高度控制开关及其电路 ④ 车身高度控制 ON/OFF 开关及其电路 ⑤ 车身位移传感器 ⑥ 悬架 ECU
只在高速时不起作用	① 车速传感器及其电路 ② 悬架 ECU
汽车车身高度出现不规则变化	① 空气悬架有空气泄漏 ② 车身位移传感器 ③ 悬架 ECU
汽车高度控制能起作用但汽车高度变化不均匀	① 高度控制阀、排气阀及其电路 ② 车身位移传感器连接杆
汽车高度控制能起作用，但汽车高度控制在常规（NORM）状态时，汽车高度与标准值不符	汽车车身位移传感器连接杆
在汽车高度调整时，汽车高度超高或超低	汽车车身位移传感器
汽车高度控制 ON/OFF 开关在"OFF"位置时，汽车高度控制仍起作用	① 高度控制 ON/OFF 开关及其电路 ② 悬架 ECU
点火开关 OFF 控制不起作用	① 门控灯开关及电路 ② 高度控制电源电路 ③ 悬架 ECU
在车门打开时点火开关 OFF 控制仍起作用	① 门控灯开关及其电路 ② 悬架 ECU
汽车停车时车身高度很低	① 有空气泄漏 ② 气压缸或减振器
空气压缩机电动机持续运转	① 有空气泄漏 ② 1 号汽车高度控制继电器及其电路 ③ 空气压缩机电动机电路 ④ 悬架 ECU

表 11-6 雷克萨斯 LS400 轿车悬架 ECU 各端子对地电压的检测方法及标准参数

检测的端子号（代号）	检测条件		标准参数 /V
1（SLFR）	发动机息速运转，高度控制开关从"NORM"转到"HIGH"		9~14
2（SLRR）	发动机息速运转，高度控制开关从"NORM"转到"HIGH"		9~14
3（RCMP）—54（-RC）	点火开关 OFF，拔开 ECU 插接器，测线束侧电阻		50~100Ω
4（SHRL）	发动机息速运转，高度控制开关从"NORM"转到"HIGH"，然后再回到"NORM"		2.5~2.7
5（SHRR）	发动机息速运转，高度控制开关从"NORM"转到"HIGH"，然后再回到"NORM"		2.5~2.7
6（SHFL）	发动机息速运转，高度控制开关从"NORM"转到"HIGH"，然后再回到"NORM"		2.5~2.7
7（SHFR）	发动机息速运转，高度控制开关从"NORM"转到"HIGH"，然后再回到"NORM"		2.5~2.7
8（NSW）	高度控制 ON/OFF 开关	ON	9~14
		OFF	0
10（TSW）	点火开关 ON	LRC 开关在"NORM"位置	9~14
		LRC 开关在"SPORT"位置	0
11（STP）	点火开关 ON	制动踏板松开	0~1.2
		制动踏板踩下	9~14
12（SLFL）	发动机息速运转，高度控制开关从"NORM"转到"HIGH"		9~14
13（SLRL）	发动机息速运转，高度控制开关从"NORM"转到"HIGH"		9~14
20（DOOR）	点火开关 ON	各车门打开	0~1.2
		各车门全部关闭	9~14
21（HSW）	点火开关 ON	高度控制开关位于"NORM"	9~14
		高度控制开关位于"HIGH"	0~1.2
22（SLEX）	发动机息速运转，高度控制开关从"NORM"转到"HIGH"		9~14
25（TC）	点火开关 ON	连接 TDCL 的 TC 与 E1 端子	0~1.2
		断开 TDCL 的 TC 与 E1 端子	9~14
26（TS）	点火开关 ON	连接检查连接器的 TS 与 E1 端子	0~1.2
		断开检查连接器的 TS 与 E1 端子	9~14
27（SPD）	连接检查连接器的 TC、E1，看高度控制"NORM"灯	汽车在 20km/h 以下车速行驶	"NORM"常亮
		汽车在 20km/h 以上车速行驶	"NORM"闪亮
28（SS2）	点火开关 ON，慢慢转动方向盘		反复 0 ⟷ 5
29（SS1）	点火开关 ON，慢慢转动方向盘		反复 0 ⟷ 5
30（RM+）	发动机息速运转，高度控制开关从"NORM"转到"HIGH"		9~14
32（REG）	点火开关 ON		0~1.2
	发动机息速运转		9~14
38（RM-）	发动机息速运转，高度控制开关从"NORM"转到"HIGH"		0~1
30（RM+）—38（RM-）	点火开关 OFF，拔开 ECU 插接器，测线束侧电阻		通路
39（+B）	点火开关 ON		9~14
40（IGB）	点火开关 ON		9~14
41（BATT）	—		9~14
45（MRLY）	点火开关 ON		9~14

（续）

检测的端子号（代号）	检测条件		标准参数 /V
46（VH）	点火开关 ON	高度控制开关位于"NORM"	0~1.2
		高度控制开关位于"HIGH"	9~14
47（VN）	点火开关 ON	高度控制开关位于"NORM"	9~14
		高度控制开关位于"HIGH"	0~1.2
49（FS+）—50（FS-）	点火开关 OFF，拔开 ECU 插接器，测线束侧电阻		1.5~3Ω
49（FS+）—51（FCH）	点火开关 OFF，拔开 ECU 插接器，测线束侧电阻		1150~2150Ω
51（FCH）—搭铁	点火开关 OFF，拔开 ECU 插接器，测线束侧电阻		1.5~3Ω
52（IG）	点火开关 ON		9~14
53（GND）	—		0
59（VS）	点火开关 ON	平顺性选择开关位于"NORM"	0~1.2
		平顺性选择开关位于"SPORT"	9~14
62（RS+）—63（RS-）	点火开关 OFF，拔开 ECU 插接器，测线束侧电阻		1.5~3Ω
62（RS+）—64（RCH）	点火开关 OFF，拔开 ECU 插接器，测线束侧电阻		1150~2150Ω
64（RCH）—搭铁	点火开关 OFF，拔开 ECU 插接器，测线束侧电阻		1.5~3Ω

第三节　悬架电子控制系统电路部件的检修

一、悬架电子控制系统传感器的检修

1.车身位移传感器的检修

（1）光电式车身位移传感器

1）光电式车身位移传感器的常见故障。用于测车身高度和振动的光电式车身位移传感器的常见故障有：电源不正常、光电耦合元件不正常或脏污、内部电路有断路或短路等。

2）光电式车身位移传感器的检修方法。光电式车身位移传感器的检测方法与光电式点火信号发生器相似，检测方法如下：

① 检查传感器的电源：接通传感器电源电路的开关后，检测传感器的电源端子是否有正常的电压。如果无电压或电压很低，则是传感器以外的电源电路有故障，应检修传感器电源电路。

② 检查传感器信号输出：将传感器接上电源（5V），用直流电压表检测传感器的信号输出端子的电压（图 11-20），电压表示值应随传感器轴的转动而呈脉动变化；将传感器信号输出端连接示波器，则可显示方波。如果传感器信号端子无脉冲电压，则需更换传感器。

（2）电位计式车身位移传感器

一些汽车上使用电位计式车身位移传感器，其结构原理与常见的节气门位置传感器相似。电位计式车身位移传感器的常见故障及检修方法，也与节气门位置传感器相同。

2.方向盘转角传感器的检修

（1）光电式方向盘转角传感器

光电式方向盘转角传感器其产生信号电压的基本组成部件及光电信号的产生原理与光电车身位移传感器相同，因此，其常见的故障及检修方法也相同。

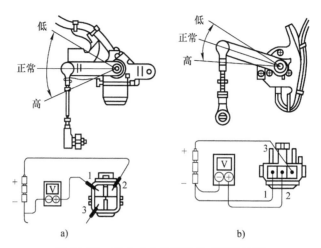

图 11-20　光电式车身高度传感器的检测

a) 车前部车身高度传感器　b) 车后部车身高度传感器

（2）磁感应式方向盘转角传感器

少数汽车上使用磁感应式方向盘转角传感器，其产生信号电压的基本组成部件及磁感应电压信号产生原理，与磁感应式发动机转速传感器等相似，有所区别的是磁感应式方向盘转角传感器为了能使 ECU 判别方向盘的转动方向，采用了两个感应线圈，产生两个 90° 相位差的感应电压脉冲。

磁感应式方向盘转角传感器的常见故障及检修方法参见其他磁感应式传感器。

二、悬架电子控制系统执行器的检修

1. 汽车高度控制执行器的检修

（1）空气压缩机电动机

1）空气压缩机电动机的作用与常见故障。电动机的常见故障是内部绕组有短路或断路，电刷与换向器接触不良（励磁式）、内部检测电阻（该电阻用于向 ECU 反馈空气压缩机电动机工作电压信号）断路等。

2）空气压缩机电动机检修方法。空气压缩机电动机的检测方法如下：

① 检查电动机通路情况：用万用表测量电动机两端子之间的电阻，应有较小的电阻。如果不通路或电阻很大，则说明电动机内部有断路或接触不良，需更换电动机。

② 检查电动机绕组有无搭铁：用万用表测量电动机两端子与搭铁之间的电阻，应为不通。如果通路或电阻值不足够大，则说明电动机内部绕组有对搭铁短路或绝缘不良故障，需更换电动机。

③ 检查电动机能否转动：将电动机两端子接上蓄电池电压（图 11-21），看电动机的转动情况。如果电动机不转动或运转无力，需更换电动机。

（2）高度控制电磁阀

1）高度控制电磁阀的常见故障。高度控制电磁阀包括进气电磁阀和排气电磁阀，其常见故障是电磁阀线圈有短路或断路、电磁阀漏气等。

2）高度控制电磁阀的检修方法。主要是检测其线圈电阻和电磁阀的动作，方法如下：

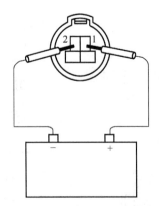

图 11-21　检查压缩机电动机动作情况

① 检测电磁阀的电阻：用万用表测量电磁阀线圈的电阻，应与标准值相符（丰田雷克萨斯轿车悬架的高度控制电磁阀的电阻为 9~15Ω）。如果不通路或电阻过大过小，更换该项高度控制电磁阀。

② 检查电磁阀的动作：将电磁阀线圈两端子连接蓄电池，仔细听电磁阀有无动作的声响。如果听不到电磁阀动作声响，则需更换电磁阀。

2. 悬架刚度与阻尼控制执行器的检修

（1）空气悬架刚度控制执行器

空气悬架刚度控制执行器通常采用电磁阀控制方式，电磁阀的常见故障与检修方法与高度控制电磁相似。

（2）悬架阻尼控制执行器

悬架阻尼控制执行器有电磁阀式、电动机式，电动机又有普通直流电动机和步进电动机。悬架阻尼控制执行器常见的电气故障和故障检修方法参见同类型的其他电子控制执行器。

第十二章
汽车巡航控制系统

第一节 概　　述

一、汽车巡航控制系统的作用

1. 汽车巡航控制系统的功用

巡航控制系统（Cruise Control System，CCS）也称为定速巡航系统、定速巡航行驶装置、速度控制系统、自动驾驶系统等，其作用是自动控制汽车在驾驶人设定的车速下稳定行驶，以减轻驾驶人在高速公路上驾车的劳动强度，提高驾驶舒适性，并可使发动机在理想的转速范围内运转。现代汽车巡航控制系统采用微处理器控制，通常设有如下的功能。

（1）车速设定功能

当行驶在高速公路上，路面质量好，没有行人、非机动车，分道行车，无逆向车流，适宜较长时间稳定行驶时，可通过巡航操控开关设定一个稳定行驶的车速，巡航控制系统就会自动控制汽车在设定车速下稳定运行。

（2）巡航消除功能

当驾驶人因汽车运行情况需要踩下制动踏板时，巡航控制系统可立即取消巡航功能，由驾驶人操控车辆行驶速度，以确保行车安全。巡航控制功能消除后，如果行驶速度未低于巡航低限车速（40km/h），原设定的车速仍将保留于巡航控制系统中，可随时恢复原巡航车速。

（3）恢复巡航功能

巡航控制功能被取消后，驾驶人根据路面及车流情况，又要求汽车在原巡航控制车速下稳速行驶时，可通过"恢复"功能开关立刻恢复原设定车速的巡航控制。如果巡航控制功能被取消期间车速曾降到巡航低限车速以下，则需用巡航控制系统操控开关重新设定巡航车速。

（4）巡航滑行功能

在巡航行驶中，驾驶人可通过"滑行"功能开关，使汽车在原设定的巡航车速的基础上减速行驶，不松开"滑行"开关，车速就会连续不断地降低，直到放松"滑行"开关为止。巡航控制系统自动控制汽车，在松开"滑行"开关瞬间的车速下稳定行驶。

（5）巡航加速功能

在巡航行驶中，驾驶人可通过"加速"功能开关，使汽车在原设定的巡航车速的基础上加速行驶，不松开"加速"开关，车速连续就会不断地增加，直到放松"加速"开关为止。巡航控制系统自动控制汽车在放松"加速"开关瞬间的车速下稳定行驶。

（6）低速自动消除功能

当车速低于巡航控制车速低限（40km/h）时，巡航控制功能自动取消，并不再保留设定的车速信息。

（7）有关开关消除功能

除了踩制动踏板有自动取消巡航功能外，巡航控制系统还接收驻车制动开关、离合器开关（手动变速器）、空档起动开关（自动变速器）等的信号，当驾驶人拉紧驻车制动器、踩离合器踏板或变速杆置于空档时，也会立即自动取消巡航控制功能。

2. 汽车巡航控制系统的优点

装备巡航控制系统的汽车，在使用巡航控制系统时，其优点体现在如下几方面。

1）巡航控制系统可保证汽车在有利车速下等速行驶，大大提高了其稳定性和舒适性。

2）巡航控制系统实现了部分自动驾驶，尤其是在上坡、下坡或平路行驶，驾驶人只要掌握好方向盘，不用踩加速踏板和换档，减轻了驾驶人劳动强度，可使驾驶人精力集中，从而提高了行车安全性。

3）巡航控制系统选择在最有利的车速和发动机转速下运行，有助于发动机燃烧完全，热效率提高，可使油耗降低，排气污染物减少，有利于节能和环保。

4）稳定的等速行驶可使额外惯性力减少，可减少机件损伤，使汽车故障减少、使用寿命延长。

> 🔥 **专家提醒：**
>
> 汽车 CCS 不同于飞机 CCS。飞机 CCS 具有自动驾驶功能，即飞行员设置了巡航飞行后，飞机就可自动飞行。但是，汽车 CCS 虽然也被称之为自动驾驶系统，但只具有车速稳定控制功能，驾驶人可以不用操纵加速踏板，却仍然需要操纵方向盘。

3. 汽车巡航控制系统发展概况

巡航控制系统在飞机上应用，显示出其无可比拟的优点。20 世纪 50 年代末它开始在汽车上应用后，很快就受到美、日、德、法、意等汽车大国的青睐，尤其是近几年来世界各国高速公路的通车里程增多，扩大了汽车巡航控制系统的应用空间。因此，巡航控制系统在汽车上的应用也快速增多。

汽车巡航控制系统经历了机械控制系统、晶体管控制系统、模拟集成电路控制系统和微处理器控制系统等几个发展过程。微处理器控制的汽车巡航控制系统工作稳定、可靠性高，自1981 年开始应用于汽车后，发展迅速，现代汽车基本上都采用了微处理器控制的汽车巡航控制系统。目前，中高级轿车装备汽车巡航系统已十分普遍。

二、汽车巡航控制系统的分类

汽车巡航控制系统从开始在汽车上应用到现在，已有多种结构形式，现按不同的分类方法加以概括。

1. 按巡航控制装置的组成与控制方式分类

（1）机电式巡航控制系统

实现车速设定、车速稳定和消除等巡航控制功能是一个机械与电气混合装置，通常由控制开关、电释放开关、真空调节器、真空度控制的弹簧式伺服机构、真空释放阀、线束及真空管路等组成。汽车上早期使用的就是这种机电式巡航控制系统。

（2）电子式巡航控制系统

由电子控制器根据控制开关、各传感器和开关的信号进行车速的设定、稳定和消除等自动控制。随着电子技术的迅速发展和对巡航控制功能要求的进一步提高，电子式巡航控制系统得到了迅速的发展，在汽车上已广泛使用。

2. 按巡航控制系统电子控制器结构原理分

（1）模拟式电子巡航控制系统

由模拟电子电路构成电子控制器，控制器内部对输入信号的处理过程均为模拟电参量。模拟式巡航电子控制器经历了从晶体管分立元件到集成电路的发展过程。

（2）数字式电子巡航控制系统

数字式巡航控制系统电子控制器的核心是微处理器，现代汽车巡航电子控制系统基本上都是这种微处理器控制系统。

3. 按巡航控制装置执行机构的结构原理分

（1）真空驱动型巡航控制系统

用于车速稳定、升速和减速控制的执行器为真空式节气门驱动装置，其驱动力来自进气歧管的真空吸力或由真空泵产生的真空吸力，控制器通过调节节气门驱动装置的真空度来实现节气门开度的控制。

（2）电动驱动型巡航控制系统

节气门驱动装置的动力来源于电动机，控制器通过控制电动机的转动来调节节气门的开度，以实现车速稳定、增速和减速控制。相比于真空驱动型巡航控制系统，电动驱动型巡航控制系统的结构与控制相对要简单一些，因而在现代汽车上应用较为普遍。

第二节　巡航控制系统的结构和工作原理

一、巡航控制系统工作原理

1. 巡航控制系统基本控制原理

电子巡航控制系统的基本控制原理如图 12-1 所示。

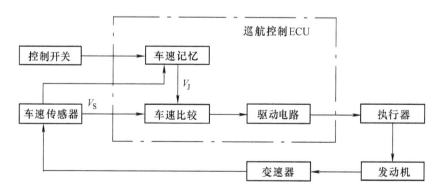

图 12-1　巡航控制系统基本控制原理

V_S—实际车速　V_J—设定（记忆）车速

驾驶人通过控制开关设定的车速被巡航控制 ECU 中的存储器记忆，ECU 将车速传感器输入的实际车速与存储器中的设定车速进行比较。当两个车速有误差时，ECU 就输出控制信号，通过驱动电路使执行器动作，调节节气门开度，以使汽车在设定的车速下稳定行驶。

2. 电子巡航控制系统工作过程

（1）巡航车速的设定

当接通主开关后，汽车的行驶速度在巡航控制车速的范围内（一般为 40 ~ 200km/h），将"设定"开关接通后断开，巡航控制 ECU 就会记忆开关断开时的车速，并控制汽车在此车速稳定行驶。在巡航控制状态下，增加、降低或恢复巡航车速过程如下。

1）增加设定车速。当驾驶人希望车速提高时，接通"加速"开关，并使其保持在接通位置，巡航控制 ECU 就会通过执行器加大节气门的开度，使汽车加速行驶，汽车当前车速参数送入 RAM 存储器，不断地刷新此前的车速参数。断开"加速"开关，RAM 所记忆的车速参数不再被刷新，巡航控制 ECU 便会控制汽车，在"加速"开关断开瞬间 RAM 所记忆的车速下稳定行驶。

2）降低设定车速。当驾驶人希望稳定的车速降低时，接通"滑行"开关，并使开关保持在接通位置，巡航控制 ECU 就会通过执行器使节气门关闭，汽车减速滑行。当前车速参数也不断地送入 RAM，刷新此前存储的车速参数。断开"滑行"开关，存储器记忆开关断开瞬间的车速，巡航控制 ECU 便会控制汽车在此车速下稳定行驶。

3）恢复设定车速。巡航控制被各种取消开关取消后，如果车辆行驶速度未降至可设定车速（40km/h）以下，车速参数仍保留在 RAM 存储器中。这时，接通"恢复"开关即可恢复设定车速。如果车辆行驶速度已降至可设定车速以下，存储器中车速记忆参数将被消除，此时已不能恢复设定车速，需通过巡航控制系统操控开关重新设定巡航车速。

（2）巡航功能的消除

巡航功能消除有驾驶操作取消和自动取消两种情况。

1）驾驶操作取消。车辆处于巡航控制状态时，如果驾驶人踩下了制动踏板、拉紧了驻车制动器、踩下离合器踏板（手动变速器）、变速器挂入 N 档（自动变速器），或按下巡航控制取消开关的某一个操作，相应的开关接通，将信号送入巡航控制 ECU，巡航 ECU 立即将系统的巡航控制功能取消，以确保驾驶人的操作不受干扰。驾驶操作取消巡航控制时，原设定的巡航车速参数仍然保留在 RAM 中，可通过操纵巡航"恢复/加速"开关立即恢复到原设定的巡航车速下行驶。

2）自动取消。车辆在巡航控制状态下行驶时，如果巡航控制系统出现异常，巡航控制 ECU 将自动取消巡航控制功能。此外，车辆在巡航过程中如果出现如下 3 种情况，巡航控制 ECU 也将自动取消巡航控制：

① 车速下降到巡航控制车速的下限，通常巡航控制车速的下限为 40km/h。

② 车速降到比设定巡航车速低 16km/h。

③ 巡航控制系统电源暂时中断超过 5s。

请注意，巡航控制 ECU 在自动取消巡航控制功能的同时，还会将 RAM 存储器中的原巡航车速参数清除。因此，巡航控制被自动取消后，就不能通过"恢复"开关来恢复汽车的巡航控制功能。

（3）巡航控制系统的其他控制

电子巡航控制系统通常还设有下述控制功能。

1）车速上 / 下限控制。设定巡航控制车速的最低限，当车速低于此限定值时，巡航控制将被取消，RAM 存储器中的设定车速也会被清除；设定巡航控制车速的最高限，当车速已达到此限定值时，操作"加速"开关也不能使巡航车速再提高。

2）自动变速器控制。当车辆以超速档上坡行驶时，如果车速降至超速档切断速度（设定车速减去 4km/h 左右）以下，巡航控制 ECU 将自动取消超速档以增加驱动力，阻止车速进一步下降。当车速上升至超速档恢复速度（设定车速减去 2 km/h 左右）以上时，约 6s 后，巡航控制 ECU 恢复超速档。

3）迅速降速和迅速升速。当实际车速与设定车速相差不足 5km/h 左右时，每次迅速操纵"设定 / 滑行"开关（在 0.6s 内），可将设定车速降低约 1.65km/h；当实际车速与设定车速相差不足约 5km/h 时，每次迅速操纵"恢复 / 加速"开关（在 0.6s 内），可将设定车速升高约 1.65km/h。

4）自诊断功能。当巡航控制 ECU 在工作中监测到传感器和开关信号异常、执行器工作不正常时，在自动取消巡航控制的同时，还会使仪表板上的巡航（CRUISE）指示灯闪烁，以示报警；并且将故障以故障码的形式储存于 RAM 存储器，以便于在故障检修时准确迅速地获取故障信息。

二、巡航控制系统的组成部件

电子巡航控制系统主要由传感器和取消巡航开关、巡航操控开关、控制器及巡航控制执行器等组成。常见的巡航电子控制系统的组成及在车上的布置如图 12-2、图 12-3 所示。

1.巡航控制传感器

汽车在巡航行驶时，巡航控制 ECU 通过车速传感器和节气门位置传感器获得车速和节气门位置信号，进行车速稳定控制。

（1）车速传感器

用于向巡航控制 ECU 提供车速信号，通常与自动变速器电子控制系统、发动机电子控制系统共用车速传感器。车速传感器有光电式、霍尔感应式、磁感应式等。

（2）节气门位置传感器

向巡航控制 ECU 提供节气门开度信号，巡航控制系统用车速传感器通常与自动变速器电子控制系统、发动机电子控制系统共用节气门位置传感器，有的车型其巡航控制系统则由发动机 ECU 提供节气门位置信号。

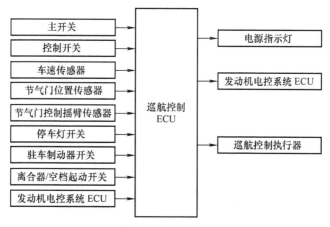

图 12-2　典型巡航电子控制系统的组成

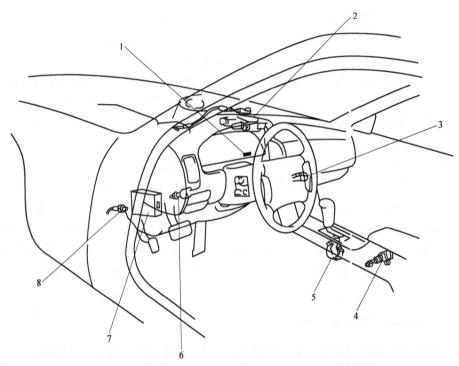

图 12-3 典型巡航电子控制系统部件及在车上的布置

1—巡航系统电源开关 2—巡航控制执行器 3—巡航操控开关 4—车速传感器 5—空档起动开关
6—制动灯开关 7—巡航控制 ECU 8—驻车制动开关

（3）节气门控制摇臂传感器

一些巡航控制系统的执行器中装有一个滑片随节气门摇臂一起转动的电位计，用于检测节气门控制摇臂的位置。它可向巡航控制 ECU 输出一个与节气门摇臂位置成比例且连续变化的电信号。

2. 取消巡航设定开关

在汽车制动、换档和停车时，巡航控制功能将被取消。巡航控制 ECU 通过相应的开关取得取消巡航设定信号。

（1）制动灯开关

驾驶人踩制动踏板时此开关接通，将汽车制动信号送入巡航控制 ECU，ECU 根据此信号中止巡航控制程序。

（2）空档起动开关

自动变速器车型上使用，自动变速器变速杆置于 P 位或 N 位时此开关接通，将信号送入巡航控制 ECU，ECU 收到此信号便会取消巡航控制。

（3）离合器开关

手动变速器车型上使用，驾驶人踩下离合器踏板时此开关接通，将信号送入巡航控制 ECU，巡航控制 ECU 得到此信号便会取消巡航控制。

（4）驻车制动器开关

当驾驶人拉起驻车制动器操纵手柄时，驻车制动器开关接通，此信号送入巡航控制 ECU 时，巡航控制 ECU 也将取消巡航控制。

3. 巡航操控开关

驾驶人通过巡航操控开关进行巡航系统的开闭、巡航车速的设定，巡航操控开关一般可分为主开关和控制开关两部分。

（1）主开关

主开关是巡航控制系统的主电源开关，通常采用按键方式，每按下一次，开关接通或关断。在主开关接通状态下关断点火开关，主开关也随即关断，再接通点火开关时，主开关仍保持关闭状态，需再按一下主开关才能再接通巡航控制系统电源。

（2）操控开关

操控开关用于设定（SET）、滑行（COAST）、恢复（RES）、加速（ACC）、取消（CANCEL）等操作，不同汽车上巡航控制系统的操控开关形式和布置方式会有所不同。一种推杆式组合式巡航操控开关如图12-4所示。

该组合式巡航操控开关设定（SET）与滑行（COAST）共用一个开关，恢复（RES）与加速（ACC）也共用一个开关。这种具有两个功能的开关可称之为双功能开关。

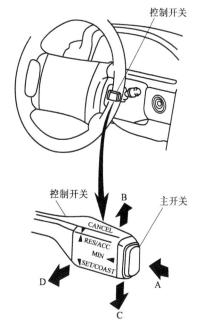

图12-4　汽车巡航操控开关

A—主开关　B—恢复（RES）/加速（ACC）开关　C—设定（SET）/滑行（COAST）开关　D—取消开关（CANCEL）

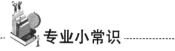

专业小常识

　　如果巡航操控开关为双功能开关，其功能组合和操作方法通常是：SET与COAST共用一个开关，此开关接通后马上断开，为设定巡航（SET）操作，控制器以当前RAM所记忆的车速为巡航车速；将此开关接通并保持，这是滑行（COAST）操作，开关在保持接通时，车速会持续下降，RAM中所记忆的车速参数不断被刷新，直到将此开关断开，此时RAM中所记忆的车速即为巡航车速。RES与ACC共用另一个开关，开关接通后马上断开为恢复巡航（RES）操作，控制器以当前RAM所记忆的车速为巡航车速；将开关接通并保持，则为加速巡航（ACC）操作，在开关保持接通时车速会持续上升，RAM中所记忆的车速参数不断被刷新，直到将此开关断开，控制器以此时RAM所记忆的车速为巡航车速。

4. 巡航控制执行器

巡航控制ECU通过巡航控制执行器调节节气门的开度，实现车速稳定控制。电子控制巡航控制系统执行器有电动和气动两种形式。

（1）电动式执行器

电动式执行器用电动机来驱动节气门动作，电动机有直流电动机（励磁式、永磁式）或步进电动机两种。图12-5所示的电动式执行器由直流电动机、传动机构、电位计等组成。

巡航控制ECU输出增加或减小节气门开度控制信号时，通过驱动电路使电动机顺时针转动或逆时针转动，经蜗轮（电磁离合器壳外圆）蜗杆（电动机输出轴）、主减速器传动使控制臂转动，再通过拉索带动节气门（图12-6）。

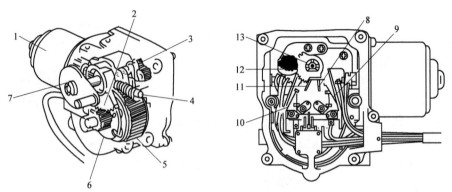

图 12-5　电动式执行器

1—电动机　2—主减速器　3、13—电位计主动齿轮　4—蜗轮　5—电磁离合器　6—离合器片
7—控制摇臂　8—杆 B　9、10—限位开关　11—杆 A　12—电位计

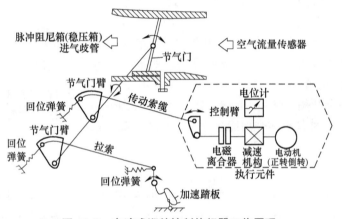

图 12-6　电动式巡航控制执行器工作原理

　　电磁离合器用于电动机与节气门拉索之间的接合与分离。在巡航控制起作用时，电磁离合器通电接合，使电动机通过传动机构和拉索驱动节气门；在未设定巡航控制或巡航控制被取消时，电磁离合器断电分离，以避免电动式执行器阻碍驾驶人操纵节气门。

　　设置限位开关的作用，是避免电动机在节气门已处于全开或全关位置时继续通电而被烧坏。电位计产生一个与控制摇臂成比例的电压参数，用于向巡航控制 ECU 提供节气门控制摇臂位置信号。

阅读提示

　　当节气门被驱动转至全开或全关位置时，节气门就不能继续转动了，其驱动电动机也被动地停止转动，处于"制动"状态。此时电动机的电流比其运转时要大许多倍，电动机很容易被烧坏。限位开关可使节气门转至关闭或全开位置（电动机停转）时使电动机及时断电，以避免电动机产生过大的"制动"电流而被烧坏。

（2）气动式执行器

　　气动式巡航控制执行器，利用进气歧管真空度或真空泵产生真空度作为操纵节气门的动力，一般由压力控制阀、气缸、传动机构及空气管路等组成，其工作原理如图 12-7 所示。

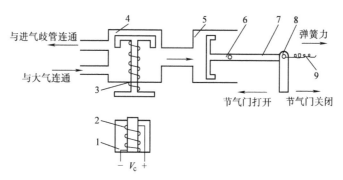

图 12-7　气动式执行器工作原理

1—电磁铁　2—电磁线圈　3—阀弹簧　4—压力控制阀　5—气缸　6—活塞　7—连杆　8—节气门拉杆　9—弹簧

执行器中的气缸活塞连杆与节气门拉杆相连，在巡航控制系统不起作用时，节气门拉杆在弹簧力作用下使节气门关闭。当巡航控制系统起作用时，控制信号 Vc 输入到执行器控制端子，使电磁线圈通电而产生电磁吸力，在此电磁力作用下，使压力控制阀的阀芯克服阀弹簧力下移，将进气歧管和气缸连通，在进气歧管内真空度的作用下使活塞向左移动，并通过连杆带动节气门拉杆使节气门打开。巡航控制 ECU 通过改变控制信号 Vc 的大小，来调整压力控制阀阀芯的下移量，使作用在活塞上的真空吸力发生变化，从而改变了节气门的开度，实现车速稳定控制。

5. 巡航电子控制器

电子控制器主要由微处理器、输入输出电路、执行器驱动电路及保护电路等组成。采用步进电动机执行器的巡航控制 ECU 如图 12-8 所示。

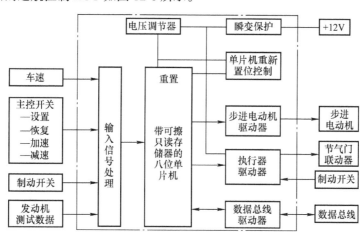

图 12-8　巡航控制系统 ECU

巡航控制 ECU 各功能模块的作用如下。

1）输入信号处理模块。该模块的作用是将输入的传感器及开关信号进行预处理，把它们都转换为计算机可以接受的数字信号。

2）单片微型计算机。该单片机芯片集成了中央微处理器（CPU）、带可擦除只读存储器（EPROM）、随机存储器（RAM）、输入 / 输出接口（I/O）等计算机的基本部件，可按储存在只读存储器中的控制程序对输入的信号进行处理，并产生相应的输出信号，控制步进电动机转动，以改变节气门开度，实现车速的稳定控制。

3）电动机驱动模块。电动机驱动模块根据计算机输出的控制信号产生能驱动电动机的控制脉冲，使步进电动机按计算机的指令转动相应的角度。

4）执行器驱动模块。该模块中的驱动电路可根据计算机的指令，使节气门联动器通电接合，步进电动机与节气门连接，汽车进入巡航控制状态。与执行器驱动模块连接的制动开关为常闭触点，当汽车制动，巡航控制 ECU 停止巡航控制程序的同时，此制动开关断开，将执行器驱动电源切断，以确保节气门完全关闭。

> 🔥 **专家提醒:**
>
> 为确保巡航系统良好的工作状态可车辆行驶的安全，应注意如下：
>
> 1）在不使用巡航控制系统时，应使巡航控制主开关处于断开位置，以避免巡航控制装置误动作而影响行车安全。
>
> 2）在遇交通拥堵、路面质量差或湿滑、雨雪或刮风天气时，不应使用巡航控制系统，以确保行车安全。
>
> 3）在遇陡坡时，也最好不使用巡航控制系统，以避免发动机转速变化过大。
>
> 4）在遇长坡下坡行驶时，若车辆加速，则应取消巡航控制，并将变速器挂入低档位，以便于利用发动机制动使车速得到控制。
>
> 5）装备手动变速器的汽车在巡航行驶中，不可在未踩下离合器踏板的情况下将变速器挂入空档，以避免造成发动机转速骤然升高。
>
> 6）接通巡航控制主开关或在巡航行驶中，如果仪表板上的巡航控制警告灯（CRUISE）闪烁，说明巡航控制系统有故障，这时不能使用巡航控制系统，需排除巡航控制系统故障后才能继续使用。

三、典型汽车巡航电子控制系统电路

以丰田雷克萨斯 LS400 轿车上所配置的巡航控制系统为例，介绍巡航控制系统的结构特点、电路原理及故障检修方法。

丰田雷克萨斯 LS400 轿车巡航控制系统电路如图 12-9 所示。

1. 丰田雷克萨斯 LS400 轿车巡航控制系统电路的结构特点

丰田雷克萨斯 LS400 轿车采用电动式执行器，安装在发动机的右侧，执行器内除了永磁式电动机和齿轮传动机构外，还设有电磁离合器、控制摇臂、电位计等部件。执行器与节气门之间通过拉索连接。

电位计用于检测控制摇臂的位置，并将电信号通过 VR_2 端子输入巡航控制 ECU。电动机电路中串联了两个限位开关，分别用于在节气门位置传感器关闭和全开时断开电动机电路，使电动机在这两种情况下停止转动，以避免电动机过载。

发动机 /ECT ECU 与巡航控制 ECU 通过 1（ECT）、2（OD）、5（E/G）号端子连接，并在工作中进行信息交流，用于汽车巡航与发动机的协调控制。

2. 电路分析

雷克萨斯 LS400 轿车巡航控制 ECU 通过一个 12 端子插接器和一个 10 端子插接器与外电路连接，两插接器的端子排列如图 12-10 所示，各端子连接说明见表 12-1。

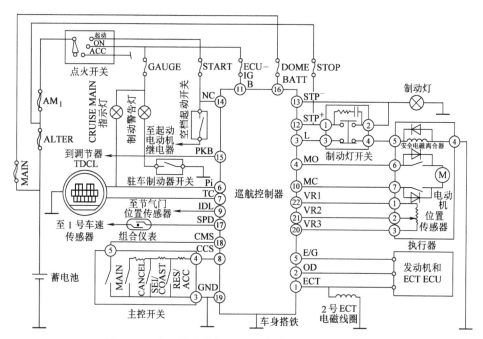

图 12-9　丰田雷克萨斯 LS400 轿车巡航控制系统电路

图 12-10　雷克萨斯 LS400 轿车巡航控制 ECU 插接器端子排列

表 12-1　雷克萨斯 LS400 轿车巡航控制 ECU 插接器端子说明

端子编号	端子代号	连接的部件	端子编号	端子代号	连接的部件
1	ECT	发动机和 ECT ECU	12	STP+	制动灯开关
2	OD	发动机和 ECT ECU	13	STP−	制动灯开关
3	L	安全电磁离合器	14	N&C	空档起动开关
4	MO	执行器电动机	15	PKB	驻车制动器开关
5	E/G	发动机 /ECT ECU	16	BATT	备用电源
6	Pi	CRUSE MAIN 指示灯	17	SPD	车速传感器
7	TC	DTCL	18	CMS	巡航主开关
8	CCS	巡航控制开关	19	GND	巡航控制 ECU 搭铁
9	IDL	节气门位置传感器	20	VR3	控制摇臂位置传感器
10	MC	执行器电动机	21	VR2	控制摇臂位置传感器
11	B	电源	22	VR1	控制摇臂位置传感器

3. 丰田雷克萨斯 LS400 轿车电路故障诊断方法

（1）故障自诊断

　　丰田雷克萨斯 LS400 轿车仪表板上的巡航控制主开关指示灯"CRUISE MAIN"用于指示主开关的状态、故障报警及故障码显示。

点火开关在 ON 位置时，接通巡航控制主开关，"CRUISE MAIN"灯亮起，关断主开关，指示灯熄灭，这表示巡航控制系统正常。

在接通巡航控制主开关时，如果"CRUISE MAIN"指示灯不亮，则说明指示灯电路有故障。

在巡航控制行驶中，如果巡航控制系统出现故障，巡航控制 ECU 在自动取消巡航控制的同时，使仪表板上的"CRUISE MAIN"指示灯闪烁（亮 0.5s、间隔 1.5s）5 次，以示警告，并将相应的故障码储存在 RAM 存储器中，以供故障检修时调用。

1）故障码的读取。通过故障专用故障诊断仪可读取故障信息，人工读取故障码的方法如下：

接通点火开关，并用跨接线将 TDCL 或检查连接器的 TC、E1 两端子短接（图 12-11），根据仪表板上"CRUISE MAIN"指示灯的闪烁情况读取故障码。故障码为 2 位数，闪烁方式如图 12-12 所示。各故障码的故障说明见表 12-2。

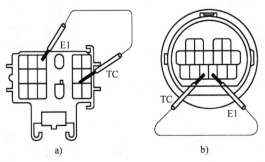

图 12-11　诊断端子 TC、E1 的排列

a）检查连接器　b）TDCL

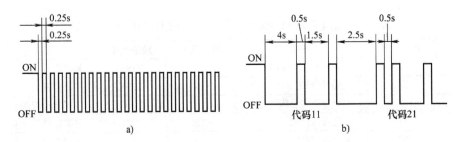

图 12-12　巡航控制系统故障码的闪烁方式

a）无故障码（正常码）闪示　b）故障码 11、12 的闪示

表 12-2　丰田 LS400 轿车巡航控制系统故障码说明

故障码	故障说明	需检查的电路或部件
11	执行器电动机或安全离合器电路不正常	① 执行器电动机电路 ② 安全离合器电路 ③ 巡航控制 ECU
12	安全离合器电路不正常	① 安全离合器电路 ② 巡航控制 ECU

（续）

故障码	故障说明	需检查的电路或部件
13	执行器电动机或控制摇臂位置传感器电路不正常	① 执行器电动机电路 ② 控制摇臂位置传感器电路 ③ 巡航控制 ECU
21	转速传感器电路不正常	① 车速传感器电路 ② 巡航控制 ECU
23	实际车速低于设定车速 16km/h	① 执行器电动机电路 ② 巡航控制 ECU
31	巡航控制开关电路不正常	① 巡航控制开关电路 ② 巡航控制 ECU
32	巡航控制开关电路不正常	① 巡航控制开关电路 ② 巡航控制 ECU
34	巡航控制开关电路不正常	① 巡航控制开关电路 ② 巡航控制 ECU

2）故障码的消除。人工故障码消除方法如下：

关闭点火开关，拆下继电器盒盖后，拔开"DOME"熔断器 10s 或更长的时间（图 12-13），即可清除 RAM 中的故障码。重新接上"DOME"熔断器后，检查是否闪示正常码，以验证故障码已被清除。

3）输入信号检查。利用自诊断系统（"CRUISE MAIN"灯闪烁）检查车速传感器及有关的开关信号是否输入至巡航控制 ECU，用以判断相应的输入信号电路是否正常。方法如下：

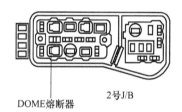

DOME熔断器

2号J/B

图 12-13　巡航控制系统故障码的消除

① 接通点火开关（ON）。

② 接通设定 / 滑行（SET/COAST）开关，并保持在持续接通状态，同时再接通巡航主开关。这时，仪表板上的"CRUISE MAIN"指示灯会闪烁 2 次。

③ 按表 12-3 中所示的操作方法进行操作，检查相应开关和车速传感器的输入信号，通过仪表板上的"CRUISE MAIN"指示灯所闪示的代码判断检查结果。指示灯的闪烁的方式为：连续闪亮（0.25s）的次数为代码数，重复闪示代码的间隔为 1s。

④ 关断巡航主开关或将 TDCL 的 TC、E1 端子短接，"CRUISE MAIN"指示灯则停止闪烁。

表 12-3　巡航控制系统输入信号的检查

检查的部件	序号	操作方法	代码	检查结果判断
巡航控制开关	1	接通取消（CANCEL）开关	1	CANCEL 开关电路正常
	2	接通设定 / 滑行（SET/COAST）开关	2	SET/COAST 开关电路正常
	3	接通恢复 / 加速（RES/ACC）开关	3	RES/ACC 开关电路正常
制动灯开关	4	踩下制动踏板（使制动灯开关接通）	6	制动灯开关电路正常
驻车制动开关	5	拉紧驻车制动器（使驻车制动开关接通）	7	驻车制动开关电路正常
空档起动开关	6	变速器置于 N 位或 P 位	8	空档起动开关电路正常
车速传感器	7	以高于 40km/h 的速度行驶	灯闪烁	车速传感器电路正常
	8	以低于 40km/h 的速度行驶	灯常亮	

说明：

① 在检查车速传感器输入信号时则需顶起车辆并起动发动机。

② 如果有可能含两个以上的故障码，只显示最小的故障码。

（2）巡航取消信号的检查

巡航控制 ECU 储存最后一次巡航取消的信号代码，通过检查巡航取消信号代码以判断巡航控制系统有无故障。方法如下：

1）接通点火开关（ON）。

2）接通取消（CANCEL）开关并保持在接通位置，再接通巡航主开关。

3）观察仪表板上的"CRUISE MAIN"指示灯闪烁情况，其闪示代码所表示的检查结果如表 12-4 所示。

4）关闭巡航主开关，"CRUISE MAIN"指示灯闪烁停止，检查结束。

表 12-4　巡航控制系统取消信号的检查

代码	检查结果	代码	检查结果
1	出现故障码 23 以外的其他故障	5	接收到空档起动开关的信号
2	出现故障码 23 的故障	6	接收到驻车制动器开关的信号
3	接收到取消（CANCEL）开关信号	7	车速传感器的信号降至 40km/h 以下
4	接收到制动灯开关信号	灯常亮	其他故障（电源瞬时脱开等）

（3）故障分析

巡航控制系统工作异常，但无故障码显示，就需要根据故障现象分析故障原因，然后逐个检查排除故障。丰田雷克萨斯 LS400 轿车巡航控制系统常见故障及故障原因分析如表 12-5 所示。

表 12-5　丰田雷克萨斯 LS400 轿车巡航控制系统常见故障及故障原因分析

故障类别	故障现象	可能的故障部位
设定或取消巡航控制异常	接通设定 / 滑行（SET/COAST）开关时不能进入巡航控制状态，或在巡航控制车速范围内正常行驶中巡航控制自动取消，而故障自诊断操作显示正常码	① 巡航控制系统电源电路 ② 主开关及其电路 ③ 车速传感器及其电路 ④ 控制开关及其电路 ⑤ 制动灯开关及其电路 ⑥ 空档起动开关及其电路 ⑦ 驻车制动器开关及其电路 ⑧ 执行器电动机及其电路 ⑨ 执行器拉索 ⑩ 巡航控制 ECU
巡航车速偏离设定车速	设定好某巡航车速后，车速会继续升高或降低后再稳定，即实际的稳定车速高于或低于设定的巡航车速	① 执行器拉索 ② 车速传感器及其电路 ③ 与发动机和 ECT ECU（ECT）信息交换电路 ④ 执行器电动机及其电路 ⑤ 主节气门位置传感器及其电路 ⑥ 与发动机和 ECT ECU（EFI）信息交换电路 ⑦ 巡航控制 ECU
变速器超速档变换频繁	汽车上坡行驶中会出现变速器在 3 档和超速档之间频繁换档	① 与发动机和 ECT ECU（ECT）信息交换电路 ② 巡航控制 ECU

（续）

故障类别	故障现象	可能的故障部位
汽车制动时巡航控制不能取消	汽车在巡航控制状态行驶中驾驶人踩了制动踏板，但巡航控制不能取消	① 执行器拉索 ② 制动灯开关及其电路 ③ 执行器电动机及其电路 ④ 巡航控制 ECU
驻车制动器开关取消巡航控制失灵	汽车在巡航控制状态行驶中驾驶人拉了驻车制动器，但巡航控制不能取消	① 执行器拉索 ② 驻车制动器开关及其电路 ③ 执行器电动机及其电路 ④ 巡航控制 ECU
空档起动开关取消巡航控制失灵	汽车在巡航行驶中驾驶人将变速器操纵手柄置于 N 位，但巡航控制不能取消	① 执行器拉索 ② 空档起动开关及其电路 ③ 执行器电动机及其电路 ④ 巡航控制 ECU
巡航控制开关不起作用	操纵设定 / 滑行（SET/COAST）、恢复 / 加速（RES/ACC）、取消（CANCEL）等开关时不起作用	① 执行器拉索 ② 控制开关及其电路 ③ 执行器电动机及其电路 ④ 巡航控制 ECU
巡航控制车速低限失灵	在车速低于 40km/h（巡航控制车速下限）时，巡航控制不能自动取消，或在车速低于 40km/h 时可以设定巡航控制	① 执行器拉索 ② 车速传感器及其电路 ③ 执行器电动机及其电路 ④ 巡航控制 ECU
加速和恢复响应差	操纵恢复 / 加速（RES/ACC）开关时，加速和恢复反应不灵敏	① 执行器拉索 ② 与发动机和 ECT ECU（ECT）信息交换电路 ③ 执行器电动机及其电路 ④ 巡航控制 ECU
故障码自行消失	未进行故障码消除操作，巡航控制 ECU 中的故障码自行消失	① 备用电源电路 ② 巡航控制 ECU
故障码输出异常	在读取故障码操作时不能输出故障码，或未进行故障码读取操作时输出故障码	① 诊断电路 ② 巡航控制 ECU
巡航控制指示灯不亮或一直亮	接通点火开关和巡航控制主开关时，巡航控制指示灯不亮；或在巡航控制主开关关断时，巡航控制指示灯仍亮	组合仪表板电路有故障

第三节　巡航控制系统部件的检修

一、巡航控制系统传感器与开关的检修

1. 传感器的检修

巡航控制系统所用的车速传感器、节气门位置传感器与汽车其他电子控制系统共用，其常见故障与检修方法参见相应章节的内容。

一些汽车的巡航控制系统配有节气门摇臂位置传感器，该传感器通常采用滑动电位计式，其基本结构与工作原理与节气门位置传感器相似，因此其故障检修方法与节气门位置传感器相同，也是通过检测传感器的电阻，以及在转动节气门摇臂时检测其电阻是否连续变化；在接通电源电路时，检测传感器信号端子的电压与节气门控制摇臂的位置是否相对应。

2. 巡航控制开关的检修

巡航控制系统各控制开关的常见故障是开关触点接触不良、内部有破损而有短路等，造成巡航控制不起作用或巡航控制失常。巡航控制开关通过检测开关的通断情况是否正常来检验其是否良好，如果开关不能正常通断，则需予以更换。

二、巡航控制系统执行器的检修

1. 电动式执行器的检修

（1）电动式执行器的常见故障

电动式巡航控制系统执行器的常见故障是电动机绕组短路或断路、电刷与换向器接触不良；电磁离合器线圈烧坏、内部线路连接不良等。

（2）电动式执行器的检修方法

下面以丰田雷克萨斯LS400轿车巡航控制系统的电动式执行器为例讲解，它的检修方法如下。

执行器电动机的检修方法如下：

1）拆下执行器并拔开其插接器。

2）将蓄电池的正极连接执行器的5号端子、负极连接4号端子，如图12-14所示，以使电磁离合器通电接合。

3）再将蓄电池正极连接执行器6号端子、负极连接7号端子，使电动机通电，看电动机是否转动。正常情况控制摇臂应向加速侧平稳转动，并在加速限位点时停止转动。

4）将蓄电池正极连接执行器7号端子、负极连接6号端子，使电动机反向通电，再看电动机是否转动。正常情况控制摇臂应向减速侧平稳转动，并在减速限位点时停止转动。

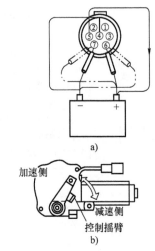

图 12-14　检查巡航控制执行器电动机
a）执行器插接器端子排列　b）执行器外形

如果检查结果不正常，则需更换巡航控制执行器。

电磁离合器的检修方法如下：

1）检查电磁离合器线圈电阻：拔开执行器插接器，用万用表测量插接器5号端子与4号端子之间的电阻，正常电阻应为40Ω。如果电阻过小或过大，则需更换执行器。

2）检查电磁离合器的动作：电磁离合器不通电时，用手转动控制摇臂应能转动（电磁离合器未通电断开）；将蓄电池正极接执行器5号端子、负极接4号端子，然后再用手转动控制摇臂。应不能转动（电磁离合器已通电接合）。如果检查结果不正常，更换执行器。

2. 气动式执行器的检修

（1）气动式执行器的常见故障

气动式巡航控制执行器的常见故障是电磁阀线圈有短路或断路，气压伺服机构有漏气、阻塞或卡滞等。

（2）气动式执行器的检修方法

下面以广州本田雅阁轿车巡航控制系统的气动式执行器为例讲解。

电磁阀的检修方法如下：

1）断开执行器的4芯插接器（图12-15）

2）检测各电磁阀线圈的电阻：用万用表测量 3、4 端子之间（通风电磁阀）的电阻，正常的电阻值应为 40 ~ 60Ω；测量 2、4 端子之间（真空电磁阀）的电阻，正常的电阻值应为 30 ~ 50Ω；测量 1、4 端子之间（安全电磁阀）的电阻，正常的电阻值为 40 ~ 60Ω。

如果检测电阻值不正常，须更换电磁阀总成。

气压伺服机构的检修方法如下：

1）断开执行器杆上的拉线，并断开 4 芯插接器。

2）将各电磁阀通电：4 号端子接蓄电池正极，1、2、3 号端子接地。

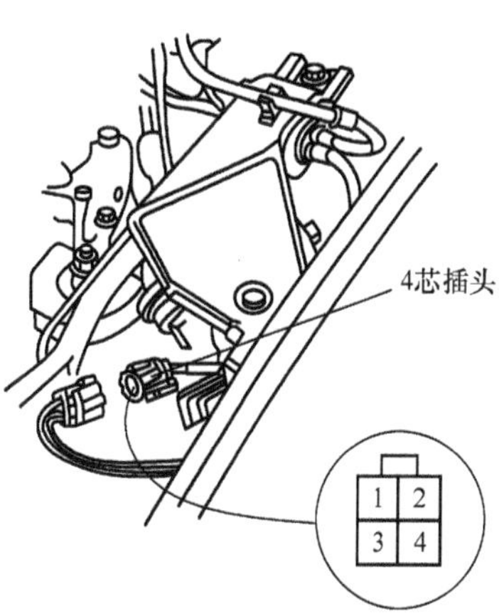

3）将真空泵与真空软管相连接，并将执行器抽成真空，检查执行器杆是否完全被吸入（图 12-16）。

图 12-15 执行器电磁阀端子的排列

如果动作器杆不能完全被吸入或根本不被吸动，则需检查真空管路是否漏气或电磁阀是否有故障。

4）保持加压和抽真空状态，并用手抽拉动作器杆，正常情况下，应不能拉动，若能拉动，则说明执行器已损坏。

5）断开执行器插接器 3 号端子的接地，看执行器杆是否返回原位，若不能复位，而通风管道及滤清器又没有堵塞，则说明电磁阀总成有故障，须更换。

6）重复 2）~ 5）步，但断开的是 1 号端子的接地，看执行器杆是否返回原位，若不能复位，而通风管道及滤清器又没有堵塞，则说明电磁阀总成有故障，须更换。

7）将 4 芯插接器各端子的电源及接地均断开，并断开执行器的通风软管，然后将真空泵连接到动作器的通风软管口，并抽真空，看执行器杆是否被完全吸入。若不能，说明真空阀在打开位置卡住，须更换执行器。

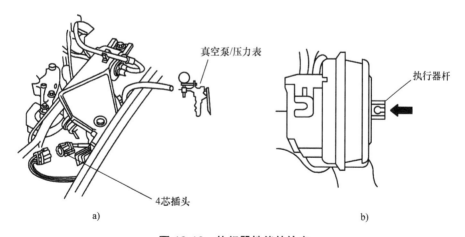

图 12-16 执行器性能的检查

a）连接真空泵　b）检查执行器杆是否吸入

第十三章
安全气囊装置

第一节　概　述

一、安全气囊的作用

安全气囊也称辅助乘员保护系统（Supplemental Restraint System, SRS），是汽车上的一种被动安全保护装置。在汽车遭遇碰撞而急剧减速时，安全气囊便迅速膨胀，形成一个缓冲垫，以使车内乘员不致碰撞车内硬物而受伤。

随着汽车车速越来越快，行车安全隐患也相应增多，人们对汽车安全装备的要求也越来越高。安全气囊顺应了人们对汽车安全性要求的提高，因而得到了迅速发展。实际检测和统计资料表明，在汽车相撞时，安全带和安全气囊正常发挥作用可使车内人员头部受伤率减少 30% ~ 50%，面部受伤率减少 70% ~ 80%。

随着科技水平不断提高，高新技术不断发展，更安全、更可靠、多功能、智能型的安全气囊，会不断地为保护人们的安全而推陈出新。

> **专家提示：**
>
> 安全气囊起保护作用是在安全带配合下才能实现的，因为安全带延缓了车内乘员前冲的惯性力，给气囊膨胀赢得了时间。

二、安全气囊的分类

汽车上的安全气囊有多种结构形式，下面以不同的分类方法加以分类。

1.按适用的碰撞类型分类

（1）正面碰撞防护安全气囊

正面碰撞防护安全气囊对正面碰撞事故中的驾驶人和前排乘员起到了很好的安全保护作用。正面碰撞防护安全气囊是汽车上使用最多的气囊，不仅在汽车前排装有安全气囊，一些汽车为保护后排乘员免受汽车正面碰撞的伤害，在汽车前排座椅的背后也安装了正面碰撞防护安全气囊。

（2）侧面和顶部碰撞防护安全气囊

为避免或减少汽车侧面碰撞和翻车等事故对车内驾驶人和乘员的伤害，侧面碰撞防护安全气囊和顶部碰撞防护安全气囊也开始在一些中高档轿车上使用。

2. 按安全气囊触发形式分类

（1）机械式安全气囊

机械式气囊系统通过机械式传感器监测碰撞惯性力大小，并以机械方式触发气囊充气。机械式安全气囊在现代汽车上已很少使用。

（2）电子式安全气囊

电子式安全气囊系统由控制器根据碰撞传感器所提供的信号，来判断汽车是否发生了严重碰撞，当 ECU 判断为需要气囊膨胀时，立即向气囊引爆装置发出引爆指令，使气囊迅速充气。电子控制式安全气囊已在现代汽车上广泛使用。

3. 按气囊的数量分类

如果按气囊的数量分，则有单气囊系统、双气囊系统和多气囊系统等。单气囊系统只有驾驶人侧一个气囊；双气囊系统则是在前排乘员侧也有一个气囊（图 13-1）；多气囊系统除了前排两个气囊外，通常在前排的侧面也安装气囊，有的则是在后排、顶部等多处均有气囊。多气囊系统一例如图 13-2 所示。

图 13-1　双气囊系统

图 13-2　多气囊系统

第二节　安全气囊的组成与工作原理

一、安全气囊的工作原理

1. 安全气囊的基本组成与原理

安全气囊系统可分为电子控制系统和气囊组件两大部分，电子控制系统由产生碰撞强度信号的碰撞传感器和用于防止误爆的安全传感器，以及电子控制器、点火器等组成。气囊组件包括气体发生器（点火剂和气体发生剂）和气囊等。安全气囊的基本组成与工作原理如图 13-3 所示。

安全气囊系统工作原理如图 13-4 所示。当汽车发生较严重碰撞时，碰撞传感器将汽车碰撞信息（汽车减速度）转换成相应的电信号输送到电子控制器。与此同时，安全传感器内部的触点也在汽车减速惯性力的作用下闭合，将点火器的电源电路接通。电子控制器对碰撞传感器输入的信号进行分析处理后，迅速向点火器输出点火信号，点火器通电引燃点火剂，点火剂燃烧并产生高温，使气体发生剂产生大量气体。这些气体经过滤与冷却后，充入气囊，使气囊在30ms内突破衬垫而快速膨胀展开。气囊在车内人员还没触及前方硬物之前，抢先在二者之间形成弹性气垫，并及时由小孔排气收缩，吸收强大的惯性冲击能量，以保护人体头部、胸部，减轻受伤程度。

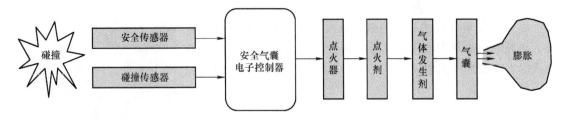

图13-3　安全气囊的基本组成与工作原理

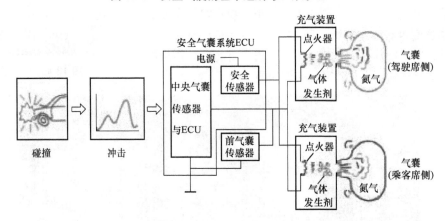

图13-4　安全气囊系统工作原理

2. 安全气囊电子控制系统的工作过程

安全气囊电子控制系统工作过程如图13-5所示。接通点火开关后，安全气囊系统便开始工作，CPU调用自检子程序，通过检测电路对安全气囊系统器件和电路逐个进行检查，如果有异常，SRS警告灯就闪亮不熄，提示安全气囊系统有故障，需要读取故障码，检查并排除故障；如果均正常，则运行信号采集子程序，通过输入电路对各个传感器进行巡回检测，并运行信号分析与比较程序。

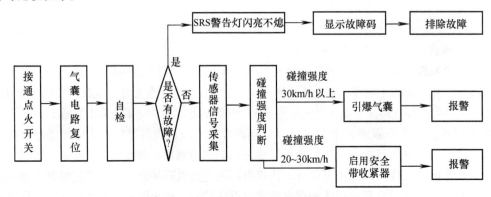

图13-5　安全气囊电子控制系统的工作过程

如果汽车运行中没有发生碰撞，CPU在重复运行信号采集及分析比较程序的间隙，运行自检子程序，一旦检测到异常，CPU就立刻使SRS警告灯亮起，并在RAM中储存相应的故障码。

如果汽车行驶中发生了碰撞，但CPU分析比较其碰撞强度还不需要气囊膨胀时（碰撞时汽车速度V为20～30km/h或更低），CPU就只发出启用安全带收紧器的指令，使安全带拉紧，以保护驾驶人与乘员。当碰撞强度很大（碰撞时汽车速度$V \geq 30$km/h），CPU就会发出引爆气囊充气装置和启用安全带收紧器的指令，使安全气囊膨胀展开，同时安全带收紧。

3. 安全气囊起安全保护作用的时间历程

从汽车发生碰撞的那一刻开始，到安全气囊迅速膨胀，再到所起到的保护作用结束，经历的时间很短。安全气囊起安全保护作用的时间历程如图13-6所示，各时间历程的长短大致如下。

1）汽车碰撞后0～3ms，传感器感知汽车减速度，并将其转变为电信号输入电子控制器。

2）汽车碰撞后4～10ms，电子控制器根据传感器电信号判断碰撞的强度，若判断信号强度达到或超过气囊膨胀标准数值时，电子控制装置则发出指令，并通过点火电路使点火器通电，引爆点火剂和气体发生剂，产生大量高温气体。此时车内乘员因惯性作用，与汽车座椅之间还没产生相对位移。

3）汽车碰撞后20ms，乘员在减速度惯性力的作用下，开始向前冲（与汽车开始产生相对位移），但还没有接触气囊。

4）汽车碰撞后30ms，气囊充气装置产生的大量气体经冷却、过滤后充入气囊，使气囊迅速膨胀。

5）汽车碰撞后40ms，安全气囊完全膨胀展开，乘员在向前移动中安全带被拉长而起一定的缓冲作用，乘员已紧贴安全气囊，安全气囊吸收了乘员的惯性冲击能量。

6）汽车碰撞后60ms，安全气囊被压紧变形，进一步吸收乘员的惯性冲击能量。

7）汽车碰撞后80ms，安全气囊上排气孔的排气，使气囊变软，乘员进一步沉向气囊中，气囊起到了缓冲作用。

8）汽车碰撞后100ms，乘员惯性冲击能量已减弱，危险期已过。

9）汽车碰撞后110ms，乘员惯性冲击能量消失，在安全带作用下将其拉回座椅上，气囊中气体也排出大部分，整个过程基本结束。

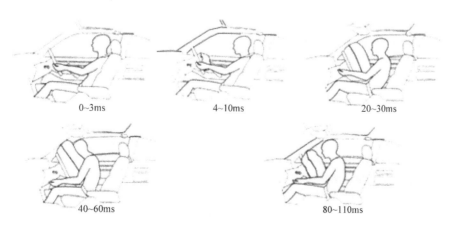

0～3ms　　　　4～10ms　　　　20～30ms

40～60ms　　　　80～110ms

图13-6　安全气囊系统起作用的时间历程示意图

从汽车发生碰撞的那一刻，到乘员在强大惯性力的作用下身体前冲（与车身产生相对位移）而碰撞到硬物受伤的时间间隔大约为 50ms，安全气囊开始膨胀的时间是约 30ms，也就是说，安全气囊系统是抢在乘员碰到车内硬物以前，在乘员与车身之间形成一道柔软的弹性保护气垫，从而减少了乘员受伤的程度。

🔥 **专家提醒：**

在安全气囊起保护作用的时间历程中，安全带减缓了人前冲惯性力，为气囊抢在人前冲碰到硬物之前膨胀展开赢得了宝贵的时间。因此，系好安全带，对提高汽车被动安全至关重要。

二、安全气囊的组成部件

不同车型其安全气囊的组成部件数量会有所不同，在汽车上的布置有相似之处但不完全相同。图 13-7 所示的是汽车安全气囊系统的组成部件及大致的布置情况。

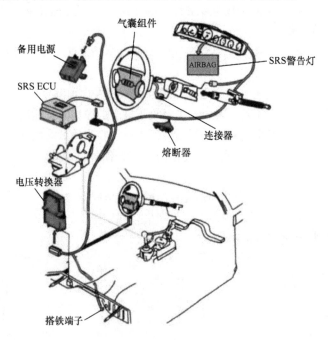

图 13-7 安全气囊系统组成部件及布置

1. 安全气囊传感器

安全气囊传感器根据汽车发生碰撞时的减速度来感知汽车碰撞的强度，它也被称之为碰撞传感器。安全气囊传感器有机电式和电子式两种类型。

（1）机电式碰撞传感器

机电式安全气囊传感器的内部有一触点，利用车辆碰撞时惯性力的作用，使传感器内的机械装置运动而使触点闭合，发出汽车碰撞信号。根据机械装置的不同，机电式碰撞传感器可分为偏心锤式、滚球式、滚柱式、水银开关式等多种，其结构与工作原理参见第一章的相关内容。

机电式碰撞传感器也被称之为触点式碰撞传感器，可用于感知汽车的碰撞强度，产生汽车碰撞信号；也可用为安全开关，以防止气囊误爆。

1）用于提供汽车碰撞信号。触点式碰撞传感器用于产生汽车碰撞信号时，传感器连接安全气囊 ECU 的碰撞信号输入端子。当汽车发生了碰撞，且其碰撞强度达到或超过了气囊膨胀所设定的限定值时，碰撞传感器就会发出汽车碰撞信号。如果汽车发生了碰撞，但其碰撞强度未达到限定值，碰撞传感器触点不会闭合，也就不会产生碰撞信号。

2）用作安全开关。触点式碰撞传感器被用作安全开关（称之为安全传感器）时，传感器的触点串联在气囊点火器的电源电路中，其作用是防止气囊误爆。当汽车发生碰撞，且其碰撞强度达到或超过了气囊膨胀的限定值时，碰撞传感器的触点闭合，接通点火器电源电路，这时安全气囊 ECU 发出的气囊膨胀指令才可引爆安全气囊。在汽车正常行驶或在汽车故障检修时，由于安全传感器触点处于常开状态，即使碰撞传感器或有关电路短路（相当于有碰撞信号输入ECU）而造成了安全气囊 ECU 的误判，也会因气囊充气装置的点火器未接通电源，气囊不会被引爆，从而起到了防止气囊误爆的安全保障作用。

（2）电子式碰撞传感器

电子式碰撞传感器可将汽车碰撞时的减速度参数转变为相对应的电信号，并输送给安全气囊 ECU，由 ECU 对信号进行处理后做出是否使气囊膨胀的判断。安全气囊系统所用的电子式碰撞传感器主要有压电式和压敏电阻式两种。

压电式碰撞传感器的敏感元件是压电晶体，在汽车发生碰撞时，传感器内的晶片受力变形而产生相应的电荷，经传感器内集成电路放大后输出与汽车减速度（碰撞强度）相对应的电信号。压敏电阻式碰撞传感器的敏感元件是受力变形后其电阻值会相应改变的电阻应变片，其结构与工作原理参见第八章的相关内容。

阅读提示

电子式碰撞传感器产生与汽车碰撞强度相对应的电信号，因此，安全气囊 ECU 可根据其信号电压的高低来判断汽车碰撞的强度，并发出相应的控制指令：

① 汽车碰撞强度较弱（碰撞时速度小于20km/h），不发出安全气囊引爆指令；

② 汽车碰撞强度较强（碰撞时速度为 20~30km/h），只发出安全带收紧指令；

③ 汽车碰撞严重（碰撞时速度大于30km/h），同时发出安全带收紧和气囊引爆指令。

机械触点式碰撞传感器只有当汽车发生严重碰撞时，才会有汽车碰撞信号输出，控制器根据其信号不能做出汽车碰撞强度的判断，只能判断汽车是否发生了严重碰撞。

一些汽车将电子式碰撞传感器和安全气囊控制器一起安装在汽车的中间位置，并将其称之为中央安全气囊传感器。

2. 安全气囊组件

安全气囊组件包括充气装置、气囊、气囊衬垫、底板等。

（1）充气装置

安全气囊充气装置的作用是当安全气囊控制器发出引爆指令时，立刻产生气体并充入气囊，使气囊迅速膨起。充气装置由气体发生剂、点火剂（火药）、点火器（电热丝）、过滤器等组成，如图 13-8 所示。

点火器的组成如图 13-9 所示。当电子控制器发出指令时，点火器通电引爆点火剂，点火剂燃烧产生的高温使气体发生剂迅速产生大量气体，经过滤除去烟尘后，充入气囊，使气囊在 30ms 内膨胀展开。

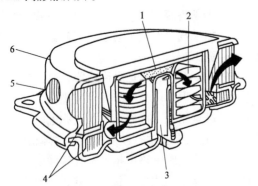

图 13-8　安全气囊充气装置

1—点火剂　2—气体发生剂　3—点火器　4—过滤器　5—充气孔　6—充气装置壳体

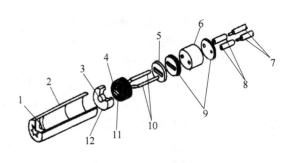

图 13-9　点火器的组成

1—点火剂　2—点火剂筒　3—引药　4—电热丝　5—陶瓷片　6—永久磁铁　7—引出导线　8—绝缘套管　9—绝缘垫片　10—电极　11—电热头　12—药托

（2）气囊

气囊通常是用尼龙制成的，在尼龙上还有些排气用的小孔。气囊充气膨胀展开后，能吸收冲击能量，使乘员的头部和胸部减少受伤害及受伤程度。而气囊上设置小孔可在气囊充气后通过小孔排气，使气囊逐渐变软，以增强缓冲作用，并在气囊起作用后，不会有膨胀的体积而影响车内人员必要的活动。

（3）衬垫

衬垫一般由聚氨酯制成，在制造过程中使用了极薄的水基发泡剂，使质量非常轻。平时衬垫粘附在方向盘的上表面，把气囊保护起来，同时又起到了装饰作用。在汽车发生碰撞时，在气囊强大的膨胀力作用下，衬垫迅速被掀开，对安全气囊的膨胀展开不会有任何阻碍作用。

（4）饰盖和底板

饰盖是气囊组件中的盖板，安全气囊及充气装置都安装在底板上，底板固定到方向盘或车身上，气囊膨胀展开时，底板承受安全气囊的爆发力。

3. 安全带收紧器

一些汽车安全气囊系统配有安全带收紧器，安置在前排座椅外侧，其作用是在汽车发生碰撞时，迅速将安全带收紧，将车内乘员拉向座椅靠背，防止乘员在惯性力的作用下前冲而造成伤害。

不同车型其使用的安全带收紧器其结构不尽相同，图 13-10 所示的是活塞式安全带收紧器，主要由

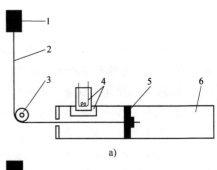

a)

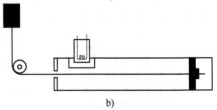

b)

图 13-10　活塞式安全带收紧器

a）未收紧时　b）收紧时

1—安全带锁扣　2—拉索　3—滚轮　4—点火器+气体发生剂　5—单向移动活塞　6—气缸

点火器、气体发生剂、气缸、活塞等组成。

当汽车发生碰撞时，安全气囊ECU根据碰撞传感器的信号判断汽车碰撞强度，如果需要收紧安全带，则向安全带收紧器的点火器发出指令，点火器点火，使气体发生剂产生气体，推动活塞，促使安全带迅速收紧，将车内乘员拉向座椅靠背。

4. 安全气囊电子控制器

安全气囊电子控制器（ECU）根据接收到的碰撞传感器信号，判断汽车是否发生了碰撞及碰撞的强度，并确定是否输出点火信号引爆点火剂给气囊充气。安全气囊电子控制器内除了SRS微处理器外，还有点火电路、SRS诊断电路等，有的还将安全传感器、SRS备用电源等都集装在一个控制盒中（图13-11）。典型的安全气囊电子控制器的功能电路框图如图13-12所示。

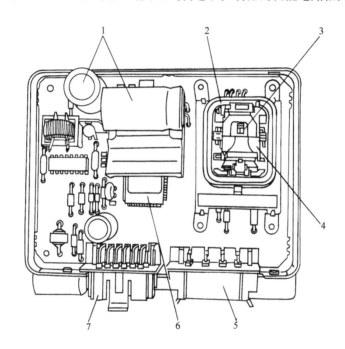

图 13-11 典型 SRS 控制盒的内部结构示意图

1—备用电源（电容器） 2—安全传感器总成 3—传感器触点 4—传感器平衡块 5—四端子连接器
6—SRS 微处理器模块 7—SRS 控制器插接器

（1）备用电源

1）备用电源的作用。备用电源是在汽车发生碰撞而电源电路出现意外时，提供安全气囊系统正常工作所需的电能，以确保安全气囊能发挥安全保护作用。

2）备用电源的安装位置。通常是用一个容量较大的储能电容器作为安全气囊系统的备用电源。有的汽车将安全气囊备用电源电路与电子控制器一起，组装在一个控制盒中。也有的汽车，将气囊系统的备用电源单独安装在SRS控制器盒之外的某个在汽车发生严重碰撞时不容易受损的位置。

3）备用电源的工作原理。在汽车正常运行时，发电机通过充电电路给电容器充电，使电容器始终存有电量。当汽车因碰撞而造成供电线路断路时，电容器可及时释放所存储的电能，确保点火器能正常通电工作，以引爆点火剂，使气囊迅速膨胀充气。

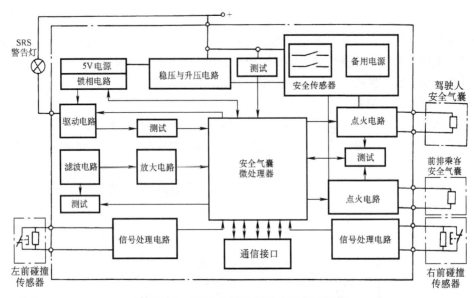

图 13-12　SRS 电子控制器功能电路框图

（2）点火电路

点火电路的作用是在 SRS 微处理器输出气囊膨开指令时，迅速使气囊点火器通电，引爆点火剂和气体发生剂，使气囊迅速充气。点火电路通过安全传感器与电源连接（图 13-13），因此，只有在汽车发生了碰撞，并使安全传感器触点通路时，电子控制器才有可能使点火器通电点火，从而避免了在汽车正常使用及维修中，安全气囊 ECU 产生误点火的可能。

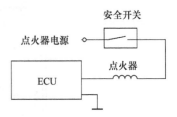

图 13-13　安全传感器防气囊误爆原理

（3）安全气囊 ECU

安全气囊 ECU 由中央微处理器 CPU、存储器 ROM/RAM、输入/输出接口等组成。CPU 根据输入的气囊传感器信号及只读存储器 ROM 中储存的标准参数判断汽车是否发生了碰撞及碰撞的强度，并通过输出接口向点火电路发出点火指令。

CPU 还通过对输入信号和测试信号的监测，进行系统的自检。当安全气囊电子控制系统部件或电路出现故障时，CPU 就使 SRS 警告灯亮起，并在随机存储器 RAM 中储存相应的故障码。

三、典型安全气囊电子控制系统电路

以丰田雷克萨斯轿车安全气囊控制电路为例，系统地了解安全气囊系统电路的特点、电路原理及故障检修方法。

丰田雷克萨斯轿车安全气囊控制电路及控制器插接器端子排列如图 13-14 所示。

1.电路特点

（1）传感器

丰田雷克萨斯轿车安全气囊控制系统使用了 5 个碰撞传感器，两个前碰撞传感器为机电式，分别安装在汽车前部两边翼子板的内侧；一个电子式碰撞传感器安装在安全气囊控制盒中，也被称之为中央安全气囊传感器。另外两个水银式碰撞传感器用作安全开关，也被称之安全传感器，也安装在安全气囊控制盒中。

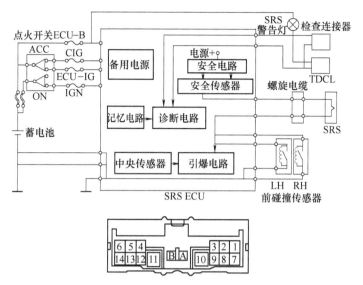

图 13-14 雷克萨斯 LS400 轿车安全气囊系统控制电路

（2）防止气囊误爆机构

在连接点火器的各插接器上均设有防止气囊误爆的机构（图 13-15）。该机构可在插接器分离时，将点火器侧的两端子短路，以防止静电或误通电而使点火器点燃点火剂，造成气囊误爆。

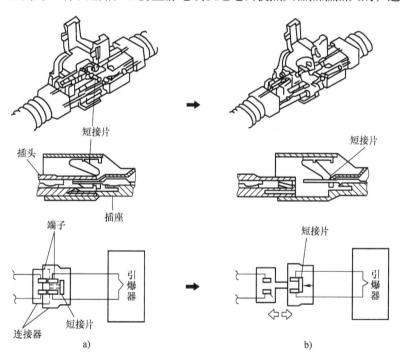

图 13-15 插接器防止气囊误爆机构的原理

a）插接器连接，短接片脱开 b）插接器分离，短接片连接

（3）电路连接诊断机构

在前安全气囊插接器上设置了电路连接诊断机构，该机构在插接器连接良好时，可使诊断

销将插座上带有弹簧片的诊断端子短接（图 13-16a）。安全气囊控制器自诊断系统可监测到串接在诊断端子处电阻的电阻值。当插接器未插好时，诊断销不能将插座上的诊断端子短接（图 13-16b），安全气囊控制器监测到的电阻值为无穷大。安全气囊控制器自诊断系统可根据监测到的电阻情况，诊断前安全气囊插接器连接是否有问题。

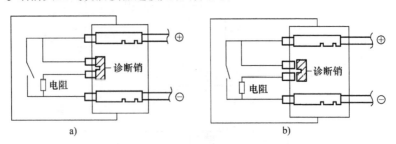

图 13-16　插接器电路连接诊断机构的原理

a）插接器连接可靠，诊断端子连接　b）插接器连接不可靠，诊断端子断开

2. 电路分析

（1）安全气囊控制器

丰田雷克萨斯 LS400 轿车安全气囊控制器内部除了安全气囊控制微处理器、安全传感器、中央传感器外，还装有备用电源、点火驱动电路等。控制器 16 端子插接器的端子排列参见图 13-14，各端子的连接部件及功能见表 13-1。

表 13-1　雷克萨斯 LS400 轿车单气囊系统控制装置插接器端子连接情况

端子号	端子代号	连接部件	功能说明
1	IG1	电源（ECU—IG 熔断器）	ECU 电源，点火开关 ON 时接入
2	–SR	右前（RH）安全气囊传感器 –	汽车碰撞信号输入
3	+SR	右前（RH）安全气囊传感器 +	
4	–SL	左前（LH）安全气囊传感器 –	汽车碰撞信号输入
5	+SL	左前（LH）安全气囊传感器 +	
6	+B	蓄电池（ECU—B 熔断器）	ECU 常接电源
7	IG2	电源（IGN 熔断器）	ECU 电源，点火开关 ACC 时接入
8	E2	搭铁	ECU 搭铁
9	LA	安全气囊（SRS）警告灯	SRS 警告灯控制端子
10	D–	气囊组件点火器 –	气囊展开控制端子 –
11	D+	气囊组件点火器 +	气囊展开控制端子 +
12	TC	TDCL 和检查连接器	安全气囊（SRS）诊断触发端子
13	E1	搭铁	ECU 搭铁
14	ACC	电源（CIG 熔断器）	ECU 电源，点火开关 ACC 时接入
—	A	电路连接诊断机构	
—	B	电路连接诊断机构	

（2）安全气囊控制器电源电路

安全气囊控制器除了有通过 B+ 端子与蓄电池连接的直接电源外，还有通过点火开关控制的电源电路，如图 13-17 所示。

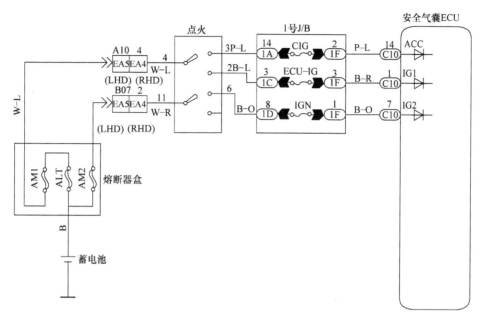

图 13-17　雷克萨斯 LS400 轿车安全气囊控制器电源电路

在气囊控制器的 ACC、IG1、IG2 端子与点火开关之间，分别串联了代号为 CIG、ECU-IG 和 IGN 的熔断器，起电路过载和短路保护作用。

当点火开关关断时，气囊控制器的 ACC、IG1、IG2 端子均不通电，点火开关拨至 ON 位时，ACC、IG1、IG2 端子则均为蓄电池电压。

（3）安全气囊点火器与碰撞传感器电路

雷克萨斯 LS400 轿车安全气囊的点火器电路与前碰撞传感器电路如图 13-18 所示。

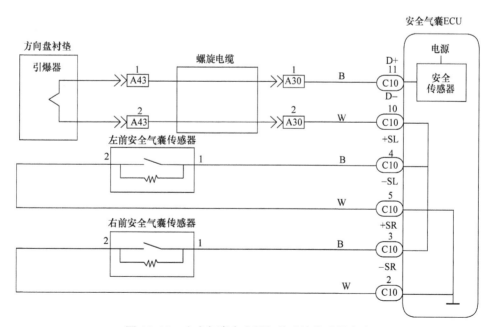

图 13-18　安全气囊点火器与前碰撞传感器电路

由于安装于方向盘上的气囊组件需要随方向盘转动，因此控制器与气囊点火器之间通过螺旋电缆连接。

两个前碰撞传感器分别通过 +SL、-SL 和 +SR、-SR 连接 ECU，只要有一个碰撞传感器因汽车碰撞而接通，ECU 就使点火器控制端 D- 接地，而 ECU 内部的安全传感器则将电源与点火器的控制端 D+ 接通，点火器便通电（点火），继而引爆安全气囊。

3. 控制电路故障检修

> 🔥 **专家提醒：**
>
> 当需要对安全气囊系统进行故障检修时，应遵循正确的操作程序，牢记安全气囊检修注意事项，以避免引发气囊误爆伤人。

（1）故障诊断的一般程序

在进行安全气囊系统电路故障诊断前，应确认蓄电池存电充足、线路连接良好，以避免造成不准确的检测结果。安全气囊系统故障诊断一般程序如图 13-19 所示。

（2）故障自诊断

安全气囊（SRS）警告灯用来进行故障报警和闪示故障码。当接通点火开关（ACC 或 ON）时，SRS 警告灯随即灯亮起，并在约 6s 后熄灭，以指示安全气囊系统正常。以下情况说明 SRS 系统或 SRS 警告灯电路有故障：

在点火开关转到 ACC 或 ON 后，SRS 警告灯一直亮而不灭，指示安全气囊系统已有故障存在，应进行故障码读取操作，以取得故障信息。

汽车在汽车运行过程中 SRS 警告灯亮起，并且一直亮着，则说明安全气囊系统出现了故障。

点火开关 ACC 或 ON 时，SRS 警告灯不亮，则说明 SRS 警告灯电路有断路故障，安全气囊控制器可能储存故障码 22，也有可能无故障码。

点火开关断开时，SRS 警告灯仍亮，则说明 SRS 警告灯电路有短路故障。

1）故障码的读取。丰田雷克萨斯 LS400 轿车安全气囊系统人工读取故障码的操作方法如下：

① 将点火开关接通（ACC 或 ON），并等待 20s 以上。

② 用一跨接线将 TDCL 接口（在驾驶席左侧仪表板下）或检查连接器（位于发动机舱内）的 TC 与 E1 两端子短接（图 13-20）。

③ 观察仪表板上的 SRS 警告灯，根据其闪烁规律读取相应的故障码。

如果系统无故障码储存，SRS 警告灯以连续的短闪烁（亮 0.25s、灭 0.25s）表示（图 13-21a）。

如果有故障码，则 SRS 警告灯按图 13-21b 的方式闪示二位数故障码，以第一次连续闪烁（亮 0.5s、灭 0.5s）的次数表示故障码的十位数，相隔 1.5s 后的连续闪烁次数表示故障码的个位数。若有两个或两个以上的故障码，则一个故障码闪示后，相隔 2.5s 再闪示下一个故障码，并按故障码数字从小到大的顺序逐个显示。待所有的故障码显示完后，相隔 4.5s 再重复闪示故障码。

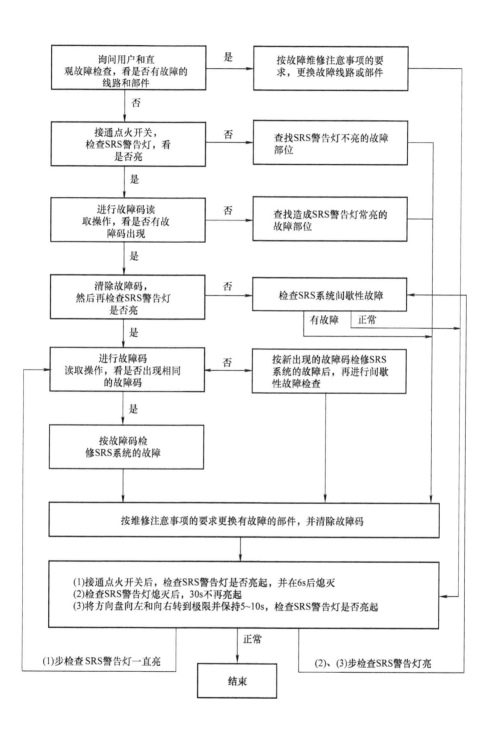

图 13-19　安全气囊故障诊断程序

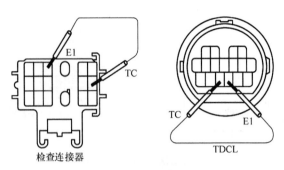

图 13-20　TDCL 与检查连接器

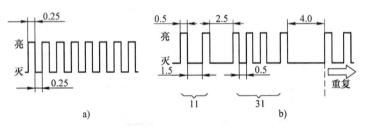

图 13-21　SRS 警告灯闪示故障码的方式

a）无故障码的闪示　b）故障码 11 和 31 的闪示

　　各故障码所代表的故障及可能的故障部位如表 13-2 所示。在取得故障码后，就可按故障码所表示的故障部位进行故障检修。

表 13-2　丰田车系安全气囊系统故障码说明

故障码	故障原因	可能的故障部位
无	安全气囊系统正常	—
	安全气囊系统电源电压过低	① 蓄电池 ② 安全气囊控制器
11	气囊点火器线路或前安全气囊传感器线路搭铁	① 气囊点火器 ② 螺旋电缆 ③ 前安全气囊传感器 ④ 安全气囊控制器 ⑤ 安全气囊线束
12	气囊点火器线路或前安全气囊传感器线路对电源短路	
13	气囊点火器线路短路	① 气囊点火器 ② 螺旋电缆 ③ 安全气囊控制器 ④ 安全气囊线束
14	气囊点火器线路断路	
15	前安全气囊传感器线路断路	① 安全气囊线束 ② 前安全气囊传感器 ③ 安全气囊控制器
22	SRS 警告灯系统失效（断路）	① SRS 警告灯 ② 安全气囊线束 ③ 安全气囊控制器
31	安全气囊控制器失效	安全气囊控制器
41	安全气囊控制器曾储存过故障码	安全气囊控制器

（续）

故障码	故障原因	可能的故障部位
53	前排乘客安全气囊点火器电路短路	① 前排乘客安全气囊点火器
54	前排乘客安全气囊点火器电路断路	② 安全气囊控制器 ③ 安全气囊线束
63	左边安全带点火器电路短路	① 安全带收紧器（LH）
64	左边安全带点火器电路断路	② 安全气囊控制器 ③ 安全气囊线束
73	右边安全带点火器电路短路	① 安全带收紧器（RH）
74	右边安全带点火器电路断路	② 安全气囊控制器 ③ 安全气囊线束

几点说明：

① 如果 SRS 警告灯闪示的故障码在表 13-2 中没有，则说明安全气囊系统控制器有故障。

② 如果在点火开关 ACC 或 ON 时，SRS 警告灯亮起后一直不熄灭，故障码读取结果为正常（无故障码），则说明蓄电池电压过低或安全气囊系统备用电源电压过低。在电源电压恢复正常后约 10s，SRS 警告灯就会自动熄灭。

③ 故障码 41 是表示安全气囊控制装置曾经储存过故障码，它会使 SRS 警告灯一直亮，直到将故障码 41 清除为止。

④ 故障码 53~74 是配备了乘客席侧安全气囊和安全带收紧器的车型所有的故障码，单气囊系统车型无这些故障码。

2）故障码的清除。验证故障码或故障排除后均需要消除控制器中 RAM 存储器所储存的故障码。在点火开关断开（OFF）时，拆下蓄电池负极电缆或拔下熔断器盒中的 ECU-B 熔断器 10 s 或更长的时间，即可将 RAM 存储器所储存的故障码（故障码 41 除外）清除。这种故障码清除方法会使 RAM 存储器中的时钟信息、音响防盗密码等一起消失，而且不能将故障码 41 清除。

包括故障码 41 在内的故障码清除操作方法如下：

① 在点火开关断开时，用跨接线将 TDCL 或检查连接器的 TC、AB 端子短接。

② 接通点火开关（ACC 或 ON 位置），并等待 6s 以上。

③ 从 TC 端子开始，用跨接线使 TC、AB 端子交替搭铁各两次，每个端子搭铁的时间为（1.0±0.5）s，一个端子离开搭铁到另一个端子搭铁的时间应在 0.2s 以内，如图 13-22 所示。

④ AB 端子第二次离开搭铁后，TC 端子在 0.2s 内第三次搭铁并保持数秒钟后，待 SRS 警告灯出现连续的短闪烁（亮 64ms、灭 64ms）时，说明故障码已经被清除了。

⑤ TC 离开搭铁，故障码清除结束。

在进行清除故障操作时应注意：

① 用拆下蓄电池负极电缆或拔下熔断器盒中的 ECU-B 熔断器的方法，不能清除故障码 41，而 RAM 存储器中的时钟信息、音响防盗密码等却会随其他的故障码一起消失。因此，在用此种方法进行清除故障码操作之前，应记录相关有用信息及密码信息。

② 重新连接蓄电池负极电缆时，必须使点火开关处于断开（LOCK）位置，点火开关如果在 ACC 或 ON 位置时连接蓄电池，可能会导致诊断系统工作失常。

③ 用 TC、AB 端子交替搭铁清除故障码时，一个端子离开搭铁时，另一个必须马上搭铁，动作要连贯、迅速，但不要使 TC、AB 端子同时搭铁。

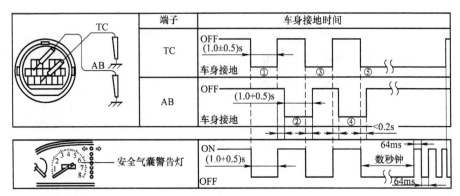

图 13-22　SRS 故障码清除操作方式

④ 如果 TC 端子在第三次搭铁后，SRS 警告灯未出现表示正常的闪烁，则重复进行交替搭铁的操作，直到 SRS 警告灯出现表示正常的闪烁为止。

（3）SRS 控制器有关端子的检测

当控制器本身出现故障、SRS 警告灯电路有故障，以及其他故障原因而不能取得故障码，或取得了故障码，需要确认故障部位时，可通过对 SRS 控制器相关端子电压和通路情况的检测，根据测得的电压值，判断 SRS 控制器及相关电路与部件是否有故障。丰田雷克萨斯 LS400 轿车安全气囊（单气囊车型）的控制电路及 SRS 控制器各端子的检测方法和故障诊断结果，如表 13-3 所示。

表 13-3　丰田雷克萨斯轿车安全气囊控制器有关端子的检测方法及故障诊断

检测端子代码（端子号）	检测状态	正常情况	检测异常可能的故障部位
IG1（1）	点火开关 ON	蓄电池电压	① ECU-IG 熔断器② SRS ECU 与点火开关之间的电源线路
	点火开关 OFF	约 0V	
-SR（2）	点火开关 OFF	通路	① SRS ECU 搭铁线路② SRS ECU
-SR→SR（2-3）	点火开关 OFF	755~885Ω	① 前右碰撞传感器及插接器② 前右碰撞传感器连接线路
-SL→SL（5-4）	点火开关 OFF	755~885Ω	① 前左碰撞传感器及插接器② 前左碰撞传感器连接线路
-SL	点火开关 OFF	通路	① SRS ECU 搭铁线路② SRS ECU
B（6）	—	蓄电池电压	① ECU—B 熔断器② SRS ECU 与蓄电池之间的线路
IG2（7）	点火开关 ON	蓄电池电压	① IGN 熔断器② SRS ECU 与点火开关之间的电源线路
	点火开关 OFF	约 0V	
E2（8）	—	约 0V	SRS ECU 搭铁线路
LA（9）	SRS 警告灯亮	约 0V	① SRS 警告灯及连接线路② SRS ECU
	SRS 警告灯熄灭	蓄电池电压	

（续）

检测端子代码 （端子号）	检测状态	正常情况	检测异常可能的故障部位
TC （12）	点火开关 ON	蓄电池电压	检查连接器； 检查连接器与 SRS ECU 之间的线路 SRS ECU
	点火开关 ON，检查连接器 TC、E1 短接	约 0V	
E1 （13）	点火开关 OFF	通路	SRS ECU 搭铁线路
ACC （14）	点火开关 ON	蓄电池电压	CIG 熔断器； SRS ECU 与点火开关之间的电源线路
	点火开关 OFF	约 0V	

第三节　安全气囊系统使用与检修

一、安全气囊控制系统检修注意事项

安全气囊系统线路连接不良（松动、接触表面氧化、接头断脱等）可以通过修理的方法来排除故障，除此之外，安全气囊传感器、气囊组件、螺旋电缆、安全气囊控制器、安全气囊系统线束等部件有故障或损伤时，则必须通过更换新件的方法排除故障。在检修安全气囊系统过程中，为确保遭受意外事故，还应注意以下事项。

1. 安全气囊维修前注意事项

在进行安全气囊系统及相关的其他检修操作时，如果不是检测电压或电流参数，一定要在关闭点火开关和断开蓄电池负极，并等待一段时间，待备用电源（电容）的电能释放完后，再开始有关检修操作，以免意外地引爆气囊。

2. 进行电路故障检修时注意事项

（1）要使用输入阻抗大的万用表

要使用数字万用表来检查安全气囊系统电路故障，如果使用模拟式万用表，则必须确认其在电阻档的直流阻抗不小于 $10k\Omega$，否则容易导致安全气囊系统电路损坏或安全气囊被意外引爆。

（2）不能直接测量气囊电阻

不要用万用表去检测安全气囊点火器的电阻，因为用万用表的电阻档测量电阻时，表内电源电压就加在了被测电路上，有引爆气囊的危险。

（3）不能随意改动 SRS 线路

在检修线路时，禁止改动、铰接或修复安全气囊系统导线，安全气囊系统的导线若有破损，必须更换新线束。

3. 拆卸、放置安全气囊系统时注意事项

（1）人体不要正对气囊

在拆卸气囊组件时，人体不要正面对气囊，以避免在万一气囊误爆的情况下造成人身伤害。

（2）正确放置气囊组件

拆下的气囊组件要放置在工作台或其他平面上时，要使其装饰面向上，放置处应是一个清洁、干燥、无高温热源的环境。

（3）不能撞击安全气囊系统部件

要避免用硬器撞击安全气囊传感器、安全气囊控制器等部件，也不要试图拆解安全气囊控制器盒，以避免安全气囊失效或误爆。

（4）必须引爆报废气囊

对于不再使用的旧气囊组件，应进行引爆处理，不可将未展开过的气囊组件随意丢弃，以避免安全气囊意外膨胀伤人。

4. 安装安全气囊系统时注意事项

（1）不能安装有损伤的安全气囊

仔细检查安全气囊部件，看是否有凹痕、裂纹或变形等，如果有，则必须更换新件，以确保安全气囊能可靠工作。

（2）必须安装原配气囊组件

不能安装从别的车上拆下的安全气囊部件，必须安装本车确认良好的安全气囊部件或更换原配的新件。

（3）人体不要正对气囊

安装气囊总成时，人体不要正面对气囊组件，以避免气囊误爆而造成人身伤害。

（4）安装必须正确到位

安全气囊控制器、碰撞传感器等必须原位安装，并用规定的拧紧力矩将其安装牢固。

二、安全气囊系统的报废处理方法

检修中要更换气囊组件或汽车报废处理时，要对安全气囊系统进行引爆处理。报废汽车的安全气囊引爆一般都在车内进行，而对检修车辆的气囊引爆处理按制造厂家的规定，有的可在车上进行，有的则要在拆下后再进行。

1. 车内引爆气囊

在未拆下安全气囊的情况下，要引爆安全气囊的方法如下：

1）将车辆停放在较空旷无人的地方。

2）断开蓄电池正、负极电缆，并将蓄电池搬出车外。

3）等待30s后拔开安全气囊插接器，并用两条约6m长的导线连接安全气囊插接器的两端子。

4）在离车6m处将导线另两端分别连接蓄电池的正极和负极，即可引爆气囊。

5）在听到气囊膨开后约10min，待气囊冷却并烟尘散去后再接近车辆。

为使气囊引爆安全可靠，可连接专用的引爆器来引爆气囊，将12V的电源和气囊点火器引线与引爆器连接后（图13-23），按下引爆器按钮即可引爆气囊。

2. 车外引爆气囊

对已经拆下的安全气囊，其引爆方法如下：

1）按正确方法拆下安全气囊组件后，将其放置在较空旷的场地，气囊组件的装饰面应朝

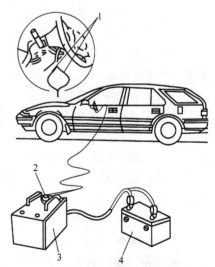

图13-23　车上引爆安全气囊
1—连接气囊点火器接线夹　2—引爆按钮
3—引爆器　4—蓄电池

上放置。

2）将气囊插接器两端子各连接约 10m 长的导线。

3）在距引爆气囊约 10m 远处，将导线的另两端连接蓄电池的正极和负极，以引爆气囊。

为使气囊引爆安全可靠，可利用废旧的轮胎和绳子组成一个气囊引爆室进行气囊引爆操作，如图 13-24 所示。

图 13-24　车外引爆安全气囊

1—固定轮胎的绳子　2—未拆轮辋的车轮　3—拆掉轮辋的轮胎　4、8—蓄电池
5—气囊组件　6—引爆器　7—引爆按钮

三、安全气囊使用注意事项

1. 安全气囊的正确使用

1）安全气囊与安全带配合使用才能获得满意的结果，所以驾驶人和乘员在汽车运行时必须系好安全带。

2）不能在装有安全气囊的部位粘贴饰物、胶条及摆放任何物品。

3）未成年儿童和身材短小乘员，乘坐有安全气囊的车辆时要坐后排，因气囊对他们的保护效果不如成年人。

4）当发现安全气囊系统故障时，必须立即排除故障，绝对不能带病运行，否则，就可能产生气囊不能膨开或气囊误爆这两种严重后果。

2. 安全操作规范

1）安全气囊系统元器件要保证原厂包装、单独恰当的运输、妥善保管。

2）非安全气囊专业维修人员不得进行安全气囊的检查和维修工作。

3）不能使安全气囊的元器件承受 85℃以上的高温。

4）不能任意改动安全气囊系统的线路和元器件结构。

5）对安全气囊进行所有的维修作业时，都必须在断开蓄电池电源线 3min 后再进行，以免发生意外气囊展开。

6）不要人为碰撞安全气囊传感器，以免安全气囊不必要的突然展开。在对汽车进行维修作业有可能对安全气囊传感器造成碰撞冲击时，应先将传感器拆下，待维修竣工后，再装好传感器。

参 考 文 献

[1] 彭忆强 . 汽车电子及控制技术基础［M］. 北京：机械工业出版社，2018.

[2] 麻友良 . 汽车电器与电子控制系统［M］. 4 版 . 北京：机械工业出版社，2019.

[3] 麻友良 . 教你认识电子控制器［M］. 北京：机械工业出版社，2014.

[4] 何勇灵 . 汽车电子控制技术［M］. 北京：北京航空航天大学出版社，2013.

[5] 骞小平，麻友良 . 汽车电器与电子技术［M］. 2 版 . 北京：人民交通出版社，2018.

[6] 陈刚 . 汽车电子控制技术［M］. 北京：机械工业出版社，2017.